hänssler

BIBEL LIVE

WILLIAM H. STEPHENS

Elia

Prophet des Feuers

Die Deutsche Bibliothek – CIP-Einheitsaufnahme

Stephens, William H.:
Elia : Prophet des Feuers / William H. Stephens. [Übers. von Laura Zimmermann]. – Neuhausen-Stuttgart : Hänssler, 1994
(Hänssler – Bibel live)
Einheitssacht.: Prophet of fire (dt.)
ISBN 3-7751-2063-7

hänssler – Bibel live
Bestell-Nr.: 392.063

Published in The United States of America by Oliver-Nelson Books, Nashville, Tennessee.
Originaltitel: Prophet of Fire
Übersetzt von Laura Zimmermann

Umschlaggestaltung: Heide Schnorr v. Carolsfeld-Giebeler
Satz: AbSatz Ewert-Mohr, Klein Nordende
Printed in Germany

VORWORT

Drei Männer spielen eine hervorragende Rolle in der Geschichte Israels: Mose, Elia und Hesekiel. Der erstere ist gut bekannt, die beiden letzteren sind geheimnisumwittert, aber Elia ist der rätselhafteste der drei. Er stürmt unvermutet auf den Schauplatz, bereits eine Riesengestalt, und wir wissen fast nichts über seine Herkunft. Er ist gleichzeitig ein phänomenaler Held und ein merkwürdiger Drückeberger. Er hielt stand wie ein Fels, während Baal seine größte Stärke entfaltete, aber er rannte davon, nachdem Baal eine niederschmetternde Niederlage erlitten hatte.

Die Antwort auf diesen seltsamen, feurigen, einsamen Propheten läßt sich zumindest teilweise finden, wenn wir seinen Gegenspieler betrachten: den Baalskult. Die Geschichte ist rauh. Der Baalskult war eine sinnenfreudige und grausame Religion, aber da sie Sinnenlust und Machtgier ansprach, faszinierte sie die Israeliten. Der Baalskult brachte das Land fast völlig in seine Gewalt. In der Zeit des Elia kam Israel seiner religiösen Vernichtung so nahe wie in der Zeit der babylonischen Gefangenschaft.

Elias Geschichte muß heute von neuem erzählt werden. Die Parallelen zwischen dem Israel des 9. Jahrhunderts vor Christus und dem Amerika des 20. Jahrhunderts sind verblüffend. Heute steht die wirtschaftliche Macht großer Firmen und reicher Einzelpersonen ebenso hoch im Kurs wie das Interesse an Sex, das von einschlägigen Inseraten bis zu Pornoläden in Seitengassen reicht. Wir müssen die Geschichte Elias von neuem erzählen. Vielleicht können wir aus seiner und Israels Geschichte etwas lernen.

Einige Szenen in *Der feurige Prophet* werden jene Männer und Frauen, die den biblischen Text lieben – Männer und Frauen nach meinem Herzen – vielleicht schockieren. Aber ich konnte diese Szenen nicht auslassen, die die wahre Natur des Baalskultes schonungslos enthüllen. Die Szenen entspringen nicht meiner Einbildungskraft; sie sind charakteristisch für das Wesen des Baalskultes. Ich habe sie in achtjähriger Forschungsarbeit in verstaubten und modernen Büchern, in den Büchereien verschiedener Städte entdeckt. Fast jedes einzelne Ereignis hat sich in dieser oder ähnlicher Weise in Religionen abgespielt, die mit dem phönizischen Baalskult in enger Verbindung standen. Jede einzelne Schilderung der Götzenstatuen und Rituale entspricht der historischen Wahrheit. Elia hatte tatsächlich gegen einen Giganten zu kämpfen.

Ich habe mich so eng wie möglich an das biblische Zeugnis gehalten und habe versucht, die tatsächlichen Ereignisse mit Ereignissen zu verknüpfen, von denen wir guten Gewissens sagen können, daß sie sich so abgespielt haben könnten. Ich habe die Hoffnung, daß uns Elias Geschichte in diesem Prozeß historischer Fiktion eine Hilfe sein kann, die Enthüllungen zu begreifen, die Gott der Welt durch diesen großen Propheten gab.

Wer weiß? Vielleicht werden in diesen Zeitläufen neue Propheten aufstehen.

William H. Stephens

ERSTES KAPITEL

Der Palast war auf der höchsten Kuppe des Hügels von Samaria erbaut. Vom Dachgarten aus konnte Isebel das Meer sehen. Sie kam hierher in den seltenen Augenblicken, in denen sie für sich sein konnte, denn der Anblick erfrischte sie. Die See erinnerte sie an ihre Heimat.

Eine sanfte Brise wehte vom Meer herein und spielte mit Isebels purpurner Robe, die in drei kurzen, einander überlappenden Volants bis zu den Knöcheln herabhing. Die leisen Windstöße enthüllten gelegentlich einen kurzen Augenblick lang die reichgeschmückten silbernen Fußkettchen.

Ein herrlich bestickter Gürtel umschlang ihre Taille. Isebel war eine Frau von zerbrechlicher, aber faszinierender Schönheit. Sie hatte eine Neigung zum Dickwerden. Ihr kohlschwarzes Haar, das sie hoch aufgetürmt auf dem Scheitel trug und mit einem Diadem krönte, ließ ihr rundes Gesicht ein wenig länger erscheinen. Die weichen Züge und die olivfarbene Haut, die nicht im geringsten von der Sonne verbrannt war, verrieten nichts von dem brillanten und heimtückischen Verstand. Schmale, gepflegte Augenbrauen hoben große und ausdrucksvolle Augen hervor, die sie mit schwarzem Kohlstift, den sie aus einer Silberhülse auftrug, noch stärker zur Geltung brachte. Ihre ganze Jugend hindurch hatte sie sich darin geübt, ihre Augen für ihre Zwecke einzusetzen. Wenn es ihr wichtig war, das Vertrauen eines Mannes zu erringen, konnte sie ihre Augen so tief und feuchtglänzend wie die einer Gazelle aussehen lassen.

Isebel zog sich den Mantel enger um die Schultern. Der Frühling hatte eben erst begonnen, und die Brise war immer noch kühl und frisch. Der Ausblick aufs Meer von ihrer Dachbrüstung aus war hinreißend. Sie blickte nach Westen, das Gerste-Tal entlang. Das Meer glitzerte knapp jenseits einer Hügelkette in der Ferne. Zuhause. Wie sehnte sie sich nach dem Anblick der weißen Segel, die sich vom felsigen Hafen abhoben, vom Wind gebläht, wenn die Schiffe in See stachen. Aber das Schicksal hatte sie an diesen Ort gestellt. Und Melkart war das Schicksal.

Fünf Jahre waren vergangen, seit sie Ahab geheiratet hatte. Zwei Könige hatten diese Ehe arrangiert. Ahabs Vater, Omri, der König von Israel, war einer von ihnen. Der andere war Etbaal, der König von Phönizien, ihr eigener Vater. In Gedanken durchlebte sie den Augenblick immer wieder von neuem, den schrecklichen und grandiosen Augenblick, in dem sie das erste Mal von der geplanten Verbindung gehört hatte.

Etbaal hatte sie aufgefordert, mit ihm einen Spaziergang auf den Wandelgängen auf der Krone der Stadtmauern von Tyrus zu machen. Sie hatte keine Ahnung, was er ihr zu sagen hatte. Sie hatten nur wenig miteinander gesprochen, Isebel hatte es einfach genossen, mit ihrem Vater zusammen zu sein. Sie erinnerte sich an das Klingeln der winzigen Glöckchen, die am Saum seines Mantels hingen. Er war kleingewachsen, nur wenig größer als sie. Isebel hatte seine Augen geerbt, aber da sie eine Frau war, verstand sie es besser, sie zu ihren Gunsten einzusetzen. Etbaals Augen waren weniger beherrscht und neigten eher dazu, unkontrolliert im Feuer der wilden inneren Überzeugung aufzuflammen, die fast immer aus seinen Reden klang.

»Isebel.« Er sprach ihren Namen mit sanfter Stimme aus. Sie blieben stehen, und er deutete auf die See hinaus, auf drei Schiffe, die sich der Stadt näherten. Sie blickte ihn fragend an. »Isebel, diese Schiffe. Was meinst du, wo sie waren?«

»Nun, in Ägypten, würde ich sagen.«

»Ja, in Ägypten, und weiter weg als Ägypten. Und was meinst du wohl, woraus ihre Fracht besteht?«

Isebel verbarg ihren aufkeimenden Ärger über diese kindliche Fragerei. »Das gefärbte Tuch und das Kunsthandwerk unseres Landes.«

»Ja.« Etbaals Augen glühten vor Stolz. »Und farbiges Glas, Juwelen, Parfüm, Stickerei und unsere wunderschönen bronzenen Becher. Wir haben der Welt viel zu bieten. Sieh dich um,

Isebel. Was siehst du?« Sein Arm beschrieb einen Bogen, der die Mauern der Stadt umfaßte.

»Nun«, begann Isebel zögernd, da sie nicht wußte, was er beabsichtigte. »Ich sehe eine schöne Stadt, die auf einer Felsklippe ein Stück von der Küste entfernt erbaut ist. Ich sehe Schiffe und den Hafen und die Berge des Libanon. Was willst du mich sagen hören?«

»Ich möchte, daß du das Lebensblut Phöniziens siehst, Isebel. Wir sind reich geworden mit dem Verkauf der Waren, die wir herstellen, aber unser größtes Gut sind unsere Schiffe und die Männer, die auf ihnen zur See fahren.«

»Vater, ich bin stolz auf unsere mutigen Seeleute. Jeder in Phönizien weiß von ihren Reisen.«

»Schau tiefer, Isebel. Du bist zu idealistisch.«

»Du solltest Idealismus mehr als jeder andere zu schätzen wissen, mein Vater. Sind nicht alle Priester Idealisten?«

»Aber ihr Idealismus ist mit Sinn für die Wirklichkeit gemischt, meine Liebe. Ich bin nicht durch meinen Idealismus zum König geworden.«

Isebel erschauerte. Sie hatte davon gehört, wie Etbaal den König von Phönizien meuchlings ermordet und den Thron usurpiert hatte. Nun war er zugleich Hoherpriester und König.

»Ich möchte, daß du begreifst, wie wichtig der Handel mit aller Welt ist. Wir haben die größte Flotte der Welt. Wenn wir sie richtig einsetzen, können wir noch mehr Reichtümer nach Tyrus schaffen. Isebel, haben deine Erzieher dir von dem Bündnis berichtet, das in früherer Zeit zwischen Salomon von Israel und unserem eigenen hervorragenden König Hiram bestand?«

»Ja, und auch von Salomons Weisheit.«

»Wenn es dir gelingt, dich mit einem hervorragenden Menschen zu verbinden, so ist auch das ein Zeichen von Weisheit.«

Isebel begann zu begreifen, was dieser Spaziergang zu bedeuten hatte. Ihr Lächeln verblaßte. »Was willst du mir damit sagen, Vater?«

»Ich will dir sagen, daß Israel die Haupthandelsrouten nach Osten kontrolliert, die Routen zu den großen Städten Damaskus, Riblah, Emesa, Hamath, Aleppo, Haran und Ninive. Das, meine Liebe, ist ein Preis, den wir gewinnen müssen.«

Das Blut wich aus Isebels Wangen. Sie lehnte sich an einen Mauervorsprung, um dem Drang zu widerstehen, in Ohnmacht zu fallen. Ihre Antwort – nach einem Augenblick innerer Anspannung – begann als ein Flüstern, aber ihre Stimme gewann rasch ihre Kraft zurück. »Vater, hast du etwa vor, mit meiner Person ein Bündnis mit Israel zu besiegeln?« Dann versagte ihre Kraft, und sie barg das Gesicht in den Händen.

»Isebel. Isebel, meine Liebe.« Etbaals Stimme wurde sanft. Er zog sie zärtlich an sich. »Hör mir bis zum Ende zu. Ich werde dich nicht zwingen, gegen deinen Willen zu gehen.«

Isebel hob langsam den Kopf. Sie tupfte sich die Augen mit dem Taschentuch trocken, damit die Tränen nicht ihr Make-up zerstörten. »In Ordnung, Vater.«

»Meine Liebe, Omri ist ein hervorragender Mann. Er hat Israel zu einem bedeutenden Machtfaktor gemacht und Moab erobert. Das Land gewinnt an Macht, und seine Grenzen werden nicht länger von plündernden Stammeskönigen bedroht. Was dort erreicht wurde, darüber redet man in vielen großen Städten der Welt.«

Etbaal entließ seine Tochter aus seiner Umarmung und stand neben ihr, den Blick auf die See hinaus gerichtet. Er warf ihr einen Augenblick lang einen Seitenblick zu – ein vergeblicher Versuch, ihre Gedanken zu lesen. Dann fuhr er fort.

»Omri hat einen Sohn mit Namen Ahab, einen Mann, der zwölf Jahre älter ist als du, der bereits seine Qualitäten als Soldat und Heerführer bewiesen hat. Ich habe ihn kennengelernt. Er ist so hart wie die Berge seines Landes. Er wuchs auf, bevor Omri den Thron bestieg und half seinem Vater bei der Unterwerfung des Landes. Das Blut, das in seinen Adern fließt, ist kraftvoll.« Er lächelte und legte die Hand auf Isebels Arm. »Ich kenne dich gut, meine Liebe. Du würdest niemals glücklich mit einem schwachen Mann. Ich versichere dir, daß dieser Mann Ahab kein Schwächling ist. Du wirst Gefallen an ihm finden.«

Isebel wandte sich ab und blickte aufs Meer hinaus. Etbaal verhielt sich klugerweise still und überließ sie ihren eigenen Gedanken. Sie hatte gehofft, einen König aus Mesopotamien oder

Kleinasien zu heiraten, Länder, die kulturell und wirtschaftlich mehr zu bieten hatten, aber als sie über Etbaals Worte nachsann, fiel ihr kein wirklich guter Grund für diese Sehnsucht ein. Israel allerdings mangelte es so sehr an gesellschaftlicher Bedeutung! Und ihre Religion erst! Bei Melkart, was hatte ihr Gott Jahwe schon zu bieten? Dennoch, das Leben in einem aufstrebenden Land versprach recht aufregend zu werden.

»Vater?« Sie sprach, ohne ihn anzublicken. »Ist das Bündnis bereits besiegelt?«

»Es wurde erst besprochen, Isebel.«

»Kannst du in meinem Namen zwei Bedingungen stellen?«

»Und was wäre das?«

»Ahab muß doch bereits Frauen haben.«

»Natürlich. Einige. Ich weiß nicht wie viele.«

»Wenn ich mit ihm gehe, dann nur als seine Königin.«

»Wenn das nicht der Fall wäre, wäre das Bündnis für Phönizien ohnehin nur von begrenzter Bedeutung. Ich habe bereits auf einer solchen Klausel bestanden. Omri stimmte mir bereitwillig zu, denn das Bündnis ist für Israel von ebenso großem Nutzen wie für uns. Worin besteht deine zweite Forderung?«

»Ich muß die Freiheit haben, meine Priester mitzunehmen um Melkart und Aschera anzubeten, wie es mir gefällt.«

Etbaal lachte. »Meine Liebe. Ich kenne keinen Heiratsvertrag, in dem diese Forderung nicht enthalten wäre. Wärst du dann mit dem Arrangement zufrieden?«

Isebel wandte sich um und blickte ihren Vater an. Ein boshaftes Glitzern funkelte in ihren Augen auf. Sie legte die Hand neckend auf ihren Schoß. »Nur, wenn Ahab wirklich ein solch kraftvoller Mann ist, wie du behauptest.«

»Das, meine schöne Tochter«, lachte Etbaal, »magst du in Kürze selber entscheiden.«

»Kommt er denn nach Tyrus?« rief Isebel aus.

»Ja. Er muß bereits in der Nähe des Karmel sein, und er ist ein schneller Wagenlenker. Er müßte irgendwann im Lauf des morgigen Tages hier ankommen.«

Ein Schauer der Erregung durchlief sie, aber da sie stolz auf ihre Reife war, unterdrückte sie ihre Gefühlsbewegung, bis sie

Gelegenheit haben würde, den Mann zu sehen, der um ihre Hand anhielt.

Sie hatte augenblicklich Vertrauen zu Ahab gefaßt. Er war natürlich ein typischer Mann mit dem üblichen Stolz und den Flausen eines Mannes, aber in den fünf Jahren ihrer Ehe hatte er sich in jeder Hinsicht als der Mann erwiesen, den sie sich erhofft hatte.

Ahab war eigentlich kein gutaussehender Mann, aber seine groben, markanten Züge gefielen ihr. Er war nicht wie ein Prinz aufgewachsen, war niemals auf Daunen gebettet gewesen. Wie ihr Vater gesagt hatte, war er so hart wie die Hügel Israels. Sie sah ihn in Gedanken am liebsten so vor sich, wie sie ihn an diesem ersten Tag gesehen hatte, als er aus seinem Wagen sprang. Die Falten seines Oberkleides hatten noch in seinem Lendenschurz gesteckt. Auf seinem muskulösen Körper saß ein mächtiger, bärenähnlicher Schädel. Der Staub der Straße hing ihm in Haar und Bart. Sie hatte seine Ankunft von einem Fenster des Palastes aus beobachtet und dachte daran, wie es ihr, einer jähen Laune folgend, durch den Kopf gegangen war: »Kann der Sohn eines Königs nicht auf eine weniger schmutzige Art reisen?«

Als Ahab ihr dann vorgestellt wurde, hatte er sich bereits gewaschen und ein sauberes scharlachfarbenes Hemd mit einem purpurnen Oberkleid darüber angelegt, an dessen Saum lange Quasten hingen. Sie erinnerte sich, wie sie seine harten Handflächen gefühlt hatte, und wie selten sie bislang Schwielen auf den Händen eines Mannes gespürt hatte.

Fast ein Jahr war vor der Eheschließung vergangen, aber es waren geschäftige Monate gewesen. Jeder Tag war von der Aufregung ihrer Übersiedlung nach Samaria und den Hochzeitsvorbereitungen erfüllt gewesen.

Es ist, als wäre es sehr lange her, dachte Isebel. Sie wandte sich von der Brüstung ab und blickte zu der Straße hinüber, die sich von Nordosten her näherte. Sie konnte bis zu den Hügeln hinübersehen, von denen sie damals ihren ersten Blick auf die weißen Kalksteinmauern von Samaria geworfen hatte. Sie hatte Ahab gegenüber eine Bemerkung gemacht, wie sehr die Bauweise sie an Phönizien erinnerte.

»Gewiß«, hatte er geantwortet, »phönizische Baumeister haben den Bau überwacht.«

Den einzigen Zugang zu Samaria bildete die Straße, die sich in einer Biegung von Osten her näherte, aber das einzige Tor befand sich an der Westseite. Mit einem Lächeln auf den Lippen erinnerte sich Isebel an ihre Überraschung, als sie sich der Stadt näherten und sie kein Stadttor sah. Die Straße führte auf die hohe nördliche Mauer zu. Die Reisegesellschaft war an ihr entlanggeritten bis zur Westseite, um die Stadt an der Stelle zu betreten, wo der Hügel in einer steilen Böschung neben der Straße abfiel. Isebel hatte die militärische Voraussicht von Ahabs Vater bewundert, aber natürlich dachte ein König, der sein Königreich als Soldat erworben hatte, als erstes an solche Dinge.

Isebel fühlte sich vom ersten Augenblick an, als sie durchs Tor ritt, als Königin. Herolde waren ihnen vorausgeritten, um ihre Ankunft anzukündigen. Als die Torflügel vor dem königlichen Paar aufschwangen, steigerte sich das Geschrei einer begeisterten Menge zu ohrenzerreißendem Jubelgebrüll. Eine kistenähnliche Sänfte, mit Zedernholz eingelegt und mit Vorhängen aus Seide, mit langen Stangen, an denen sie von Männern – drei an jedem Ende – getragen wurde, wartete als Transportmittel auf Ahab und seine Braut.

Ein Orchester aus Flöten, Dudelsäcken, Leiern und Zimbeln nahm in aller Eile vor ihnen Aufstellung, und ihre Musik brachte die Menschenmenge dazu, Ahab in Liedern zu preisen. Frauen schrien ihre Zustimmung laut heraus, als Isebel an ihnen vorbeigetragen wurde und sie aus der Nähe sahen, wie schön und elegant sie war. Kinder bestreuten mit Hilfe der Frauen den Weg vor der Prozession mit Palmblättern. Ein Kaufmann mit krummen Beinen und dickem Bauch rannte zur Sänfte und drückte Isebel ein Geschenk in die Hände. Es war ein wundervoll gearbeitetes Parfümkästchen. Sie winkte ihm zu, aber er war bereits in der Menge verschwunden. Kleine Kinder winkten und schrien ihnen Willkommensgrüße zu, als die Prozession vorüberzog, und sie kicherten, wenn Isebel ihr Winken erwiderte.

Die Menge säumte die Straßen bis zum Palast und begleitete sie mit unablässigem Jubelgeschrei. Der Zug schloß sich hinter ihnen und verschmolz zu einer dichtgedrängten Masse, bis die Menge sich gegen die Läden an beiden Seiten der Straße drückte und drängte. Die Schwachen machten den Starken Platz, die sich mit den Ellbogen nach vorne arbeiteten, um noch rasch einen Blick auf ihre liebliche neue Königin zu werfen, und sie folgten ihnen schreiend, bis der Zug durch die mächtigen Eichentore im Hof des Palastes verschwand.

Die Aufregung dieses Einzugs in der Stadt hatte sogar den richtigen Hochzeitszug, der ein paar Tage später stattfand, weit übertroffen, denn für Isebel war er das Zeichen gewesen, daß die Bevölkerung der Stadt sie akzeptierte. *Kann ich wohl damit rechnen,* fragte sie sich, während sie über den Dunst zum Meer hinausblickte, *daß ganz Israel mich auf diese Weise akzeptiert?*

Isebel war in den fünf Jahren, die sie nun Ahabs Frau war, um vieles reifer geworden. Sie hatte viel nachgedacht. Sie hatte sich tiefgründige Gedanken über die Zukunft gemacht. In diesen Tagen hatte sie das Gerste-Tal lieben gelernt. Im Frühling war es lieblich, und selbst jetzt floß das Wasser des Winterregens ungehindert westwärts und sammelte die Gewässer aus den kleineren Wadis auf seiner trägen Reise zur See. Später wurden das Laubwerk und die Grüppchen von Weingärten auf beiden Seiten des Tales so dicht, daß sie die hellfarbige Erde verhüllten. Weiter drüben im Westen, jenseits der Reihe kleiner Hügel, wuchsen Eichenwälder in vereinzelten Flecken auf der Ebene von Scharon. Die natürliche Schönheit des Gerste-Tals war jedoch nicht der stärkste Beweggrund für die Liebe, die sie zu diesem Tal empfand. Es sprach mit ihr. Wenn sie in Gedanken versunken war, erschien ihr das Tal, wie es sich sanft in Richtung Meer bewegte, als ein Symbol der Verbindung zwischen Israel und Phönizien. Vielleicht würde diese Verbindung in zukünftigen Jahren mehr als nur ein politisches Bündnis sein.

Isebel hatte den Reichtum des Landes schätzen gelernt. In Israel gab es reichlich Lebensmittel. Die edelsten Trauben, das feinste Getreide, die menschliche Arbeit und Mühe hervorbringen konnten, kamen aus Israel, und dazu Wolle und Olivenöl, Datteln und Granatäpfel und der Wundbalsam aus den Hügeln von Gilead. Phönizien mit all seinem Reichtum brachte nur wenig Feldfrüchte hervor. Etbaal hatte recht. Israel bot Phönizien reiche Möglichkeiten, und Phönizien bot Israel dasselbe. *Aber darüber hinaus, lieber Vater,* dachte Isebel, *gehören unsere beiden Länder zusammen, sie sind eins, wie ich mit meinem Mann Ahab eins bin.*

Bevor Isebel sich zum Gehen wandte, starrte sie sekundenlang ein großes neues Grab am Fuß des Hügels von Samaria an. Sie hatte Omri liebgewonnen, so lieb, daß sie ihn Vater genannt hatte. Er würde ihr fehlen, aber die Trauerzeit war vorüber. Es gab Arbeit zu tun. Wenn die Vereinigung der beiden Länder funktionieren sollte, dann mußte Baal Israels Gott werden. Israels Jahwe war zu schwach. Melkart, der Gott der Macht, und Aschera, die Fruchtbarkeitsgöttin, mußten das Herz Israels gewinnen.

Ihr erster Schritt mußte ein langes Gespräch mit Ahab sein. Der richtige Zeitpunkt dafür würde beim Abendessen sein.

Der größte Raum in Ahabs Palast war der Speisesaal. Dutzende Menschen versammelten sich in dem riesigen, mit Zedernholz getäfelten Raum zu den Mahlzeiten. Priester von hohem Rang, Anbeter der verschiedensten Gottheiten, saßen jeder in diskreter Distanz von Anhängern der jeweils anderen Kulte; sie alle waren mit den Frauen, die Ahab oder Omri aus politischen Gründen geheiratet hatten, nach Israel importiert worden. Jehu, Ahabs General, und sein Generalstab, Besucher am Hofe, Günstlinge und königliche Personen nahmen ihre vorgegebenen Plätze am Tisch des Königs ein. Niedrige Diwans, auf denen die Essensgäste während der Mahlzeit bequem hingestreckt lagen, standen im rechten Winkel neben den langen, niedrigen Eichentischen. Die Ruhebetten waren aus dem feinsten Holz der Libanonzeder gefertigt und von Hand auf Hochglanz poliert. Sie waren Bestandteil eines gewaltigen Hochzeitsgeschenks von Isebels Bruder, Baal-azar II., der seinem Vater auf dem Thron des Königs von Tyrus, der Residenzstadt von Phönizien, gefolgt war. Die Liegestätten des Königshauses und der Hohenpriester Jahwes waren aufs kunstvollste mit Elfenbein-Einlegearbeit verziert.

Lakaien drängten sich geschäftig zwischen den Tischen und trugen atemberaubende Speisen auf. Gebratene Gänse, gebratene Gazellen, Hammelfleisch, zarte Kalbssteaks, alles mit den feinen arabischen Gewürzen aufs köstlichste zubereitet, Laibe von ofenwarmem Brot, Feigenkuchen, Rosinen aus den Obstgärten Israels, Granatäpfel, Oliven, Käse, Meeresfische, Melonen, Gemüse und die erlesensten Weine der Welt wurden den Gästen vorgesetzt. Die Tische waren dem strengen höfischen Zeremoniell gemäß gedeckt, aber selbst an den Tischen von niedrigstem Rang hatte niemand Grund zum Murren.

Isebel hatte es so arrangiert, daß der Tisch, an dem sie mit Ahab speiste, ein wenig abseits von den Gästen stand. Ahab erkannte an dieser Anordnung, daß ein wichtiges Gespräch auf dem Programm stand, denn allmählich wußte er Bescheid mit den Schachzügen seiner Königin. Er sah jedoch keinen Grund zum Widerspruch.

Isebel, die sich mit Männern auskannte, wartete, bis Ahab genug geprahlt hatte mit seiner Tagesarbeit und seinen weisen Entscheidungen. *Einem Mann muß man Gelegenheit geben, von seinen Leistungen zu reden, oder er wird ärgerlich auf die Frau, die ihm nicht zuhört,* dachte sie geduldig. Sie wartete und lauschte aufmerksam, denn ihre Bitte war ihr zu wichtig, als daß sie zurückgewiesen werden durfte, weil sie zum ungünstigen Zeitpunkt vorgebracht wurde.

Sie achtete sorgfältig auf den richtigen Zeitpunkt, um das Thema zu wechseln, bis sie bemerkte, daß Ahab Geschichten bereits zum zweiten Mal erzählte. Sie wechselte die Stellung auf dem Ruhebett und hielt ihren Weinbecher zwischen den Händen. »Ahab, ich habe die Chroniken der Könige Israels studiert.«

»Tatsächlich? Und was hast du dabei gelernt?« Ahabs freudige Erregung über Isebels Interesse an seinem Land war nicht zu überhören.

»Ich las über Jerobeams Politik. Er war ein sehr guter König.«

»Ja«, stimmte Ahab ihr zu. Er strich seinen buschigen, säuberlich gestutzten Bart. »Natürlich war er der Mann der Stunde, als Israel gegen das Regiment von Salomos Sohn Rehabeam rebellierte. Es ist sehr nützlich, wenn die Leute fest hinter einem stehen.«

»Ich habe mit Interesse gelesen, daß er in Bethel und Dan Kultstätten errichtete, die dem Tempel in Jerusalem Konkurrenz machten.« Sie stellte sich unwissend. »Warum erschien ihm diese Vorgangsweise als so notwendig, Ahab?«

»Er konnte gar nicht anders. Die Priester lehrten die traditionelle Überlieferung, daß nur ein Nachkomme Davids legitimer Herrscher über Jahwes Volk sein könne. Nachdem Jerobeam kein Sohn dieses Hauses war, konnte er seine Leute nicht gut ermutigen, nach Jerusalem zu gehen, wo ihnen solche Lehren zu Ohren gekommen wären. Außerdem wollte Jerobeam die brüderlichen Beziehungen zwischen den Völkern von Juda und von Israel zerschneiden. Also mußte er einen Grund finden, die jährliche Pilgerfahrt nach Jerusalem überflüssig zu machen.«

Isebel lächelte. »Wenn die Menschen also einem einzigen Gott opfern, werden sie schließlich auch ein einziges Volk sein?« fragte sie.

Ahab warf ihr einen raschen Seitenblick zu, denn allmählich wurde ihm klar, wie bedeutsam dieses Gespräch werden sollte. Er antwortete mit vorsichtiger Zurückhaltung: »Ich nehme an, so ist es.«

»Ahab, wie viele Israeliten beten Jahwe an?«

»Das weiß ich nicht. Die meisten, nehme ich an.«

»Aber dienen sie nicht auch anderen Göttern?«

»Isebel«, sagte Ahab gereizt, »warum stellst du mir Fragen, wenn du die Antworten ohnehin weißt? Rück schon heraus damit, was du mir sagen willst.«

»Nun gut. Wir haben schon öfter davon gesprochen, welche Vorteile das Bündnis zwischen Israel und Phönizien unseren beiden Ländern bringt. Wäre dieses Bündnis nicht noch fester besiegelt, wenn unsere Völker eins wären?«

»Das stimmt zweifellos, und ich weiß, worauf du hinauswillst. Aber warum sollte dann nicht Phönizien Jahwe annehmen, anstatt daß Israel Melkart annimmt?«

»Also wirklich, Ahab. Es gibt mehrere Gründe dafür, und du kennst sie so gut wie ich selbst. Deine Leuten verehren Baale jeder Sorte neben Jahwe. Sie haben ihre Götzen der Täler, Götzen der Flüsse, Götzen der Bäume und Gärten, Götzen der Hügel und Berge. Warum sollte da nicht auch für Baal-Melkart Platz sein? Er unterscheidet sich kaum von den Baalen, denen sie jetzt dienen, davon abgesehen, daß er unendlich mächtiger ist. Deine Leute werden ihn mit offenen Armen aufnehmen, aber die Phönizier werden niemals deinen Jahwe mit seinen strengen Forderungen annehmen.«

Ahab krauste die Stirn. Er wünschte, ein Priester Jahwes könnte Isebel an seiner Stelle antworten. Er war jedoch ganz ihrer Meinung, daß die Priester viel zu engstirnig und die Propheten überhaupt unmöglich waren. Isebel, das wußte er, hatte teils recht und teils unrecht, aber er war nicht so bewandert in der Religion wie sie. Wie sollte er da wissen, was richtig war?

»Ich habe nichts dafür übrig, irgendeinen Gott zu verärgern, Isebel«, antwortete er, »und was mich angeht, so fühle ich mich Jahwe aufs Innigste verbunden. Außerdem hoffe ich, eines Tages in der Lage zu sein, die Beziehungen zwischen meinem Land und Juda zu verbessern. Da wäre dein Plan nicht gerade nützlich.«

»Ich verlange doch nicht, daß du oder dein Volk aufhört, Jahwe zu opfern. Ich bitte nur, daß du es jenen, die es wünschen, gestattest, in einem Tempel des Melkart anzubeten.«

Ahab zog die buschigen Augenbrauen hoch, jähe Röte stieg ihm ins Gesicht. Er setzte seinen Becher sorgsam auf den Tisch und wandte sich Isebel zu. »Du willst meine Erlaubnis, dem Melkart einen Tempel zu bauen?« fragte er mit rauher Stimme.

Isebel erschrak einen Augenblick lang über Ahabs unverblümte Frage. Sie hob das Weinglas an die Lippen, um Zeit zum Nachdenken zu gewinnen. Rasch entschied sie sich dafür, daß eine offene Antwort das Klügste sei. »Ja.«

Ahab setzte seinen Pokal ab und drehte ihn langsam rundherum. Ein Augenblick verging in tiefem Schweigen. »Warum sollte ich dir diese Bitte gewähren, Isebel?« fragte er schließlich.

Isebels Lippen bildeten einen schmalen Strich. Sie antwortete mit sorgfältig gewählten Worten; ihre Augen waren groß und tief. »Weil Melkart mächtig ist, sehr mächtig, und er kann Israel helfen, und . . .« Sie hielt inne und beugte sich nahe zu Ahab. Sie blickte ihn an, bis ihr Schweigen ihn zwang, sie anzusehen. ». . . und dir, Ahab. Er kann dir helfen.«

»Jahwe ist mein Helfer«, antwortete Ahab heftig.

»Dein Jahwe hat einiges für dich getan, mein König.« Isebels Stimme war sanft und ernst. Ihre Lippen waren feucht vom Wein. Sie beugte sich vor und sprach mit großer Eindringlichkeit. »Aber Jahwe ist ein Gott der Hügel, Ahab. Melkart ist der Gott der Macht. Er kann dir überall helfen. Und seine Göttin, Aschera, kann bewirken, daß sich das Vieh des Landes vermehrt und deine Weingärten und Kornfelder reiche Frucht tragen.« Während sie sprach, machte sie mit ihrem Trinkbecher eine Bewegung, die das ganze Land umfaßte.

Ahab kicherte gedämpft. »Eine phönizische Göttin? Was hat sie denn dazu beigetragen, fruchtbares Weideland aus den Bergen von Phönizien zu machen?«

»Aschera wird unter vielen Namen angerufen«, wich Isebel ihm aus.

Ahab blickte sie fragend an. »Zum Beispiel?«

»Zum Beispiel als Ischtar im Lande Assyrien, Atargatis in Syrien, Isis in Ägypten und Aphrodite in Mesopotamien.« Sie schwieg einen kurzen Augenblick nach jedem Namen, damit die Stille ihm desto mehr Gewicht verleihen sollte.

»Sie sind alle dieselbe wie Aschera?«

»Mit Gewißheit wissen es nur die Götter selbst, aber mir scheint es dieselbe zu sein. Verstehst du nicht, Ahab? Die mächtigsten und reichsten Völker opfern der Fruchtbarkeitsgöttin.«

Ahab, den seine Unfähigkeit irritierte, Isebel etwas entgegenzuhalten, und den gleichzeitig das verhüllte Versprechen des Reichtums verlockte, dachte bei sich: *Staatsaffären und Kriegslisten sind doch ein Nichts im Vergleich zum Scharfsinn einer Frau!* Er zuckte die Achseln. »Wer bin ich, daß ich über die Götter Bescheid wüßte?«

»Aber du glaubst doch daran, daß sie ihren Anhängern helfen.« Es war eine Feststellung, die Isebel traf, keine Frage.

Ahab antwortete müde. »Ja, sicher glaube ich das. Aber ich weiß nicht genau, wie viel oder wie wenig Hilfe sie uns leisten.«

»Wenn sie nur wenig helfen, können sie auch nur wenig schaden. Auf der anderen Seite wäre es klug gehandelt, sich der Hilfe eines so machtvollen Gottes wie Melkart zu versichern.«

»Die Propheten Jahwes sagen, Israel solle nur Jahwe dienen.«

»Nun komm, Ahab. Das glaubst du doch selbst nicht, und wie viele von deinen Leuten glauben es schon? Ich bezweifle ohnedies, daß Jahwe so eifersüchtig ist, wie deine Propheten behaupten.«

Ahab schwieg und zog es vor, das Thema beiseitezuschieben, aber Isebel wollte ihren Vorteil ausnützen. »Ahab, bitte, du gewährst mir meinen Wunsch, nicht wahr?«

Ahab hob seinen Pokal und trank einen tiefen Schluck vom Wein aus Sorek. Seine Augen waren nachdenklich. Er starrte die dunkle Flüssigkeit an und ließ sie langsam im Becher kreisen. »In Ordnung, Isebel. Du magst recht haben oder auch nicht, was Melkarts Macht angeht, aber du hast zweifellos recht damit, daß der Baalskult unsere Völker enger miteinander verbinden wird. Du kannst deinen Tempel haben.«

Isebel lächelte.

Er blickte sie an, und seine Augen wurden hart. Dann griff er zu ihrem Diwan hinüber, packte sie am Handgelenk und drückte zu. Isebels Wein floß über und troff auf den polierten Boden hinunter. Er stieß die Worte zwischen zusammengebissenen Zähnen hervor. »Aber höre mich an, meine Königin.« Seine plötzliche Brutalität sandte einen eisigen Schauder durch ihren Körper. »Du darfst in keiner Weise die Verehrung Jahwes stören. Verstanden?«

Überrascht versuchte Isebel zurückzuweichen, aber Ahabs Griff wurde nur noch fester.

Sie gab ihren Widerstand auf. »Ja, Ahab, ich habe verstanden.«

Ahab lockerte langsam seinen Griff. Er setzte seine Worte sorgfältig. »Es tut mir leid, wenn ich dir wehgetan habe. Aber vergiß nicht, was ich gesagt habe. Ich habe es ernst gemeint.«

Offenkundig verstört faßte Isebel sich ins Haar. Die Bewegung ließ sie ihre Fassung zurückgewinnen. Sie lächelte und trank in kleinen Schlucken ihren Wein. Das Gespräch war abgeschlossen, sie aßen schweigend ihre Mahlzeit zu Ende.

Ahab schob seinen Teller von sich. »Bist du fertig, meine Liebe?«

Isebel stellte ihren Becher auf den Tisch zurück und erhob sich langsam. Aller Augen folgten dem königlichen Paar, bis sie den Raum verlassen hatten. Als sich die Türe hinter ihnen schloß, begannen sich die Tische zu leeren. Dem Hofzeremoniell entsprechend verließen jene, die dem König am nächsten saßen, den Saal als erste, während ihnen die übrigen ihrem Rang entsprechend folgten. Der Raum verwandelte sich in ein Meer bewegter Farben. Leuchtendbunte, fließende Roben, glitzernde Juwelen und besticktes Leinen bewegten sich auf den Ausgang zu.

Der Festsaal war jetzt menschenleer, aber immer noch erfüllt vom Prunk und Luxus weicher, farbenprächtiger Kissen, orientalischer Teppiche und leinener Tischtücher. Flämmchen flackerten in den Öllampen, von denen einige auf den Tischen standen, während andere an den Wänden befestigt waren. Diener kamen herein, um die Überreste des Essens abzuräumen, die auf ihren eigenen Tischen landen oder die Tiere des königlichen Hofes mästen oder das elende Leben der Bettler um ein paar Stunden verlängern würden.

ZWEITES KAPITEL

Isebel saß hochaufgerichtet in ihrem Thronsessel. An diesem Tag fühlte sie sich noch selbstbewußter in ihrer Rolle als Königin als am Tag zuvor. Meor-baals Ankunft in ihrem Beratungszimmer kündigte den Anbruch einer neuen Epoche für Israel an. Er würde in Kürze eintreffen.

Der Thronsessel der Königin nahm eine ganze Wand ein, einem Fenster gegenüber, das – von einem schweren verschnörkelten Gitterwerk aus Bronze geschutzt – auf den Hof des Palastes hinausblickte. Das Klirren von Metall und das gelegentliche Schnauben eines Pferdes und die halblauten Ausrufe von Männern drangen dann und wann in den Raum.

Das Fenster beherrschte Isebels Beratungszimmer weit mehr als der Thronsessel. Zu beiden Seiten stand eine Statue. Eine war die des Melkart, des phönizischen Baal-Götzen, dessen grimmige, blutrünstige Augen aus einem bärtigen Gesicht blickten. Er war nur mit einem Turban und einem Lendentuch bekleidet und trug eine Streitaxt auf der Schulter. Die andere Statue war die der Aschera, deren Fruchtbarkeitsrituale den Baalskult beherrschten. Sie hielt ihre Brüste schamlos in beiden Händen, ihr nackter Leib lud unverblümt zur Teilnahme an den Fruchtbarkeitsritualen ihres Kultes ein.

Isebel genoß ihre freien Minuten der Meditation, während sie auf Meor-baals Ankunft wartete. Sie war aufgeregt. Melkarts steinerne Augen erwiderten ihr Starren, und die Erregung, die ihre Brust durchfuhr, war sein Versprechen, sie zu segnen. In ihren Träumereien stellte sie sich eine siegreiche Armee vor. Sie sah Ahabs Kommandozelt auf dem Hügel errichtet, von dem aus man das Schlachtfeld überblickte. Hunderte von Wagen jagten in wilder Hast durch das Tal, ihre Lenker knallten mit den Peitschen über den Köpfen ihrer schweißtriefenden Pferde, brüllten Flüche aus schmutzverschmierten Gesichtern, die Räder wirbelten den Staub auf, als reihte die Erde selbst sich in ihre Kampflinien ein. Bogenschützen standen in zwei Reihen am Fuß des Hügels, die vordere Reihe kniete, damit ihre stehenden Kameraden gleichzeitig ihre Pfeile abschießen konnten. Auf ein Kommando hin verdunkelte ein Hagel von Pfeilen die Sonne wie eine Wolke. Speere und kupferne Schilde fingen die Strahlen der Sonne auf und widerspiegelten sie auf bärtige Männer in ledernen Wämsern, Männer, die mit angespannten Muskeln auf den Befehl zum Angriff warteten. Israel, unter der militärischen Führung Ahabs und der geistigen Führung Melkarts, würde wie eine Flutwelle über das kleine Juda hereinbrechen. Edoms Bergfestungen würden fallen. Beduinenscheichs würden Tribute zahlen. Die Mauern von Damaskus würden unter den Rammböcken Israels zusammenbrechen.

Aschera lächelte, und Isebel träumte von den Herden und Viehscharen Gileads und Baschans. Sie sah, wie sie sich vermehrten und fett und glänzend wurden. Felder von Weizen und Gerste bedeckten die Täler und Ebenen des Landes. Riesige Weingärten verbargen die abgestuften Hügel unter ihrem Blattwerk. Und Israels junge Männer und Frauen wuchsen stark und schön heran. Eines Tages würde Israel Melkart und Aschera gehören, und dann würden ihre Träume wahr werden.

Ein Pochen an der Türe riß die Königin aus ihren Träumen.

»Tritt ein«, antwortete sie.

Ein Türsteher tauchte auf. »Meor-baal wartet draußen, meine Königin.«

»Führ ihn herein.«

Der Türsteher trat beiseite, um den jungen Mann ins Zimmer treten zu lassen, dann schloß er die Türe hinter ihm.

Meor-baal trug ein schlichtes weißes Leinengewand, das um die Mitte mit einer scharlachfarbenen Schärpe gegürtet war; ein farblich passendes Tuch war um seinen Turban geschlungen. »Meine Königin.« Er sprach mit Würde, während er sich vor ihr verneigte.

»Meor-baal, ein Wagen und Reiseproviant werden in diesem Augenblick für dich vorbereitet. Du wirst so schnell du kannst nach Tyrus reisen und bei meinem Bruder vorsprechen. Baal-azar wird dir behilflich sein, einen Trupp Priester zusammenzustellen. Du bist vertraut mit dem Tempel in Byblos. Geh dorthin, wenn es sein muß. Ich möchte, daß du die besten Männer mit dir zurückbringst, die du finden kannst.«

Meor-baal lächelte. Sein buschiger Schnurrbart beherrschte sein bartloses Gesicht. »Ich werde es mit der größten Freude tun, Königin Isebel. Wie viele braucht Ihr?«

»Vierhundert.«

Eine Sekunde lang huschte ein Schatten über Meor-baals Gesicht, dann verschwand er rasch wieder. »Vierhundert?«

»Ja.« Isebel genoß einen Augenblick lang seine Verblüffung, bevor sie fortfuhr. »Ein Tempel wird hier gebaut werden und ein weiterer in Jesreel. Sie müssen mit Personal versorgt werden. Ich brauche auch eine Anzahl Zweiermannschaften, jeweils einen Propheten und einen Priester, die stark genug sind, die Strapazen längerer Reisen zu ertragen. Sie werden von einer Stadt zur anderen, von einem Dorf zum anderen ziehen und dort Schreine und Altäre errichten. Zusätzlich wirst du alle Vorkehrungen treffen, daß tüchtige Baumeister, Steinmetzen, Maurer, Holzschnitzer und Zimmerleute die Tempel planen und errichten.« Isebel ergriff eine Buchrolle, die neben ihr lag, und reichte sie Meor-baal. »Hier ist dein Beglaubigungsschreiben. Die Rolle enthält auch noch ein wichtiges Detail meiner Forderungen. Was du sonst noch brauchst, befindet sich in dem Wagen, der dich erwartet. Geh jetzt, und möge Melkart dich segnen, mein Priester.«

Meor-baal verbeugte sich und eilte, ohne noch ein Wort zu sprechen, mit langen Schritten aus dem Raum. Die Reise würde, so schätzte er, etwa zwei Tage dauern. Seine Sandalen eilten leichtfüßig über die steinernen Treppenstufen, als er in den Hof hinunterstieg. Er blieb vor dem Wagen gerade lang genug stehen, um die langen Falten seiner Robe in seinen Gürtel zu stekken, dann stieg er auf und ergriff die Zügel. Der Wagen war aus Leder gefertigt statt aus Bronze, zerbrechlich, aber geschwind. Das Zweiergespann, zwei Apfelschimmel, reagierte auf Meor-baals Zuruf mit einem Sprung vorwärts und eilte in raschem Trab durch das Tor des Palastes. Die Lederreifen zischelten auf dem Straßenbelag aus Granit, als Meor-baal seine Pferde durch die Straßen der Stadt lenkte, bis sie die Mauern von Samaria hinter sich gelassen hatten und in rascheren Trab fielen.

Meor-baal ließ sein Gespann in gleichmäßigem Trab laufen und lenkte es nordwärts, auf Ibleam zu. Er dachte über die Reise nach. Hinter Ibleam, das er rechtzeitig für ein spätes Mittagessen erreichen würde, wollte er sich nach Nordwesten wenden, um an der Bergkette des Karmel entlang nach Fort Meggido zu reiten.

Die Reise verlief ohne besondere Ereignisse; er überquerte ein Wadi nach dem anderen, als er nach Norden reiste, dann ritt er unter einem grauen Himmel über die Schultern des Karmel.

Die Nacht brach bei dem bewölkten Himmel rasch herein. Die Wächter schlossen bereits die Tore von Megiddo, als Meor-baal den steilen Hang zur Festung hinaufzureiten begann. Als die Wächter ihn herankommen sahen, hielten sie die riesigen, an eisernen Angeln schwingenden Tore ein Stückweit offen. Einer der Wächter rief den Wachhabenden auf der Mauer oben eine Meldung zu. Meor-baal hielt inne und zog unter den argwöhnischen Augen der Wächter die Rolle aus seinem Gewand. Als sie Isebels Siegel sahen, stießen die Wächter die Tore weiter auf, und Meor-baal trieb seine Pferde durch das erste Tor des Kavalleriefortes.

Innerhalb des zweiten Tores stieg ein Soldat im Lederwams in Meor-baals Wagen und ergriff die Zügel. Er knurrte einen Befehl und schnalzte, und die Pferde trabten zwischen langen Reihen von Pferdeställen und Wagenremisen dahin.

Meor-baal sah sich erstaunt um. »Dies ist also eine von Salomos Wagenstädten?« bemerkte er nachdenklich. »Er war wirklich ein großer König.« Dann wandte er sich direkt an seinen Führer und fragte: »Wie viele Wagen sind hier stationiert?«

»Hundertfünfzig«, antwortete der Führer, ohne den Blick von der schmalen Gasse zu wenden. »Und vierhundertfünfzig Pferde.«

Sie zogen in langsamem Schritt an langen Reihen steinerner Pfähle zum Anbinden der Pferde vorbei, die jeder vom nächsten durch eine steinerne Futterraufe getrennt waren, dann überquerten sie einen Innenhof und hielten vor einem mächtigen Gebäude.

»Komm«, brummte der Führer, »unser Hauptmann wird dir Essen und einen Schlafplatz gewähren. Ich werde dich ihm vorstellen.«

Meor-baal stieg dankbar aus dem Wagen. Nach der langen Fahrt wackelten seine Knie ein wenig, als er den Fuß auf festen Boden setzte.

Ein leichter Regen fiel die ganze Nacht hindurch, und Meor-baal schlief tief und fest bei dem sanften Geräusch. Bei Sonnenaufgang begannen sich die Wolken zu zerstreuen. Am späten Vormittag, als Meor-baal bereits wieder unterwegs war, fleckten weiße, flauschige, fröhliche Wölkchen den Himmel. Der Priester war dankbar für die frischen Pferde, die der Kommandant des Forts ihm gegeben hatte. Seine Reise würde flotter als erwartet vorangehen.

Der Geruch des Meeres stieg ihm in die Nase. Er hätte das Wasser bereits sehen können, wäre da nicht eine niedrige Hügelkette in der Nähe des Karmel gewesen. Der Berg Karmel erhob sich majestätisch aus dem Tal und schob sein Gipfelplateau in die See vor wie den Rammbock einer siegreichen Armee. Der Regen, der vom Meer hereinkam, fiel als erstes über dem Berg, wenn die Wolken ostwärts zogen, und so blieb er das ganze Jahr über grün. Weingärten und Obstpflanzungen bedeckten seine Hänge. Nackte Felsen trennten sie von dem dichten Gebüsch und den Wäldern auf seinem Gipfel. »Wahrhaftig, du bist eine Heimstatt der Götter!« wisperte Meor-baal ehrfürchtig. »Ah, und der Tag ist nahe, Jahwe Israels, an dem Baal den Kampf um diesen großartigen Berg beenden und dich in die Einöde der Wüsten verbannen wird.«

Der junge Priester zügelte seine Pferde, so daß sie langsamer gingen, und überlegte, ob er sich die Zeit nehmen sollte, die Schreine von Melkart und Aschera am Gipfel des Karmel zu besuchen. Dann fiel ihm jedoch sein Zeitplan ein, und er schnalzte mit den Zügeln. Karmel würde warten müssen.

Spät am Nachmittag tauchten die Mauern von Tyrus vor ihm auf, die sich unmittelbar aus der See erhoben. Wären da nicht die weißen Wolken im Hintergrund gewesen, so wäre die Stadt auf der Insel nur schwer zu erkennen gewesen. Die tief im Westen stehende Sonne warf die Schatten der Bastionen des südlichen Hafens über einen Zug ägyptischer Handelsschiffe, die im Hafen vor Anker lagen. Er fühlte Stolz. Melkart hatte Tyrus reich gesegnet.

Meor-baal lenkte sein Gespann auf eine der Zufahrtsstraßen, die die Insel mit dem Festland verbanden. Man merkte ihm an, daß er mit der Stadt vertraut war, als er seine Pferde über die mit Steinplatten gepflasterten Straßen zum Palast Baal-azars trieb und am Eingang die Zügel anzog.

Von einer der steinernen Brustwehren, die sich zu beiden Seiten der fest verschlossenen Tore befanden, rief ihm ein Wächter zu, er möge sich zu erkennen geben.

Meor-baal rief zurück: »Ich bringe eine Botschaft von Königin Isebel von Israel an ihren Bruder, den großen König Baal-azar der Phönizier.«

Der Wächter sprach mit jemand, den Meor-baal nicht sehen konnte, dann rief er: »Fahr mit deinem Gespann durchs Tor und halte dort an.« Bei diesen Worten schwangen die riesigen Eichentore auf. Meor-Baal schnalzte mit den Zügen und trieb sein schweißtriefendes Gespann die paar Schritte ins Innere, wo eine massive Kette den Weg versperrte. Ein Soldat mit dichtem Bart und ledernem Wams erwartete ihn. Sein kegelförmiger Hut wies ihn als Hauptmann aus. Er streckte dem jungen Priester die offene Hand entgegen. »Dein Beglaubigungsschreiben.«

Meor-baal reichte ihm eine kleine, fest zusammengerollte Buchrolle. Sie war mit Wachs gesiegelt, in das Isebel ihr offizielles Siegel eingeprägt hatte. Der Hauptmann bellte einen Befehl, und ein junger Mann mit Schnurrbart stieg in den Wagen.

»Überlaß deinen Wagen und dein Gespann der Obhut dieses Mannes, und komm mit mir«, wies ihn der Hauptmann an.

Meor-baal reichte dem Schnurrbärtigen die Zügel und folgte dem Hauptmann, der mit raschem Schritt durch den Hof eilte, auf ein Haus mit flachem Dach zu. Im Inneren wandte er sich an Meor-baal. »Wie heißt du?«

»Meor-baal.«

»Du bist kein Israelit?«

»Nein, ich komme aus Byblos. Ich entstamme einer heiligen Verbindung im Tempel des Baal.« Meor-baal fuhr mit offenkundigem Stolz fort. »Meine Mutter war eine *Zonah*, und natürlich weiß ich nicht, wer mein Vater war. Nun bin ich selbst ein Priester des Baal im Dienste der Königin Isebel.«

Die steinernen, gleichgültigen Züge des Hauptmanns wurden weich. Der Sohn einer Tempelprostituierten galt als heilig, vor allem einer, der in so jungen Jahren bereits ein so bedeutender Priester war. Er verneigte sich, sein Schwert klirrte gegen den steinernen Boden.

Als er sich wieder erhob, erklärte der Hauptmann mit leiser Stimme: »Man wird dir heißes Wasser und frische Kleider bringen. Ich werde zwei Männer beordern, daß sie dich während deines Aufenthaltes hier bedienen. Inzwischen werde ich ein Gespräch mit dem König arrangieren.«

* * *

Die Hitze stieg in schimmernden Wellen von der Sandstraße auf. Meor-baals Augen und die seines Gefährten, eines Propheten, schmerzten, als der Tag zur Neige ging, obwohl sie sich an die Reflexion der Sommersonne auf der glühenden Erde gewöhnt hatten. Ein Wagen wäre ihnen willkommen gewesen, aber im Interesse ihres Anliegens hatten er und sein Freund sich Isebels Wunsch gefügt, daß sie zu Fuß reisen sollten. Ein Prophet, der zu Fuß ging, wirkte auf die Leute weitaus engagierter als einer in einem Wagen. Er wünschte sich freilich, er wäre beauftragt worden, die Dörfer des nördlichen Samaria oberhalb des Tales von Jesreel zu besuchen. Es war kühler dort oben. Aber wenigstens hatte ihr Reiseweg sie ab und zu ans Ufer des Meeres geführt, wo sie Erfrischung von der Hitze finden konnten.

»Da ist Dor«, kündigte der Prophet an und deutete auf ein Dorf mit weißen Mauern, das fast verborgen im goldenen Weizen lag, der die Ebene bedeckte.

»Ein willkommener Anblick. Erst waschen wir uns die Füße, dann ein Schluck kühler Wein.«

Die beiden Gefährten beschleunigten ihren Schritt.

Einige der Dorfältesten saßen am Dorfeingang am Tor. Die alten Männer, der Tradition gemäß hochgeehrt, fungierten als Zeugen bei Geschäftsabwicklungen und gaben den Einwohnern des Städtchens ihre Ratschläge. Oft saßen sie bei Streitigkeiten zu Gericht. Sie beobachteten das Paar, das sich dem Tor näherte. Sowohl Meor-baal als auch der Prophet waren einfach gekleidet. Ihre Gewänder, die ursprünglich weiß gewesen waren, waren im Lauf der Reise vergilbt, obwohl sie sie mehrmals gewaschen hatten. Ihre Beine waren bloß und tief gebräunt, die Falten ihrer Oberkleider waren hochgerafft und steckten in ihren ledernen Gürteln. An ihren kleinen Turbanen waren Tücher befestigt, die ihnen zum Schutz vor der Sonne über den Nacken herabhingen. Die beiden sahen einander ziemlich ähnlich, davon abgesehen, daß der Prophet einen üppigen Bart trug, der ihn älter aussehen ließ als den Priester.

Der Prophet ging ein oder zwei Schritte vor Meor-baal, und die beiden hielten vor den Ältesten an. Der Prophet stemmte die Hände auf die Hüften und starrte die alten Männer an, bis sein Schweigen ihre volle Aufmerksamkeit erzwungen hatte.

»Wir werden hier an dieser Stelle sprechen, sobald die Sonne untergeht«, verkündete er mit tiefer, voller Stimme. Dann, um sich möglichst geheimnisvoll zu gebärden, wandte er sich ab und ging fort. Meor-baal folgte ihm schweigend.

Die Ältesten starrten ihnen nach. »Ein Prophet«, bemerkte einer mit lauter Stimme.

»Ja«, stimmte ihm ein anderer zu. »Ich habe von Reisenden gehört, daß jetzt viele Propheten viele Städte besuchen, aber sie sind nicht die Propheten Jahwes.«

Eine ganze Anzahl Köpfe nickte. Ein verhutzelter Greis, dessen weißer Bart vom Alter dünn geworden war, widersprach mit der schrillen Stimme der Hochbetagten: »Aber wir *wissen* nicht, ob sie Jahwes Propheten sind.«

Wieder nickten die Köpfe.

Der Älteste fuhr fort. »Wenn sie von Jahwe sind, müssen wir sie anhören. Wenn sie nicht von Jahwe kommen, was kann es uns schon schaden, ihnen einen Abend lang zuzuhören? Wir können sie morgen immer noch aus dem Dorf jagen.«

Bärtige Gesichter blickten von einem zum anderen, und einer nach dem anderen rafften sich die Alten mühselig auf und trotteten in verschiedene Richtungen davon, um die abendliche Verabredung den Dorfleuten anzukündigen.

Meor-baal und der Prophet tauchten erst pünktlich bei Sonnenuntergang wieder auf. Eine beträchtliche Menge Menschen hatte sich bereits versammelt.

Der Prophet wisperte dem jungen Priester ins Ohr: »Schau sie dir an, und denk an all die anderen Dörfer, in denen unsere Brüder heute am Werk sind. Es kann uns nicht mehr mißlingen, Meor-baal.«

»Du wirst es recht machen, mein Freund«, antwortete Meor-baal.

Eine steinerne Treppe führte vom Tor zur Krone der Stadtmauer hinauf. Der Prophet stieg so hoch hinauf, daß er von der Menge gut gesehen werden konnte. Er wandte sich um und sah sie an, sein langes Gewand flatterte leise im Abendwind.

Als er eben zu sprechen anfangen wollte, rief eine Stimme aus der Menge: »Wessen Prophet bist du?«

Der Prophet lächelte und breitete die Arme aus. »Ich bin ein Prophet des Volkes«, antwortete er. »Ich bin euer Prophet.«

Meor-baal lauschte besorgt. Die Stimmung der Menge konnte sehr leicht in Feindseligkeit umschlagen.

»Bist du nicht ein Prophet des Baal?« rief die Stimme.

Rasch antwortete der Prophet in der Absicht, jeden Versuch der Menge, in den Spott des Zwischenrufers einzustimmen, schon im Keim zu ersticken. Er sprach dröhnend und eindringlich, so gut er nur konnte. »Laßt mich euch sagen, warum ich mich einen Propheten des Volkes nenne.« Die Menge reagierte unbehaglich. Einige traten von einem Fuß auf den anderen, aber man ließ ihn weiterreden.

»Der wahre Gott wünscht, daß sein Volk glücklich und wohlgenährt ist. Er wünscht, daß sie die guten Gaben der Erde und die Freuden des Lebens genießen. Könnt ihr euch einen guten Gott vorstellen, der will, daß sich sein Volk vom Sonnenaufgang bis Sonnenuntergang abmüht und kaum genug erntet, um dem Hungertod zu entgehen? Könnt ihr euch einen Gott vorstellen, der gute Dinge auf Erden gibt und sie dann nur in kleinen, streng bemessenen Mengen austeilt? Ich spreche im Namen eines Gottes, der den Menschen die Schätze der Erde verspricht. Deshalb nenne ich mich einen Propheten des Volkes.«

Die Menge schien bereitwillig zuzuhören, obwohl er die Frage des Zwischenrufers nicht direkt beantwortet hatte. Die Stimme des Propheten schwoll an, wurde voller und selbstbewußter. Er sprach vom Reichtum ihres Landes. Er pries die Kraft ihrer jungen Männer. Er sprach in schmeichelnden Tönen von der Schönheit ihrer Frauen. Allmählich, ganz allmählich, ließ er den Namen Baal in seine Rede einfließen. So oft er bemerkte, daß sich Groll gegen ihn erhob, verlegte er sich auf humorvolle Zwischenbemerkungen. Er spielte mit der Menge wie ein Angler mit dem Fisch, brachte sie Schritt für Schritt in seine Gewalt, bis aus dem Mob ein aufmerksam lauschendes Publikum wurde. Und mit jedem Augenblick wurde er kühner.

Der Bart des Propheten zuckte im flackernden Licht im Rhythmus der Bewegungen seines Kinns. Die Öllampen warfen einen gigantischen Schatten auf die Wand hinter ihm. Die Menge, die wie hypnotisiert seiner Rede lauschte, hatte allmählich das Gefühl, die Seele des Propheten müsse so groß wie dieser Schatten sein.

Er sprach von der Notwendigkeit, daß die Menschen dem Baal bei der Erschaffung des Lebens mithalfen. Jahwe, sagte er, sei der Gott der Hügel, der Nomaden, der Schäfer, der Zeltbewohner, nicht der Gott der fruchtbaren Ebenen und ummauerten Städte. »Seht euch«, rief der Prophet mit lauter Stimme, »doch das elende Juda an. Wie steht es um ihren Reichtum im Vergleich zu Israel? Und ist ihr Volk dem Jahwe nicht getreuer als ihr selbst? Denkt an Salomo! Nahm er nicht zu an Macht und Reichtum, als er Hunderte ausländischer Frauen in seinen Harem brachte und ihre Götter mit ihnen? Jahwe muß wohl schwach sein, daß er es zuließ, oder es ist ihm gleichgültig! Und seht euch Phönizien an und Damaskus und Assyrien und die Hethiter. Seht euch die Königreiche jenseits des Meeres an. Sind sie denn schwach? Könnte Melkart nicht Israel zu einem so mächtigen Volk wie diese anderen machen?«

Die Stimme des Propheten strömte dahin. Die Menge schwoll an. »Seht, Baal war der Gott dieses Landes, bevor ihr Israeliten hierhergekommen seid. Wißt ihr nicht, daß er es zurückfordert? Meint ihr, er würde euch reichlich zu essen geben und euch gute Ernten schenken, wenn ihr ihn zugunsten eines anderen Gottes vernachlässigt?« Der Prophet sprach von Weizenfeldern und Olivenhainen und Obstgärten und Ackerfrüchten und Kühen und Schafen, die in der Welt nicht ihresgleichen hatten. Er schilderte ihnen ein Land, reicher, als sie es sich vorstellen konnten. »Und wißt ihr, wo dieses Land ist?« fragte er. »Hier an dieser Stelle! Baal-Melkart wird euer Land reicher machen, als ihr es euch jemals erträumt habt, wenn ihr ihm nur dienen wollt.«

Schlachtenlärm schien aus seinen Worten zu klingen, als er von den zahllosen Siegen Melkarts auf dem Schlachtfeld sprach. »Gab es denn jemals einen Gott wie Melkart? Er war es, er war der Gott, der euch aus Ägypten führte, nicht Jahwe, denn Baal wollte, daß ihr *ihm* auf diesem Grund und Boden dient, auf seiner Erde!

Und Melkart hat eine Gefährtin, Aschera, die unvergleichlich Schöne! Sie ist die Göttin der Fruchtbarkeit, und sie will, daß ihr Volk an den Ritualen des fruchtbaren Landes teilnimmt. Ah! Jeder beliebige Gott kann von euch verlangen, daß ihr eure Herden und Ackerfrüchte auf seinen Altären opfert, aber diese Göttin hat Verständnis für die Menschen und bittet sie, ihr zu helfen, das Land fruchtbar zu machen. Wie? Nun, da sind Frauen, die ihr Leben dem Dienst der Aschera geweiht haben. Mit ihnen werdet ihr den Segen der Fruchtbarkeit gewinnen, für euch selbst und für euer Land.«

Der Prophet sprach weiter, nun in gedämpftem Ton, und erzählte von der Bereitwilligkeit dieser Frauen im Dienste ihrer Göttin.

Die Menge lauschte verblüfft. Die Muskeln der jungen Männer spannten sich an, und Fieber glühte in ihren Lenden. Väter dachten daran, wie all dies Überfluß auf die Tische ihrer Familien bringen mochte. Kinderlose Männer dachten daran, daß Aschera vielleicht ihre Häuser mit Kindern segnen würde, wenn sie ihre Hilfe suchten. Alte Männer dachten daran, wie leicht es war, unter diesen Frauen Beischläferinnen zu finden.

Während der Prophet sprach, mischte Meor-baal sich in die Menge und flüsterte den jungen Männern ins Ohr, daß die heiligen Prostituierten an den hochgelegenen Orten und in den heiligen Hainen hoch über der Stadt auf sie warteten. Die jungen Männer sahen einander mit großen Augen an. Einige von ihnen schlichen sich unauffällig davon.

»Den ganzen morgigen Tag«, sagte der Prophet, »werden die Priester von Melkart und Aschera am Altar auf dem Hügel knapp jenseits eurer Stadt ihren Dienst tun. Bringt ihnen eure Opfergaben und seid gesegnet; mögen sich eure Seelen mit dem süßen Duft vermischen und zum Himmel erheben! Melkart und Aschera werden euch als die ihren annehmen, und ihr Segen wird über euch kommen.«

Und am Morgen kamen sie. Alte Männer. Junge Männer. Witwer. Kinderlose Paare. Glücklose Bauern. Sie kamen an den Altar, um dort die Erfüllung ihrer Träume zu finden. Und der Baalskult hatte sich in der Stadt Dor eingenistet.

Abinadab war fasziniert von den Vorgängen des Abends. Der Geldverleiher stand am hintersten Rand der Menge, besser gekleidet als die meisten anderen Einwohner. Er hielt die Versprechungen des Baalspropheten für leeres Gewäsch, aber die Predigt war eine ausgezeichnete Unterhaltung. Bald jedoch erregte die Menge selbst sein Interesse. Hier standen Leute, die er kannte, Leute, die von dieser Botschaft so hingerissen waren, daß sie fast in Verzückung verfielen. Die Macht des Propheten, der die Leute so zu beherrschen vermochte, faszinierte ihn. Macht über Menschen. Zweifellos hatte der Prophet irgendein Geheimnis, an dem er selbst teilhaben konnte. Vielleicht war es das Geheimnis der Baals-Religion.

Er ging nicht in den heiligen Hain. Statt dessen wartete er, bis die Männer in ihrer lüsternen Hitze sich zerstreut hatten, dann lud er die beiden Diener des Baal zu einem Gespräch in sein Haus.

Das Gespräch fand in dem Zimmer in Abinadabs Haus statt, in dem er seine Geschäfte abwickelte. Es war ein besonderer Raum, den er an sein Haus hatte anbauen lassen, mit Mauern aus dickem, massivem Stein und doppelten Türen, die zusätzlichen Schutz boten. Einige dieser Steinmauern waren hohl, was nur ihm selbst bekannt war, und sie dienten als Verstecke für das Geld, das er zum Verleihen brauchte. Hölzerne Borde an jeder Wand waren vollgeräumt mit Schriftrollen und Tonscherben – *Ostraca* –, auf denen er die Notizen über seine geschäftlichen Transaktionen niederschrieb. Mäntel und andere Pfänder nahmen drei Viertel der Regale ein.

Meor-baal und der Prophet lagerten behaglich auf persischen Teppichen und großen Kissen, die einen Großteil des Bodens bedeckten. Abinadab saß auf Kissen gestützt hinter einem kleinen Tisch. Er hatte das Gesicht seinen Gästen zugewandt.

»Ihr habt heute nacht viel von Aschera gesprochen«, begann er, »ich möchte aber mehr von ihrem Gefährten hören, jenem Melkart, von dem ihr sagt, er sei so mächtig.«

Meor-baal bedeutete dem Propheten, Antwort zu geben.

»Melkart ist der Gott von Tyrus. Er ist auch der Gott der Macht. Ich brauche euch nicht zu sagen, wie unerschütterlich seine Stellung inmitten der Götter ist. Er wird jetzt von uns Phöniziern am innigsten verehrt. Aschera ist die Göttin der Fruchtbarkeit, aber sie tut am meisten für jene, die ihr und Melkart gemeinsam opfern. Der Gott der Macht arbeitet Hand in Hand mit der lieblichen Aschera.«

»Ja. Lieblich und liederlich«, antwortete Abinadab.

»Wenn die Götter sich nicht paaren, wie kann dann die Erde Frucht hervorbringen? Und werden die Männer, die die Erde bestellen, nicht ihrerseits fruchtbarer, wenn sie mit Ascheras auserwählten Zonahs sich paaren? Wird die Erde dann nicht ihrem Beispiel folgen?«

»Vielleicht. Von solchen Dingen verstehe ich wenig. Aber erzählt mir von Melkart. Er hat doch niemals einen Krieg geführt, jedenfalls keinen, an den ich mich erinnern kann. Woher stammt dann seine Macht?«

Meor-baal lächelte. »Du denkst wie der größte Teil der Welt, Freund Abinadab. Melkart hat viele Kriege für viele Könige geführt, aber du hast recht, er hat niemals für Tyrus gekämpft.

Wirkliche Macht gewinnt man durch Handel, nicht durch Krieg. Melkart hat Phönizien durch den Handel gesegnet.«

»Ah, ich dachte schon, du würdest das sagen. Das interessiert mich.«

»Du bist an Macht interessiert?«

»An Macht. An Wohlstand. Ja, warum sollte Melkart mir nicht helfen? Ich habe einen scharfen Verstand. Ich kenne die Leute von Dor. Und unser Gebiet ist fruchtbar, vor allem an Weizen und Wein.«

»Unsere Königin Isebel wünscht dringend, daß Israel und Phönizien intensive Handelsbeziehungen aufnehmen. Israel ist reich an Ackerfrüchten. Aber wie ihr hier an die Dinge herangeht, wie die Leute in diesem Land leben, das ist nicht die Art, wie man eine wirkliche Handelsmacht wird. Wenn du wirklich von Melkart lernen willst, kannst du Isebels Plänen dienlich sein. Aber du mußt bereit sein, einige Änderungen auf dich zu nehmen.«

»In welcher Hinsicht?«

»Eure Kleinbauern sind ein Hindernis für den Handel. Die Leute mühen sich Jahr für Jahr für eine kleine Ernte ab, von der nur ein kleiner Teil zum Verkauf an unbedeutende Händler steht, die dann an die großen Karawanen verkaufen müssen, die dann die Waren nach Phönizien oder Ägypten bringen. Einige eurer Bauern sind wohlhabend, andere nicht. Das Land wird nicht vernünftig genutzt. Die es als Bauern zu nichts bringen, sollten überhaupt keine Bauern sein. Sie sollten irgend etwas anderes machen.«

»Die altehrwürdigen Gesetze Israels verlangen, daß jede Familie in Israel ihr Stück Land für immer besitzen solle«, antwortete Abinadab.

»Das entspricht nicht Melkarts Vorstellung. Es ist unmöglich, zur Macht zu gelangen, wenn man das Land so zerstückelt läßt.«

»Was tust du eigentlich mit all den Mänteln, die da auf deinen Regalen zuhauf liegen?« unterbrach der Prophet.

»Sie sind Pfänder für geliehenes Geld.«

»Verlangt das Gesetz Israels nicht, daß du sie jede Nacht an ihre Besitzer zurückgibst, damit sie eine warme Decke in kalten Nächten haben?«

Zur Überraschung des Propheten senkte Abinadab nicht beschämt den Blick. Das war ein gutes Zeichen. Dieser Mann mochte stark sein. »Ja«, antwortete der Geldverleiher. »Die alten Gesetze verlangen das. Aber wenn ich das tue, vermindert es den Wert des Mantels als Pfand. Solange die Leute, die mir Geld schulden, es nachts warm haben, zahlen sie ihre Schuld nicht baldmöglichst zurück. Wenn sie frieren, bekomme ich mein Geld rasch zurück, und sie murren nicht so sehr wegen der Zinsen, die ich verlange.«

»So brichst du also die altehrwürdigen Gesetze Israels, wenn es deinen Zwecken entgegenkommt, aber du protestierst lauthals, wie du es eben getan hast, wenn du keinen Grund siehst, das Gesetz zu übertreten.«

Abinadab schluckte, antwortete aber rasch. »Ja, das mag wohl wahr sein. Aber Land ist in Israel heiliger als Mäntel. Es ist ein höheres Gesetz.«

»Du hast die Wahl. Du kannst deine Macht nach dem Wert von Mänteln oder dem Wert von Feldern bemessen.«

»Ich verstehe, was du meinst.«

»Da ist noch etwas«, fuhr der Prophet fort. »Wie hältst du die Leute davon ab, dich bei den Ältesten zu verklagen, die am Tor sitzen?«

»Das tun sie manchmal.«

»Und wie gelingt es dir, trotzdem ihre Mäntel zu behalten?«

Abinadab sprach wiederum mit fester Stimme. »Die Ältesten sind meine Freunde.«

»Du bestichst sie also?«

»Nein.« Seine Stimme erhob sich zornig. »Ich habe noch niemals einen Ältesten bestochen. Ich würde niemals einen Richter meines Volkes bestechen.«

»Wie kommt es dann, daß sie zu deinen Gunsten entscheiden?«

»Sie kennen meinen Standpunkt. Sie sind genauso überzeugt wie ich, daß ein Mantel ein schlechtes Pfand ist, wenn man ihn jede Nacht bei Sonnenuntergang abholen kann.«

»Und wie kommt es, daß sie so völlig deiner Meinung sind?«

»Sie sind zu meinen Freunden geworden. Wir plaudern auf Gesellschaften miteinander und besuchen uns gegenseitig in unseren Häusern. Wir nehmen gemeinsam an den religiösen Zeremonien teil. Bei besonderen Gelegenheiten mache ich ihnen Geschenke. Sie sind meine Freunde.«

Die beiden Baalsdiener blickten einander an. »Warum bist du nicht ehrlich mit dir selbst?« verspotteten sie ihren Gastgeber. »Du bestichst die Ältesten ja doch. Gib es zu, und Melkart wird dir den Weg zur Macht zeigen.«

Abinadab beugte sich vor. »Ihr sitzt als meine Gäste in meinem Haus und wagt es, mich der Unehrlichkeit zu bezichtigen?«

Meor-baal lachte. »Sei nicht zornig, Abinadab. Wir wollen nur klarstellen, was wir meinen. Ich fürchte, deine Verehrung Jahwes hat deine Sinne abgestumpft. Du glaubst nicht wirklich an Jahwes Gebot, daß kein Mann sich auf Kosten der Armen und Schwachen bereichern solle, aber du kannst dich den Gesetzen Israels nicht entziehen. So trägst du auf beiden Schultern. Du legst Jahwes Gesetze so weitherzig aus, daß deine geschäftlichen Bedürfnisse dabei nicht zu kurz kommen, aber auch nicht so weitherzig, daß du sie völlig vernachlässigst. Das Ergebnis ist, daß du ein sehr kleiner Fisch bleibst, im Vergleich dazu, was du sein könntest.«

»In Ordnung. Ich werde mir Melkarts Lehre anhören.«

Der Priester setzte sich gerade auf und deutete mit dem ausgestreckten Finger auf Abinadab. »Als erstes möchte ich dich laut und deutlich sagen hören, daß deine Freundschaft mit den Ältesten und deine Geschenke an sie eine Form von Bestechung sind.«

Abinadab starrte Meor-baal einen Augenblick lang an. Dann sprach er mit gedämpfter Stimme. »Na schön, ich nehme an, es ist wohl eine Form von Bestechung.«

»Nun«, antwortete der Priester, »so kommen wir schon weiter.«

»Wem gehören diese Mäntel?« fragte der Prophet.

»Sie gehören den Männern von Dor. Baana, Shammah und einigen anderen.«

»Und wenn du ihre Mäntel nicht jede Nacht zurückbehalten würdest, würden sie nicht bereitwillig zahlen?«

»Stimmt genau.«

»Dann könntest du die Mäntel wegen Nichtbezahlung behalten.«

»Ja. Aber was soll ich mit Mänteln? Es bringt viel mehr ein, Geld zu verleihen, als Mäntel zu verkaufen.«

»Aber nehmen wir einmal an, du würdest den Besitzern der Mäntel gestatten, sie nachts zu behalten und sie zahlen nicht rechtzeitig. Würde sie das nicht in eine recht schwierige Position dir gegenüber bringen?«

»Gewiß doch.«

»Du hast gesagt, du hättest einen scharfen Verstand. Laß Melkart deine Gedanken leiten. Denke wie Melkart. Denk wie der Gott der Macht. Lehne dich zurück und denke nach. Wir wollen solange schweigen.«

Der Priester und der Prophet lehnten sich in ihre Kissen zurück. Abinadab beobachtete sie mit verblüfft gerunzelter Stirn. Einen Augenblick saß er da und starrte sie an. Dann murmelte er: »Was weiß ich, wie Melkart denkt. Deshalb habe ich euch doch hergebeten.«

»Leg dich hin«, befahl der Prophet.

Abinadab zog die Kissen hinter seinem Rücken hervor und legte sie auf dem Teppich zurecht. Er legte sich auf der Seite hin und blickte seinen beiden Gästen ins Gesicht.

»Leg dich auf den Rücken«, sagte der Prophet.

Er wälzte sich auf den Rücken.

»Nun denke nach. Denke darüber nach, was du gesagt hast. Denk an die Macht, die du nun hast. Denk daran, wie du diese Macht dazu gebrauchen kannst, zu bekommen, was du willst.«

Abinadab lag still da. Einige Minuten lang konnte er sich gar nicht auf die Sache konzentrieren. Seine Gedanken hatten sich so lange damit beschäftigt, seine Kredite zurückzubekommen, von denen die meisten sehr gering waren, und seine geschäftlichen Angelegenheiten ordnungsgemäß abzuwickeln.

Es war eine Bemerkung, die Meor-baal machte, eine kurze Unterbrechung seines Nachsinnens, die die Idee zündete. In der bleiernen Stille sprach Meor-baal langsam und setzte jedes Wort mit schwerfälliger Präzision: »Diese Männer, die in ihrer Lust wie von Sinnen davongestürmt sind, opfern der Fruchtbarkeit. Sie beten, daß sie sich vermehren würde. Sie sehnen sich auch nach Macht, und sie opfern ihr ebenfalls. Aber um der Fruchtbarkeit zu opfern, brauchen sie nichts weiter zu tun, als ihren Körpern die Zügel schießen zu lassen. Um der Macht zu opfern, braucht es mehr. Macht erreicht man nicht, indem man sie verehrt, sondern indem man sie ausübt. Macht gewinnt man nur, indem man aktiv wird.« Es war die einzige Bemerkung, mit der Meor-baal während der ganzen Nacht das Gespräch unterbrach, aber Abinadab fing die Worte auf, als hätte Melkart selbst sie in diesem Augenblick in den Lauf seines Schicksals geworfen.

Er schob die Worte in Gedanken hin und her und schmeckte sie auf der Zunge. Gesichter formten sich vor seinem inneren Auge, Gesichter von Männern, die ihm Geld schuldeten, Gesichter, die andere Besitztümer hatten, die – wenn sie aufgehäuft wurden – Macht für den Mann bedeuteten, der sie aufhäufen konnte. Da war Baana, der Glückliche, dessen Frau für ihre Feigenkuchen und ihren unfruchtbaren Schoß bekannt war. Da war Shammah, Baanas engster Freund, der seine Frau vor ein paar Monaten verloren hatte und dessen beide Töchter fast im heiratsfähigen Alter waren.

Die Gesichter zogen vor seinem inneren Auge vorbei, alles die Gesichter von Männern, die ihm Geld schuldeten. Ein Plan begann sich zu formen. Als eine Geste guten Willens anläßlich der Entdeckung Baals durch die Bürger von Dor würde er jedem Mann seinen Mantel zurückgeben, und er würde ihnen zusätzliches Geld anbieten, um Ochsen, mehr Werkzeug, besseres Saatgut und Scheunen für die Ernte, die auf den neu gesegneten Feldern sprießen würde, zu kaufen. Ihre Felder sollten sein Pfand sein. Er würde sie augenblicklich beschlagnahmen, wenn einer von ihnen nicht bezahlen konnte. Das erstemal würde es ihm schwerfallen, aber er würde es schaffen. Er würde stark sein.

DRITTES KAPITEL

Zebuls Körperfülle war sogar unter seiner üppigen Priesterkleidung deutlich erkennbar. Seine plumpen, kurzfingerigen Hände ragten aus riesigen Ärmeln hervor, und tiefliegende Augen lugten aus seichten Höhlen über den aufgedunsenen Wangen. Sein dichter Bart und sein langes Haar bedeckten den Großteil seines Gesichts und seines Nackens. Er war ein Mann, der in langen Jahren in führender Position eine Menge Selbstbewußtsein gewonnen hatte, denn allmählich war er zu der Überzeugung gekommen, eine Stufe über den Durchschnittsmenschen zu stehen.

Seine Kleider waren königlich. Er trug eine blaue, aus einem Stück gewebte Robe mit einem blauen, purpurnen und scharlachfarbenen Muster aus Granatäpfeln und winzigen goldenen Glöckchen. Die Glöckchen gaben ein leises Klingeln von sich, wenn Zebul hin und wieder sein Körpergewicht von einem Fuß auf den anderen verlagerte. Eine Weste bedeckte die Robe von seinen Achselhöhlen bis zur Taille. Die Weste, scharlachrot wie die Ornamente, war mit Goldfäden durchwebt. An der Taille wurde sie von einem farblich passenden Gürtel zusammengehalten. Auf der Brust trug er einen überreich mit Juwelen geschmückten Brustschild. Sein Turban war aus schlichtem weißem Leinen; an der Stirnseite steckte ein großes Juwel, das Abzeichen seines hohen Amtes. Der wirkliche Hohepriester in Jerusalem trug an dieser Stelle eine Goldplatte mit der Inschrift: »Heilig ist nur der Herr.« Zebul hatte mit diesem einzigen Unterschied in puncto Bekleidung ein Zugeständnis an das gemeine Volk gemacht, das der Meinung war, es gäbe nur einen echten Hohenpriester der Hebräer.

Er brütete über einem Problem. Es war schon schlimm genug, daß man ihn degradiert und ihm am Tisch des Königs einen niedrigeren Rang zugewiesen hatte als den Priestern des Baal, aber daß man ihm nun androhte, ihn überhaupt hinauszuwerfen, war ein unaussprechlicher Schrecken. Zebul war der ranghöchste Priester in Israel. Er benahm sich, als wäre er tatsächlich der Hohepriester Israels, trotz seines Gegenspielers in Juda. Er war zu seiner gegenwärtigen Stellung aufgestiegen, weil er eine doppelte Begabung hatte; einerseits verstand er sich auf die technischen Einzelheiten des priesterlichen Amtes – Funktionen, die er mit bemerkenswerter Tüchtigkeit ausübte –, und andererseits hatte er ein Talent für politische Winkelzüge.

Zebul stand im Schatten der Stadtmauern und blickte den Nordhang des Hügels von Samaria hinunter. Er beobachtete aufmerksam den Bau des großen Tempels, aber er achtete dabei kaum auf die Bemühungen der Bauleute. Er rang innerlich mit einer Entscheidung. Der Baalskult hatte sich in Israel verbreitet wie die Glut des Schirocco. Im vergangenen Jahr waren überall im Land Altäre für Melkart und Heiligtümer für Aschera errichtet worden.

Sein Problem war nicht von moralischer Art. Er hatte es längst aufgegeben, seinem Ehrgeiz solche Fesseln anzulegen. Seine ständige Nähe zu heiligen Dingen hatte niemals die geringste Auswirkung auf die Leere seiner Seele gehabt, eine Leere, die er schon längst als einen festen Bestandteil seines Lebens akzeptiert hatte.

Zebul wäre seine Nervosität ganz deutlich anzumerken gewesen, hätte jemand ihn im Schatten der Mauer deutlich erkennen können. Er hatte den Tick, seine Fingerknöchel an seinem Ring zu reiben. Während er da an der Stadtmauer lehnte, schätzte er in Gedanken die Zukunft Israels ab und versuchte, die Tatsachen objektiv abzuwägen. Er sah zwei mögliche Handlungsweisen zur Wahl stehen.

Der erste Weg verlangte ein beträchtliches persönliches Opfer, aber er mochte am Ende reichen Lohn bringen. Sollte er sich ohne Vorbehalt auf die Seite der Jahwisten stellen und gegen Isebel intrigieren? Sollte der Baalskult dann eine Niederlage erleiden, wäre er selbst in einer beneidenswert führenden Position, vorausgesetzt, er erwies sich schlauer als Isebel, Meor-baal und andere kluge Köpfe auf der anderen Seite und schaffte es, lange genug am Leben zu bleiben.

Das Gebäude, das sich zu seinen Füßen erhob, repräsentierte die andere Alternative. Die Mauern des Tempels erhoben sich eindrucksvoll in den Himmel. *Welch seltsame Ironie,* dachte Zebul, *daß eben jenes Phönizien, das Salomo seinen Steinmetzen geliehen hat, um den prächtigen Tempel des Jahwe in Jerusalem zu bauen, nun andere zur Verfügung stellt, um diesen Tempel für Baal zu erbauen.*

Die Phönizier waren außergewöhnlich begabt, was die Bearbeitung von Steinen anging. In den Abhang des Hügels waren gerade, ebene Gräben gezogen worden, in die die steinernen Fundamente gelegt wurden. Die Mauern hatten noch nicht begonnen, in die Höhe zu wachsen, und so ähnelte die Anlage aus Steinen zwei langen, parallel laufenden Treppen, die an beiden Enden mit steinernen Zäunen verbunden waren. Der Eingang war am südlichen Ende, das der Stadtmauer am nächsten lag. Das Hauptgeschoß würde sich in einer Ebene bis zur Rückseite des Tempels erstrecken. Der Hohlraum darunter, den der Abhang des Hügels bildete, war zu Wohnräumen für die Priester bestimmt.

Zebul war schon oft hierhergekommen, um zuzusehen, wie der Bau voranschritt, während Eselskarren grob gehauene Quadern aus einem Kalksteinbruch in der Nähe zu den Werkleuten brachten, die sie mit rotem Kalk markierten und mit Winkelmaß und Lot genau die richtige Größe und Form anzeichneten. Die Steine hatten sich bereits zu hellglänzendem Weiß verhärtet. Zwei riesenhafte Obelisken wurden mit Hilfe eines Systems von Seilzügen zu beiden Seiten des Eingangs aufgerichtet. Wenn sie erst einmal standen, würden sie die Fruchtbarkeit der Erde mit der Göttin des Himmels verbinden, die den Menschen so reichlich Geschenke macht.

Seltsam, wie die Götter untereinander im Wettstreit liegen, dachte Zebul. *Jeder von ihnen behauptet, den Menschen dieselben Geschenke zu machen – Glück und Wohlstand. Jahwe könnte da noch etwas von Baal lernen.* Er lächelte bei dem Gedanken. *Warum sollten die Menschen sich auch dafür entscheiden, ein streng sittliches und heiliges Leben zu führen, um Jahwes Segen zu empfangen, wenn sie dieselben Verheißungen von Baal haben, der nur Opfer und den Umgang mit schönen Frauen verlangt?*

Er hielt inne und dachte nach, während er seinen Fingerring heftiger als gewöhnlich liebkoste. Merkwürdig, wie untrennbar die Lust zur Religion gehört. Eine Religion wird oft einfach wegen ihrer Einstellung zur Sexualität angenommen oder abgelehnt. Er kicherte. »Steckt die Wahrheit also im Sex?« fragte er sich mit lauter Stimme.

Zebul hatte die Lektion nicht vergessen, die er aus der Chronik der Könige gelernt hatte. Die Israeliten waren Jahwe niemals wirklich über einen längeren Zeitraum hinweg treu geblieben. Die Baalsgötter der Bäche und Täler und Hügel und Bäume hatten nie aufgehört, ihnen im Kopf herumzuspuken. Schließlich folgen die Leute gewöhnlich dem Gott, der dem Zeitgeist am ehesten entspricht. Oft ist es eine nebulose Stimmung, eine gewisse, schwer zu beschreibende Laune, die in der Luft hängt und die Menschen dazu bewegt, sich ihrer Fehler bewußt zu werden und auf die Appelle der Propheten zu reagieren. Bei anderen Gelegenheiten wiederum zeigen die Bemühungen der Propheten nur bei wenigen Wirkung. Diese wenigen mögen den Namen ihres Gottes hochhalten, zumeist mehr schlecht als recht, aber um wirklich Erfolg zu haben, mußte der Prophet jene wechselhafte, unbestimmte und völlig unvorhersehbare und unbeeinflußbare Stimmung abwarten. Zebul beobachtete eine der »Staubteufel« genannten kleinen Staubsäulen, die der Wind in der Nähe des Tempels aufwirbelte, als könnte ihre Bewegung ihm Aufschluß geben über die vorherrschende Stimmung seiner Zeit.

Der Name Jahwes würde lebendig bleiben, dessen war sich der schlaue Zebul gewiß. Die Prophetenschulen, die Priester, die ausgeklügelten Gesetze und Rituale, die so innig mit der ganzen Sozialstruktur Israels verwoben waren – sie alle waren Unterpfand genug für ein solches Vertrauen. Die Frage war, ob der Jahwekult noch zu *seinen* Lebzeiten wiederaufleben und sich durchsetzen würde. Die Gunst der Stunde war auf Baals Seite. Seine Aggressivität kam den jungen Leuten entgegen und ermutigte ihre natürliche Rebellion gegen altüberlieferte Werte. Seine Rituale waren noch ausgefeilter und weitaus raffinierter als die des Jahwekultes, ein Unterschied, den die Menschen – vor allem junge Menschen – oft mit größerer Tiefe verwechseln.

Zebul schritt langsam an der Baustelle vorbei, wobei er den Trümmern und dem Unrat sorgsam aus dem Wege ging. Unterhalb des neuen Tempels war die Straße, einst ein Fußweg, zu einer Fahrstraße verbreitert worden, auf der die Fuhrwerke in beiden Richtungen fahren konnten. Am liebsten wählte Zebul sich einen Platz zum Nachsinnen in den Traubengärten des Königs, aber die jungen Pflanzen waren noch nicht hoch genug. Er dachte sehnsüchtig an die Schönheit von kletternden Weinranken, die ein Laubendach bildeten, sobald der Sommer kam. Dann würde das Grün der Blätter einen kräftigen Kontrast zur dunklen Farbe der Sorek-Trauben bilden. Er schritt durch den Weingarten auf seinen zweiten abgeschlossenen Ruheplatz zu, die rosablühenden Oleandersträucher, die in der Nähe des Wadi wuchsen.

Mit seiner plumpen Hand wischte Zebul den Staub von einem großen Felsbrocken. Er schlug die Hände zusammen, um den Staub von ihnen abzuklopfen, und setzte sich nieder, wobei er seine Gewänder sorgsam um sich drapierte. Das kleine Wadi rauschte vom Wasser des Frühlings und sammelte die Zuflüsse noch kleinerer Bäche, während es auf die See zuströmte. *Und die See kümmert sich genausowenig darum,* dachte Zebul, *wie Israel sich um die Worte der Diener Jahwes kümmert.*

Der massige Priester stützte die fetten Unterarme auf fette Schenkel. Sein reichgeschmücktes Gewand hing wie eine Schürze zwischen seinen Beinen herab, während er weiter seinen Gedanken nachhing, die sich langsam von einer Analyse zu einer Entscheidung wandelten. Er starrte das Wasser an und las die Lehre, die es ihm erteilte. Die Menschen seiner Zeit nahmen die Religion ernst, aber sie lächelten über die wilden Ausfälle der Propheten. Wenn es nur gelänge, die Menschen zum Zorn zu reizen, dann hätten die Propheten vielleicht eine gewisse Hoffnung auf Erfolg gehabt, aber mit einem toleranten Lächeln abgetan zu werden – das ist niederschmetternd.

Er grub die Finger durch seinen üppigen Bart, um eine jukkende Stelle am Kinn zu kratzen. Er hatte seinen Entschluß sehr reiflich überlegt. *Der Jahwismus versucht, gegen die Strömung zu schwimmen. Der Strom der Zeit fließt in die andere Richtung.* Er stand auf und wandte sich dem Tempel über ihm zu. Wenn man ihn vom Tal aus betrachtete, ragten seine Mauern eindrucksvoller als zuvor auf. Zebul streckte sich durch, um sich selbst seine Entscheidung zu verkünden; eine Ankündigung, die nie über seine Lippen kam, aber in seinen Gedanken widerhallte: *Ich stelle mein Leben nicht in den Dienst einer verlorenen Sache.*

Nun, da er seinen Entschluß gefaßt hatte, wandte er sich um und folgte dem Wadi stromaufwärts bis zu einer Straße, die sich zur Stadtmauer hinaufschlängelte. Dieser Rückweg war länger, aber weniger anstrengend als der Weg, auf dem er gekommen war. Er erreichte die Straße und wandte sich nach Süden, der Stadt zu, während er seine Zukunftsaussichten überdachte. Er würde seinem Jahweglauben nicht öffentlich abschwören, aber er würde sich auch nicht gegen Baal stellen. Wenn er Baal neben Jahwe akzeptierte, würde er dafür auch wieder in die Stellung eines Günstlings bei Hof aufgenommen werden. Jedenfalls hoffte er das.

Ein alter Olivenhain, der sich bis hinunter ins Tal erstreckte, wuchs auf der rechten Seite der Straße. Als er näherkam und daran entlangschritt, folgte ihm das Rascheln von Blättern und Zweigen. Im ersten Augenblick dachte er an Wegelagerer, aber Wegelagerer würden doch sicher nicht so nahe an der Stadt ans Werk zu gehen wagen. Da er als einziger auf der Straße unterwegs war und seine Körperfülle eine Flucht nicht eben sinnvoll erscheinen ließ, blieb er stehen und wandte sich langsam den knorrigen Bäumen zu. Wenn der geheimnisvolle Jemand die Insignien seines hohen priesterlichen Amtes sah, würde man ihn zweifellos in Ruhe lassen.

»Wer ist da?« rief er.

Eine Gestalt in purpurner Robe tauchte auf und näherte sich ihm. »Hallo, Priester des Jahwe«, sagte die Frau. Ihr Gesicht war unverschleiert und stark geschminkt, ihre Augenbrauen dick mit Kohle nachgezogen, ihr rabenschwarzes Haar war straff aus dem Gesicht zurückgekämmt und am Scheitel mit einer kegelförmigen Kappe bedeckt. Sie war keine junge Frau mehr, aber ihr dickes Make-up verbarg diese Tatsache recht geschickt. Ihre Haut wirkte glatt und ihre Züge weich. Ein seidenes Gewand unterstrich die Formen ihres Körpers eher, als daß es sie verbarg. »Ein so massiger Mann sollte nicht zu Fuß unterwegs sein.« Ihr Lächeln und ihre Offenheit ließen sie ihm nicht wie eine Fremde erscheinen. »Komm, ruhe einen Augenblick aus und erfrische dich.«

Zebul blickte die Straße auf und ab und drehte, ohne es zu merken, seinen Ring hin und her.

Die Frau lachte, aber es war ein sympathisches Lachen. »Niemand wird dich dabei sehen, wie du dich mit einer Ausländerin unterhältst. Wir können uns dahin setzen.« Sie deutete auf einen knorrigen Olivenbaum mit glatter Rinde. »Eine kleine Mulde hinter dem Baum verbirgt uns von der Straße. Komm, die Ruhepause wird dir gut tun.«

Zebul machte einen nervösen Versuch, sich abzuwenden und zu gehen, aber die Frau schlang ihre Arme um ihn. Er konnte ihre Brüste spüren, als sie sich mit sanftem Druck an ihn preßte. »Wenn man landfremd ist, sehnt man sich danach, mit jemand zu sprechen.«

Sie eilte ihm voraus, wobei sie mit ihrer kleinen Hand seinen Unterarm umklammert hielt. Er folgte ihr, und sobald sie außer Sichtweite der Straße waren, entspannte er sich. Sie setzten sich ins weiche Gras unter einem Baum. Die Frau wartete, bis der Priester es sich bequem gemacht hatte, dann setzte sie sich neben ihn. Ihre liebenswerte Art ließ vergessen, wie unverschämt sie war. Mit Bewegungen, die ganz ungekünstelt wirkten, schob sie sich an ihn heran, bis sie ihn berührte. Zebul, der zum erstenmal seit Monaten wieder einmal erregt war – seine Frau war ihm fast eine Fremde –, dachte daran, was er eben noch über die Lüsternheit der Menschen gedacht hatte, und beschloß, sich ein andermal um moralische Fragen zu kümmern. Er wandte sich ihr zu, und sie reagierte bereitwillig. Ihr Kuß brachte Gefühle an die Oberfläche, die er lange unterdrückt hatte, und er fühlte sich in einen Wirbel von Farben und Empfindungen hineingezogen, der alles auslöschte außer der Erfüllung seiner Leidenschaft.

Kurz darauf zog die Zonah ihre Robe an. »Bitte, Priester des Jahwe, eine Zahlung für Aschera.« Zebul tastete nach seinem Geldbeutel, dann merkte er, daß er ihn nicht mitgebracht hatte. Langsam zog er den Ring vom Finger, hielt ihn in der ausgestreckten Hand, blickte ihn einen Augenblick lang nachdenklich an und ließ ihn dann aus den Fingern ins Gras gleiten. Er wandte sich wieder der Straße zu. Die Frau lachte leise.

Die Straße war leer. Niemand hatte ihn gesehen, aber er beeilte sich dennoch. Jedes Blatt und jeder Busch, jeder Kieselstein auf der Straße, jede der Anemonen, die so reichlich in den Feldern wuchsen, verwandelte sich in ein Auge und starrte ihm nach. Das laute Zirpen der Grillen kreischte ihm die Geschichte seiner Verführung entgegen. Das leise Rascheln des Windes war wie ein Echo des leisen Lachens der Frau.

Zebul schlurfte schwerfällig an der Stadtmauer entlang. Sein Magen fühlte sich leer und unbehaglich an. Ein Klumpen formte sich in seiner Kehle und drängte langsam in seine Brust hinab. Er schüttelte heftig den Kopf, um die Schuldgefühle zu überwinden, die ihn bedrängten. Seine Gedanken narrten ihn. »Ich habe viele Männer gekannt, die lächelnd von einer Zonah kamen und ihre Arbeit mit verdoppelter Kraft fortsetzten. Warum sollte gerade mich ein solches Gefühl der Reue verfolgen?« flüsterte er kaum hörbar vor sich hin. Er griff nach seinem Turban und schob das Juwel zurecht, das von seinem Platz gerutscht war.

In den darauffolgenden Wochen bedauerte Zebul den Zwischenfall, aber es gab dennoch Zeiten, in denen er sich danach sehnte, die Zonah von neuem in den Armen zu halten. Immer wieder kreisten seine Gedanken um die Affäre, erst der schreckliche Gedanke, daß er sich als ein Priester des Jahwe entweiht hatte, dann die freudige Erregung, daß er als Mann Erfüllung gefunden hatte. Er machte sich häufig Selbstvorwürfe, aber er konnte nicht anders, immer wieder malte ihm seine Phantasie die Formen von Frauen, die er kannte, vor Augen. Sein Verkehr mit der Tempelprostituierten wurde zum Auslöser einer immer öfter auftretenden Versuchung, seinen sexuellen Gefühlen nachzugeben. Er konnte diese Gefühle nicht mit der Religion Jahwes vereinbaren. Nachdem er schon einmal den Entschluß gefaßt hatte, einen Kompromiß mit dem Baalskult zu schließen, mußte ihm doch der vollzogene Akt keine Skrupel mehr machen – so jedenfalls argumentierte er mit sich selbst. Aber er mußte feststellen, daß die Moral, die er so oft in fromme Worte gefaßt hatte, ein Teil seiner selbst geworden war. Um das Problem zu lösen, stellte er sich allmählich darauf ein, seine früheren Überzeugungen zu mißachten. Die ganze Zeit über behielt er seinen inneren Zwiespalt bei sich. Nachdem er niemals ein besonders eifriger Priester gewesen war, bemerkten seine Freunde auch keine Veränderung in seinem Wesen.

Zu gegebener Zeit wurde der Tempel des Baal fertiggestellt. Priester aus den phönizischen Städten Byblos, Tyrus und Sident waren bei der Einweihung anwesend. Zebul beobachtete das Ereignis in Gesellschaft einiger anderer Priester von dem Wehrgang auf der Krone der Stadtmauer aus. Ahab war am Anfang der Zeremonie kurz erschienen, um sich höflichkeitshalber zu zeigen, war aber dann nicht wiedergekehrt. Im Lauf des Tages wurden mehrere Reden gehalten, die längste von Isebel. Er konnte nicht genau verstehen, was sie sagte, aber er merkte, daß sie gelegentlich voll Inbrunst die Stimme hob und leidenschaftlich mit den Armen gestikulierte.

Als der Tag sich dem Abend entgegenneigte, bemerkte Zebul neue Vorbereitungen. Das Gerücht verbreitete sich, daß das Frühlingsritual der Aschera, das bis jetzt wegen des Tempelbaus verschoben worden war, am Abend abgehalten werden sollte. Zebul hatte schon früher beobachtet, wie Arbeiter vor den beiden Obelisken einen Altar errichteten, auf dem die Baalspriester ein junges Kalb opfern wollten. In der Türöffnung des Tempels stand eine riesige Statue des Melkart, ähnlich der kleineren, die Isebel neben das Fenster in ihrem Zimmer gestellt hatte. Allmählich zerstreute sich die Menge, um sich auf die abendlichen Rituale vorzubereiten, bis nur noch die Baalspriester übriggeblieben waren, die den Hof für das Fest zurüsteten.

Zebul verließ den Ort mit seinen Freunden, aber er lehnte ihre Einladung zu einem gemeinsamen Abendessen ab. Statt dessen ging er nach Hause. Er hatte den Plan gefaßt, sich zu verkleiden und den nächtlichen Ritualen beizuwohnen. Erst hatte er vorgehabt, sich davon fernzuhalten, aber von der Mauerkrone aus hatte er, wie es ihm schien, einen flüchtigen Augenblick lang die Zonah gesehen, der er am Straßenrand begegnet war. Die Erinnerung an ihre Begegnung erweckte eine Leidenschaft in ihm, die er nicht beiseiteschieben konnte.

Erst hatte er vorgehabt, sich Bart und Haar zu scheren, aber nach sorgfältiger Überlegung hatte er diesen Plan verworfen. Wie hätte er am nächsten Tag sein verändertes Aussehen erklären sollen? Seine Körperfülle machte eine Verkleidung schwierig, aber schließlich kam er zu dem Entschluß, daß das schlichte wollene Gewand und der Kamelhaarmantel eines Zeltbewohners die beste Verkleidung sei. Solche einfache Kleidung stand in denkbar scharfem Kontrast zu der luxuriösen Bekleidung und den vielen Kinkerlitzchen, die er für gewöhnlich trug.

Die flackernden Öllampen warfen unheimliche, tanzende Schatten im Hof. Von seinem Standort am äußersten Rand aus erschien die Statue des Melkart größer, als er sie sich vorgestellt hatte. Er kam mit Absicht zu spät, und das Opferritual hatte bereits begonnen. Die beiden Priester, die am Altar Dienst taten, waren in Tierhäute gekleidet und trugen Tiermasken, eine stellte den Kopf eines Stiers mit seinen Hörnern dar, die andere einen Ziegenbock. Eine Schlange von Männern und Frauen, die alle einen Säugling im Arm trugen, wurde länger und länger.

Die Priester brachten ein Lamm herbei, ein vollkommenes Exemplar, und legten es auf den Altar. Mit kundiger Hand schnitt einer die Halsschlagader durch, so daß das Tier rasch verblutete. Dann zerteilte er das Lamm in einer Weise, die den kundigen Augen Zebuls als vorschriftsmäßige und symbolträchtige Zerstückelung erschien. Als nächstes wurde ein Stierkalb auf dem Altar verbrannt, der Gestank sättigte die Luft über dem Tempelhof. Die Schlange der Eltern begann sich in Bewegung zu setzen. Die Priester beschnitten ein Kind nach dem anderen und reichten den Eltern ihre brüllende Nachkommenschaft, die nun dem Melkart geweiht war, zurück. Die meisten der Knaben hätten schon früher von den Priestern des Jahwe beschnitten werden sollen, aber die Eltern hatten es vorgezogen, auf die Einweihung von Melkarts Tempel zu warten. Zebul fühlte einen Stich der Eifersucht. Die Wahl, die diese Leute getroffen hatten, war bezeichnend.

Unter der riesenhaft aufragenden Statue des Melkart erfüllte ein Orchester die Luft mit dem Klang von Flöten, Harfen, Leiern, Trompeten, Trommeln und Zimbeln. Es begann mit einem lärmenden Tusch in dem Augenblick, als die Opferhandlungen ihren Anfang nahmen, dann erhob sich die Musik in einem gewaltigen *forte*, als der Rauch des brennenden Kalbes zu Melkart emporstieg, der im Himmel wohnt. Die Musik wurde sanfter und melodiöser, untermalt vom dumpfen Klang der Trommeln und dem leichtfüßigen Klingeln der Zimbeln, als die Reihe der Kinder vorbeizog. Als das letzte Kind geweiht worden war, hörte das Orchester zu spielen auf. Das einzige noch hörbare Geräusch war das leise Schlurfen und Rascheln von Sandalen, als die jungen Elternpaare den Hof verließen und die Baalspriester aus dem Tempel kamen, um sich um den Altar zu versammeln.

Wie auf Kommando ertönte plötzlich vom Orchester ein Wirbel von Trommelschlägen, dem ein lang widerhallender Tusch der Zimbeln folgte. Dann brüllten alle Priester im Chor: »Unser Gott ist Baal-Melkart, unser Richter, und keiner ist größer als er! Aus den Himmeln regnet es Olivenöl, und die Wadis fließen über von Honig!« Die Trommelwirbel begannen augenblicklich von neuem, und die Priester fingen an, um den Altar herumzutanzen. Anfangs war es kaum mehr als ein langsamer Trab, aber als das Orchester in die Trommeln einstimmte und die Musik intensiver wurde, rannten sie schneller. Sie verkrümmten sich, ihre Gesichter verzerrten sich; sie drehten sich im Kreis, sprangen und schrien. Einige schlugen sich selbst mit ledernen Peitschen, während andere den Rücken entblößten und ihn den Hieben der anderen Priester darboten.

Die ganze Zeit dauerte die Musik an. Das regelmäßige Dröhnen der Trommeln und der Lärm der Zimbeln fügten einen monotonen, berauschenden Rhythmus hinzu. Bald schlossen sich einige junge Männer den Priestern am Altar an. Andere begannen dem Baal Loblieder zu singen. Frauen stürmten am Orchester vorbei, um Melkarts Götzenbild zu küssen; andere fielen in ekstatische Trance und schlossen sich den tanzenden Männern an.

Bald ging es im Tempelhof zu wie in einem Irrenhaus. Kreischende Männer und Frauen, die Augen glasig vor Verzückung, verdrehten ihre Körper in unglaublichen Verkrümmungen. Mäntel und Roben, die üblicherweise höher geschätzt wurden als jeder andere Besitz, fielen zu Boden und wurden unbemerkt in den Staub getrampelt. Partner wurden gewählt, ohne die geringste Rücksicht auf Israels moralische Traditionen, während die frisch beschnittenen Babies, um die sich niemand kümmerte, am Rand des Hofes jammerten und schrien. Die Augen der Tanzenden hingen starr an den Leibern der Partner. Jeder Mann und jede Frau beobachtete die Bauchmuskeln des Partners. Die Tänze wurden immer sinnlicher. Körper wanden sich voreinander, ohne sich zu berühren, näherten sich einander an und zogen sich wieder zurück, näherten sich einander, wichen zurück, bis der Raum, der sie voneinander trennte, verschwand.

Zebul stand wie hypnotisiert da. Schon jetzt lagen Männer und Frauen vor dem Altar, den Obelisken, der Tempelmauer, überall, wo sie den stampfenden Füßen ausweichen konnten, und widmeten sich offen dem heiligsten Ritual der Aschera.

Nirgends konnte Zebul die Zonah, die er suchte, entdekken. Da er dachte, sie könnte sich vielleicht im Tempel befinden, umkreiste der fette Priester den Hof und kämpfte sich zum Eingang vor, wobei er über Liebende hinwegstieg, die einander kaum kannten. Gelegentlich streckte sich ein Frauenarm nach ihm aus, und so oft er hinsah, woher der Arm kam, sah er eine Frau, die so fett wie er selbst war, oder alt, oder verkrüppelt, alle unfähig, sich in den wilden Tanz einzureihen, aber alle von Leidenschaften erfüllt, die nach Befriedigung schrien.

Das Innere des Tempels war heller erleuchtet als der Hof. Zebul hielt inne und blickte sich um. In den Wänden befanden sich da und dort Nischen, in denen abwechselnd Statuen der Aschera standen, deren Geschlechtsteile aufs unanständigste hervorgehoben waren, und des Melkart.

Zebuls Leidenschaft verebbte beim Anblick dieser Obszönitäten. Selbst in seinen intimsten und sinnlichsten Gedanken hatte er sich niemals solche Szenen vorgestellt. In ihrem Bemühen, die Sexualität zu vergöttlichen, bestätigten die Statuen nur, wie unersättlich der sexuelle Appetit ist.

Im Zentrum des Raumes stand eine Statue der Aschera in genau derselben Position wie die Statue in Isebels Zimmer. Als Zebul sie anstarrte, erschreckte ihn eine Stimme, die plötzlich neben ihm laut wurde. »Nun, Priester des Jahwe, hast du deine Roben abgelegt, um dich uns anzuschließen?«

Zebul blickte die Frau an, die ihm aus seinen Träumen vertraut war. »Bin ich so leicht zu erkennen?«

»Nun, von den meisten wohl nicht.« Sie lächelte und neigte den Kopf ein wenig zur Seite. »Aber schließlich habe ich dich schon einmal ohne deine Gewänder gesehen.« Sie lachte munter.

Zebul runzelte die Stirn. »Ich habe es nicht vergessen.« Dann beschloß er, das Thema zu wechseln. »Warum ist dieser Tempel so groß und weiträumig?«

»Kennst du die Überlieferungen der Aschera so wenig? Jede Frau, die dem Baal dient, muß ihrer Göttin ihren Tribut für das Geschenk der Fruchtbarkeit darbringen. Einmal in ihrem Leben muß sie ihren Strohsack mitnehmen und sich einen Schlafplatz im Tempel suchen. Jeder Fremde, der in die Stadt kommt, darf den Tempel betreten und sich dort umsehen, bis er eine Frau findet, die ihm gefällt. Sie muß mit dem ersten Mann gehen, der sie auswählt. Sie darf niemand abweisen. Die Bezahlung, die sie dafür erhält, geht an den Tempelschatz.« Sie hielt inne und lächelte. »... um deinem Ring Gesellschaft zu leisten.«

Zebul überhörte die Stichelei. »Vielleicht hat sie Glück und niemand erwählt sie.«

»Ist der Körper von Mann und Frau etwas so Unglückseliges? Nein, mein fetter Priester, das wäre wirklich ein großes Unglück, denn sie darf den Tempel, nachdem sie ihn einmal betreten hat, nicht mehr verlassen, bevor sie ihre Schuldigkeit bezahlt hat. Ich kannte eine verkrüppelte Frau in Byblos, die drei Jahre im Tempel blieb. Ihre Familie versorgte sie getreulich, bis schließlich ein Kriegsinvalide Mitleid mit ihr hatte.«

Zebul schauderte.

»Und jetzt bist du hierhergekommen, um mich zu finden. Ich bin froh, daß ich dein Wohlgefallen gefunden habe. Dein Geschenk war außergewöhnlich kostbar.« Die Frau näherte sich ihm.

»Nein«, platzte Zebul heraus. »Ich habe es mir anders überlegt.« Er wich zurück.

Die Zonah blickte ihn an, sichtlich überrascht. Sie zuckte die Achseln und machte eine Verbeugung vor der Statue der Aschera.

Zebul atmete schwer, während er sie gehen sah. Sie hätte ihn leicht erregen können, hätte sie es versucht. Er beobachtete, wie die Frau sich vor der Statue der Aschera verbeugte und wieder erhob und wieder verbeugte. Er sah, wie sie erzitterte, als sie ein heftiger Schauder durchlief. Sie erhob sich auf die Füße. Mit ausgestreckten Armen und glasigen Augen begann sie den wirbelnden Tanz, der die Menge draußen in seinem Bann hielt. Als hätte die Statue sie hypnotisiert, tanzte sie wie von Teufeln besessen, ihre schrillen Schreie antworteten Melkart und Aschera, als sie ihr zuriefen, sich schneller und schneller zu drehen, zu wirbeln, zu tanzen, schneller und schneller, immer intensiver, während ihre Schreie jedes Aufstampfen ihrer Füße auf dem Boden begleiteten. Schweiß troff an ihr herab, bis ihre Kleider an ihrem wild um sich schlagenden Körper klebten. Speichel floß ihr aus dem Mund und übers Kinn. Zebul beobachtete die Bewegungen ihres Körpers, aber er interessierte ihn nicht mehr; die wilde Selbstvergessenheit, die er sah, hatte ihm den Appetit verdorben.

Als er die Türe öffnete, um zu gehen, schlug ihm ein noch wüsterer Lärm als zuvor entgegen. Da er ein wenig höher stand als der Hof, konnte er alles gut sehen. Ein nackter junger Mann schwang eines der Opfermesser vom Altar und tanzte den wildesten Tanz, den er bislang gesehen hatte. Eine Menschenmenge drängte sich rundum, als der Jüngling mit weit aufgerissenem Mund die Luft mit seinen Schreien erfüllte. Sein Körper war staubbedeckt, Blut klebte daran, das aus den Wunden floß, die er sich selbst zugefügt hatte. Während er das Messer in seinem orgastischen Tanz wie ein Rasender schwang, tauchten immer neue Schnittwunden auf. Die Menge klatschte rhythmisch, und die Priester agierten als Vorsänger der Hymnen auf Baal. Die gellenden Schreie des jungen Mannes waren jetzt so laut, daß sie von den Stadtmauern und aus dem Tal darunter widerhallten. Seine Beine und Arme flogen so wild, daß Zebul kaum noch erkannte, was Arm, was Bein war.

Plötzlich blieb der Junge stocksteif und aufrecht stehen. Dann, mit einem gellenden Aufschrei, der selbst die ekstatische Menge erschreckte, kastrierte er sich selbst. Er schleuderte das Messer über die Köpfe der Menge, und es klirrte harmlos auf den Steinen nieder. Er brüllte wie von Sinnen, Blut strömte an seinen Beinen herab, als er in langen Sätzen den Hügel hinaufrannte. Die Menge wich zurück, um ihm Platz zu machen, und folgte ihm dann, bis er am Fuß der Stadtmauer zusammenbrach.

Zwei Baalspriester packten ihn unter den Schultern und zeigten ihn der Menge. Einer hob die Hand und schrie: »Ein neuer Priester, ein neuer Heiliger! Einer, der sich dem Dienst des Baal geweiht hat! Seht ihn an! Er wird Frauenkleider tragen und bei uns im Tempel wohnen.« Auf diese Ankündigung hin eilten andere Priester herbei und halfen, den jungen Mann in den Wohnbezirk des Tempels zu tragen, wo sie ihn bis zu seiner Genesung versorgen würden. Später würde er mit ihnen zusammen im Tempel dienen.

Zebul folgte der Menge nicht mehr zurück zum Tempelhof, sondern machte sich auf den Weg zum Stadttor. Sobald er außer Sicht der Menge war, stützte er sich an einen Baumstamm und erbrach sich. Dann, mit zitternden Knien und völlig fassungslos, wandte er sich dem Stadttor zu.

VIERTES KAPITEL

Bleich und zerrüttet machte sich Zebul durch die steingepflasterten Straßen auf den Weg zu seinem Haus. Seine Sandalen schlurften unregelmäßig über den Granitboden, als er in der Dunkelheit den Weg zu seiner Kammer suchte. Er ließ seine Kleider zu Boden fallen, schlüpfte hastig in ein Hemd und ließ sich auf sein Bett fallen. Er lag wie betäubt, seine Augen waren weit offen und blinzelten nicht einmal.

Seine Gedanken schweiften eine Weile lang unbestimmt umher und weigerten sich, sich den Ereignissen des Abends zuzuwenden. Allmählich jedoch kehrte seine Empfindsamkeit zurück. Mit monotoner Präzision wiederholten sich die Ereignisse vor seinem geistigen Auge. Er versuchte die quälenden Bilder wirbelnder Körper und rauchenden Räucherwerks abzuschütteln, die Bilder der fieberhaft nach Liebe verlangenden Arme der Zonah und des wildäugigen jungen Mannes. Erschöpft und fast schon in Schlaf versunken, fuhr er immer wieder hoch, weil der Aufschrei des Jünglings oder das Schrillen der Musikinstrumente oder das dumpfe Dröhnen der Trommeln in seinen Ohren widerhallte.

Irgendwann kurz vor Anbruch der Dämmerung wich der Alptraum der Geräusche und Stimmen und der Orgie einzelnen Versen der heiligen Schriften, die er so oft in seinem Leben rezitiert hatte. Textstellen aus den heiligen Buchrollen des Gesetzes, die er routinemäßig auswendig gelernt hatte, tauchten in seinem Unbewußten auf. Hin und wieder schreckte er aus dem Schlaf hoch und setzte sich im Bett auf, um sich im Zimmer umzusehen. Jedesmal riß ihn der Anblick irgendeines vertrauten Gegenstandes in die Gegenwart zurück.

Als es dämmerte, betete Zebul, aber er leierte die Gebete nicht herunter, wie er es in der Ausübung seines Dienstes tat. Er betete inbrünstig. Zum ersten Mal in seinem Leben erweckten die Worte des Gesetzes einen Widerhall in seinem Herzen und Verständnis für ihre wahre Bedeutung. Jetzt, wo alle seine Gefühle bis ins Innerste erschüttert waren, ging ihm das Wunder der Religion Jahwes wie ein neuer Tag auf.

Das Gesetz des Mose, der Bund, den Gott mit Israel geschlossen hatte, Passagen der Predigten, die Zebul von den Lippen der Propheten gehört hatte, die er als öde und fanatisch abgetan hatte, wirbelten in seinem Kopf. Zum ersten Mal in seinem Leben sah er die Lehren Jahwes vor dem Hintergrund der Welt, wie sie sich jenseits der Mauern des Tempels darstellte. In seinen Gedanken widerhallten die Worte von den Mauern des Marktplatzes, wirbelten im Luftstrom der Tenne, füllten die Häuser der einfachen Leute, hingen in der Staubwolke über den Handelskarawanen und durchdrangen die Luft mit dem süßen Duft der Weinkelter. Zum ersten Mal sah er die Propheten und religiösen Führer als Männer, die Kinder ihrer Zeit gewesen waren, aber dennoch ihrer Zeit voraus, Männer, die immerzu jene Spannung schufen, die die Menschen zwang, sich über ihre kleinliche Selbstsucht hinaus zu höheren und vornehmeren Dingen zu erheben. Allmählich begann er den Baalskult als eine Last zu sehen, die abgeschüttelt werden mußte, als eine Fessel, die die Menschen an die Vergangenheit band, als einen Knüppel für die Starken und eine Droge für die Schwachen.

Zebul setzte sich von neuem auf, schüttelte die Lähmung des Schlafes ab, und obwohl ihm immer noch alle Knochen wehtaten vor Erschöpfung, raffte er sich von seinem Lager hoch. Er begab sich zu einer mit kostbarer Intarsienarbeit geschmückten Truhe. Er öffnete den Deckel und kramte zwischen den leuchtendbunten Roben herum und stapelte sie auf einer Seite. Ganz unten fand er ein einfaches weißes Reisegewand. Er warf es aufs Bett und daneben ein weißes Tuch, mit dem er den Kopf bedekken wollte.

Er ging quer durch den Raum zu einem Tisch und goß Wasser aus einem irdenen Krug mit schmalem Hals in ein Becken. Er ließ seinen schweren Körper auf einen Schemel sinken und wusch sich so eilig, wie seine übermüdeten Muskeln es ihm erlaubten.

Das kühle Wasser belebte ihn, und er verspürte eine ganz neue Art innerer Erregung. Er war fast fertig angezogen, als ihm plötzlich bewußt wurde, daß er die altvertraute innere Leere nicht mehr empfand. Er krauste die Stirn; ihm wurde bewußt, daß er sich zum ersten Mal in seinem Leben darüber freute, am Leben zu sein.

Von dieser neuen Vitalität erfüllt, beschaffte Zebul sich einen bronzenen Wagen und ein einzelnes Pferd. In lässigem Trab umrundete er die Stadtmauer und schlug den Weg zur nord-südwärts führenden Landstraße ein.

Als er am Tempel des Baal vorbeikam, konnte er es sich nicht verkneifen, einen Blick auf den Hof zu werfen, obwohl er ihn jetzt anwiderte. Der ganze Bereich war übersät mit vergessenen Kleidungsstücken, die, von den tanzenden Füßen zerrissen, halb vergraben im Staub lagen.

Ganz plötzlich kam ihm ein Gedanke. Er zügelte sein Pferd und band es an einem Baum fest. Er machte sich nicht die Mühe, über die ohnehin in den Staub getrampelten Kleidungsstücke hinwegzusteigen, als er auf den Altar vor den freistehenden Obelisken zuschritt. Die Asche des Opfers der vergangenen Nacht war noch nicht entfernt worden. Er sah sich nach einem Gefäß um. Unter all den Überbleibseln mußte sich doch irgendwo ein Tongefäß befinden. Als er keines fand, beugte er sich vor Anstrengung schnaufend nieder und hob ein wollenes Gewand auf. Er hielt es mit beiden Händen an einem Ende fest und schlug es ein paarmal kräftig aus. Der Schmutz, den die trampelnden Füße in der Nacht zuvor darauf hinterlassen hatten, flog auf. Er legte es sorgfältig auf eine Seite des Altars und schaufelte die Asche mit seinen bloßen Händen darauf, bis ein mehrere Zoll hohes Häufchen auf dem Tuch lag. Dann knotete er die Ecken des Gewandes sorgfältig zusammen, um nichts vom Inhalt zu verschütten, und ging zurück zu seinem Wagen.

Bald darauf war er auf der Landstraße, die nach Bethel führte. Die Straße machte eine Biegung um den Berg Ebal, der sich steil, felsig und unfruchtbar erhob und nichts weiter aufzuweisen hatte als ein paar verkrüppelte Olivenbäume und, höher oben, stachelige Birnbäume. Hinter dem Ebal erhoben sich die Zwillingsgipfel des Berges Garizim, nicht ganz so hoch, aber ebenso öde. Von diesen beiden Bergen aus hatte Josua die Anweisungen des Mose ausgeführt, daß die Israeliten, wenn sie auf ihrem Eroberungszug den Jordan überquert hatten und nach Westen ins Gelobte Land zogen, dem Jahwe einen Altar bauen sollten. Josua versammelte das Volk auf einem Paß zwischen den Bergen, in der Nähe des Brunnens, den Jakob vor vier Jahrhunderten dort gegraben hatte. Die Volksmenge hatte die Hänge der Hügel völlig bedeckt. Ein Vertreter jedes Stammes, sechs auf jedem Berg, stiegen auf einen erhöhten Platz über der Menschenmenge, um im Chor die Flüche und Verheißungen des Gesetzes auszurufen. Zebul konnte sich die Szene lebhaft vorstellen, als es aus dem natürlichen Amphitheater auf dem Berg Ebal donnerte:

Verflucht sei, wer einen Götzen oder ein gegossenes Bild macht.
Verflucht sei, wer seinen Vater oder seine Mutter verunehrt.
Verflucht sei, wer seines Nächsten Grenze verrückt.
Verflucht sei, wer einen Blinden irreführt auf dem Wege.
Verflucht sei, wer das Recht des Fremdlings, der Waise und der Witwe beugt.
Verflucht sei, wer bei der Frau seines Vaters liegt oder bei irgendeinem Tier oder bei seiner Schwester oder Schwiegermutter.
Verflucht sei, wer seinen Nächsten heimlich erschlägt.
Verflucht sei, wer Geschenke nimmt, daß er unschuldiges Blut vergieße.
Verflucht sei, wer nicht alle Worte dieses Gesetzes erfüllt, daß er danach tue.

Nach jedem dieser Worte antwortete das Volk mit lauter Stimme »Amen!« Ihre Stimmen verschmolzen ineinander in einem mächtigen Furioso, so ehrfurchtgebietend in seiner Gewalt, daß die Erde unter ihren Füßen vom Lärm erbebte.

Nachdem der Lärm der Flüche verebbt war, erklangen nicht weniger gewaltig die Stimmen vom Berge Garizim, die die Segnungen des Gesetzes hinausposaunten:

Wenn du nun der Stimme des Herrn, deines Gottes, gehorchen wirst, daß du hältst und tust alle seine Gebote, die ich dir heute gebiete, dann wird dich der Herr, dein Gott, zum höchsten über alle Völker auf Erden machen, und weil du der Stimme des Herrn, deines Gottes, gehorsam gewesen bist, so werden über dich kommen und dir zuteil werden alle diese Segnungen:
Gesegnet wirst du sein in der Stadt, gesegnet wirst du sein auf dem Acker.
Gesegnet wird sein die Frucht deines Leibes, der Ertrag deines Ackers und die Jungtiere deines Viehs, deiner Rinder und deiner Schafe.
Gesegnet wird sein dein Korb und dein Backtrog.
Gesegnet wirst du sein bei deinem Eingang und gesegnet bei deinem Ausgang.
Und der Herr wird deine Feinde, die sich gegen dich erheben, vor dir schlagen. Auf einem Weg sollen sie ausziehen wider dich und auf sieben Wegen vor dir fliehen.
Der Herr wird gebieten dem Segen, daß er mit dir sei in dem, was du besitzt, und in allem, was du unternimmst, und wird dich segnen in dem Land, das dir der Herr, dein Gott, gegeben hat.
Und alle Völker auf Erden werden sehen, daß über dir der Name des Herrn genannt ist, und werden sich vor dir fürchten.
Und der Herr wird dir seinen guten Schatz auftun, den Himmel, daß er deinem Land Regen gebe zur rechten Zeit und daß er segne alle Werke deiner Hände …

Zebul hatte sich noch niemals ernsthaft Gedanken gemacht über die Flüche und Verheißungen des Gesetzes. Jetzt, da die moralischen Auffassungen der beiden Religionen in so scharfem Kontrast zueinander standen, begriff er auf eine ganz neue Weise: *Jahwe verheißt uns dieselbe Fruchtbarkeit, die auch der Baal verspricht!*

Die Lehren gingen ihm immer wieder durch den Kopf, während er seine Reise an den Städten Schechem und schließlich Shiloh vorbei fortsetzte. Bethel lag vor ihm, seine weißen Mauern gleißten in der Nachmittagssonne. Die Reise war den verweichlichten Zebul hart angekommen, aber die Schönheit der Stadt munterte ihn wieder auf.

Zebul entdeckte einen Baum gleich neben der Straße und lenkte sein Pferd dorthin. Er sicherte die Zügel, nahm das Tuch mit der Asche vom Boden des Wagens und kauerte sich im Schutz des Baumes nieder. Aus dem geöffneten Tuch nahm er die Asche und schmierte sie über seine Haut, wobei er mit seinen sandalenbekleideten Füßen begann und dann über die Beine hinauf fortfuhr zu seinen Armen, seinem Gewand und schließlich seinem Gesicht, seinem Bart und Haar. Er würde Ahija als ein Israelit in tiefer Trauer gegenübertreten, zerknirscht und erbittert.

Er stieg wieder in seinen Wagen und schnalzte mit den Zügeln, um sein Pferd zu einem raschen Trab anzutreiben. Sobald er die Tore von Bethel passiert hatte, lenkte er seinen Wagen vorsichtig durch die Straßen, die mit großen Steinplatten gepflastert waren. Das scharfe Geräusch der Hufschläge und das knarrende Scharren der Räder erfüllte die Luft mit dem Lärm hektischer Betriebsamkeit. Gesichter wandten sich um und starrten den seltsamen, fetten Fremden an, aber er fuhr so rasch weiter, daß die Menge keine Gelegenheit fand, sich zusammenzurotten. Er suchte seinen Weg durch bemerkenswert sauber gehaltene Straßen zu dem schlichten Haus, in dem Ahija wohnte. Er war müde, und er betete, Ahija möge zu Hause sein.

Der Priester zog die Zügel seines Pferdes an und stieg aus dem Wagen, wobei er die Zügel mit einer Hand festhielt. Auf sein Klopfen hin erschien ein alter Mann in einem abgetragenen Gewand von einer Art, wie es die wohlhabenderen Israeliten als Unterkleid trugen. Aus einem bleifarbenen Gesicht mit stark hervortretenden Adern und auffallend gewölbten Backenknochen blickten Augen, die überhaupt nicht zu dem gebrechlichen Körper paßten. Ihr Blick war durchdringend, wachsam und entschlossen. Zebul warf einen Blick auf den dünnen Schnurrbart und das dünne Haar und hatte den Eindruck, der Bart sei einst üppig gewesen. Alles Haar war von den dürren Armen des Alten verschwunden, und seine Haut war geradezu unglaublich runzelig. Er stand da und sagte kein Wort, blickte nur fragend den mit Asche bedeckten Zebul an.

»Ich bin Zebul, Priester aus Samaria, der Hohepriester Israels. Ich bin gekommen, um mit Ahija zu sprechen.«

»Ich bin Ahija. Was führt dich in Trauerkleidern zu mir?« Entweder erkannte der alte Prophet den Priester nicht, oder er hielt ihn für einen Hochstapler.

»Meine Botschaft ist lang und ich bin müde. Ich bitte dich um Gastfreundschaft für die Nacht.«

Ahija sah verblüfft aus, aber er hatte ein Leben lang Zeit gehabt, sich an ungewöhnliche Ansinnen zu gewöhnen, also trat er vor und schloß die Türe. »Komm mit. Wir wollen uns erst einmal um dein Pferd kümmern.«

Der alte Mann, der sich auf einen Stab stützte, führte ihn ums Haus in den kleinen Hinterhof, schloß das hohe Tor und beobachtete Zebul, wie er ungeschickt am Zaumzeug des Pferdes herumfummelte. Offenkundig war der Dicke an solche Arbeit nicht gewöhnt.

Ahija deutete auf eine Futterkrippe. Zebul klapste das Pferd auf den Schenkel und sah zu, wie es sich über sein Futter hermachte.

Ahija deutete auf die Hintertüre und ging voraus. Die Sandalen beider Männer glitten raschelnd über die harte Erde, einer schlurfte vor Erschöpfung, der andere vor Altersschwäche.

Als sie im Inneren des Hauses angelangt waren, sprach Ahija schließlich. Seine Stimme klang frostig. »Ich erkenne dich jetzt. Du bist tatsächlich Zebul, der sich für den Hohenpriester Israels hält. Ich glaubte erst nicht, daß du es wärst, unter all der Asche.« Er sprach mit offenkundiger Verachtung. »Du weißt wohl, wie oft ich dir vorgeworfen habe, ein Opportunist zu sein. Warum kommst du jetzt zu mir? Wolltest du mich mit deiner Asche hereinlegen?«

Zebul blickte den alten Propheten an, dessen Stimme für sein Alter erstaunlich kräftig war. »Was du von mir gesagt hast, ist wahr, aber das ist jetzt vorbei. Du siehst einen anderen vor dir als den Priester, den du angeklagt hast.«

Ahija runzelte die Stirn, sagte aber nichts.

»Deshalb bin ich zu dir gekommen.«

»Im Zweifel für den Angeklagten, sagt man. Deine Demut beeindruckt mich.«

Ahija bedeutete dem Priester, auf einem Schemel neben

einem roh behauenen Tisch Platz zu nehmen. Zebul setzte sich. Der alte Mann brachte einen großen irdenen Krug und ein paar Handtücher. »Wasch dir diese Asche ab«, befahl er.

Während Zebul sich den Schmutz vom Körper wischte, begann er. »Diese Asche stammt vom Altar des Melkart.«

Ahija starrte ihn an.

»Hör mir zu, Ahija.« Zebul begann seine Geschichte zu erzählen und berichtete in allen Einzelheiten sein inneres Ringen und die Ereignisse der vergangenen Nacht. Während er sprach, holte der Greis Ahija einen Topf vom Kohlenbecken und stellte ihn auf den Tisch. Er setzte sich dem Priester gegenüber, brach einen Laib Brot und reichte Zebul die Hälfte. Beide Männer tunkten ihr Brot in den Suppentopf und aßen.

Ahija, der sich über die Entwicklung des Baalskultes ständig auf dem laufenden gehalten hatte, hörte Zebuls Geschichte mit großer Aufmerksamkeit an, dann fragte er schließlich: »Warum hast du mich aufgesucht? Willst du mich um Rat fragen, oder suchst du Trost?«

Zebul antwortete mit großem Ernst. »Ich bin zu dir gekommen, weil du der angesehenste unter den Propheten des Jahwe bist. Du mußt etwas unternehmen, um den Baalskult aus dem Land zu treiben.«

»Was meinst du wohl, was ich mein Leben lang getan habe?«

»Aber jetzt brauchen wir etwas Neues, etwas anderes als bisher. Wir müssen diesen Krieg mit neuen, besseren Strategien führen.«

Ahija gab nicht sofort Antwort. Sein runzeliges Gesicht spannte sich vor Erbitterung an. Schließlich sprach er. »Ich bin alt. Scheol, das Totenreich, wird die Hand nach mir ausstrecken, bevor ich diesen Kampf auch nur beginnen kann.«

»Ich bin ein Priester«, hielt ihm Zebul entgegen, »kein Prophet. Ich kann nicht sagen, was getan werden muß, aber irgend etwas muß getan werden, Ahija. Du mußt dir etwas einfallen lassen.«

»Ich habe viele Jahre lang Prophezeiungen verkündet. Ich habe gelernt, daß es wie ein Krieg ist, die Menschen zu Jahwe zurückzurufen. Es ist mir gleich, was mit mir geschieht, aber wenn ich sterbe, während ich den Kampf anführe, würde mein Tod als ein Sieg des Baal gelten.«

Zebul senkte den Kopf und faltete die Hände auf dem Tisch. Er schwieg einen Augenblick lang, dann blickte er Ahija eindringlich an. »Dann wird es deine Aufgabe sein, einen Führer zu wählen, dem die anderen Propheten folgen und den sie respektieren.«

Ahija schüttelte den Kopf. Er klemmte seinen Stab in eine Mauerritze, um zu verhindern, daß er zu Boden fiel, packte die Tischkante auf der anderen Seite und erhob sich mühselig von seinem Stuhl. Er wandte Zebul den Rücken zu und schritt zu einem Fenster, das auf den winzigen Hof hinausblickte. Er war froh, daß er alt war und die Last eines Prophetenlebens bald würde ablegen können. Die Geißel Gottes, die das Land treffen würde, würde schrecklicher als jede sein, die er zuvor erlebt hatte. Er stützte sich müde auf das Fensterbrett. Er dachte: *Sechzig Jahre lang habe ich Prophezeiungen ausgesprochen, und was hat es genützt?* Er hatte den Untergang der Feinde, der Philister, gesehen, nur um gleich darauf zusehen zu müssen, wie der Stern Syriens aufging, eines weitaus gefährlicheren Feindes. Der geistliche Kampf war um nichts anders. Eine Schlacht folgte der anderen. Im Feuer seiner Jugend hatte er sich ausgemalt, wie Israel auf ein höheres spirituelles Niveau stieg, aber keine solche Wandlung war eingetreten. Gelegentlich erwachte das Interesse an der Religion Jahwes von neuem, aber unvermeidlich folgte der Rückfall in heidnische Riten. *Predigen, das ist, als werfe man einen Kiesel in einen Teich,* dachte er. *Ein kaum hörbares Aufklatschen, Wellchen, die allmählich wieder verebben, und schon ist die Oberfläche wieder spiegelglatt. Warum soll man sich da überhaupt die Mühe machen, den Stein zu werfen?*

Er wandte sich um und starrte Zebul an, der seinen Blick erwiderte. Ein schwaches Lächeln spielte um seine Mundwinkel. Vielleicht hatten die Wellchen das Leben dieses fetten, einst so pomphaften Priesters berührt, ehe sie wieder verschwunden waren. Der alte Prophet sprach langsam. »Niemand kann einen Anführer der Propheten ernennen.« Er hielt inne und schlurfte zurück zum Tisch. »Aber vielleicht hat Gott bereits einen Mann bestimmt.«

»Ich werde nach ihm suchen. Er muß gefunden werden.«

Ahija ließ sich auf den Hocker neben dem Tisch sinken und kicherte verächtlich. Der eindringliche Blick des alten Mannes verursachte dem Priester Unbehagen. »Ihr Nachzügler in der Schlacht amüsiert mich.« Er sprach langsam. »Welchem Propheten möchtest du denn den Job anbieten?«

Zebuls Doppelkinn zitterte, als er zum Sprechen ansetzte, dann besann er sich eines Besseren. Er schüttelte empört den Kopf. Mit schwacher Stimme antwortete er: »Es muß doch irgend etwas geben, das ich tun kann.«

Ahijas Gesichtsausdruck wurde weicher. »Zebul, es gibt tatsächlich etwas, das du tun kannst.« Er hielt inne. »Aber es ist Zeitverschwendung, nach dem Propheten zu suchen, den Gott dazu bestimmt hat, den Baal herauszufordern.«

Zebul runzelte die Stirn. Der alte Prophet schien jetzt viel kräftiger und wacher als zuvor. »Ihr Priester müßt etwas über uns Propheten lernen«, fuhr der alte Mann fort. Er sprach jetzt mit mehr Eifer als zuvor. »Uns werden unsere Pflichten nicht von Menschen zugeteilt und von uns an andere Menschen delegiert, wie es bei euch üblich ist. Was meinst du wohl, was würde passieren, wenn du den falschen Mann als Führer auswählst?« Ohne Zebul Gelegenheit zur Antwort zu geben, fuhr er fort: »Was du kürzlich erlebt hast, hat dir schmerzlich bewußt gemacht, wie ernsthaft diese Herausforderung an Jahwe ist.«

Zebul nickte.

Ahija hatte die Fäuste so fest geballt, daß die Knöchel weiß wurden. »Deine Vorstellung von Jahwe ist zu beschränkt. Meinst du nicht, daß er Bescheid weiß, was hier geschieht?« Er zögerte kurz, um Zebul Gelegenheit zu geben, die volle Tragweite der Frage zu erfassen. »Hör mich an, mein priesterlicher Freund. Jahwe wußte schon vor vielen Jahren, daß es zu einer solchen Krise kommen würde. Du kannst sicher sein, daß Gott längst einen Propheten zugerüstet hat, der jetzt ans Licht treten wird. Wenn die Zeit reif ist, wird er erscheinen, und du kannst gewiß sein, daß Gott sein Werk auf eine völlig andere Art tun wird als du oder ich oder irgendein anderer Priester.«

Zebul saß einen Augenblick lang schweigend da und betrachtete nachdenklich das verhutzelte Gesicht des alten Propheten. Er zog das Tuch über seinen breiten Schultern zurecht, als er aufstand. Er blickte auf den Propheten hinunter und fragte schließlich schlicht: »Bist du dir dessen sicher?«

Die Antwort klang feierlich. »Ich bin mir sicher.«

* * *

Das Land sah genauso aus, wie man sich die Heimat eines Propheten vorstellt. Der Fluß Jordan trennte es – sowohl geographisch wie auch kulturell – vom übrigen Israel. Seine Bewohner züchteten Schafe und Kühe; die meisten von ihnen waren Halbnomaden. Sie blickten voll Herablassung auf die seßhaften Bauern westlich des Jordan, die, wie sie glaubten, zwar behaupteten, Jahwisten zu sein, sich aber nicht davon zurückhalten konnten, den Fruchtbarkeitsgöttern mit der Bitte um gute Ernten zu opfern.

Die Bergkette erhob sich steil aus dem wildwuchernden Pflanzenreichtum des tropischen Jordantales. Vom Tal aus gesehen, erhoben sich die Klippen auf Kalkstein und wechselten dann in Gipfelnähe zu schwarzen vulkanischen Gesteinsmassen.

Das Land war hochgelegen, offen und weiträumig. Mächtige, zu niedrigen Kuppen geformte Ebenen wuchsen immer wieder zu felsigen Hügeln an und lösten sich dann allmählich in der großen Wüste im Osten auf. Die Hügel waren wild und rauh, einzelne Waldstücke wuchsen auf ihnen. Es war ein Land tiefer Einsamkeit, die nur gelegentlich von einem der reißenden Bergbäche unterbrochen wurde, in deren Tälern die wilden Tiere herumstreiften.

Im Norden lag die Grassteppe von Havoth-Jair. Überall im Land sah man Grüppchen von Beduinenzelten aus schwarzem Ziegenhaar. Die Dörfer aus grob behauenen Steinen waren klein und namenlos, sie glichen einander aufs Haar. Sie dienten als Winterquartiere für die Nomadenfamilien, die sich den Sommer über im Hochland aufhielten, im Winter aber in die Täler und Schluchten hinabzogen. Die Leute waren im Vergleich zu den Bauern westlich des Flusses ein wildes, ungehobeltes Volk.

Dämmerung fiel auf das Ackerland im Westen, aber im Jordantal war es bereits Nacht, als Elia sich der Furt von Bet-Schean näherte. Das Tal wurde hier breiter, weil es mit dem Tal von Jesreel zusammenstieß, das vom Westen her die Hügel von Samaria durchschnitt. Bet-Schean lag im Norden des Tales, auf einem niedrigen Hügel etwa fünfhundert Fuß über der Talsohle. Es war die bedeutendste Stadt in der reichen Talebene, der wichtigste Umschlagplatz für Mais, Balsam, Flachs und Datteln in diesem Gebiet. Das Wasser war hier im breiten Tal seichter, und in den Saum von Dorngebüschen, der die Ufer des Jordans begleitete, war eine Lücke geschnitten worden, so daß der Fluß an dieser Stelle überquert werden konnte. Die Furt lag jetzt verlassen da; die Dämmerung war eine Zeit, in der sich jedermann bei seiner Familie im Hause befand.

Elia machte sich auf, das Wasser zu durchqueren. Er sah genauso aus wie das rauhe Land, in dem er geboren war. Als er sich langsam durch die Strömung kämpfte, war das Spiel seiner gewaltigen Muskeln deutlich zu sehen unter dem dichten schwarzen Haar, das fast seinen ganzen Körper bedeckte. Lange, unfrisierte schwarze Locken hingen völlig ungeordnet über seine breiten, massigen Schultern. Sein mächtiger Schädel mit dem kantigen Kinn saß auf einem vierschrötigen, kurzbeinigen Körper, der von der Sonne zu tiefem Braun verbrannt war. Der durchdringende Blick seiner schwarzen Augen sprach von einem erschreckend unerschütterlichen Vertrauen in sich selbst und seine Mission. Elia pflegte seine äußere Erscheinung für seine Zwecke auszunutzen, obwohl es ihm selbst nicht bewußt war, daß er das tat. Der wilde Blick trat in seine Augen, ohne daß er es merkte, wenn er predigte — selbst wenn er an den Abfall Israels vom Herrn dachte.

Er war ein Fanatiker in den Augen der Zuhörer, die ihn nicht leiden konnten, ein Heros in den Augen anderer Propheten. Seine Stimme war machtvoll, mit einem erschreckenden Unterton, der in seinen Gegnern unterdrückte Wut wachrief. Seine Bewunderer liebten ihn, diejenigen, denen er entgegentrat, verachteten und verspotteten ihn, und beide Gruppen fürchteten sein unangekündigtes Auftreten an öffentlichen Orten. Oft erschien er auf irgendeiner öffentlichen Versammlung oder privaten Gesellschaft, und danach schlichen die Gäste davon und brachten es nicht mehr fertig, den Schrecken abzuschütteln, den seine Angriffe ihnen eingejagt hatten. Seine Guerillamethoden waren beunruhigend und auf eine rüde Weise überaus wirkungsvoll.

Das Wasser bedeckte Elias breiten Ledergürtel und kämpfte mit seiner kurzen Tunika aus grobem Tuch. Er hielt seinen schweren schwarzen Wollmantel in die Höhe, um zu verhindern, daß er naß wurde.

Sobald er den Fluß überquert hatte, stieg Elia die steile Straße nach Bet-Schean hinauf. Der Torwächter hatte bereits begonnen, die massiven Eichentore zu schließen. Als der Prophet verlangte, hineingelassen zu werden, gab der Wächter mit mürrischer Zustimmung nach. Er wagte es nicht, einen Propheten zu beschimpfen. Elia trat mit einem dankenden Kopfnicken ein und schritt die Basaltstraßen von Bet-Schean entlang. Seine Sandalen machten ein leises, flüsterndes Geräusch auf den schwarzen Steinen.

Rejabs Haus war ein schlichter, aber solider Bau aus viereckigen Kalksteinblöcken. Nur eine einzige Türe und kein einziges Fenster öffneten sich auf die Straße hinaus. Vom Hinterhof führte eine Außentreppe auf das flache Dach hinauf. Ein kleines Zimmer bildete das Obergeschoß, das sich auf einer Seite des Daches befand und als Gästezimmer diente. Das Untergeschoß bestand aus einem einzigen großen Raum. Auf einer Seite befand sich eine etwas erhöhte Plattform zum Schlafen und familiären Beisammensein. Kleine viereckige Schemel standen an der Wand entlang, auf denen die Gäste Platz nehmen konnten. Ein großes irdenes Becken stand in Wandnähe auf dem Boden. Im Winter wurde es mit glühenden Kohlen gefüllt und mit einem Brett und einer schweren Ziegenhaardecke zugedeckt. Auf diese Weise gab es genug Wärme ab, daß es im Zimmer gemütlich wurde. Eine Hintertüre des großen Raumes öffnete sich in einen Hof, der von Mauern aus sonnengetrockneten Lehmziegeln umgeben war.

Elia ergriff den eisernen Türklopfer und pochte. Eine sanfte Brise wehte vom Tal von Jesreel herunter.

Die Türe wurde fast augenblicklich geöffnet. Ein breites Lächeln breitete sich über Rejabs Gesicht, als er seinen alten Freund erkannte. »Willkommen, Elia.« Rejab zog den Propheten warmherzig an sich und küßte ihn auf beide Wangen. Er war einige Jahre älter als der Prophet und ziemlich füllig, aber er bewegte sich mühelos.

Rejab sprudelte förmlich über vor Aufregung. »Komm herein, komm herein, mein Freund der Prophet.« Er schob Elia ins Innere des Hauses und schusselte im Zimmer herum, wobei seine leichten, im Luftzug flatternden Gewänder seinen dicken Bauch deutlich hervortreten ließen. Er legte ein Kissen auf den Sitz eines eichenen Schemels und stellte ein anderes aufrecht an die Wand, so daß es eine Rückenlehne bildete. »Hier, setz dich hierher, mein Freund. Miriam!« rief er nach seiner Frau, die Elia bereits gesehen hatte und ihn im selben Augenblick mit kleinen Verbeugungen und freudigen Ausrufen begrüßte.

»Setz dich doch! Setz dich!« stieß Rejab kurzatmig hervor.

Elia ließ sich dankbar auf die Kissen nieder. Er war zwei Tage und eine Nacht unterwegs gewesen und hatte sich kaum mehr als kurze Ruhepausen gegönnt.

Miriam eilte mit einem Feigenkuchen und einem Becher Wein herbei.

»Ja, ja«, schwatzte Rejab pausenlos. »So ist's recht. Genau das Richtige für einen müden Wanderer. Du bist mir eine Freude, Miriam. Greif zu, Elia, und erfrische dich.«

Elia trank dankbar. Die Kapriolen seines Gastgebers ermunterten ihn mehr als das Essen. Die herzliche Freundlichkeit Rejabs bot ihm Gelegenheit, sich der düsteren Realität seiner früheren Überlegungen zumindest kurzfristig zu entziehen. Die Medizin tat ihm gut.

Rejab plauderte fröhlich über ein Ereignis, das an diesem Tage in aller Munde gewesen war. Ein Beduine hatte den Jordan an der Stelle überquert, wo auch Elia durch die Furt gegangen war. Sein Kamel stolperte in dem reißenden Wasser und ging völlig unter. Für das Kamel und seinen Besitzer war die Sache alles andere als lustig gewesen. Rejabs Schilderung, wie der nackte Mann ins Wasser getaucht war, um die Riemen durchzuschneiden, die die Last auf dem Rücken des Kamels festhielten, und das Tier sicher an Land zu bringen, war weitaus amüsanter, als das tatsächliche Ereignis gewesen sein mußte.

Rejab genoß es, Geschichten zu erzählen. Wenn er sprach, wackelte sein Bauch vor Lachen, so daß es aussah, als hüpfte er auf seinem Schemel auf und ab. Er gestikulierte lebhaft, wenn er erzählte, und manchmal hob sich seine Stimme zu einem schrillen Quieken.

Miriam unterbrach Rejab nur kurz, indem sie zum Abendessen rief. Während der Mahlzeit, die aus heißer Suppe und aus Brot bestand – das die Männer mit den Fingern in den großen Topf dickflüssiger Brühe tauchten – fuhr Rejab mit seinen Späßchen fort. Daß Elia schwieg, machte seinem Gastgeber nichts aus. Elia war häufig schweigsam.

Schließlich unterbrach ihn Elia. »Rejab, erzähl mir, was du über den Baalstempel in Samaria weißt.«

Das Lächeln, das so unauslöschlich in Rejabs Gesicht geprägt schien, verblaßte jäh. »Hast du von der Einweihung gehört?«

»Ja.«

»Mehr weiß ich auch nicht. Sie fand vor zwei Nächten statt. Die Stadt war den ganzen nächsten Tag wie gelähmt. Die Leute sagen, es bliebe sich gleich. Sie könnten sowohl Jahwe wie auch den Götzen opfern. Ich bin nur ein einfacher Kaufmann. Ich verstehe nichts von diesen Dingen. Das einzige, was ich weiß, ist: Seit die Propheten des Melkart mit ihnen gesprochen haben, haben meine Geschäftspartner weniger Skrupel und sind listiger, wenn es darum geht, andere zu betrügen.« Rejab umfaßte den plumpen Weinbecher mit beiden Händen. Er ließ die Flüssigkeit im Becher kreisen und starrte nachdenklich hinein. »Da ist noch etwas, Elia.«

»Was noch?«

»Obadja hat uns wissen lassen, daß Isebel vorhat, Melkart und Aschera zu den offiziellen Göttern des königlichen Hofes zu machen.«

Elia biß die Zähne zusammen. Als er sich von seinem Sitz erhob, fühlte Rejab einen Schauder der Furcht. Elia hob den Becher und trank den Inhalt mit einem großen Schluck aus. Er umklammerte den leeren Becher mit aller Kraft, einen wilden Blick in den Augen, alle Muskeln angespannt. Dann entspannte er sich langsam wieder und stellte den Pokal auf den Tisch.

»Das habe ich befürchtet, Rejab. Möge der Herr dir deine Freundlichkeit vergelten. Ich muß jetzt zu Bett gehen, und ich werde das Haus verlassen, bevor ihr beide morgen aufsteht. Ich werde euch nicht stören.«

»Und ob du uns stören wirst!« widersprach Rejab. »Ich will mich ja nicht in deine Angelegenheiten mischen, aber du gehst nicht mit leerem Magen von hier weg. Du kannst Jahwe bessere Dienste leisten, wenn du stark bist. Wann willst du gehen?«

»Ich muß in Samaria sein, wenn Ahab auf seinem Thron sitzt. Ich werde zu Beginn der letzten Wache vor der Dämmerung von hier fortgehen. Ich werde den ganzen Weg laufen.«

»Es sind zwanzig Meilen, Elia.«

»Ich werde den ganzen Weg laufen«, wiederholte der Prophet.

Rejab warf ihm einen Seitenblick zu. So schwierig der Marsch auch sein würde, weil es größtenteils bergauf ging, so wußte er doch, daß Elia tun würde, was er gesagt hatte. »Dann wirst du deine Kraft um so mehr brauchen. Wenn du aufstehst, wird dein Essen für dich bereitstehen.«

Elia packte Rejab an beiden Schultern und küßte ihn auf die Wange. »Du bist der beste aller Menschen, Rejab.«

Der Mond schien nicht mehr in den frühen Morgenstunden, und Miriam brauchte die Lampe, um sehen zu können. Sie legte Distelzweige und Dornen in den Ofen im Freien und entzündete das Kleinholz mit der Flamme der Lampe. Sie blies hinein, bis es hellauf brannte, dann warf sie trockene Stücke Kuhmist als Brennmaterial auf die Flammen. Als Elia aufstand, waren die Brotkuchen bereits fertig. Rejab hinterließ Spuren auf dem taubedeckten Boden, als er mit einer mächtigen Ziegenhaut herbeikam, an der die Halsöffnung und drei Beine zugebunden waren, während das eine offene Bein als Tülle zum Ausgießen diente. Er füllte Elias Becher mit Wein. Sie aßen schweigend.

Elia stellte seinen Becher auf den flachen Stein, der als Tisch im Freien diente. »Ich muß gehen, Rejab.« Er küßte sie beide. »Leb wohl, Miriam.« Die Hoftüre schloß sich hinter ihm. Einen Augenblick lang lauschten Rejab und Miriam dem eiligen Schritt ihres Freundes, dann verhallte das Geräusch und sie waren wieder allein.

FÜNFTES KAPITEL

Obadja war einen ganzen Kopf größer als Elia, aber nicht so massig gebaut. Sein schlanker Körper war makellos gekleidet, sein Bart zu einem kurzen Kinnbärtchen getrimmt. Sein Schnurrbart paßte zu seinem schmalen Bartstreifen. Er trug keine Kopfbedeckung, aber sein säuberlich gekämmtes Haar wurde von einem Stirnband festgehalten. Eine blaue, farblich dazu passende Schärpe hob sich in scharfem Kontrast von seinem weißen Gewand ab. Seine Haut war weich und glatt, aber tief gebräunt von der Sonne, seine Stirn hoch, mit einer deutlich hervortretenden Ader in der Mitte. Er strahlte Selbstbewußtsein aus; der Ausdruck seiner Augen verriet einen lebhaften Intellekt. Er trug die Verantwortung für den gesamten königlichen Besitz und verwaltete diese Güter mit sichtlicher Begabung. Es war allgemein bekannt, daß Ahab vollstes Vertrauen zu ihm hatte, denn oft beriet er sich mit ihm über Angelegenheiten, die mit dem ihm übertragenen Amt nicht das geringste zu tun hatten.

Elia sprach mit gedämpfter, drängender Stimme. Seine durchdringenden Augen unterstrichen noch seine eindringlichen Worte.

»Elia, was du von mir verlangst, ist zu gefährlich. Das kann ich nicht tun.«

»Du mußt es tun. Ich muß mit Ahab sprechen.«

»Er wird dich auf dem Marktplatz an den Pranger stellen lassen.«

»Er würde es nicht wagen, einen Propheten zu verhaften.«

Obadja schüttelte flehentlich den Kopf. »Elia, Ahab hat Isebel ein Großteil seiner Macht am Hofe übertragen. Er wird dich verhaften lassen, weil sie es verlangen wird.«

»Dann werde ich mich eben nicht erwischen lassen.«

»Wie kannst du dir dessen so gewiß sein?«

»Ahab hat Sorge getragen, daß seine Palastwächter dem Glauben Israels treu sind, nicht wahr?«

»Ja.«

»Sie werden mich entkommen lassen. Bevor Ahab noch andere alarmieren kann, werde ich auf dem Weg zum Jordan sein.«

»Warum kannst du mir nicht einfach eine Botschaft geben, und ich überbringe sie ihm?«

»Du weißt, daß das eine törichte Frage ist, Obadja.«

»Ja. Dann bist du also entschlossen?«

»Ich weiß, was ich zu tun habe.«

»In Ordnung. Ich werde dich zu ihm bringen. Aber erst muß ich ein Gewand für dich finden. Die Wachen würden dich so, wie du aussiehst, nicht eintreten lassen, nicht einmal in meiner Begleitung.«

Ein Gewand bedeckte Elias haarigen Körper, und sein Haar und Bart waren frisch gekämmt, als er neben Obadja einherschritt. Sie überquerten den Hof und wurden gelegentlich von Arbeitern und Dienern gegrüßt, denen es nicht in den Sinn gekommen wäre, Obadja die Wahl seiner Gefährten zum Vorwurf zu machen. Am Eingang des Palastes nickte Obadja einfach den Wächtern zu.

Sobald sie sich im eigentlichen Inneren des Palastes befanden, durchquerten die beiden Männer eine große leere Halle. Ihre Schritte widerhallten auf dem steinernen Fußboden des gewaltigen Raumes. Sie blieben vor der Doppeltüre zum Thronsaal stehen, als die gekreuzten Speere der Wachen ihnen den Zugang verwehrten.

»Obadja«, warnte einer von ihnen, »es tut uns leid, Herr, aber Euer Name steht heute nicht auf der Liste derjenigen, die zur Audienz beim König zugelassen sind.«

Obadja sprach mit leiser Stimme. »Elia ist es, der Ahab sprechen will.«

Elia öffnete das reiche Gewand und zeigte ihnen das Prophetenkleid darunter. Die Wächter sahen hin, tauschten Blicke und zögerten unsicher.

»Der Herr der Heerscharen, Jahwe, hat mir ein Wort gegeben, das ich vor Ahab sprechen soll. Ihr wollt doch nicht dem Herrn widerstehen.« Elia sprach mit sanfter Stimme, aber in autoritärem Ton, als wäre er, nicht Ahab, König des Landes.

Der Älteste der Wächter faßte sich rasch wieder. »Wir sind Diener Jahwes, Elia, und Bewunderer deines Mutes, aber wir sind zugleich Soldaten unter dem Befehl des Königs. Du kannst nicht eintreten, wenn du nicht vorgeladen wurdest. Warum bittest du nicht einfach um eine Audienz?«

Elia schüttelte das Gewand ab, so daß es von seinen Schultern glitt. Einen kurzen Augenblick stand er schweigend da, seine Augen forschten in den ihren. »Jahwe hat mich berufen. Das genügt mir.« Er packte jeden der beiden Speere mit einer Hand und riß sie von der Türe weg; mit einer raschen Bewegung stieß er den Riegel zurück und stieß die Doppeltüre auf. Die Türflügel flogen mit lautem Krach gegen die Wand, als der vierschrötige Prophet eilends auf den Thron zuschritt. Ahab sah verblüfft auf. Elia blieb nur wenige Schritte vor dem mit Gold eingelegten Thron stehen.

Die Höflinge starrten Elia angespannt an. Die Wachen folgten ihm hastig und packten ihn an den Armen. Der König zögerte überrascht. Dann faßte er sich.

»Der Haarige«, sagte er. »Dann bist du also Elia.«

»Der bin ich.«

Ahab bedeutete den Wachen, ihn loszulassen. »Du bist ein Narr, daß du unangemeldet in meine Nähe kommst.«

»Könige gelangen an die Macht und werden gestürzt, wie es Jahwe gefällt. Ich bin sein Prophet. Du bist es, der Angst haben sollte.«

»Ich gehe milde mit dir um, Elia. Sag mir, was du zu sagen hast, und dann geh mir aus den Augen.«

Elia deutete mit dem Finger auf Ahab. »Ahab, was bedeutet mein Name?«

Der König sprach mit amüsierter Herablassung. »Elia bedeutet ›Jahwe ist Gott‹, ein passender Name für seinen Propheten, würde ich sagen.«

»Du wirst erfahren, wie wahr mein Name ist, Ahab.«

Elia wandte sich um und ging auf die Türe zu, dann blieb er in der Mitte zwischen Thron und Türe stehen. Er drehte sich um und blickte Ahab an. Der König saß, nun wieder völlig gefaßt, da und blickte den Propheten mit schmalem Lächeln an. Elia wandte sich um, so daß er dem König genau in die Augen sah. Mit all der gewaltigen Kraft, die er aus seinen mächtigen Lungen holen konnte, brüllte Elia: *»Ahab, höre meine Worte!«* Die Höflinge sprangen erschrocken auf, als der Klang durch die Halle dröhnte. Ahab richtete sich steif auf seinem Thron auf. Der ganze Raum erstarrte vor Verblüffung. Elias Augen blitzten den König an. Wiederum hallte sein Schrei von den Wänden wider. *»Ahab! So wahr der Herr, der Gott Israels, lebt, vor dessen Angesicht ich stehe, es soll all diese Jahre weder Tau noch Regen kommen, es sei denn, ich sage es!«*

Ahab zögerte einen Augenblick; der wilde Ausbruch hatte ihm die Sprache verschlagen. In diesem Augenblick wirbelte Elia herum und eilte mit raschen Schritten aus dem Thronsaal, an den wie verdonnert dastehenden Wächtern vorbei, und auf die äußere Türe zu.

»Ergreift ihn! Wachen! Packt ihn!« Ahab sprang auf, während er das Kommando schrie. Die Wächter setzten sich in Bewegung und wollten dem Befehl gehorchen. Elia begann zu laufen. Die Wächter am äußeren Tor wandten sich dem Aufruhr zu.

»Es ist Elia! Haltet ihn auf!« schrie ihnen ein Wächter zu. Die Wächter machten einen halbherzigen Versuch, loyal zu erscheinen, aber sie ließen Elia vorbeischlüpfen. Der Prophet, dessen Beine heftig auf und nieder stampften, sprang auf einen Wagen, der eben zum Tor hinausfuhr. Der Wagenlenker wandte sich um, aber Elias mächtige Hand ergriff seine Schulter und zwang ihn auf den Boden des Wagens nieder. »Bleib, wo du bist!« bellte Elia. Er schrie und schnalzte mit den Zügeln, und die Pferde jagten wie von Sinnen durch die Stadt, auf die Tore zu.

Die Straße war wie leergefegt, als Elias mächtiges Geschrei näherkam. Mütter schoben ihre Kinder in aller Eile in die Läden, Hunde verkrochen sich unter den Fuhrwerken, und die Männer sahen aus sicherer Entfernung zu, was der ganze Aufruhr zu bedeuten hatte.

Der Wagen raste durch das Stadttor und verlangsamte seine wilde Fahrt gerade so weit, daß er an der Stadtmauer entlangfahren konnte. Ahab hatte Bogenschützen auf der Stadtmauer postiert, wo sich die Straße in Richtung Osten um die Stadt herumwand. Er warf dem zusammengekauerten Fahrer die Zügel zu und sprang aus dem Wagen, als dieser ein wenig langsamer wurde. Er landete auf den Schultern und überschlug sich, so daß er wieder auf die Füße kam, stolperte und begann den Hügel hinabzurollen, der steil in Richtung Süden aufstieg.

Ahab schäumte vor Wut. Er hatte Bogenschützen auf die Stadtmauer gesandt, die die Straße am Fuß der Mauer überwachen sollten, aber er wußte, daß Elia zu schlau war, um einen so offenkundigen Fluchtweg zu wählen.

Er kehrte in den Thronsaal zurück. Als er seinen Thron wieder bestieg, wurde Jehu gemeldet.

»Schickt ihn augenblicklich zu mir.«

Jehu trat ein. Er trug keine Uniform, sondern seine gewöhnliche Robe und die Schärpe um die Mitte. Er war hager und drahtig, ein Stück größer als Ahab. Seine Schultern waren breiter als die des Königs, aber nicht so massig, seine Muskeln waren eher flach und zäh als mächtig hervorquellend. Die Adern standen deutlich auf seinen Armen und Händen hervor. Sein Haar reichte nur bis zum halben Nacken hinunter und wurde von einem Kopftuch gehalten; sein Bart war kurz und sauber getrimmt. Er mochte Ahab nicht, aber er war noch nie auf den Gedanken gekommen, ihm die Treue aufzukündigen. Er trat mit langen Schritten zum Thron und sank auf ein Knie nieder.

»Zu Euren Diensten, Herr. Der Bote meldete mir, was geschehen ist, als ich eben mein Quartier verließ.«

»Dann«, sagte Ahab grimmig, »weißt du ja, was du zu tun hast. Stell so viele Männer ab, wie dir nötig erscheinen, um Elia zu fassen.«

»Er wird nicht leicht zu fangen sein«, antwortete Jehu, während er sich erhob.

Ahab betrachtete ihn forschend; ein Ausdruck von grimmigem Verständnis verhärtete seine Züge. »Dessen bin ich gewiß. Es will mir auch scheinen, als würde kein Soldat, der mit ihm sympathisiert, besonders gute Arbeit tun. Wären meine Palastwächter dem Jahwe weniger ergeben, würde Elia jetzt vor mir stehen.«

Jehu stand überrascht still und schwieg.

»Vergiß es. Aber achte darauf, daß die Patrouille, die du beorderst, aus Männern besteht, die mehr Vertrauen in Melkart als in Jahwe setzen.«

»Wie Ihr befehlt, mein König.« Jehu verneigte sich und ging.

Ahab saß schweigend da. Seine Augen folgten der Linie des Lotus-Blatt-Musters, mit dem die elfenbeingetäfelte Wand eingelegt war. Wie glaubwürdig war Elias Drohung? Der Prophet hatte einen gewaltigen Ruf bei den einfachen Leuten, aber was hatte das schon zu besagen? Dennoch, eine solche Drohung wäre der Gipfel der Dummheit gewesen, wäre Elia nicht gewiß gewesen, daß seine Botschaft ein Wort Gottes war.

Ahab schauderte. Die Vorratskammern waren leer. In seinen Bemühungen, den Reichtum Israels zu vergrößern, hatte er alle überschüssigen Lebensmittel nach Phönizien verkauft. Sollte er die Karawanen aufhalten, die bereits nach Tyrus unterwegs waren? Sollte er Lebensmittel aus den Scheunen der Bauern abtransportieren lassen? Damit hätte er öffentlich eingestanden, daß er Elias Drohung ernstnahm.

Die Türe wurde geöffnet, und ein Wächter trat leise ein. »König Ahab, meine Königin Isebel möchte Euch sprechen, wenn es Euch gefällt, Herr.«

Ahab nickte zustimmend.

Isebel trat mit raschen Schritten ein und ließ ihre Höflingsschar draußen warten.

»Du hast es also schon gehört?« fragte Ahab.

»Bei einer solchen Aufregung würde ein Ohr genügen, um alles zu hören, mein Gatte und König.«

»Ich bin froh, daß du gekommen bist. Du verstehst mehr von diesen Religionsangelegenheiten als ich. Komm, setz dich zu mir.«

Isebels Schritte huschten lautlos über die üppigen, pastellfarbenen persischen Teppiche, als sie auf einen niedrigeren Thronsessel neben dem Ahabs zuging.

»Du machst dir also wirklich Sorgen, Ahab?«

»Ich kenne Elias Ruf.«

Die Farbe wich aus Isebels Gesicht. Das spielerische Lächeln um ihre Lippen verschwand. »Dann war es der Haarige, der gesprochen hat?« Sie gebrauchte den Beinamen mit Ehrfurcht.

»Es war Elia.«

»Dann kannst du sicher sein, Ahab. Er spricht keine leeren Worte.«

Ahab starrte seine Königin einen Augenblick lang an. Er hatte nicht gewußt, ob er die Drohung ernstnehmen sollte oder nicht, aber jetzt, da er Isebel besorgt sah, hatte er keine Zweifel mehr. Er sprach langsam.

»Ich kenne mich mit Menschen aus, Isebel. Ich kann mit Königen und ihren Heeren Krieg führen, aber ich kann nicht gegen Götter kämpfen.«

»Dann laß einen Gott gegen einen Gott kämpfen.«

Ahab krauste die Stirn. Isebel fuhr fort. »Offenbar ist Jahwe zornig, weil er den Eindruck hat, Melkart sei in sein Hoheitsgebiet eingedrungen. Du brauchst nur die Priester und Propheten des Melkart zusammenzurufen und sie Baal anflehen lassen, er möge für uns eintreten.«

»Nachdem du diese Drohung ernstnimmst, mache ich mir ernsthaft Sorgen. Ich schaudere, wenn ich daran denke, welche Macht Jahwe in der Vergangenheit gezeigt hat. Ich hätte dir niemals erlauben sollen, diesen Tempel zu bauen.«

»Es wäre ein Fehler gewesen, Ahab, wenn Jahwe mächtiger als Melkart ist. Aber wenn Melkart der Stärkere ist, dann hast du eine weise Entscheidung getroffen. Möchtest du nicht auch lieber dem stärkeren Gott dienen?«

Ahab schwieg.

»Nun gut«, fuhr Isebel fort, »welche Alternativen hast du denn?«

»Alternativen?«

»Wie ich es sehe, kannst du zwischen drei Möglichkeiten wählen. Du kannst die Warnung ignorieren und eine Dürre riskieren, denn Melkart wird dir nicht helfen, wenn du nicht um seine Hilfe bittest. Oder du kannst dir Elias Drohung zu Herzen nehmen und die Propheten und Priester des Baal aus dem Lande verbannen, in dem Fall aber wirst du unsere Beziehung zu Phönizien schwer belasten und den Zorn des Melkart heraufbeschwören.«

Ahab machte ein finsteres Gesicht. Den Zorn des Melkart heraufzubeschwören bereitete ihm freilich nicht halb soviel Sorgen wie der Gedanke, die politischen Beziehungen zu Phönizien abzubrechen, denn von solchen Dingen verstand er mehr.

»Oder du kannst Melkart eine Chance geben, seine Macht gegen die Jahwes zu beweisen, und damit zwei Fliegen mit einer Klappe schlagen.«

»Was meinst du damit?«

»Die Israeliten werden den Kult des Melkart annehmen, wenn Jahwe eine Niederlage erleidet. Dann werden sich unsere beiden Länder enger aneinander anschließen.«

»Du verstehst es, einem die Möglichkeiten mundgerecht zu servieren, was?«

Isebel zuckte die Achseln. »Schließlich, mein lieber König, ist Aschera die Göttin der Fruchtbarkeit. Sie hat auf jeden Fall mehr Macht über den Regen, der die Felder bewässert, als Jahwe. Jahwe muß ein Narr sein, daß er unseren Baal auf diese Weise herausfordert.«

Ahab lächelte überrascht. Er hatte nicht in so klaren Begriffen an den Wettbewerb gedacht. Er klatschte scharf in die Hände und rief damit den Torwächter herbei. »Schick einen Boten zu den Priestern des Melkart.«

Elia rannte auf einen Olivenhain zu, der am Fuß des Hügels von Samaria wuchs. Er packte einen knorrigen Ast, um seine Geschwindigkeit abzubremsen, warf sich zu Boden und preßte das Ohr auf den steinigen Boden. Kein Hufschlag war zu hören. Er erhob sich, schwer atmend, vorsichtig auf die Knie, und spähte zwischen den dichtverwachsenen Zweigen hindurch zur Stadt hinauf. Wachtposten gingen auf dem Wehrgang auf der Mauerkrone hin und her und suchten das Land nach allen Richtungen hin ab. Er durfte Ahab nicht unterschätzen.

Das Naheliegendste war, nach Bethel oder Jericho zu fliehen, um dort in den Versammlungen der Propheten Hilfe zu finden. Seine Freunde würden ihn verbergen, aber dort würde Ahab ihn auf jeden Fall als erstes suchen lassen.

Der Olivenhain bot ihm nur kurzfristig sicheren Schutz. Er wagte es nicht, auch nur bis zum Einbruch der Dämmerung dort zu warten. Er mußte fliehen, bevor Ahab Zeit hatte, die Suche richtig zu organisieren. Das umliegende Land war zu offen. Er konnte sich nicht lange vor den Häschern verbergen. *Bet-Schean,* dachte Elia. *Rejab wird mich dort verstecken.*

Schon formte sich ein Plan in seinen Gedanken. Er würde den Olivenhain in raschem Lauf verlassen. Die Wächter auf der Mauer oben würden sehen, wie er in Richtung Bethel rannte. Wenn man Ahab davon Meldung machte, würde er seine Suche in dieser Richtung konzentrieren, während Elia einen Bogen schlug und zurück nach Bet-Schean lief.

Obadja – falls er überhaupt an der Suche teilnahm – würde die frühere Bemerkung des Propheten, er wolle zum Jordan, als Kriegslist betrachten.

Elia bewegte sich auf den Rand des Hains zu, steckte seinen Mantel in den Gürtel, um seinen Armen und Beinen möglichst viel Spielraum zu lassen, und rannte los, quer über die felsige Hügelflanke. Er hörte einen Schrei und wußte, daß man ihn gesehen hatte. Seine mächtigen Beine trugen ihn mit überraschender Geschwindigkeit über das offene Land auf ein ausgetrocknetes Wadi zu. Er machte kurze Schritte, aber seine Beine bewegten sich rasch auf und ab. Er achtete sorgsam auf lose Steine und setzte seine Füße mit einem Augenmaß, das er in seinen Jahren als Hirte gelernt hatte, auf festen Grund.

Sobald er im Wadi war, mußte er feststellen, daß es zu seicht war, um ihm hinreichend Schutz zu bieten. Ein Blick zurück zur Stadtmauer enthüllte das aufgeregte Hin- und Herhasten der Wächter, die offenkundig wußten, wo er sich befand. Er beschloß, ihnen noch weitere Hinweise auf eine Flucht nach Bethel zu liefern. Mit bebender Brust, sorgfältig bemüht, durch die Nase zu atmen, um keinen wunden Hals zu bekommen, rannte er ostwärts, stromaufwärts, in Richtung der Nord-Süd-Straße von Samaria. Sobald er dort war, wandte er sich nach Süden, wiederum in dem Wissen, daß er gesehen wurde.

Innerhalb einer Viertelmeile wand sich die Straße in einer scharfen Kehre ostwärts um einen vorspringenden Hügel herum. Elia umrundete den Hügel, dann, außer Sichtweite von Samaria, verließ er die Straße und kletterte ein kleines, steil ansteigendes Tal hinauf. Das Klettern auf dem Steilhang würde ihn ermüden, aber der Hügel war von Weinbergen und Olivenhainen bedeckt. Er war in Sicherheit, solange er seinen Schritt nicht verlangsamte. Bevor eine sachgemäße Suchaktion durchgeführt werden konnte, mußte es dem Propheten gelingen, die von Norden nach Süden führende Hauptstraße zu überqueren, die an der Bergkette entlangführte. Dort mußte er die größte Vorsicht walten lassen. Dann konnte er vorsichtig einen Weg ins Jordantal hinunter suchen.

Ein breiter, unbarmherziger Dschungelstreifen wucherte entlang der Flußufer. Man nannte ihn den »Stolz des Jordan«. Der Fluß Jordan wand und schlängelte sich wie eine träge Schlange durch die Mitte dieser verfilzten Masse aus dickstämmigen und fast blattlosen Wacholderbäumen, Büschen und Wildpflanzen. Elia kämpfte sich durch Rohr und Schilf am Rand des »Stolzes« entlang und setzte sich der Wut zahlloser Dornzweige aus, die nach seinen Kleidern faßten und seine Haut zerkratzten. Er ließ sich auf die Knie fallen und kroch langsam weiter, um den scharfen Dornen auszuweichen, wobei er hier und da auf dem Bauch durch das dichte Unterholz kroch. Selbst wenn Ahabs Spürhunde wußten, wo er war, konnten sie ihn nicht ergreifen; aber er wußte, das Netz würde sich rasch zusammenziehen. Jehu war ein Jahwist; aber er war ein getreuer Vasall und überaus methodisch und gründlich.

Elia erreichte schließlich den schlammigen Jordan und ließ sich vom niedrigen Ufer ins Wasser fallen. Es reichte ihm kaum bis zu den Knien. Seine Füße versanken im Schlick, und der Schlamm sog bei jedem Schritt, den er tiefer ins Wasser tat, an seinen Sandalen. Sobald er bis zur Hüfte im Wasser stand, schwamm er in einer schrägen Linie stromaufwärts, um die Wirkung der Strömung auszugleichen. Als seine Hände von neuem auf Schlamm stießen, richtete er sich auf und watete auf die üppige Vegetation am gegenüberliegenden Ufer zu.

Er massierte sich die Schläfen, um den Kopfschmerz zu vertreiben, den Erschöpfung und Durst hervorriefen. Seine Kehle war rauh und kratzig. Er schöpfte mit der hohlen Hand Wasser aus dem Jordan, unbekümmert darum, wie schlammig es war, und trank langsam. Er mußte den Drang niederkämpfen, die lauwarme Flüssigkeit in großen Schlucken zu trinken.

Er zwängte sich in den Zwillingsdschungel auf der Ostseite des Flusses. Hier war der Vegetationsstreifen nicht so breit wie auf der Westseite, aber um nichts weniger dicht. Er ging, wenn er konnte, und kroch, wenn es sein mußte; er fegte Insekten weg, spähte nach Schlangen aus, lauschte, ob er ein größeres Tier hörte. Als der Dschungel abrupt in Bambusrohr überging, hatte sich bereits die Dunkelheit auf die Westseite des Tales gesenkt. Elia stand hoch aufgerichtet da, die Hände auf die Hüften gestemmt, und lehnte sich hintenüber, um den Schmerz aus dem Rücken zu vertreiben. Es half nur wenig. Er stolperte aufs Geratewohl zwischen den letzten Bambusstauden hindurch und auf das schlüpfrige Ufer hinaus.

Das Ostufer bestand aus grauem Mergel, den das Treibgut des Hochwassers im Frühling bedeckte. Faules Holz, von getrocknetem und weißgebleichtem Schlick bedeckt, lag in einem verworrenen Haufen am Fuß eines entwurzelten Baumes. Elia schleppte sich auf die Uferstraße und setzte sich, ohne den schlammigen Unrat zu beachten, nieder. Er sah zu, wie der Schatten der Berge im Westen immer höher emporstieg und den höchsten Punkt der Klippen im Osten erreichte. Er durfte sich nur eine kurze Ruhepause gönnen, denn in der Tiefe des Tales würde es sogar bei Vollmond stockdunkel sein.

Die Sonne ging im »Stolz des Jordan« früh unter, aber sie ging spät auf. Elia war wach, bevor die Sonne noch zwischen den Bergen aufgetaucht war. Es war jedoch hell genug, daß er sich auf die Suche nach Feigen, Aprikosen und Beeren machen konnte.

Während er aß, bemächtigte sich seiner ein wachsendes Unbehagen. Jetzt, wo er ausgeruht war und klarer denken konnte, erinnerte er sich an die Aufregung an Ahabs Hof. Ahab wußte, daß Jahwe weder Regen noch Tau senden würde, die jeden Morgen wie schwerer Nebel über Israel lagen, bis der Prophet des Gottes Israels ein Ende der Dürre verkündete. Der König hatte keine andere Wahl, als den Propheten Gottes ausfindig zu machen und ihn zu zwingen, der angekündigten Hungersnot ein Ende zu machen. Je schlimmer die Dürre wurde, desto intensiver würde man nach ihm suchen.

Elia kniete am Fluß nieder. Er hob kleine Kiesel auf und warf sie gedankenverloren ins Wasser. Er dachte an Rejab. Viele Leute wußten, daß sie befreundet waren. Rejabs Haus würde beobachtet werden. Soldaten würden alle Ecken und Winkel durchsuchen. Ein Preis würde auf seinen Kopf ausgesetzt werden. Wo er sich auch verstecken mochte, früher oder später würde irgend jemand seinen Aufenthaltsort verraten.

Er stützte die Stirn auf die Knie und verharrte lange Zeit in Gebetshaltung. Geier kreisten am Himmel. Ihr Schweigen stellte einen unheimlichen Kontrast zu den lauten Schreien der Raben dar. Das Schnattern von Kranichen und Schwalben, das laute Zirpen der Grillen und das gelegentliche Summen einer Biene gingen unbemerkt an Elia in seiner Einsamkeit vorbei.

Schließlich erhob er sich. In seinem Innersten war ihm eine Botschaft so sehr bewußt, daß der Prophet überzeugt war, Gott habe deutlich gesprochen.

Der Bach Krit würde eine Zeitlang sein Zuhause sein. Das Wadi war so unbedeutend, daß selbst er die engen Felsspalten niemals wirklich erforscht hatte. Die Raben würden ihn nähren. Wie unglaublich dieses Versprechen war, kam ihm nicht in den Sinn.

Der Bach Krit befand sich in der Nähe. Er hatte im großen und ganzen den richtigen Weg eingeschlagen, nur hätte er sich nach Süden wenden sollen anstatt nach Norden, nachdem er den Fluß überquert hatte. Er kehrte in seiner Spur zurück und ging an dem Kiesstreifen am Ufer entlang, bis er zu dem häßlichen Mergelstreifen kam, der die Stelle markierte, wo er in der vergangenen Nacht den Fluß überquert hatte. Das Tal wurde noch ein Stück schmäler. Über seinem Kopf erhoben sich die Klippen im

Osten so nahe – nur ein Landstreifen, kaum breiter als eine Straße, trennte sie vom Flußbett –, daß er die Mauerschwalben lärmend in und aus ihren Nisthöhlen im Fels flattern hörte. Das Tal bot einen häßlichen Anblick, mit Hügelchen aus grauem, schlüpfrigem Lehm und feuchtem Sand. Knorrige Bäume, Äste und Büsche, die der Frühlingsregen entwurzelt hatte, lagen in wüsten Haufen übereinandergetürmt da, die jetzt von weißem, getrocknetem Schlick bedeckt waren. Die kobraähnliche Uräusschlange war eine ständige Bedrohung, und Elia achtete sorgfältig darauf, den Unrathaufen auszuweichen und nach Löchern im Sand auszuspähen. Die feuchte, verrottende Vegetation und die erstickende Hitze des kleinen Tales machten die Luft stickig und unangenehm. Gelegentlich zwangen verfilzte Massen von Dornbüschen Elia, ins Wasser zu steigen und gegen die starke Strömung anzukämpfen.

Schließlich erreichte der Prophet sein Ziel. Der Bach Krit schnitt eine Klamm durch die Klippen im Osten und floß quer durch die schmale Ebene in den »Stolz des Jordan«. Er starrte ungläubig hin. Die Regenfälle des Frühlings waren längst wieder versiegt. Der Bach war nur noch ein trockenes Wadi. Er blickte das ausgetrocknete Bachbett entlang, das einen so schmalen Spalt zwischen zwei Bergketten gegraben hatte. Die Oleanderbüsche, die man überall antraf, waren mit getrocknetem Schlamm bedeckt und drohten, jedem das Leben schwer zu machen, der sich bachaufwärts vorkämpfen wollte.

Ist es möglich, daß ich mich getäuscht habe? überlegte Elia. *Würde mich Jahwe wirklich an einen solchen Ort führen?*

Er schüttelte den Eindruck ab und hielt sich gerade lange genug auf, um sich an dem schlammigen Wasser sattzutrinken und ein paar wilde Beeren zu sammeln, die er in seine Kopfbedeckung wickelte und an seinen Gürtel hängte. Dann kletterte er aus dem unansehnlichen Dschungel heraus, überquerte die Straße und die schmale Ebene und betrat den abweisenden Eingang des Wadi.

Er kam nur langsam weiter. Bei jedem Schritt mußte er die übereinandergestürzten Felsbrocken erst prüfen. Verfilzte Unrathaufen zwangen ihn, durch die dichten Oleanderbüsche zu klettern und sich der Gefahr von Schlangenbissen auszusetzen. Sein Gesicht war dick mit Staub bedeckt. Der Staub drang ihm in den Mund und klebte in seinem Haar. Immer wieder mußte er die Finger kräftig durchstrecken, um keinen Krampf zu bekommen.

Plötzlich war er dort, wo er hinwollte. Ein Becken klares Wasser, das ein kleines, aus dem Kalkstein der Berge tröpfelndes Rinnsal speiste, schuf dort einen lieblichen Garten. Das Wasser verschwand wieder aus dem Bett und suchte sich seinen Weg unterirdisch durch den porösen Kalkstein zum Jordan hinunter.

Eine Höhle, wie man sie oft in den Kalksteinhügeln antraf, befand sich ganz in der Nähe. Elia kniete neben dem Teich klaren Wassers nieder und trank in langen Zügen. Das Wasser war kühler als das des Jordan und süßer. Er lehnte sich an einen großen Felsen in der Nähe eines Oleandergebüschs und schloß die Augen. Sein Kopfschmerz war vergangen, und der Alptraum der letzten Nacht verschwand aus seinen Gedanken, aber er war sehr müde. Er schüttelte den Kopf, um sich wach zu halten, und beugte sich vor, um seine Sandalen loszubinden. Er legte sie beiseite, ging zu dem Bächlein und setzte sich mit den Füßen im Wasser dort hin. Er hatte seine Sandalen zwei Tage lang nicht ausgezogen. Er legte seinen Mantel ab, löste seinen ledernen Gürtel und zog sein Gewand aus. Der Schlamm des Jordan klebte in seinem dichten Körperhaar. Er fing beim Kopf an, sich zu waschen, und schwemmte den Schlamm zweier Tage aus seinem langen, verfilzten Haar und Bart, und fuhr damit fort, bis er sich am ganzen Körper gebadet hatte.

Als nächstes nahm er sich seine Kleider vor. Sie waren noch schmutziger, als er selbst es gewesen war. Er wusch sie sorgsam und hängte sie zum Trocknen auf Zweige, dann öffnete er den Beutel mit den Beeren und aß langsam und müde. Als er fertig war, holte er sich seine Kleider wieder, die jetzt fast trocken waren, ging langsam zu der Höhle und sank erschöpft auf dem Boden nieder.

SECHSTES KAPITEL

Zebul öffnete die Türe und blickte seinen Besucher fragend an. Die Röte auf seinen Wangen verriet seine Überraschung ebenso wie der Ausdruck seiner Augen. Er trat von der Türe zurück und bedeutete Obadja einzutreten.

»Dein Besuch überrascht mich.«

»Das habe ich bemerkt.« Obadjas Worte klangen brüsk und hochmütig, er machte keine Anstalten, seine Abneigung zu verbergen.

»Ein Glas Wein?«

»Danke, nein.«

»Dann nimm doch Platz.« Zebul deutete auf einen Stuhl mit quadratischer Lehne, der mit einem vielfarbigen Gobelin bedeckt war.

»Ich bleibe stehen. Ich habe nur wenig zu sagen.«

Der fette Priester spürte, wie seine Augenwinkel vor Ärger zuckten. Dieser selbstgerechte Obadja. Wie oft hatte er es in seiner Funktion als Hoherpriester genossen, den Hofmeister mit seinen engstirnigen religiösen Ansichten aufzuziehen. Nun fühlte er merkwürdigerweise das Bedürfnis, den Mann zu beeindrucken. »Ich möchte, daß du dich nur ein paar Augenblicke hinsetzt. Ich freue mich, daß du gekommen bist. Es gibt da etwas, worüber ich mit dir reden möchte.«

Obadjas Zögern verriet sein Mißtrauen. Dennoch, Zebuls neues Verhalten war eigenartig. Er schritt zu dem Stuhl hinüber, wobei er von seiner sorgsam einstudierten Würde bis zum Äußersten Gebrauch machte, um seine innere Distanz deutlich zu machen.

Zebul wartete, bis Obadja die Falten seines Mantels nach seinem Gefallen geordnet hatte, dann sprach er. »Kommen wir zuerst zu deiner Angelegenheit.«

Der Bart des Hofmeisters zuckte mit präzisen Bewegungen, während er sprach. »Ich habe Anordnung, dir mitzuteilen, daß die Sitzordnung am Tisch des Königs geändert worden ist.« Er hielt inne. Als er weitersprach, klangen seine Worte scharf. »Für die Hohenpriester des Melkart und des Jahwe soll an gleichen Tischen gedeckt werden. Ihr beide werdet Plätze von gleichem Rang einnehmen.«

Zebul gab keine Antwort. Er lächelte nicht, sondern starrte ins Leere, die Stirn gekraust. Der Priester wandte sich zu dem mit Gitterschnörkeln verzierten Fenster, dann wieder zu Obadja, während seine Finger langsam mit seinem neuen Ring spielten. Obadja beobachtete ihn erwartungsvoll, aber schweigend, fest entschlossen, sich nicht in irgendeine von Zebuls Intrigen hineinziehen zu lassen. Als der Priester sich schließlich an seinen alten Feind wandte, klang seine Stimme entschieden. Er sprach langsam, mit einer gewissen Niedergeschlagenheit. »Ich kann meinen Rang nicht mit dem Hohenpriester des Melkart teilen.«

Obadjas Kinn bewegte sich aufwärts und vorwärts, seine ruckartige Kopfbewegung wurde von seinem steifen und sauber getrimmten Ziegenbärtchen unterstrichen. »Ich glaube, du hast mich mißverstanden, Zebul. Die Königin läßt dich nicht *bitten*, deinen Rang zu teilen. Ich halte hier nur eine Tatsache fest, die du lieber nicht in Frage stellen solltest.«

»Die *Königin*?«

Obadja gestattete einen Augenblick tiefer Stille, seiner Antwort Gewicht zu verleihen. »Unser König Ahab hat Isebel in Religionsfragen völlig freie Hand gegeben. Was ich dir soeben mitgeteilt habe, ist ihre Anweisung.«

»Ich setze mich nicht an den gleichen Tisch mit dem Hohenpriester des Melkart.«

Obadja erhob sich zornig. Seine Worte kamen in scharfem Stakkato heraus. »Deine Intrigen und Machtspielchen langweilen mich, Zebul. Ich bin kein Neuling, und ich kenne dich lange genug. Mach mir doch nichts vor. Du hast mir die Ohren vollgejammert, als du an einen weniger ehrenvollen Tisch gesetzt wurdest, und ich bin überzeugt, daß wir heute beim Abendessen ein breites Lächeln von dir sehen werden.«

Zebuls Stimme klang fest und überraschend ruhig. »Du kannst meine Entscheidung der Königin Isebel mitteilen. Ich werde mich nicht ...«

»Du machst dich lächerlich mit diesem billigen Machtspielchen, Zebul. Früher waren deine Manöver wenigstens schlau. Ich kann dir versichern, du bekommst keinen höheren Platz als der Hohepriester des Melkart.«

»Dann bleibe ich eben auf einem niedrigeren Platz sitzen.«

Die beiden Männer starrten einander an. Obadjas Benehmen erschien Zebul nicht anders als sonst. Seine harten Züge sprachen von Entschlossenheit, sein Blick von unverhülltem Mißtrauen und Widerwillen. Sein Selbstbewußtsein grenzte an Arroganz. Zebul konnte freilich nichts von dem Stich innerer Unsicherheit wissen, der den Hofmeister durchfuhr, denn das Verhalten des fetten Priesters war merklich anders als sonst. Dem logisch denkenden Obadja fiel es schwer, mit diesem Wechsel zurechtzukommen. Zebuls entschiedene Antwort klang weder verspielt noch listig, sondern ernsthaft, und sein Benehmen war resoluter als sonst.

Zebul brach das Schweigen. »Obadja, ich weiß, du hast gute Gründe, mir nicht zu glauben, daß ich es ernst meine.«

Obadja reagierte mit einem kalten, starren Blick. Zebul beschloß, die Sache von einer anderen Seite her anzugehen.

»Ich habe Ahija besucht.« Er entdeckte ein leichtes Schwanken in der Haltung des Hofmeisters. »Ich habe nicht vor, dir alle die Ereignisse und die persönlichen Heimsuchungen zu erzählen, die ich durchlebt und durchlitten habe, ehe ich zu meiner jetzigen Einstellung gekommen bin, Obadja, aber ich habe jetzt das größte Interesse daran, den Baalskult aus unserem königlichen Hof und unserem Land zu vertreiben.«

Die Kälte kehrte in Obadjas Blick zurück. »Es ist genau das, was ich vermutet habe. Ich bedauere nur, daß Jahwe keinen amtierenden Hohenpriester hat, der dasselbe täte wie du, aber aus ehrbareren Gründen.« Angewidert warf er seinen Mantel um sich und eilte zur Türe.

Der fette Priester machte eine Bewegung, um ihn am Hinausgehen zu hindern. »Obadja!« Der Hofmeister hielt inne. Die ganze Würde seines Amtes drückte sich in seinem hocherhobenen Kinn und seiner aufrechten Haltung aus, als er Zebul von neuem mit übertriebener Duldsamkeit anstarrte, als wäre der Priester ein entnervend ungezogenes Kind, an dem alle Erziehungsversuche verlorene Liebesmüh waren. »Obadja.« Zebul sprach ruhiger. »Ich erwarte nicht, daß ich den Kampf gewinne.«

Obadjas Schultern entspannten sich ein wenig, und ein leichtes Stirnrunzeln nahm seiner Antwort die Schärfe. »Ich kann dir versichern, daß die Feststellung, die du soeben getroffen hast, hundertprozentig korrekt ist.« Er kehrte von der Türe zurück. »Und da das der Fall ist, nehme ich nicht an, daß du einem langjährigen Feind erzählen wirst, was du dir von deiner Handlungsweise erwartest.«

»Doch, das werde ich dir sagen. Ich will nicht den Anschein erwecken, als könnten die Religionen von Jahwe und Melkart Seite an Seite existieren. Das können sie nicht. Ihre Wertmaßstäbe sind einander fast diametral entgegengesetzt. Ich beobachte die religiöse Szene von berufs wegen, Obadja. Wenn Jahwes Volk sich mit dem Melkart arrangiert, dann wird Melkart den Sieg davontragen. Die Fronten müssen klar werden, so daß die Leute gezwungen sind, zwischen den beiden Religionen zu wählen.«

Obadja setzte sich langsam nieder. Ein Hauch Wärme war in seinen Augen, und die Linien in seinem Gesicht waren weicher. »Zebul, ich wünschte nur, ich könnte mich entspannen und deiner Absicht vertrauen.«

»Solches Vertrauen erfordert Zeit. Diese spezielle Entscheidung, fürchte ich, kann nicht solange warten. Tu, was du willst, und halte von mir, was du willst, aber meine Entscheidung, was die Sitzordnung am königlichen Tisch angeht, ist endgültig.«

»Du sprichst frei heraus. Das hast du nie zuvor getan. Gestatte mir also, daß auch ich frei heraus spreche. Ich will annehmen, daß du es mit deinem neuen Weg ehrlich meinst, aber nur bis zu einem gewissen Punkt. Ich werde mit dir zusammenarbeiten und dir helfen, solange ich die Ergebnisse deiner Handlungsweise absehen kann. Du mußt jedoch wissen, daß ich dich scharf im Auge behalten werde, denn ich möchte nicht in eine Intrige hineingezogen werden.«

»Anders geht es nicht.«

Obadja erhob sich. Er ging, langsamer als zuvor, auf Zebul zu. Er faßte den Priester an den Armen und küßte ihn auf beide Wangen. »Ich hoffe sehr, daß dieser Tag den Beginn eines gemeinsamen Weges markiert.«

»So sei es. Noch eines. Was gibt es Neues von Elia?«

»Nichts. Er ist und bleibt verschwunden. Die Suche wurde gründlich durchgeführt, und sie wird fortgesetzt, aber kein Mann in Israel kennt das Land wie Elia. Er versteckt sich vermutlich in einer der Tausenden Höhlen in der Wildnis.«

»Die Suche wird fortgesetzt?«

»Die Suche muß fortgesetzt werden, bis es wieder regnet. Wenn Jahwe die Wasser des Himmels durch den Mund seines Propheten regiert, dann verliert Aschera das Gesicht. Wenn Elia gefunden werden kann, wird Isebel ihn zwingen, der Dürre ein Ende zu machen. Dann wird sie behaupten, Aschera habe Jahwe gezwungen, nachzugeben.«

»Unter dem Volk läuft viel Gerede um. Man weiß allerorten von Elias Ankündigung.« Zebul lächelte, als er an seinen Besuch bei Ahija dachte. »Es sieht so aus, als hätte Jahwe einen mächtigen Streiter gefunden.«

»Elia versteht es, die Leute zu begeistern. Deshalb ist Isebel ja gezwungen, dich an einen gleichrangigen Tisch zu setzen.«

»Ah! Da meint sie also, eine solche Geste würde die Stimmung im Volk verbessern.«

»Ja.« Obadjas Züge verhärteten sich. »Der Königin wird deine Antwort nicht gefallen, Zebul.«

Der fette Priester kicherte. »Dann muß Isebel sich etwas einfallen lassen.«

Obadja erwiderte das Lächeln nicht. Mit feierlicher Gebärde öffnete er die Türe und ging langsam zu seinem Wagen. Zebul sah dem Hofmeister nach, wie er sich auf den Weg zu Ahabs Palast machte.

* * *

Mit einem scharfen Händeklatschen entsandte Isebel einen Boten, der sich in aller Eile auf die Suche nach Meor-baal machte. Obadja trug nach außen hin dieselbe Selbstbeherrschung wie immer zur Schau, aber im Inneren suchte er verzweifelt nach einem Mittel, die Katastrophe abzuwehren, die, wie er wußte, unmittelbar bevorstand.

»Meine Königin . . .« Er sprach sie mit leiser Stimme an und bemühte sich, die Stimme nicht zu erheben. Sie wirbelte herum und starrte ihn an. Er bemerkte überrascht, wie rot ihr Gesicht angelaufen war; man sah es selbst unter der olivfarbenen Haut, die sie so sorgsam pflegte. »Meine Königin, ich spreche in aller Demut, aber ich bin es meinem König schuldig, Euch an seinen Befehl zu erinnern, den er vor mir wiederholte, daß den Propheten Jahwes kein Leid geschehen darf, noch dürfen die Anhänger Jahwes an seiner Verehrung gehindert werden.«

»Wie kannst du es wagen, die Autorität deiner Königin herauszufordern!« Isebel kreischte förmlich vor Wut. Dann – nachdem sie mühsam ihre Emotionen unter Kontrolle gebracht hatte – sprach sie ruhiger weiter, machte nach jedem Satz eine Pause und achtete vorsichtig darauf, wie sie die Worte setzte. »Obadja, Ahab hat mir die Oberhoheit über die religiösen Belange Israels übertragen. Sein Befehl, den du mir gegenüber wiederholt hast, gilt nicht für den Fall einer möglichen Revolution.«

»Einer Revolution?« forderte Obadja sie heraus.

»Wie würdest du es denn sonst nennen, wenn der Hohepriester sich weigert, den Platz einzunehmen, den man ihm zuweist?« Isebel richtete sich zu voller Höhe auf und sprach sehr von oben herab. »Ich habe noch niemals von einer solchen Dreistigkeit am Hofe des Königs gehört.«

Obadja kämpfte das Gefühl der Leere nieder, das sich in seinem Magen bemerkbar machte.

»Höre, königlicher Hofmeister.« Isebel starrte von dem Podest, auf dem ihr Thron stand, zu ihm herunter. »Vielleicht sollte ich dir etwas erzählen, um dir nachdrücklich klarzumachen, daß deine Treue zu Jahwe ein sehr ernstes Problem werden kann.« Sie machte eine Pause und genoß die schweigende Spannung, die ihre Worte hervorgerufen hatten. Obadja bewahrte Haltung. Isebel lauerte auf das winzigste Zeichen der Nervosität – ein Zukken um die Augen, ein leichter Ruck der Schultern, eine sekundenlange Unterbrechung des Blickkontakts. Er hielt sich tapfer. Sie setzte sich wieder hin. »Dein König Ahab opferte dem Melkart und erflehte seinen Segen, als er auszog, um gegen Ben-Hadad an der Grenze im Norden zu kämpfen.«

Obadja spürte, wie die Muskeln in seinen Wangen sich sekundenlang anspannten, und er wußte, daß Isebel seine Überraschung nicht entgangen war. Nun, wo sie seine Rüstung durchdrungen hatte, nützte sie ihren Vorteil aus. Sie fuhr mit weicher und vertraulicher Stimme fort.

»Obadja, Ahab hat weitaus mehr Interesse an Israel als am Schutz eines schwachen Stammesgottes. Melkart und Aschera sind stärker als Jahwe. Es ist nur logisch, daß er bei den Stärkeren Hilfe sucht.« Sie machte eine Pause, dann fuhr sie mit gemessener Stimme fort. »Der Tag wird kommen, und zwar bald, an dem du entweder deinem König und deiner Königin treu sein mußt oder deinem Gott. An diesem Tag wird es ratsam sein, daß du eine kluge Wahl triffst.«

Obadja gab ihren Blick kalt zurück. »Ich werde eine kluge Wahl treffen«, sagte er.

In diesem Augenblick öffnete sich die Türe der Kammer und Meor-baal wurde gemeldet.

»Ah, mein ehrenwerter Priester. Du bist rasch gekommen.«

»Wie Ihr es befohlen habt, meine Königin.«

»Meor-baal, wir haben hier Probleme mit einem plötzlich widerspenstigen Hohenpriester des Jahwe.«

»Zebul?«

»Ich kenne keinen anderen Hohepriester des Jahwe.«

»Verzeiht mir meine Überraschung, Königin Isebel, aber eine solche Handlungsweise habe ich nicht erwartet. Wißt Ihr, was er beabsichtigt?«

»Nein. Nur daß er sich weigert, auf dem Platz zu sitzen, den man ihm zugewiesen hat.«

Ein ernster Ausdruck breitete sich über Meor-baals Gesicht. »Meine Königin, das ist nicht gut.« Er sprach feierlich. »Er buhlt damit um die Zuneigung des Volkes.«

»Welche andere Möglichkeit schlägst du vor?«

»Ich sehe keine. Es ist unmöglich, ihm den höheren Platz zuzuweisen. Wir haben bereits zu viel investiert, um den Baalskult so weit zu bringen. Zebul hat hier einen guten Schachzug gemacht.«

»Du wirst dafür sorgen, daß er vernichtet wird.« Isebels Augen loderten. Obadja rang nach Atem, denn einen so drastischen Gegenzug hatte er nicht erwartet. Meor-baal wartete auf weitere Anweisungen. Isebel fuhr fort: »Sein Tod muß wie ein Unfall aussehen. Er ist nicht beliebt beim Volk, also wird man nicht lange um ihn trauern.«

Obadjas Gedanken überschlugen sich. »Meine Königin, Ihr wißt, auf wessen Seite meine Sympathien liegen, so will ich keinen Versuch machen, sie zu verbergen. Aber sollte der Hohepriester sterben, wird er einen Nachfolger haben. Was habt Ihr dann erreicht?«

Meor-baal unterbrach. »Meine Königin ...« Er hielt inne und warf einen Seitenblick auf Obadja. »Meine Königin, vielleicht sollte ich unter vier Augen mit Euch sprechen.«

Isebel warf Obadja, der schweigend und mit ausdruckslosem Gesicht dastand, einen eisigen Blick zu. Sie wandte den Blick nicht ab, während sie mit einem Unterton des Geheimnisvollen antwortete: »Nein, Meor-baal. Ich denke, der Hofmeister sollte über die offiziellen Vorgänge am Hofe im Bilde sein.«

Der Baalspriester fuhr fort. »Meine Königin, ist Zebul nicht ein Hochstapler?«

Die Königin beugte sich vor. »Ein Hochstapler?«

»Ja. Er behauptet, Hoherpriester zu sein. Es gibt nur einen Hohenpriester des Baal. Er hat seinen Sitz in Byblos. Ebenso gibt es nur einen rechtmäßigen Hohenpriester des Jahwe. Er hat seinen Sitz in Jerusalem. Welches Recht hat Zebul, sich als den Hohenpriester des Jahwe auszugeben?«

Isebel lehnte sich in ihren Thronsessel zurück und lächelte. »Ich verstehe.«

Obadja verlagerte sein Gewicht von einem Fuß auf den anderen und versuchte die Nervosität zu verbergen, die die Königin – dessen war er sich gewiß – längst bemerkt hatte.

»Zebul kann unter der Anklage, sich widerrechtlich ein Amt angemaßt zu haben, hingerichtet werden«, fuhr Meor-baal fort. »Er ist, wie Ihr bemerkt habt, beim Volk nicht beliebt. Die Leute werden diese Erklärung akzeptieren, wenn wir die Sache unter dem Vorwand durchziehen, wir wollten die Religion des Jahwe reinigen.«

Isebel lächelte. »Ausgezeichnet. Dann werden die jahwistischen Fanatiker ohne priesterliche Führung dastehen. Sieh zu, daß die Sache gut gemacht wird.«

Mit einer Verbeugung schritt Meor-baal aus dem Raum.

Die Königin wandte sich an Obadja. »Du siehst, mein lieber Hofmeister, wie mächtig Melkart ist. Du bist ein Narr, daß du weiterhin einen schwachen Gott beschützt.« Mit einer beiläufigen Handbewegung erklärte sie: »Du kannst dich zurückziehen.«

Mit einer Verbeugung verließ Obadja den Raum. Er schritt in seiner üblichen beherrschten Haltung über den Hof, aber in seinem Kopf überschlugen sich die Gedanken, wenn er an die Ereignisse des Tages zurückdachte. *Warum hat Isebel mich wissen lassen, was sie mit Zebul vorhat? Ein Irrtum? Nein, Isebel war viel zu gerissen, um einen solchen Fehler zu machen. Warum dann? Vielleicht sollte ich Zebul warnen. Aber warum? So fett, wie er ist, kann er sich nicht verstekken. Außerdem würde Isebel ihn unter Beobachtung halten. Ich könnte nicht einmal nahe genug an ihn herankommen, um ihn zu warnen. Vielleicht will sie mir damit eine Falle stellen?*

Die Gedanken hämmerten in endloser Folge in seinem Kopf. *Wie wird Isebels nächster Schachzug aussehen? Was sollte mein nächster Schachzug sein?* Dann allmählich, während er über den schwarzen Gehsteig und durch die Korridore schritt, begannen sich die Möglichkeiten in logischer Folge zu ordnen. Zebul war nicht mehr zu retten. Isebel nutzte diese Gelegenheit, um einen Krieg an allen Fronten gegen den Jahwismus zu beginnen. Sie versuchte gleichzeitig, den Hofmeister von Ahabs Königshof zu zwingen, daß er sich entweder als Verräter erwies oder sich auf ihre Seite schlug.

Obadja betrat seine Gemächer und durchquerte den langen Raum, der als sein hauptsächlicher Arbeitsplatz diente. Er betrat ein kleines Zimmer, dessen Fenster auf seinen privaten Hof hinausgingen. Er streckte sich auf einem mit zahlreichen Kissen gepolsterten und mit Seidendecken drapierten Kanapee aus und starrte durchs Fenster in den Garten hinaus. Oleanderbüsche säumten die Mauern auf drei Seiten. Knorrige Olivenbäume, deren Zweige sich seltsam ineinander verschlangen, filterten und milderten das gleißende Sonnenlicht. »Ach, ich wünschte, alle Welt wäre so friedlich«, flüsterte er vor sich hin.

Obadja begann, Stärken und Schwächen des jahwistischen Lagers methodisch gegeneinander abzuwägen. Ahab, der in Religionsfragen selbst im günstigsten Fall nur einen diffusen Standpunkt einnahm, war ins Feld gezogen. Als er schließlich alle Möglichkeiten in Betracht gezogen hatte, mußte er den Schlußfolgerungen zustimmen, nach denen Isebel ihre Handlungen ausrichtete. Die Anhänger Jahwes hatten keine andere einzelne, starke Führerpersönlichkeit als Elia, der sich versteckt hatte. Die allgemeine Stimmung im Volk hatte sich mitreißen lassen von der Aufregung neuer Ideen und des moralischen Laissez-faire, das Melkart und Aschera ins Land gebracht hatten. Die Leute ließen sich von der Flutwelle dahintragen, die Baals Offensive hervorgerufen hatte.

Ach, die öffentliche Meinung, dachte er. *Sie bewegt sich mit der Gewalt des Ozeans und zerschmettert alles, was sich nicht von ihr mitreißen läßt; ein Bundesgenosse, wenn sie in deine Richtung zieht, ein Erzfeind, wenn es nicht der Fall ist. Welche seltsame und unbekannte Kraft dirigiert die Gewalt des Meeres? Solch ungeheure Gewalt! Bewegt es sich aus eigener Kraft und sucht sich seinen eigenen Weg, oder fließt es nur mit dem Strom der Geschichte, von dem es nur ein passiver Teil ist? Wenn Jahwe wirklich der eine große Gott ist, dann wird eines Tages die See ihre Richtung ändern.*

Aber bis dieser Tag anbrach, so beschloß Obadja zuletzt, hatten die Jahwisten keine Chance, zu gewinnen. In logischer Folge hieß das, so viele wie möglich der Getreuen Jahwes zu beschützen. Und um das zu tun, mußte er überaus vorsichtig vorgehen, wollte er nicht in seiner Verantwortung als königlicher Hofmeister der Untreue überführt werden.

* * *

Flammenzünglein flackerten auf den Tüllen der flachen, länglichen tönernen Öllampen. Das unruhige Licht vergrößerte die Bewegungen nervöser Menschen zu einem Tanz von Schattenfiguren auf der Wand. Jeder erhobene Arm, jedes kleine Füßescharren, jedes Zucken fand seine überlebensgroße Darstellung auf der Wand. Die Schatten kreuzten einander in wechselnden Tönen von Grau und Schwarz, durchbrochen von V-förmigen Lichtern über jeder der Wandnischen, aus denen die Öllampen hervorleuchteten.

Obadja stand in der Mitte des großen Raumes. Seine empfindliche Nase fing den säuerlichen Geruch ungewaschener Körper auf, aber er zwang sich, den Geruch hinzunehmen und sich nicht darum zu kümmern. Jeder der Anwesenden trug einen Bart. Sie saßen, lehnten, kauerten und standen rund um ihn. Die Augen und Hände jedes einzelnen erzählten seine persönliche Geschichte: Nervosität hier, als würde das ganze Gewicht der Tragödie bereits fühlbar; gleichgültige Hinnahme dort, als wäre die Nachricht noch nicht begriffen worden; ein Zucken da, als wartete ein waffenloser Krieger mit fanatischer Begierde darauf, sich in den Kampf zu stürzen; Ruhe dort, als hätte einer die Kosten des Krieges schon vor langem überschlagen und als einen Teil des Spiels hingenommen. Die Stimmungen von nackter Angst, gespannter Erwartung, Sorge, Furchtsamkeit, Tapferkeit, Furcht, freudiger Erregung und achselzuckender Hinnahme waren so vielfältig wie die Kleidung der Männer. Manche trugen breite Lederschärpen über kurzen Überwürfen. Manche trugen ihr Haar lang und in filzigen Locken. Manche trugen Sandalen mit Lederriemen, die um ihre Knöchel und Unterschenkel gewunden waren. Manche waren barfuß. Manche trugen das langlockige, ungeschnittene Haar der Nazarener, die einen Schwur ablegen, niemals ein Rasiermesser an ihr Haar noch Wein an ihre Lippen kommen zu lassen, bis ihr Gelübde erfüllt ist.

Obadja hatte die Nachricht erst vor wenigen Stunden erhalten. Er war zu der Zeit vor den Stadtmauern gewesen und hatte die Füllung der Kornspeicher überprüft. Zebul war zu einem eilig zurechtgezimmerten Schafott auf dem Marktplatz geschleppt worden; sein Kopf und seine Arme steckten in einem hölzernen Ochsenjoch. Dem Bericht zufolge war der Hohepriester schweigend und aufrecht dagestanden, als die Anklage der Amtsanmaßung verlesen wurde. Zuerst hatten die Leute mit betäubtem Schweigen auf die Anklage reagiert. Dann machte ihr Schweigen einem leisen Gemurmel des Unmuts gegen die Königin Platz. Aber der neuernannte geschäftsführende Priester las mit großem Geschick die Verlautbarung der Königin vor, in der sie zur Verteidigung der Reinheit der althergebrachten Religion Israels aufrief. Sie gipfelte in einer ätzenden Verspottung Zebuls und nutzte seinen Mangel an Popularität weidlich aus. Die Stimmung des Volkes schlug in boshaftes Vergnügen um.

Zebul erlitt den Tod, der einem unterworfenen und verachteten König zuteil wurde. Das Ochsenjoch wurde entfernt und ihm wurden Hände und Füße gebunden. Seine Füße wurden mit Stricken an die Rückseite eines Wagens gebunden und er wurde im vollen Galopp durch die rauhen Straßen der Stadt geschleift, so daß sein fetter Körper auf den harten schwarzen Steinen hin und her geschleudert wurde. Niemand weiß, wie lange er noch lebte, bevor die dahinrasenden Pferde schließlich angehalten wurden. Abgesehen von seinem Umfang war Zebuls Leichnam völlig unkenntlich.

Seine Frau hatte es mit stoischer Ruhe hingenommen. Abgesehen von ihrem sozialen Rang hatte sie sich schon seit langem nicht mehr darum gekümmert, was mit ihrem fetten Gatten geschah. Inzwischen, dessen war sich Obadja gewiß, hatten die Hunde bereits das Blut von den Straßen geleckt.

Als Obadja die Geschichte von Zebuls Wandlung der Zunft der Propheten von Samaria vortrag, reagierten sie mit gemischten Gefühlen darauf, aber er spürte, daß sich eine gewisse Sympathie für den einst so verachteten Priester bemerkbar zu machen begann. Bald jedoch nahmen ihre Reaktionen eine weitaus konkretere Form an.

Ein junger Prophet mit schütterem Bart schrie seine Herausforderung laut heraus: »Jahwe ist mächtiger als Melkart und Aschera! Wir werden den Propheten des Baal von Angesicht zu Angesicht gegenübertreten und ihnen die Macht des wahren Gottes vor Augen führen. Wer ist dabei?«

Augenblicklich entstand ein großes Geschrei, einige der Männer verhöhnten die Götzen und Propheten des Baalskultes und forderten sie zum Kampf heraus, andere forderten Schweigen und Vernunft.

Schließlich erhob sich der älteste der Propheten, ein kleiner Mann, nur spärlich bekleidet, mit roten Flecken auf einer Haut, die alles Haar verloren hatte, und schritt mit Hilfe eines Krückstocks zu Obadja hinüber, neben dem er stehenblieb. Er hob den Arm in die Höhe. Das Stimmengewirr erstarb, und im Raum wurde es still. Er sprach langsam und mühselig. »Wir wollen Obadja um Rat fragen. Er weiß, welche Wege Isebels Gedanken gehen.«

Obadja antwortete augenblicklich. »Ich glaube, Königin Isebel wird versuchen, so viele Propheten Jahwes wie nur möglich zu vernichten. Ich empfehle euch, euch zu verstecken.«

»Er nennt Isebel seine Königin!« Ein zorniger junger Mann war aufgesprungen. Sein Gesicht verzerrte sich vor Grimm, während er sich Obadja mit hochgezogenen Schultern und gekrümmtem Rücken näherte. »Wie kannst du ein treuer Diener Jahwes sein und dabei Isebel deine Königin nennen!«

Obadja sprach entschlossen, aber schlicht. »Ich bleibe bei meinem Rat.«

Ein anderer Prophet, hochgewachsen, drahtig, in einen ledernen Lendenschurz und lederne Sandalen gekleidet, sprach sanftmütig, aber mit einer hallenden Stimme, die seine Worte überaus tiefsinnig klingen ließ. »Obadja, ich spreche als Haupt der Versammlung der Propheten. Du kannst nicht erwarten, daß Jahwes Propheten vor der Gefahr fliehen. Unser Leben ist eine einzige Gefahr. Es ist vor allem anderen die Stunde der Gefahr, in der wir aufgerufen sind, unsere Stimme zu erheben.«

»Dennoch«, antwortete Obadja gleichmütig, »verbirgt Gott den Elia, der gewiß keine Angst vor der Gefahr hat. Vielleicht ist auch Jahwe gelegentlich der Meinung, es sei eine Tugend, sich ins Verborgene zurückzuziehen.«

Der Hinweis auf Elia beschwichtigte die Propheten. Selbst diejenigen, die Abneigung gegen Obadja empfanden, verhielten sich still, wenn sie auch mißgelaunt blieben.

»Es gibt Höhlen im Kalkstein des Hügels, auf dem unsere Stadt erbaut ist. Ihr kennt sie, aber die Propheten des Baal, die Isebel aus Byblos und Tyrus hierher gebracht hat, kennen sie nicht. Ihr müßt die am besten versteckten und am wenigsten zugänglichen finden, um euch darin zu verbergen. Einige von euch jüngeren Männern müssen die Aufgabe übernehmen, die besten Zufluchtsorte auszuwählen. Ich werde dafür sorgen, daß ihr mit Proviant versorgt und über alle Ereignisse auf dem laufenden gehalten werdet. Sobald ihr euch einmal versteckt habt, dürft ihr keinesfalls hervorkommen, es sei denn auf meine ausdrückliche Anweisung hin. Und noch eines. Ihr müßt mir vertrauen, ohne Fragen zu stellen. Wenn euch das nicht möglich ist, müßt ihr euch selbst ein Versteck suchen. Ich habe weder die Zeit noch die Nerven, euer Mißtrauen zu ertragen.«

Er hielt inne, dann wandte er sich an den hochgewachsenen, mageren Anführer. »Dein Name?«

»Macaiah.«

»Du wirst mein Kontaktmann sein, Macaiah, Häuptling der Propheten. Du wirst mir eine Nachricht zukommen lassen, wenn ihr zufriedenstellende Verstecke gefunden habt.«

Obadja wandte sich zum Gehen.

»Obadja«, rief Macaiah. »Noch einen Augenblick.«

Der Hofmeister blieb stehen.

»Was soll aus den Versammlungen in Jericho, Bethel und Gilgal werden? Sollen sie gewarnt werden?«

»Wenn sie gewarnt werden sollen, müßt ihr euch darum kümmern.«

Obadja deutete eine Verbeugung an und stieg die steinernen Stufen zur Straße hinauf.

Macaiah wandte sich um und betrachtete die Versammlung der Propheten. »Jemand muß sich aufmachen und unsere Brüder warnen. Sechs von euch, jung und mit starken Gliedern, müssen zu zweien zu den anderen Versammlungen gehen. Wer geht?«

Ein Meer von Händen reckte sich unter wildem Geschrei hoch und zeigte die Freiwilligen an. Macaiah ließ den Blick über die Menge schweifen und traf rasch seine Anordnungen, wobei er die Persönlichkeiten aussuchte, die am besten zusammenarbeiten konnten. Diejenigen, die auserwählt wurden, umdrängten ihren Anführer und holten sich letzte Anweisungen.

* * *

Das gewichtige Schwert, das ein breitschultriger Soldat in beiden Händen hielt, fuhr mit einem Krach nieder und durchtrennte Haar, Fleisch, Sehnen und Knochen, um schließlich mit einem dumpfen Laut in der dicken Tischplatte steckenzubleiben. Ahijas Kopf rollte ein Stückchen von der Schwertklinge weg und blieb mit offenem Mund und glasigen Augen liegen. Zwei Soldaten lockerten ihren Griff, und der Leichnam fiel zu Boden. Die beiden Gefangenen sogen scharf den Atem ein, als der alte Prophet vor ihren Augen starb; dann versanken sie wieder in Schweigen. Blutlachen auf dem Tisch und dem Boden wurden langsam und lautlos größer.

»Ein Jammer«, spottete der Hauptmann der Wache einen Augenblick später, »daß ihr nicht rechtzeitig gekommen seid, um die Befragung mitzuerleben. Ihr hättet euren Spaß dran gehabt.« Er ging hinüber zu den beiden Propheten. Langsam und mit breitem Lächeln wickelte er einen Lederriemen um seine Hand. »Wenigstens dient mir eure Ankunft hier in Bethel als Warnung, daß meine Arbeit in Gilgal und Jericho schwieriger sein wird.« Seine Augen zogen sich zu Schlitzen zusammen, und die Anspannung der Muskeln um seinen Mund löschte das Lächeln aus seinem Gesicht. »Wollt ihr euer Leben retten, indem ihr mir sagt, wo die Propheten sich verbergen? Und wollt ihr dem Baal Treue schwören?«

Die beiden Männer starrten ihm einfach nur in die Augen.

Mit einer wütenden Grimasse legte der Hauptmann seine ganze Kraft in den Schlag. Die lederumwickelte Faust krachte dem ersten Propheten ins Gesicht. Er sackte mit gebrochenem Kiefer auf dem Boden zusammen. Der nächste Hieb riß dem zweiten Propheten die Lippe auf. Blut strömte ihm aus Nase und Mund, aber er hielt sich auf den Beinen.

»Diese Fanatiker machen den Mund nicht auf, und wir haben keine Zeit, hier lang mit ihnen herumzumachen«, schrie der Hauptmann seinen Männern zu. »Erledigt sie.«

Der Hauptmann eilte mit großen Schritten nach draußen und bellte seinen Soldaten den Befehl zu, aufzusitzen und ihre Plätze einzunehmen. Einen Augenblick später tauchten auch die fünf auf, die in Ahijas Haus zurückgeblieben waren, um den letzten Befehl auszuführen. Zwei von ihnen steckten ihre kupfernen Schwerter in die Scheide zurück. Rasch bestiegen sie ihre wartenden Pferde.

Die Kompanie ritt in Richtung Osten, auf Jericho und Gilgal zu.

SIEBENTES KAPITEL

Das Licht kroch langsam in die Öffnung der Höhle. Am Vormittag weckte dessen Hitze Elia auf. Halb erwacht spürte er das Grollen des Hungers in seinem Magen. Er erhob sich langsam auf die Knie, setzte sich hin und rieb sich den Schlaf aus den Augen. Dann machte er sich auf den Weg zum Teich. Das kühle Wasser erweckte seine Sinne und verschärfte seinen Hunger.

Während er dort beim Teich stand, wandte er sich langsam dahin und dorthin und betrachtete eindringlich seine neue Umgebung. Oleander standen wie hochgewachsene Wachsoldaten entlang beider Ufer des Wadi. Stromaufwärts in Richtung Osten war das Schilf zerbrochen und verdreht von den reißenden Fluten, die das trockene Wadi während der Regenzeit im Winter in einen schmalen Wildbach verwandelt hatten. Dornbüsche wuchsen auf Erdflecken auf den steilen Hängen des Wadi. Von dem Teich abgesehen, dessen Quelle aus dem durchlässigen Kalkstein entsprang, war das ältere Gewächs im Wadi mit stumpfgrauem Schlamm bedeckt. Oberhalb der häßlichen Linie, die die Hochwassermarke des Stromes bildete, wuchsen in Abständen zwischen den Dornsträuchern kleine Gruppen von Büschen. Sie bestanden aus mehreren langen, schlanken, grünen Zweigen, die einem gemeinsamen Strunk entsprossen. Gelegentlich fing Elia den Duft der kleinen, rosafarbenen Blüten auf, die immer noch jeden einzelnen Zweig bedeckten. Aus der Höhe der Felsklippen drang das häufige, tiefkehlige Gurren der Felstauben herunter.

Die Höhle selbst war nicht tief. Der Prophet konnte von seinem Standort aus ihre volle Tiefe sehen, sie war mehr ein Felsspalt als eine Höhle. Der Boden war mit demselben getrockneten Schlamm bedeckt, der den vorherrschenden Charakterzug des Flußbettes ausmachte. Er sah sich in der näheren Umgebung nach Beerenbüschen um. Es gab keine.

Elia beugte sich zum Teich hinunter und trank das Wasser aus den gewölbten Händen. Er spürte, wie die Kühle seine Kehle hinunter und in seinen Magen glitt. Eben, als ihm von neuem der Magen knurrte, hörte er Flügelschlagen und sah, als er aufblickte, einen großen Raben, der eine Taube aus ihrem Nest riß. Einen Augenblick später flohen rundum erschrockene Tauben von ihren Zweigen, und das laute Krächzen des Raben mischte sich in die verzweifelten Laute der gefangenen Beute.

Aber der Rabe, der die Taube im Flug zu zerreißen versuchte, verlor seine Beute aus den Fängen. Sie fiel in Elias Versteck. Er sprang mit einer raschen Bewegung nach dem Vogel und bekam ihn zu fassen, bevor es dem Raben gelang, seine Beute zurückzuholen. Die Taube war tot, der Schnabel des Raben hatte ihre Augen durchstochen. *Die Raben würden mich füttern,* dachte Elia, *damit ich von Gottes Nahrung essen sollte.*

Während der Rabe in der Nähe auf einem Oleanderzweig saß und seinen heisernen Protest krächzte, rupfte Elia den Vogel. Er hatte kein Feuer, also mußte er das Fleisch roh essen. Der Rauch hätte ohnehin nur sein Versteck verraten. »Danke«, sagte er mit lauter Stimme zu dem Raben. »Gott hat mir kein Festmahl versprochen, aber ich werde genießen, was er mir gegeben hat.« Er lachte und wies mit einem Arm auf den Raben. »Durch dich«, fügte er hinzu.

Er zerrte die Eingeweide aus dem Bauch der Taube und warf den Abfall in einiger Entfernung in Sichtweite des Raben hin. »Aber du sollst dabei nicht hungrig bleiben, mein Wohltäter«, sagte er.

Der große Vogel verließ vorsichtig seinen Sitzplatz und flog auf einen Felsbrocken in der Nähe der vielversprechenden Mahlzeit. Immer noch laut krächzend, beobachtete er Elia argwöhnisch, seine kohlschwarzen Federn glänzten beinahe purpurn in der Sonne. Langsam faßte er Mut, ließ sich auf dem Boden nieder und näherte sich mit vorsichtigen Schritten der Mahlzeit. Elia sprach ihn mit leiser Stimme an. »Nun komm schon, mein neuer Freund. Ich habe dir die Mühe erspart, deine Mahlzeit zuzubereiten. Laß es dir schmecken.« Schließlich stürzte sich der Rabe auf sein Futter, wobei er die ganze Zeit ein scharfes Auge auf den Propheten hatte. Er hielt die Masse mit den Füßen fest und riß kleine Stücke mit dem Schnabel los. Bei jedem Mundvoll warf er den Kopf zurück, um den Bissen zu schlucken.

Elia hatte schon oft einem Raben beim Fressen zugesehen. Der Anblick faszinierte ihn immer wieder. Dieser König der Vögel war eines der intelligentesten Geschöpfe Gottes.

Der Rabe war schneller mit seinem Essen fertig als Elia. Er flog auf einen hohen Zweig, krächzte laut und flog dann zu einem Loch in der steilen Felswand, das sich nicht weit von Elias Höhle befand. Er wandte sich, nervös flatternd, erst in die eine, dann in die andere Richtung, flog aber nicht zu dem Loch. Er krächzte von neuem, dann flog er fort.

Elia sah zu, wie die schwarzen Flügel den Raben in aller Eile hinwegtrugen, auf die Hochebene zu, über deren Rand er verschwand. Er blickte zu dem Loch hinüber, auf das der Rabe seine Aufmerksamkeit gelenkt hatte. Hatte ihn der Vogel darauf aufmerksam machen wollen? Oder war ihm die Nähe eines Menschen neuerlich bewußt geworden und er hatte im letzten Augenblick beschlossen, einen Schatz nicht preiszugeben?

Raben legen geheime Vorratskammern für den Fall einer Hungersnot an. Vielleicht war das Loch die Speisekammer dieses Raben. Indem er sich an Büschen und kleinen Felsvorsprüngen festklammerte, erklomm der Prophet die Felswand bis zu dem Loch und blickte hinein. Da war etwas. Er griff hinein und zog eine Handvoll von den Vorräten des Raben heraus. »Der kleine Dieb!« lachte Elia. Er blickte die runden Brotkuchen an, die ihm als Kind so vertraut gewesen waren. Es waren flache Brotfladen, wie die Nomaden sie buken, während sie bei warmem Wetter hinter ihren Herden herzogen. Der Rabe, der so gut wie kein Futter verschmähte, hatte offenbar einen Weg gefunden, den Beduinen dann und wann einen wegzuschnappen, oder er hatte Überbleibsel gefunden, nachdem der Stamm sein Lager verlassen hatte. Elia suchte die beiden frischesten Fladen heraus und aß sie an Ort und Stelle.

Schließlich trank er von neuem aus dem Weiher, dann setzte er sich daneben hin und stellte seine Füße in das kühle Wasser. Nach einer Weile brach Elia einen Ast von einem Oleander ab und benützte den dichtbelaubten Zweig dazu, den trockenen

Schlamm vom Boden seiner Höhle zu fegen. Er verbrachte den Nachmittag damit, daß er ein kleines Stück Weges zwischen Höhle und Teich von Treibgut und Spinnweben befreite.

Als die Schatten sich über die Schlucht senkten, kehrte der Rabe zurück. Er trug einen Brotfladen im Schnabel, den er geschickt in seinem Versteck deponierte. Dann fiel er über eine weitere Felstaube her und wiederholte den Vorgang vom Morgen.

Am nächsten Tag tauchten zwei Raben auf, und während ein regenloser Tag auf den anderen folgte, schlossen sich weitere Raben dem Paar an, bis eine ganze Schar von ihnen Elia mehr Arbeit verschaffte, als ihm lieb war. Aber er bereitete ihnen ihr Futter zu und war dankbar, daß seine eigenen Bedürfnisse dabei gestillt wurden. Gelegentlich brachten die Raben Fleischstücke vom Kadaver einer Beute, die größer war, als sie sie tragen konnten. Elia betrachtete das Fleisch jedesmal vorsichtig, um sicherzugehen, daß es frisch war – was manchmal nicht der Fall war, denn Raben sind sich nicht zu gut dazu, Aas zu fressen.

Den größten Teil der Zeit langweilte er sich, bis er seinen eigenen Tagesrhythmus gefunden hatte, aber er war entschlossen, in seinem Versteck zu bleiben, bis er fühlte, daß Gott ihn drängte, weiterzuziehen. Gewiß setzte Ahab seine Suche fort, obwohl der König sich vermutlich bis zum Ende der jahresüblichen Trockenzeit keine ernstlichen Sorgen machen würde.

Bald verlief ein Tag wie der andere. Elia stand vom Schlaf auf, um mit den Raben zu essen, die sich meistens damit beschäftigten, das Versteck mit gestohlenen Brotfladen aufzufüllen. Die Vögel waren groß, manche maßen zwei Fuß vom Schnabel bis zur Schwanzfeder, und Schauer der Bewunderung rieselten Elia über den Rücken, wenn er ihre Flugkunststücke beobachtete. Allmählich wurden sie seine Freunde. Er gab jedem von ihnen einen Namen. Den Anführer, der als erster aufgetaucht war, nannte er *El'echol,* »Nahrung von Gott«.

Sobald die Raben fortgeflogen waren, setzte er sich beim Teich nieder und betete zu Jahwe. Er betete um Glauben. Er sang mit leiser Stimme die Lieder, die er als Knabe auf den Hochebenen von Gilead zu singen gelernt hatte, heilige Lieder. Die meisten von ihnen waren von David verfaßt worden. Er rief sich die

Gesetze Gottes in den Sinn und rezitierte aus dem Gedächtnis alles, was er noch von den heiligen Worten wußte.

Seine Knabenjahre und seine Jugend waren glückliche Jahre gewesen, und er sann oft darüber nach, während er da saß und wartete. Seine Eltern waren Halbnomaden. Sie führten das Leben von Beduinen während der schönen Jahreszeit und ließen sich im Winter in dem kleinen Dorf Tischbe nieder. Er lächelte, als er an Jonadab dachte, seinen liebsten Freund, den er an einer Viehtränke kennengelernt hatte. Nachdem sie sich auch bei anderen Gelegenheiten getroffen hatten, hatte Jonadab ihn überredet, sich der neugegründeten Bewegung der Rechabiten anzuschließen, die nach Jonadabs Vater, Rechab, benannt war. Rechab lehrte, daß Jahwes Gesetze nur durch ein Nomadenleben wirklich erfüllt werden konnten. Die Stadtmauern brachten Versuchungen mit sich und drückten auf die Seele des Menschen. Er gestattete nicht einmal, Wein zu trinken, nicht wegen seiner berauschenden Wirkung, sondern weil er befürchtete, der Wein könnte seinen Leuten so gut schmecken, daß sie den Wunsch hegen würden, Weinberge anzulegen – und das war der erste Schritt zu einer befestigten Stadt hin.

Nach drei Jahren bei den Rechabiten war Elia zu dem Schluß gelangt, daß sie sich auf einem Irrweg befanden. Seine eigenen Eltern waren Jahwe während der Wintermonate um nichts weniger treu ergeben als im Sommer, und Rechab war – wie andere auch – sogar in Bet-Schean, das man kaum eine loyale jahwistische Stadt nennen konnte, ein treuer Diener des Herrn.

Die Nacht, in der er Jonadab Lebewohl sagte, war ein schmerzliches Erlebnis gewesen. Sie saßen am Lagerfeuer, und Jonadab wiederholte eindringlich die Argumente, die Elia einst dazu bewogen hatten, sich der Gruppe anzuschließen.

»Es bringt nur Gefahr mit sich, das Leben eines Nomaden aufzugeben, Elia«, hatte Jonadab ihm dargelegt. »Hier bist du frei.«

Der junge Elia hatte einen Erdbrocken aufgehoben und ihn wortlos auf der Handfläche herumgerollt. Jonadabs Stimme fuhr fort. »Mauern bauen ein Gefängnis rund um die Seele.« Jonadab gestikulierte mit weit ausholenden Bewegungen. »Hier kannst du denken, was du willst, und mit Jahwe reden.«

Elia seufzte müde. »Jonadab, du wiederholst Worte, die du von anderen gehört hast.«

»Das macht sie nicht weniger weise.« Jonadabs knochiges Kinn schob sich vor, um seiner Überzeugung Gewicht zu verleihen. »Mein Vater erzählte mir von der berauschenden Wirkung der Städte. Wie süßer Wein setzen sie deine Gedanken in Brand, und du denkst dir gute Gründe aus, um Dinge zu tun, von denen du genau weißt, daß sie sündhaft sind.«

»Rechab war ein wertvoller Mensch«, gab Elia zurück. Er sagte nicht mehr als das.

Jonadab zog die Knie an die Brust und stützte die Stirn auf die Knie. Ein Schakal ließ sein langanhaltendes Geheul hören. Der hochgewachsene, drahtige Nomade erhob sich auf die Füße und starrte, die Daumen hinter den Gürtel gehakt, in die niedrige, gleichmäßige Flamme. »Du wirst keinen Erfolg mit deinem Plan haben. Entweder wirst du der schlimmste aller Schurken oder du wirst als enttäuschter und gebrochener Mann sterben.«

Elia blickte zu dem hochgewachsenen Nomaden auf und sprach in einem Ton, der ebenso erregt wie vertraulich klang. »Und du erwartest, daß Israel von den Baalen errettet wird, weil du Schafe hütest und das *Schema* in den Hügeln singst?« Elia kicherte gedämpft. »Oder soll ich mich auf den Berg Nebo stellen und den Melkart mit lauter Stimme verfluchen?« Er warf den Erdbrocken ins Feuer, und protestierende Funken sprühten auf.

»Glaubst du nicht an die Macht guten Beispiels, Elia? Siehst du nicht, daß diejenigen, die wirklich an Jahwe glauben, sich uns anschließen werden? Es ist besser, daß einige wenige die Gesetze Jahwes schützen, als daß alle Menschen ihre Knie vor dem Baal beugen. Es ist der Wille Gottes, daß wir uns vermehren und unsere Kinder im Gesetz Jahwes erziehen. Die Gerechten Israels werden uns erkennen und sich unserem Stamm anschließen.«

»Du ziehst dir einen Schleier über die Augen, Jonadab. Die Städte in der Ebene und auf den Hügeln wissen nicht einmal von unserer Existenz. Sie kennen nur unsere Schafwolle. Wir könnten im Leben und im Tod Gottes Gesetze beschützen. Was kümmert das den Rest der Welt? Nein, mein Freund. Bleib du hier, wenn du nicht anders kannst. Ich kann nicht mit ruhigem Gewissen zusehen, wie unsere Leute ihre kleinen Götzen anbeten und im Wind auf Antwort lauschen.«

Jonadab grunzte mürrisch. »Die Wahl, die sie treffen, ist ihre Sache.«

»Nein, Jonadab. Sie ist auch meine Sache. Israel ist meine Sache.« Elia hob seinen Mantel auf und stand auf, so daß er seinem Freund von Angesicht zu Angesicht gegenüber stand. Er starrte den Stammesführer einen Augenblick lang an, dann sagte er leise: »Lebwohl, Jonadab.«

»Warte, Elia!« Er sprach leise und bittend. »Du kannst uns Jahwes Wege lehren. Als du dich uns angeschlossen hast, war mein Vater überzeugt, daß Jahwe dich gesandt hatte. Er lehrte dich, das Gesetz zu lesen und die Gedanken Jahwes zu denken, wie ich es niemals könnte. Wir brauchen dich.« Jonadab legte eine Hand auf Elias Schulter. »Bleib bei uns, mein Freund!«

Elias Muskeln spannten sich an, als er Jonadabs Hand spürte. Er sprach mit unruhiger Stimme, als bereiteten ihm die Worte Schmerzen. »Du warst mir ein wahrer Freund, Jonadab, und dein Vater war mir mehr als ein Lehrer.« Er zögerte. »Ich habe viel von Rechab gelernt, aber auch Jahwe hat zu mir gesprochen. Mein Herz ist seit langem unruhig; ich weiß, es gibt einen Auftrag, den ich eines Tages zu erfüllen haben werde. Wer weiß, wie es mit meinem Leben gehen wird? Ich weiß nur, daß ich gehen muß.«

Elia ergriff mit zärtlicher Gebärde die Arme seines Freundes, drückte sie und ging fort, ohne noch ein Wort zu sprechen.

Auf dem Gipfel des Hügelkammes, der sich über dem Kreis von Zelten erhob, blickte Elia zurück. Jonadab war in sein Zelt gegangen. Die Morgendämmerung war eben angebrochen, und Nebel stieg von den mageren Weiden auf, um das Licht zu begrüßen. Durch den Dunst hindurch beobachtete Elia die Tiere. Kamele, Schafe und Rinder umdrängten in buntem Gemisch die Menge der schwarzen, viereckig aufgespannten Zelte. Schwarze Schafe und schmutzigweiße, alle mit mächtigen, fetten Schwänzen, grasten zufrieden in kleinen Gruppen. Er haßte es, diese vagabundierende Zufluchtsstätte zu verlassen. Die Rechabiten führten ein streng sittliches, aber glückliches Leben in ihrer

Abgeschiedenheit von der Welt auf halbem Wege zwischen dem Toten Meer im Westen und der Großen Wüste im Osten – ersteres verbarg sich vor ihrem Lager hinter einer hohen, felsigen Bergkette, über die einst die mühevollen Schritte des großen Exodus hinweggegangen waren; letztere hinter tiefgelegenen, hügeligen Ebenen.

* * *

Die Prozession schlängelte sich durch die engen Straßen von Aphek. Hunderte von Dorfleuten zogen im Gefolge der Frau an Obadja vorbei. Sie trug eine Puppe in Frauenkleidern und mit üppigem Juwelenschmuck. Ihr Gesang verriet Obadja, was er wissen wollte. Die Dorfleute wußten nicht, wo Elia sich verbarg. Die Leute sangen im Chor mit der Frau in monotonem Rhythmus:

O Mutter des Regens, o Unsterbliche, befeuchte unsere schlafenden Samen.
Befeuchte die schlafenden Samen der Aschera, der immer Großzügigen.
Sie ist fortgegangen, die Mutter des Regens, um den Sturm zu bringen.
Wenn sie zurückkommt, steht das Korn so hoch wie die Mauern.
Sie ist fortgegangen, die Mutter des Regens, um die Winde zu bringen.
Wenn sie zurückkommt, sind die Weinstöcke so hoch wie Häuser gewachsen.
Sie ist fortgegangen, die Mutter des Regens, um den Donner zu bringen.
Wenn sie zurückkommt, sind die Felder so hoch wie Kamele.

Obadja beobachtete die Prozession, ohne von seinem Pferd abzusteigen. Als die Letzten der Menschenmenge vorbeigezogen waren, blieb er reglos sitzen, bis der Gesang nur noch von ferne in den Straßen außerhalb seines Blickfeldes zu hören war.

Er hatte wiederholt gesehen, wie die Leute zum Aberglauben Zuflucht nahmen, seit Elia Jahwes Fluch verkündigt hatte. In Dürrezeiten klammerten sich die Leute an jedes Ammenmärchen und jeden Afterglauben, die Erleichterung versprachen. Die Leute von Aphek waren verzweifelt. Ihr Fluß Kanah war nur noch ein dahintröpfelndes Bächlein, und in Kürze würde er völlig vertrocknet sein.

Er hatte andere Dorfleute dabei beobachtet, wie sie versuchten, Aschera zu beschwichtigen und ihre Gnade zu erlangen. In ihrer Verzweiflung verbanden sie ihren alten und hartnäckigen Glauben an die kleinen örtlichen Fruchtbarkeitsgötter mit ihrer neuen Kenntnis der Großen Baale, Melkart und Aschera.

In Socoh, das in der Nähe von Samaria zum Meer hin gelegen war, zogen nackte Frauen Pflugscharen durch die ausgetrocknete Erde, im Glauben, ihre Nacktheit würde die Göttin der Fruchtbarkeit dazu bewegen, Regen zu senden. Die Dorfleute in Jokmeam im Jordangebiet hatten alle Jungfrauen im Dorfe in der Morgendämmerung auf die bereits bestellten Felder geschickt, um das Ritual des Wassergießens durchzuführen. Die Jungfrauen gossen Wasser über ihre nackten, fruchtbaren Körper in der Hoffnung, das Wasser würde ihre Fruchtbarkeit auf die Erde übertragen und der Erde den Anstoß geben, ihre Früchte hervorzubringen – und auch in der Hoffnung, daß Aschera verstehen würde, wie nötig sie den Regen hatten. Die Leute von Hazor erinnerten sich an einen alten Volksglauben, daß der Regengott erzürnt war, wenn die Leichen von Aussätzigen nicht verbrannt wurden, also gruben sie die Knochen aus jedem Grab eines Aussätzigen, das ihnen bekannt war, und verbrannten die Überreste, während sie singend um Ascheras Gnade flehten.

Überall im Ackerland Israels hatte Obadja kleine Stücke getrockneten Kuhmists in den Baumästen hängen gesehen. Dahinter steckte der Aberglaube, daß der geringste Windhauch den Mist in Bewegung versetzen und die Götter von Wind und Regen auf ihre Not aufmerksam machen würde. Gelegentlich hatte er auch einen Frosch oder einen großen schwarzen Käfer an einem Zweig hängen gesehen. Die Bauern hatten sie in der Hoffnung dorthin gehängt, daß das Zappeln des Tieres oder Insekts eine Unruhe in der Luft erzeugen würde, die Aschera daran erinnern sollte, daß sie vergessen hatte, den Regen auf den Flügeln des Windes zu schicken.

Mit leiser, matter Stimme befahl der Hofmeister dem Hauptmann, das Truppenkontingent kehrtum machen zu lassen und die Heimreise anzutreten.

Sie ließen die Tore des Dorfes hinter sich und zogen die Flanken der Hügel hinauf, die in Richtung Osten hin anstiegen. Obadja ritt an der Spitze des Zuges neben dem Hauptmann, aber der Hauptmann überließ ihn seinen eigenen Gedanken.

Der Hauptmann war ein Anhänger des Melkart, aber er war verwundert darüber, daß Elia im Namen eines so viel schwächeren Gottes als Baal den Regen so lang zurückhalten konnte. Warum war es Isebels Priestern und Propheten nicht gelungen, den Regen herbeizubringen? Sie waren so zahlreich; sie konnten Maßnahmen gegen den Fluch des Propheten ergreifen. Aber die nagenden Zweifel des Hauptmanns machten ihn Melkart nicht abtrünnig. Hatte Melkart nicht viel mehr Völker unterworfen als Jahwe? Hatte nicht selbst der König von Syrien Melkart als seinen Gott angenommen?

Obadja machte sich Sorgen wegen des Aberglaubens der Leute, aber noch mehr beunruhigte ihn, wie die Hungersnot ihre Moral untergrub. Viele von ihnen gaben sich in aller Öffentlichkeit in ihren Feldern und den heiligen Hainen Orgien hin, in der Hoffnung, dem Land seine Fruchtbarkeit zurückzugeben, wenn sie Aschera diesen Dienst erwiesen, und in der Hoffnung, daß der Zeugungsakt in ihren eigenen Feldern das unfruchtbare Land zu neuer Blüte anregen würde. Er wurde den Gedanken nicht los, daß die religiöse Bedeutung allmählich zur Entschuldigung für die Unzucht wurde, um die Verzweiflung für kurze Frist im Rausch der Leidenschaft zu vergessen.

Als er wieder in Samaria ankam, berichtete Obadja Ahab von der Szene im Dorf.

»Und du schließt aus dieser Prozession, daß die Leute nicht wissen, wo Elia sich verborgen hält?«

»Wenn sie Elia so treu ergeben wären, daß sie bereit wären, ihn zu schützen oder zu verstecken, würden sie nicht das Ritual einer Regengöttin aus grauer Vorzeit zelebrieren. Statt dessen wären sie Eure Bundesgenossen auf der Suche nach Elia.«

»Ja, natürlich.« Ahab saß tief in Gedanken da, die Hände im Schoß ineinandergeschlungen. Er lud Obadja nicht ein, sich zu setzen, und der Hofmeister wartete geduldig im Stehen. Schließlich sprach der König. »Wie ich deinem Bericht entnehme,

Obadja, hast du ganz Israel gründlich nach dem Haarigen durchsucht. Wo hast du nicht gesucht?«

»Suchtrupps waren in jedem Dorf, jeder kleinen und großen Stadt in Israel, und auch das offene Land ist durchsucht worden. Ich habe Spähtrupps in die Beduinengebiete jenseits des Jordan geschickt, aber es gibt wilde Landstriche, die zu durchsuchen unmöglich ist, obwohl ich zufriedenstellende Berichte erhalten habe, daß die Hauptleute weitreichende Anstrengungen gemacht haben. Nomaden und Stadtbewohner wissen gleichermaßen über die Suche Bescheid, und auch sie beten um ein Ende der Dürre, aber von keinem ist irgendein Hinweis gekommen.«

»Vielleicht ist er gar nicht in Israel.«

»Das ist möglich.«

»Setz Briefe auf, die an die Könige von Sidon, Moab, Syrien, Edom, Midian, Ammon und Juda und die Anführer der Philister gesandt werden sollen. Bewege jeden einzelnen König dazu, uns bei der Suche nach Elia zu helfen. Sie sind ebenfalls von der Dürre betroffen und werden ihr Bestes tun, uns zu helfen. Elia muß vor allem in Juda viele Freunde haben. Gib dir mit dem Brief an König Josaphat besondere Mühe. Schick die Briefe mit Läuferstaffeln. Kümmere dich augenblicklich um die Angelegenheit.«

»Ja, König Ahab. Ich werde mich sofort ans Werk machen.«

Als Obadja den Thronsaal verließ und sich auf den Weg zu seinen eigenen Gemächern machte, hatte er das Gefühl, sich wie ein Automat zu bewegen, als funktionierten sein Körper und sein Kopf getrennt voneinander. Die ganze Suche war vergebliche Mühe, dessen war er sich sicher, wenn ein Prophet so offenkundig von Jahwe beschützt wurde, aber Ahab durften keine Zweifel an seinem Hofmeister kommen. Die Propheten, die sich in den Kalksteinhöhlen unterhalb der Stadt versteckt hatten, waren nicht gefunden worden, und sie mußten in Sicherheit bleiben, um für den Tag bereit zu sein, an dem Elia möglicherweise Erfolg hatte und Jahwe wieder der Gott seines Volkes wurde.

* * *

Miriam hörte die Türe gehen und sah Rejab eintreten. Keiner von beiden begrüßte den anderen. Rejab ließ sein schweres Gewicht auf einen Hocker sinken und lehnte sich müde an die Wand. Sie ging zu ihm hinüber und legte eine Hand auf seine Schulter, während sie ihn aus Augen anblickte, die fragen wollten, aber die Antwort fürchteten. Mit langsamer Geste streckte er einen Arm über die Brust aus und bedeckte ihre Hand mit der seinen. Immer noch hielt er den Blick gesenkt.

»Rejab.«

Seine Augen waren rot gerändert, Augen, die sie nicht sehen konnte, solange er den Kopf senkte, aber sie sah die kleine Höhlung im Fleisch seiner Wangen und sah die Kiefermuskeln anschwellen, als er die Zähne zusammenbiß.

»Rejab, ich bin deine Frau.« Sie sprach ruhig, ohne das geringste Zittern in der Stimme. So, wie er außerhalb der Mauern des Hauses stark war, mußte sie nun innerhalb der Mauern stark sein, jetzt, wo er in Verzweiflung verfiel.

»Elia ...« Rejab spürte, wie ihm die Stimme zu versagen drohte, und er hielt inne. Als er weitersprach, spie er, einem Impuls folgend, die Worte alle zugleich aus. »Elia ist bemerkenswert tüchtig, nicht wahr?« Das Lachen blieb ihm in der Kehle stecken und erstarb. Die Tränen drangen tief aus seinem Inneren hervor, während ein Krampf der Verzweiflung seinen Körper schüttelte. Miriam faßte seinen Kopf und zog ihn an ihre Brust. Sie fuhr ihm mit einer Hand über dem Ohr durchs Haar und sagte nichts. Er zog sie an sich und drückte den Kopf an ihren stämmigen Körper.

Der Krampf dauerte nur einen Augenblick lang. Langsam zog er ihre Hände in die seinen und erhob sich. Er war nur ein kleines Stück größer als sie, und sie legte den Kopf ein wenig zurück, um ihm in die Augen zu sehen. Sie forschte darin, rasch, mit großer Erfahrung, durchmaß die Tiefe und Dauer seiner Verzweiflung, um – in aller Eile, bevor der Augenblick der Wahrheit vorbeiging – in Erfahrung zu bringen, wieviel Kraft diesem Mann noch geblieben war, der sie so lange beschützt und versorgt hatte. Sie entdeckte noch einen Funken von Kampfesmut in ihm, aber sie entdeckte auch einen flüchtigen Schatten in der Tiefe seiner Augen, den sie nie zuvor gesehen hatte. Dann ging der Augenblick vorbei, in dem er sich ihr geöffnet hätte, und die Maske glitt wieder an ihren Platz.

Miriam barg den Kopf an Rejabs Brust und versuchte, die Furcht zu beschwichtigen, die tief in ihrem Inneren aufkeimte.

Rejab schlang den Arm um sie und führte sie schweigend zu den beiden breiten, gutgepolsterten Stühlen, in denen sie Jahre hindurch des Abends zusammengesessen waren. Er lehnte weitere Kissen an die Wand, und beide ließen sich auf ihren Platz sinken. Sie blickten einander an. Ihre Lippen berührten einander, als hätten all die Tausende Signale, die sich im Lauf der Jahre entwickelt hatten, ihnen angezeigt, daß jetzt die Zeit für einen Kuß gekommen war. Es war kein langer oder leidenschaftlicher Kuß, aber der kurze Augenblick der Berührung sandte Kräfte von einem zum anderen, als wären Mut und Hoffnung körperlich fühlbar geworden.

Miriam blickte ihn an und berührte seine glatte Wange.

»Rejab«, sagte sie leise. »Ich möchte Bescheid wissen.«

Rejab faltete die Hände über seinem mächtigen Bauch. Er betrachtete seine Hände, als hätte er sie nicht schon oft und oft gesehen, und kehrte sie erst auf die eine Seite, um seinen fleischgepolsterten Knöchel zu betrachten, dann auf die andere, um seine weichen Handflächen zu besehen.

»Rejab.«

»Ja, Miriam, schon gut.« Er starrte sie einen Augenblick lang an. »Miriam, die Ältesten haben gegen mich entschieden.«

Die Frau hörte die Worte, aber ihr Verstand weigerte sich, sie zu akzeptieren. Seit Generationen waren die ehrwürdigen Ältesten von Bet-Schean wie in allen Dörfern und Städten in ganz Israel an ihren besonderen Plätzen am Haupttor gesessen, um in Konfliktfällen als Richter aufzutreten. »Und der Schiedsrichter«, fragte sie langsam, »hast du ihn angerufen?«

»Ja. Er hörte die Beweise an und ergriff meine Partei. Er verlangte nach einer Untersuchung. Aber die Ältesten sahen ihn nicht einmal an. Ich sah, wie er verzweifelt den Kopf schüttelte.«

»Rejab«, fragte sie sorgsam, »was hat das zu bedeuten?«

Er warf ihr einen Seitenblick zu und heftete den Blick dann wieder auf seine Hände. Wie konnte er seiner Frau die Welt erklären, in der er außerhalb seines Hauses lebte? Der Wettbewerb, Kauf und Verkauf von Lebensmitteln, die Gewichte und Meßlatten, die Tricks und Kniffe der Händler – das alles war ihr vertraut. Aber die aggressive Heimtücke der letzten Monate, wie sollte er ihr das erklären?

»Miriam«, begann er und suchte hilflos nach einer Erklärung, die er nie zuvor in Worte gefaßt hatte. »Miriam, unter den Wohlhabenden geht ein neuer Geist um. Erinnerst du dich an Jaala?«

Sie nickte, und Rejab sah einen Muskel in ihrem Auge zukken.

»Jaala hat sich und seine Familie an Akkub verkauft.« Er sprach mit düsterer Endgültigkeit.

»Aber sie werden nur einige wenige Monate Sklaven sein«, hielt ihm Miriam entgegen. »Dann kommt das fünfzigste Jahr, das Jubeljahr. Dann werden sie frei sein und ihrer Schulden ledig. Ist das so schlimm?«

Rejab sah sie nicht an.

»Rejab«, drängte Miriam, »warum macht dir Jaalas Unglück solche Sorgen? Das Gesetz ist eindeutig. Auf lange Sicht mag es sich erweisen, daß er eine kluge Entscheidung getroffen hat.«

»Akkub und seine Freunde unter den Kaufleuten kümmern sich nicht gerade vorbildlich um die Einhaltung der althergebrachten Gesetze unserer Väter. Das Gesetz, daß die Sklaven freigegeben werden müssen, läßt sich auf vielerlei Weise umgehen.«

»Aber die Ältesten . . .« Sie starrte Rejab an, ihr Mund stand offen, ihre Augen waren groß, und sie erinnerte sich an den fremden Schatten, den sie zuvor in seinen Augen gesehen hatte.

»Ja«, sagte Rejab bitter. »Die Ältesten.« Aber er brachte es nicht fertig, das Gespräch an dieser Stelle abzubrechen und seine Frau den Schrecken ihrer verstörten Phantasie zu überlassen. Er ergriff ihre Hand. »Miriam, die Dürre macht die Leute noch bösartiger als gewöhnlich. Sie kämpfen um ihr Leben, Arme wie Reiche. Aber Elia hat recht. Der neue Geist, der in die Kaufleute gefahren ist, ist das Werk des Baal.« Er schüttelte den Kopf, als debattierte er mit sich selbst. »Wer kann erklären, warum die

Menschen gerade so und nicht anders handeln? Ist es, weil sie einem anderen Gott nachfolgen, oder einfach deshalb, weil sie Jahwe vergessen haben? Wer weiß? Vielleicht beides. Vielleicht sind die Menschen zum Bösen geboren. Vielleicht sind sie von Natur aus grausam, oder vielleicht sehen sie einfach nicht, welche Schmerzen sie anderen zufügen. Vielleicht wissen Akkub und seine Freunde gar nicht, daß ihre Gedanken die Gedanken des Melkart sind, des Gottes der Macht.«

Miriam sprach in trockenem Ton. »Was hat das schon zu bedeuten? Ob sie die Quelle des Bösen in ihrem Herzen nun kennen oder nicht, was hat das schon zu bedeuten?«

»Es hat etwas zu bedeuten, daß Elia es weiß. Miriam, der Baal konnte nur eintreten, weil er ein leeres Haus vorfand, in dem er sich einnisten konnte. Wer weiß, wann diese Leere begonnen hat? Vielleicht haben Väter ihre Kinder unsere Rituale, aber nicht deren Bedeutung gelehrt. Vielleicht haben Großväter ihre Kinder Böses gelehrt, ohne es zu wissen.« Er hielt inne und blickte Miriam an. »Manchmal denke ich, es sollte gar keine Rituale geben. Die Menschen sollten es merken, wenn ihr Glaube tot ist. Sie sollten es wissen. Manchmal denke ich, es sollte keine Äußerlichkeiten geben, die die Menschen in falscher Sicherheit wiegen, sie wären noch gläubig. Vielleicht wäre das besser.«

Miriam antwortete mit ruhiger Stimme. »Aber die Rituale lehren uns den Glauben. Sie lehren von Jahwe.«

Rejab wandte den Blick ab und schüttelte den Kopf.

»Es tut mir leid, Rejab. Ich komme vom Thema ab. Ich wollte wissen, wie die Ältesten zu ihrer Entscheidung gelangt sind.«

»Sie sagten, ich hätte keine Beweise. Mein Wort steht gegen das von Akkub.«

»Aber du bist nicht der erste, der sich darüber beklagt, daß Akkub schwere Schekel beim Wägen seiner Waren verwendet.«

»Nein, auch andere haben sich beklagt, aber die Ältesten sagten, jeder Fall müsse für sich allein verhandelt werden.«

»Rejab.« Der Ton in Miriams Stimme veranlaßte Rejab, sich zu seiner Frau umzuwenden. »Die Frauen haben allerlei geredet, Rejab. Ich weiß nicht, ob es stimmt, was sie behaupten.«

»Zum Beispiel?«

»Leah arbeitet doch in Paschurs Haus. Sie hörte Paschur zu seiner Frau sagen, daß er den Ältesten Geschenke macht.«

»Ja, ich nehme an, das haben viele von uns vermutet. Paschur und Akkub sind nur zwei von denen, die so etwas tun.« Rejab stand auf und trat in die Mitte des Raumes, die Hände hinter dem Rücken verschränkt. Er stand hoch aufgerichtet da, den Blick geradeaus gerichtet. »Miriam, ich hätte vorsichtiger sein sollen. Ein Kaufmann, selbst ein kleiner Kaufmann, sollte über solche Praktiken Bescheid wissen. Ich habe gehört, daß es in Damaskus und anderswo so zugeht, aber in Israel? Ich habe nicht erwartet, daß es auch in Israel geschieht.«

»Du solltest deinen Landsleuten vertrauen können.« Miriam sprach im Ton naiven Vertrauens, in das sich eine Spur Bitterkeit mischte – die Bitterkeit einer Ehefrau, die ihren Gatten im Unglück sieht.

»Ein Mann ist ein Narr, wenn er anderen vertraut, und ein Feigling, wenn er es nicht tut«, antwortete Rejab mit leiser Stimme. Er lachte ein kurzes, heiseres Lachen, das hoch oben aus seiner Kehle kam. »Eine schöne Wahl, Miriam. Ein Narr zu sein oder ein Feigling.«

Einen Augenblick lang breitete sich Schweigen über sie beide. Es schien einen Käfig um sie zu bauen, und weder Mann noch Frau sprachen. Rejab stand reglos da, den Blick geradeaus gerichtet, und betrachtete nachdenklich die Wirbel und Linien im Mörtel, der die Steinmauern ihres Hauses bedeckte. Miriam saß immer noch an Ort und Stelle, ihre Hände spielten mit den Falten ihres Kleides. Sie betrachtete die Fäden, einige waren grob, andere fein. Sie knitterte den Stoff unter den Fingern. Als sie schließlich sprach, zerbrachen ihre Worte den Käfig, und er fiel in Trümmer. »Rejab, was soll jetzt werden?«

Rejab starrte noch intensiver die Wand an. Er versuchte sich davor zu drücken, was er ihr sagen mußte. Er sah sie nicht an, und er antwortete auch nicht sofort. Miriam wollte eben ihre Frage wiederholen, als er schlicht und ohne Gemütsbewegung sagte: »Nun muß ich eine Entscheidung treffen, wie ich mein eigenes Geschäft führen will.«

»Was meinst du? Welche Entscheidung?«

Er blickte Miriam jetzt an, und der Frau lief es eisig über den Rücken, als sie wiederum den Schatten hinter seinen Augen sah. »Miriam, der Verlust hat mich schwer getroffen. Ich habe nur noch wenig Geld, um Lebensmittel bei den Bauern zu kaufen. Ich muß Geld ausleihen.«

»Aber du hast schon früher Geld geborgt, und zwar oft.«

»Aber jetzt habe ich Angst. Früher hatte ich niemals Angst.« Rejab kehrte zu dem Stuhl zurück und ließ sich hineinfallen. Miriam streckte die Hand aus und legte sie auf seinen Arm.

»Warum hast du Angst? Liegt es an den Zinsen?«

»Es sind Wucherzinsen. Sie erlauben es mir kaum, noch einen Profit herauszuschlagen. Aber damit könnte ich fertigwerden. Das ist etwas Unpersönliches, eine Tatsache, mit der man eben zurechtkommen muß. Nein, ich ärgere mich über die Wucherzinsen, aber ich fürchte sie nicht. Die Zukunft ist es, vor der ich Angst habe. Ich fürchte mich, wenn ich daran denke, in welche Richtung der Handel geht. Ich fürchte mich vor etwas, das ein kleiner Mann wie ich nicht ändern kann.«

Miriam drückte Rejabs Arm innig, aber sie schwieg weiterhin.

Rejab fuhr fort. »Ich mache keinen Gewinn mehr, wenn ich zu den Preisen verkaufe, die Akkub und Paschur und ihresgleichen mir für meine Waren bieten. Entweder muß ich die Bauern betrügen, indem ich mit schweren Schekeln wäge, wie Akkub es bei mir gemacht hat, oder indem ich schlechten Hafer unter den guten mische – und dann laufe ich Gefahr, erwischt zu werden.«

Miriams Stimme klang scharf. »Rejab, so etwas würdest du doch nicht tun!«

»Das ist die Entscheidung, die ich treffen muß.«

»Dann gibt es keine Entscheidung zu treffen. Willst du Melkart oder Jahwe anhängen? Recht bleibt recht, und Unrecht bleibt unrecht.«

Er antwortete voll Bitterkeit auf ihre Empörung. »Und bankrott zu gehen ist unerfreulich.«

»Gott wird für uns sorgen.« Der Schatten hinter Rejabs Augen erschien von neuem. Miriam ergriff seinen Unterarm mit beiden Händen. »Rejab, wir müssen Vertrauen haben. Jahwe wird für uns sorgen.«

Er seufzte. »Miriam. Meine liebe Miriam.« Er schüttelte den Kopf. »Miriam, es gibt Zeiten, da sorgt Gott für die Seinen. Wir haben solche Zeiten erlebt. Aber es gibt auch Zeiten, in denen Jahwes Gläubige genauso leiden müssen wie alle Menschen. Und jetzt ist eine solche Zeit gekommen. Wenn wir den Gesetzen Gottes gehorchen, müssen wir ihnen gehorchen, auch wenn wir wissen, daß das Ergebnis eine Katastrophe sein wird. Es gibt Zeiten, wo wir um des Guten willen leiden müssen. Miriam . . .« Er legte seine Hand über ihre beiden Hände und wandte sich zu ihr um. »Ich muß dir sagen, daß es unmöglich ist, als Geschäftsmann zu überleben und gleichzeitig Gottes Gesetze zu halten. In Kürze werden meine Rücklagen aufgebraucht sein. Wenn ich Geld leihe, werden meine Gläubiger mir mein Geschäft wegnehmen, und es wird schließlich von Akkub oder einem anderen seiner Sorte übernommen werden.«

»Aber du hast den Ruf, ein ehrlicher Mann zu sein. Werden die Kaufleute nicht schon deshalb bei dir kaufen? Werden sie dir nicht treu bleiben?«

»Nein.« Seine Stimme klang noch resignierter als zuvor. »Nein, Miriam, die Bauern verkaufen mir die letzten Reste ihrer Ernte. Sie sollten jetzt aussäen, aber wegen der Dürre halten die meisten von ihnen ihr Korn zurück. Sie fürchten Elias Fluch und fürchten, daß es in diesem Jahr keine Ernte geben wird. Überall ist Furcht. Selbst Akkub und Paschur fürchten die Dürre. Meine Freunde haben Angst. Ich habe Angst. Nein, Miriam. Jeder in Bet-Schean, jeder in Israel kämpft ums nackte Überleben. Sie werden bei dem kaufen, der ihnen den besten Preis macht.«

»Aber werden sie dabei nicht betrogen?«

»Jeder ist überzeugt, gerade er würde sich nicht übers Ohr hauen lassen.«

Miriam blickte ihren Mann mit weit aufgerissenen Augen an. »Rejab, was wirst du tun?«

Rejab streichelte ihre Hand, dann preßte er sie hart unter seiner Handfläche. »Ich weiß es nicht, Miriam. Ich weiß es nicht.«

ACHTES KAPITEL

Elia wischte sich den roten Schmutz vom Bein, dann blickte er zu dem verfilzten Treibgut hinauf. Es war ihm ein gutes Zuhause gewesen, den ganzen Sommer lang und bis zu der Zeit, in der normalerweise die Winterregen fallen.

Er setzte sich an der Mündung des kleinen Wadi nieder und blickte durch die mimosenähnlichen Zweige eines Schitta-Baumes zum Jordan hinüber. Das breite Band grünen Dschungels jenseits der schmalen Ebene verbarg den Fluß vor seinen Blicken. Die holprige Straße, die zwischen seinem Versteck und dem »Stolz des Jordan« an der Ebene entlangführte, war verlassen, soweit er das feststellen konnte. Die Ebene, die jetzt nach den ersten frühen Winterregen gepflügt sein sollte, war trocken und hart, das Gras spärlich und braun.

Er spürte einen Stich des Mitleids mit seinem Volk. Das Korn war vor Monaten geerntet worden, im Frühling. Die Dürre hatte vor der Reifezeit der späten Ernte begonnen, daher war die Ernte nur sehr gering gewesen. Vielleicht würde das Korn das Jahr hindurch reichen, wenn sie es sorgfältig rationierten.

Die Traubenernte war ein Hoffnungsstrahl gewesen, nahm Elia an, denn die Wurzeln des Weinstocks reichen tief in die Hügelflanken hinab, um Wasser zu finden. Er erinnerte sich an die Kameraderie, die sich zwischen einem Vater und seinen Söhnen entwickelt, wenn sie in Zelten und kleinen Hütten im Weinberg wohnen, um die Trauben vor den wilden Tieren zu beschützen. Sobald die Ernte eingebracht ist, beginnt das Fest Rosch Haschanah. Während dieses Ereignisses werden spezielle Gebete gebetet, die Jahwe anflehen, die Winterregen frühzeitig zu senden. Elia runzelte die Stirn, als er sich an die Szene im Tempel von Jerusalem erinnerte, bei der Wasser aus dem Teich von Siloah auf den Altar gegossen wird, um das Bedürfnis nach Regen zu symbolisieren. Der Versöhnungstag, der zehn Tage später gefeiert wurde, lag in diesem Jahr unter einer Wolke der Furcht.

Elia war ganz in seine Gedanken versunken und hörte weder das gelegentliche Krächzen der Raben noch das Zirpen der Grillen. Er sah, ohne es richtig zu bemerken, wie ein seltener Schwarm von Störchen oder Kormoranen auf seiner Reise nach Afrika im Tiefflug den »Stolz des Jordan« querte.

Er schüttelte den Kopf. Er wußte, selbst jetzt, wo die Regenfälle zwei Monate überfällig waren, würden die Leute in ihren Häusern zu Jahwe beten und sich dann im Feld an ihre Götzen wenden. Sie würden Jahwes Rituale beim Essen rezitieren, dann würden die Männer in Ascheras Haine gehen und mit ihren Tempelprostituierten Verkehr haben. In ihrem verzweifelten Bemühen, den Himmel zu ihren Gunsten zu beeinflussen, würden die Leute jeden Gott, den sie kannten, auf jede nur erdenkliche Weise zu beschwichtigen versuchen.

»Jahwe, wie willst du dann den Leuten zeigen, daß du es bist, der den Regen beherrscht?« Der Prophet blickte in den wolkenlosen Himmel auf, als stünde dort eine Antwort geschrieben. Aber die stumpfblaue Weite war leer. Die Nachmittagssonne, von immer größeren Hitzekreisen umgeben, zauberte die Illusion schimmernder Gewässer auf die kleine Ebene vor ihm.

»Und nun muß ich nach Zarpat gehen«, seufzte er, »und mich im Haus einer Witwe verbergen.« Das Wort, das Jahwe gesandt hatte, war überaus lebhaft, aber er war sich immer noch nicht sicher, ob Gott im Traum oder mit hörbarer Stimme im wachen Zustand zu ihm gesprochen hatte. Zarpat lag ein beträchtliches Stück Weges von seinem Wadi entfernt, jenseits von Tyrus an der Küste des Großen Meeres, im Gebiet des Volkes, aus dem Isebel stammte. »Nun«, kicherte er, »wenigstens wird Ahab nicht auf den Gedanken kommen, mich dort zu suchen.«

Die Raben waren weder an diesem Morgen noch am Tag zuvor gekommen, und der Teich, der allmählich austrocknete, wurde brackig.

Er blickte von neuem den »Stolz des Jordan« an. Es war zu gefährlich, dreißig Meilen oder mehr in Richtung Norden durch diesen Dschungel mit seinen Schlangen und wilden Tieren vorzudringen. Aber wenn er die Straße benutzte, die am Rand der Ebene verlief, würde er gewiß von irgend jemand gesehen werden, der so verzweifelt das Ende der Dürre herbeisehnte, daß er ihn an Ahabs Suchtrupps verriet. Die alte königliche Straße, die hoch über ihm und hinter ihm auf der Hochebene von Gilead dahinführte, war die gefährlichste Route von allen.

Er beschloß, die erste Strecke der Reise bei Nacht hinter sich zu bringen. Sobald er einmal den See Genezareth erreicht hatte, konnte er sich an dessen Ostufer, das im Land von Aram-Damaskus lag, entlang vorwärtsbewegen. Dann mußte er einen großen Bogen um Dan machen, eine Reiseroute, die ihn am Fuß des Berges Hermon entlang und nach Coele-Syrien, in das Tal zwischen den Bergen des Libanon, hinaufführen würde.

Als Elia seine Reise antrat, bemerkte er, daß der Boden sehr hart war. Kein Oktoberregen hatte ihn aufgeweicht. Die Ebene war nicht bestellt worden. Er überquerte die vertrauten Schluchten, die für gewöhnlich im Herbst von mehreren kleinen Quellen reichlich gefüllt wurden, aber nun sickerte nur in ihren Hauptflußläufen ein dünner Wasserfaden dahin. Schmale Streifen und Flecken an ihren Ufern waren umgepflügt und mit Weizen bepflanzt worden. Die Bauern hofften, kleine Ackerflecken begießen zu können, falls die Dürre weiterhin andauerte.

Üblicherweise wuchs der Weizen auf terrassenförmig übereinander angeordneten Feldern in der Schlucht des Wadi. Die Bauern säten im Abstand von einigen Tagen, damit die Felder nicht alle zugleich reif wurden. Jetzt, so wußte er, waren die kleinen Felder hart und unfruchtbar. *Was spielt sich in den Häusern der Bauern während einer Dürre ab?* fragte er sich. *Versuchen die Männer, ihren Frauen Mut zu machen? Beten sie um Regen? Reden sie davon, wie sie ihre Vorräte einteilen werden? Bringen sie es fertig, mit ihren Frauen zu schlafen, während sie der Gedanke an die Erntezeit mit Furcht erfüllt?*

Elia war kein Bauer, obwohl seine Familienangehörigen als Schafhirten in enger Beziehung zum Lande standen. Sie trieben ihre Herden immer dorthin, wo das beste Gras wuchs. Ein Jahr der Dürre traf sie hart, und die Stämme kämpften um die Wasserlöcher, aber sie waren beweglich und besser imstande, eine Hungersnot zu überleben, auch wenn es sie hart ankam.

Er legte sich noch vor Anbruch der Morgendämmerung zum Schlaf nieder, wobei er die Zweige eines Baumes geschickt zu einem Schutzschirm ineinander flocht, um sich vor der Sonne zu schützen. Er schlief unruhig, denn sein Geist wollte nicht zur Ruhe kommen. Als er aufwachte und den Windschirm aus Schilf betrachtete, fragte er sich, was wohl wichtiger war, daß Männer und Frauen und Kinder ohne Hunger leben konnten oder daß Israel den Baalskult abschüttelte. Aber Jahwe hatte gesprochen, und er würde sich seiner Verpflichtung nicht entziehen.

Als Elia das Meer erreichte, hatte er einen Fußmarsch hinter sich, der den größten Teil der Nacht hindurch dauerte. Der Prophet konnte nur ein Glühen erkennen, aber er wußte instinktiv, daß das Licht von einem Ring von Fackeln kam, die die alte heidnische Kultstätte von Beth-Yera umgaben, die Stelle, wo der Jordan aus dem Meer entspringt.

Er knirschte mit den Zähnen, der Zorn gegen Melkart und Aschera löschte den schwachen Stich des Zweifels aus, den er in seinen Träumen fühlte. Die Leidenschaften der Israeliten, die am Altar von Beth-Yera entzündet wurden, würde weder eine Nacht voll Orgien noch die Wiederkehr des Regens zu stillen vermögen. Sobald die Menschen sich einmal der Macht ergeben hatten, würden sie selbst eine weitaus schlimmere Hungersnot für die Armen hervorbringen, als die schlimmste Trockenheit es vermochte. »Ja«, flüsterte er zwischen zusammengebissenen Zähnen, »besser eine kurze Hungersnot, weil kein Regen fällt, als ein Leben im Hunger, im Kampf um die nackte Existenz, in dem die Armen zusehen müssen, wie die Mächtigen ihren Luxus steigern.«

Er wechselte nach Aram-Damaskus hinüber und war nun in geringerer Gefahr, was Ahab anging, denn König Ben-Hadad war der Erzfeind des Israelitenkönigs. Dennoch würde man auch hier darüber Bescheid wissen, welchen Fluch Jahwe durch den Mund seines Propheten ausgesprochen hatte, und die Leute waren ebenso begierig wie in Israel darauf, der Dürre ein Ende zu machen. Aber man kannte ihn nicht vom Sehen, also war es möglich, bei einiger Vorsicht auch tagsüber zu reisen.

Elia stand einen Augenblick lang am Strand, dann gab er der Einladung nach. Er stieg ins Wasser, beugte sich vornüber und spritzte sich ein paar Handvoll ins Gesicht. Dann watete er weiter hinaus und begann zu schwimmen. Das Wasser war nicht kalt, sobald er sich einmal daran gewöhnt hatte. Als er sich wieder in Richtung Küste wandte, schaffte er die Entfernung mit einigen wenigen Schwimmzügen. Erfrischt und mit frischgewaschenem Leib und Kleidern stieg er hinaus auf den roten Lavaboden und setzte sich auf einem schwarzen Felsbrocken nieder.

Die Morgensonne schob die Schatten der Berge im Westen immer tiefer hinunter. Eine einzelne Lerche begann zu singen, dann stimmte eine weitere mit ein und noch eine, bis der ganze Morgen von ihrem silberhellen Jubel erfüllt war. Das Spielbild des Hermonberges nahm im klaren Wasser Gestalt an, und Elia sah in einiger Entfernung Fischer an der Küste an der Arbeit. Ihr Gewerbe würde immer mehr an Bedeutung gewinnen, je länger die Trockenheit andauerte.

Der Prophet fand einen verborgenen Winkel in einem von mehreren Wadis, die sich von der See weg nach Osten erstreckten. Er schlief nur drei Stunden, dann nahm er seine Wanderung wieder auf. Tagsüber kam er rascher vorwärts. Er wich dem Jordan, der oberhalb des Meeres nicht zu überqueren war, aus, indem er die Hochebene im Osten erklomm.

Die dunkelrote Erde von Bascham erstreckte sich soweit der Blick reichte. Unter ihm, verborgen in dem zwölfhundert Fuß tiefen Abgrund, brachen sich die wilden Wasser des Jordan an den schwarzen Felsen zu Schaum und Gischt. Die mächtigen Zwillingsketten der Libanon-Berge erhoben sich ehrfurchtgebietend im Norden. Der Gipfel des Hermonberges füllte den Himmel aus. Jenseits des Tales von Coele-Syrien stand im Westen der Berg Libanon. Durch die wilden Schlünde, steilen Felsmauern und zermürbenden Wadis und Flüsse mußte er nach Zarpat gelangen. Er zwang sich, nicht an diese Wegstrecke zu denken. Eins nach dem anderen. Es genügte, immer einen Fuß vor den anderen zu setzen, bis das Ziel der Reise erreicht war.

Die Sonne, die direkt vom Westen her schien, brannte unbarmherzig, und als er sich nach Osten wandte, sah er, daß er bereits einen langen Schatten warf. Er konnte weithin über die baumlose Ebene sehen. Schafe grasten in fernen Grüppchen auf dem braunen Gras. Jenseits lag eine Ansammlung schwarzer Ziegenhaar-Zelte. Er ging geradewegs auf sie zu, um von der Gastfreundschaft Gebrauch zu machen, die dem Reisenden traditionell geboten wurde.

Das Bellen der Hunde kündigte Elias Annäherung an die Zelte früh genug an, daß der Scheich, der über den Stamm herrschte, ihm auf der Ebene entgegenkommen konnte. Als sie den Eingang des größten Zeltes erreichten, war der Wein bereits eingeschenkt. Dankbar und glücklich trank Elia zum erstenmal wieder Wein seit der Nacht, die er vor so vielen Monaten in Rejabs Haus verbracht hatte.

Der Scheich war kein Freund der Israeliten, aber wie es die Sitte verlangte, hieß er Elia als Gast willkommen, um so mehr, als er ein Prophet war. Es war nicht klug, einem Propheten gegenüber unhöflich zu sein, auch wenn er der Prophet eines fremden Gottes war.

Als Elia seine Identität enthüllte, starrte der Scheich ihn in stummem Entsetzen an, aber er faßte sich rasch wieder; nur vermied er von da an jede Anspielung auf Jahwe oder die Dürre. Es hatte keinen Sinn, sich einen Propheten zum Feind zu machen, der möglicherweise tatsächlich das Wetter beherrschte. Aber am nächsten Tag, nachdem Elia weitergezogen war, sprachen die Stammesführer noch lange über den Kampf in den Himmeln.

Die Abendmahlzeit war üppig, obwohl sie in aller Eile zusammengestellt worden war. Elia schlief tief und fest in dieser Nacht, obwohl er anfangs seine Schwierigkeiten damit hatte, sich an den Schlaf auf einer Matte unter einem Zeltdach zu gewöhnen. Am nächsten Morgen, nachdem er ein Frühstück aus Brotkuchen und Ziegenmilch zu sich genommen hatte, gab der Scheich dem Propheten einen Beutel Nüsse und Brot und einen Wasserschlauch als Proviant mit. »Du wirst heute eine trockene Reise haben«, beharrte er, »und das Essen wird für zwei Tage ausreichen.« Dann, als Elia eben aufbrechen wollte, bat der Scheich — halb bittend, halb fordernd — um einen Segen.

»Du warst gut zu Jahwes Propheten«, antwortete Elia, »und obwohl die Trockenheit andauern wird, möge Jahwe dir gute Weiden und fließendes Wasser schenken, und mögest du die

Trockenheit überstehen, ohne eine einzige Ziege oder ein Schaf zu verlieren.« Dann wurde Elias Stimme streng. »Aber ich beschwöre dich im Namen Jahwes, daß du niemand sagst, daß du mich gesehen hast. Wenn du es doch tust, wird mein Segen von dir genommen, und die Trockenheit wird dich zum armen Mann machen.«

Der Scheich nickte zum Dank und zum Zeichen, daß er die Bedingung verstanden hatte.

Elia hoffte, die Straße von Beth-gad zu erreichen und die Nacht irgendwo unterhalb des Gipfels des Hermonberges zu verbringen. Das kühle Wetter des Frühwinters machte das Gehen untertags angenehm, aber er war froh, daß er nicht hier auf der Ebene im Freien übernachten mußte, denn die Winde, die nachts aus der Wüste hereinwehten, waren ziemlich kalt.

Drei Stunden später näherte sich der Prophet von neuem der Grenze Israels. Beth-Gad lag nur vier Meilen westlich, am Fuß eines steilen Hügels, der knapp hinter dem seltsamen See Phiala beginnt. Es war von altersher eine Götterstadt, und obwohl es nun zu Israel gehörte, hatte der Baal dort seine leidenschaftlichsten Verehrer. Elia fühlte, wie der Zorn von neuem in seiner Brust aufstieg. Er konnte sich denken, was sich in diesem Augenblick an den Schreinen rund um die Quellen des Banias, eines der Zuflüsse des Jordan, abspielte.

Eine weitläufige Sozialstruktur war entwickelt worden, um mit den Tragödien fertigzuwerden, die sich an diesen Kultstätten ereigneten. Die Nachkommenschaft, die der sexuellen Vereinigung entsprang, wurde als heilig abgesondert, zum Teil verehrt, zum Teil verachtet; ihr Leben bestand darin, von einem Schrein zum anderen zu wandern oder, falls sie mehr Glück hatten, als Priester bei einer reichen Familie oder vielleicht sogar in einem Tempel zu dienen. Aber die wirklich tragischen Opfer waren jene Kinder, die, vielleicht in stoischer Ergebenheit, vielleicht kreischend vor Entsetzen, gewiß aber in Todesangst, an den Altären geopfert wurden, um Melkart oder Aschera zu besänftigen, in der Hoffnung, daß Baal das Unglück der Familie abwenden würde.

Solche Dinge würden immer öfter geschehen, wußte Elia, je länger die Dürre andauerte. Verzweifelt religiöse Eltern, die nach irgendeinem Weg suchten, die Aufmerksamkeit des Baal auf ihre Not zu lenken, würden das höchste Opfer bringen, um ihre Treue ihrem Gott gegenüber zu beweisen. Hin und wieder organisierte eine ganze Stadt ein solches Massenritual an Kinderopfern. Am Ende eines solchen Tages waren die Bäche, die unterhalb der Altäre flossen, rot von Blut, und der Gestank von brennendem Menschenfleisch erfüllte die Luft. Die Eltern sahen in betäubtem Schweigen zu, bis der Jammer den Kehlen der Mütter verzweifelte Schreie entriß und die Väter die Zähne zusammenpreßten, um stark zu bleiben, während ihnen die Tränen in die Augen sprangen.

Elia hob den Kopf zum Himmel. »Ist das der einzige Weg, mein Gott?« fragte er. »Müssen Kinder wegen der Dürre sterben?« Aber er wußte Gottes Antwort bereits, während er noch sprach, denn Jahwe hatte sich lange Jahre mit diesem Problem beschäftigt. Der Prophet blickte nach Nordosten, in die Richtung von Damaskus. Kinderopfer gehörten dort zum alltäglichen Leben – am Anfang oder Ende eines Feldzuges, zu Beginn der Aussaat, wann immer die Frühjahrs- oder Winterregen sich ein wenig verzögerten. Und die Kinderopfer hatten das Gewissen der Menschen so lange verhärtet, daß sie grausam wurden, wie Nabasch, der von allen Männern in Jabesch-gilead verlangt hatte, daß sie sich ein Auge ausstechen ließen.

Baal hatte den großen Vorteil, daß er auf bereits bestehenden Aberglauben aufbauen konnte. Genau unterhalb der Stelle, an der Elia sich befand, entsprang die Quelle eines Flusses aus einer Höhle am Fuß einer großen, vom Eisen in der Erde rotgefärbten, steil abfallenden Kalksteinklippe. Nur die Götter können Wasser senden, hatten die Ureinwohner Kanaans geglaubt, also mußte diese Stelle, an der es urplötzlich so reichlich Wasser gab, den Göttern heilig sein. Und war nicht der Berg Hermon, der sich über ihm in den Himmel türmte, die Festung der Götter? Kam nicht der Nebel von seinem Gipfel herunter? Waren seine Flanken nicht das ganze Jahr über beschneit?

Jahwe erhob keinen Anspruch auf ein solches Heim, also war der Gott von Beth-gad wohl der Mächtigere von beiden, wenigstens hier am Ort. Und nun forderten die Baalspriester, den

Ort dem Melkart und der Aschera zu weihen, also mußte Baal der Mächtigste von allen sein.

Jahwe mußte ein Schwächling sein mit seinen Forderungen, daß man sich um die Witwen und Waisen kümmern und die Fremden mit Mitgefühl behandeln solle, daß jedem Mann sein eigenes Stück Land zustehe und Männer und Frauen einander ihr ganzes Leben widmen sollten und man in Geschäftsdingen fair und ehrenhaft sein sollte.

Der Prophet nahm seine Reise wieder auf. Seine Gedanken hatten ihn mehr ermüdet als die lange Wanderung. Bald würde er bergauf klimmen, in die immergrünen Eichenwälder an den tiefergelegenen Hängen des Hermon hinein, und an einem Schrein nach dem anderen – besser gesagt, an kleinen Tempeln, dreißig bis fünfzig Fuß lang – vorbeikommen, die überall am Fuß des mächtigen Berges verstreut lagen. An jedem dieser Schreine beteten die Bauern der Umgebung und opferten Tiere, um den Baal zu bewegen, er möge Regen senden.

Zehn Meilen weiter, als es bereits auf den Abend zuging, erreichte Elia die Straße von Beth-gad zum Gipfel des Hermon. Die Nacht würde ungemütlich werden, obwohl die kleinen Bäume und Büsche, die an jedem Wadi wuchsen, die kalten Winde abhielten. Aber sein Mantel war warm und er würde gut genug schlafen.

Die Sonne erreichte die Hänge des Hermonberges schon am frühen Morgen. Ihre Strahlen drangen durch die Zweige und weckten Elia genau bei Sonnenaufgang. Er setzte sich auf, zog seinen Mantel um sich und schob die Arme durch die Armlöcher an den Zipfeln, dann band er das Bändchen um den Hals fest.

Als er aus dem Wäldchen auftauchte, bemerkte er einen langen Zug von Menschen, die die Straße zum Hermon hinaufstiegen. Er blickte zum Gipfel hinauf. Die Hänge verbargen den Gipfel vor seinem Blick, aber eine Rauchwolke erfüllte den Himmel über ihm und hoch hinaus ins klare Blau des jungen Morgens.

Vier Straßen führten zu dem Tempel auf dem Gipfel des Hermonberges. Eine, die sich weit drüben im Osten befand, gestattete den Gläubigen aus dem Gebiet von Damaskus einen relativ mühelosen Aufstieg. Zwei schwierige Straßen schlängelten sich im Westen hinauf für die Baalsanhänger aus dem gewaltigen Tal zwischen dem Berg Hermon und dem Berg Libanon. Eine davon, auf der der Prophet den schütteren Zug von Kletterern beobachtete, brachte ein paar Kanaanäer und viele Israeliten aus Beth-Gad, Dan und dem Gebiet der Quellgewässer des Jordan zu den Kultstätten.

Die Vorsicht trieb Elia, sich in den Schutz der Bäume zurückzuziehen, aber als er die Pilger beobachtete, die sich so mühevoll den Berg emporquälten, wußte er, daß er einen Weg finden mußte, der Zeremonie beizuwohnen, deren Zeugen nur die Stärksten und Zähesten wurden. Die älteren Leute würden in den tiefergelegenen Tempeln dem Ruf zu Gottesdienst und Opfer folgen.

Während er zusah, hörte er die unmißverständlichen Schreie und Gesänge einer Gruppe von Propheten. Er blickte die Straße entlang und sah sie dort tanzen und springen, wobei sie sich auf eine merkwürdige Art in die Höhe schnellten und in der Luft herumwirbelten. Rasch begab er sich auf die Straße, um sich ihnen anzuschließen, während sie vorüberzogen. Er wußte, daß ihre körperlichen Kapriolen bald vor Erschöpfung ein Ende nehmen würden, obwohl er gezwungen sein würde, wiederholt zu singen und zu jammern, um als einer von ihnen zu erscheinen.

Die Kletterei zum Gipfel hinauf wurde immer qualvoller, je steiler die Hänge und je dünner die Luft wurde. Der karge Bewuchs aus immergrünen Eichen verschwand allmählich. Die Propheten, keuchend und schwindlig, schleppten sich die letzten zweitausend Fuß über nackten grauen Kalkstein. Der Gipfel des Berges, mehr als 9200 Fuß hoch, war fast eben.

Eine steinerne Mauer war kreisförmig wie eine Radnabe auf dem Gipfelplateau errichtet worden. Von ihrem Mittelpunkt stieg die gewaltige Rauchsäule auf, die Elia bereits von unten gesehen hatte. Er verließ die Gruppe von Propheten, um dem unvermeidlichen Gespräch zu entgehen, das ihn entlarvt hätte, und versuchte den Eindruck zu erwecken, in prophetische Verzükkung verfallen zu sein, während er die Mauer entlang zu einer

Öffnung schritt. Am Eingang stand ein fast quadratischer Tempel, den er auf über dreißig Fuß im Geviert schätzte. Scharen von Anbetern warteten in einer langen Menschenschlange, einige schweigend, andere laut schwatzend, als befänden sie sich auf einem Familienausflug, wieder andere mit ekstatisch zum rauch-erfüllten Himmel erhobenen Händen.

Elia durchschritt den breiten Eingang neben dem Tempel und trat in den von Mauern umgebenen Hof. Ein Kegel aus Erde erhob sich, dreimal mannshoch, im Zentrum. Flammen loderten aus einem großen und tiefen Loch in seiner Spitze. Mächtige Rauchwolken und gelegentliche Feuerzungen stiegen zum Himmel auf, gemeinsam mit dem Gesang eines Ringes von Baalspriestern, die Schulter an Schulter um den Fuß des Kegels herumstanden. Die Gläubigen drängten sich auf jedem Fußbreit Boden zwischen den Priestern und den Mauern und sangen im Chor mit den Priestern, wobei sie die Arme im Takt hoben und senkten.

Die Sonne stand bereits hoch, vom Dunst verschleiert, aber immer noch blendend, trotz des Rauchs. Elia wußte, daß er gehen mußte. Er würde nicht schweigen können, wenn die Orgie begann, und ganz gewiß nicht, wenn die zum Opfer auserwählte Schöne und ihr männlicher Gefährte in die offene Feuergrube geworfen wurden und der ohrenzerreißende, gräßliche, kreischende Klagelaut der Menschenmenge sich in das brennende Fleisch des Baalsopfers mischte. *Siehst du,* so würden die Menschen argumentieren, *wir geben dir das Beste unseres Lebens, kannst du uns jetzt noch verweigern, was wir zum Leben nötig haben?* Der Prophet verließ den ummauerten Hof.

Genau östlich von ihm lag Phönizien, Die Küste erstreckte sich lang; sie hob sich in wechselnden Farben vom Meer ab. Ihre schmale Ebene verschwand zuweilen völlig, wo die Berge des Libanon sich den Weg zur See erzwangen. Da war Tyrus, die Heimatstadt der ruchlosen Isebel, und Sidon, und die Weite des Meeres dahinter. Zwischen den beiden Hafenstädten, verborgen hinten den Bergen, lag Zarpat, sein Bestimmungsort.

Er schüttelte den Kopf. Vielleicht hätte er nicht hierherkommen sollen. Wenn er so über das Land blickte, erschien es ihm als eine zu gewaltige Aufgabe, Jahwe zu verkünden. Da war Samaria, voll Verachtung für seine konservativen Brüder im Süden, das sich an eine Fata Morgana von Macht und Wohlstand auf Kosten der Wahrheit verlor, das seine Augen vor dem Unheil seiner nur aufs Praktische gerichteten und offenherzigen Annahme offenkundig falscher Lehren, die es nicht einmal überprüfen wollte, verschloß. Und da, jenseits seiner Blickweite im Süden, erstreckte sich das der Tradition verpflichtete Juda, dessen Leute ihr Leben aus der Härte der Wüste schnitzten, deren strenge Religiosität und erbittert auf Unabhängigkeit ausgerichtete Politik jedoch die Verehrung Jahwes zuweilen in eine Parodie der Wahrheit verwandelte. Dennoch, die Leute von Juda waren leidenschaftliche Verehrer Jahwes. Ihr König Josaphat regierte das Land nach den gerechten Gesetzen des Herrn.

Wie konnte Jahwe die harte Schale Samarias durchbrechen? Wie konnte er überhaupt gewinnen, ohne auf spektakuläre Weise seine Macht zu zeigen? Eine Leere, die nichts mit seinem Hunger zu tun hatte, machte sich in Elias Magen bemerkbar. *Wie viele Leute mögen wohl dort unten leben, soweit mein Blick reicht?* dachte er. *Zehnmal zehntausend? Oder zweimal soviel? Oder noch mehr? Und jeder von ihnen trägt seinen eigenen Panzer mit sich.*

Elia wandte sich zur Straße nach Hasbeya, die die westlichen Hänge des Hermon hinabführte. Er wünschte, er wäre nicht auf diesen Gipfel gestiegen. Weit entfernt im Norden ragte Baalbek deutlich sichtbar empor. Dort stand der gewaltigste Tempel, der den Baalen jemals errichtet worden war. Die Stadt war weithin bekannt. Er hatte sogar von Israeliten gehört, die dorthin zogen, um zu opfern, und Isebel machte jedes Jahr eine Pilgerfahrt zum Tempel der Stadt.

Die westlichen Flanken des Hermon empfingen mehr Regen als die östlichen und waren daher weitaus grüner. Der Wechsel der Szenerie fachte Elias sinkenden Mut wieder an.

Es dämmerte bereits, als er sich der Stadt Hasbeya näherte. Die Häuser lagen fast verborgen unter den Terrassen und Bäumen. Einige späte Arbeiter trabten den Hügel unterhalb der Stadt hinauf, auf die mächtigen doppelten Tore zu. Elia suchte seinen Weg an den Stadtmauern entlang zum Wadi in der Hoffnung, seinen leeren Wasserschlauch wieder aufzufüllen. Das

Wadi war jedoch ausgetrocknet, und er hatte kein Gefäß, um Wasser aus dem Brunnen zu holen, der sich in der Nähe befand. Er zuckte die Achseln und machte kehrt, um den Hang zum Hasbany-Fluß hinunterzusteigen.

Er schlief auf einem Flecken Gras und erwachte am nächsten Morgen vom Klang von Stimmen. Der Prophet öffnete die Augen und begegnete den Blicken von Frauen, von denen jede einen Wasserkrug auf dem Kopf balancierte. Sie blickten ihn nur einen Augenblick lang an, dann machten sie sich wieder daran, ihre Krüge zu füllen. *Die Quelle beim Wadi muß ausgetrocknet sein,* dachte Elia.

Er ging zu den Frauen hinüber, die ihn fragend, aber ohne Furcht betrachteten, als er sich ihnen näherte. »Ich möchte den Berg überqueren«, sagte er. »Welcher Weg ist der beste?«

Die Frauen blickten einander an. Sie erkannten an seinem Akzent, daß er ein Israelit war und an seiner Kleidung, daß er ein Prophet war. »Warum gehst du nicht nach Ijon hinunter und umrundest den Berg?« fragte eine.

»Ich muß den Berg überqueren«, antwortete Elia ruhig. Er achtete sorgfältig darauf, nicht zu verraten, daß er Samaria nicht betreten durfte.

Die Frauen starrten ihn an und schwatzten lebhaft untereinander. Zwei wandten sich ab und gingen fort. Drei blieben ungeduldig stehen, und schließlich sagte die zugänglichste von ihnen: »Auf dem Berg ist es jetzt sehr kalt.«

»Ja, ich weiß«, antwortete Elia.

Die Frau zuckte die Achseln. »Meinetwegen. Überquere den Fluß hier und geh in Richtung Meer. In ungefähr zwei Stunden kommst du zu einer Hügelkette, die du zu einem kleinen Dorf hinaufsteigst. Von diesem Dorf abwärts gehst du dann einen Pfad entlang – einen sehr schlechten und tückischen Pfad, habe ich gehört – bis zum Kuweh. Der Kuweh ist eine natürliche Brücke, die dich über den Leontes-Fluß bringt. Von dort ab wird die Reise schwierig, und ich kenne den Weg nicht. Frag irgend jemand im Dorf, wie du nach Maschgarah kommst, wo die Maulbeeren wachsen. Von dort führt eine Straße nach Jezzin und weiter nach Sidon.«

Elia lächelte herzlich. »Ich danke dir«, sagte er. Die Frau machte sich wieder an ihre Arbeit. Er füllte seinen Wasserschlauch von neuem, dann watete er durch den Hasbany, wobei er die Zähne zusammenbeißen mußte, so kalt war das Wasser, und machte sich daran, den mit Felsbrocken übersäten Hügel zu erklimmen, der das Ufer des Flusses bildete.

Eine Tagesreise brachte ihn hinauf in die majestätische Bergwelt des Libanon, bis er an den immer tiefer gähnenden Abgründen entlangschritt. Er sammelte Nüsse und Oliven, so oft er konnte, wobei er sich auf die steil abfallenden Klippen hinauswagte und die Früchte erreichte, die die Dorfleute wegen der drohenden Gefahr nicht abgeerntet hatten. Er überquerte den tosenden Leontes auf der natürlichen Brücke, die Kuweh genannt wird, und wanderte weiter in das Maulbeer-Dorf Maschgarah. Bis dahin verlief alles, wie die Frau es ihm vorhergesagt hatte.

Von den Dorfleuten in Maschgarah erfuhr er, daß sein nächster Bestimmungsort Jezzin hieß. Es war nur fünf Meilen entfernt, wenn man die Luftlinie rechnete, aber die Stadt lag gut geschützt zwischen hohen, felsigen Klippen, und so stand dem Propheten der doppelte Weg bevor.

Er würde sich beeilen müssen, wenn er Jezzin erreichen wollte, bevor die Tore für die Nacht geschlossen wurden. Die Luft war bereits kalt, und die Nacht würde eisig werden. Er begann in leichtem Trab zu laufen und blieb dabei, bis er den steilen Anstieg in das geschützte Tal von Jezzin erreichte.

NEUNTES KAPITEL

Elia passierte die Stadttore unter den wachsamen Blicken der Torwächter. Er sprach sie an: »Gibt es Israeliten in Jezzin?«

»Ja«, lautete die Antwort. »Geh diese Straße entlang bis zum Marktplatz und frage nach Eliham.«

Er nickte und suchte sich seinen Weg durch das lebhafte Gedränge des späten Nachmittags. Als er zum Marktplatz kam, unterbrach er einen kleinen Mann, der seine Waren mit bellender Stimme anpries, während er Lebensmittel vor sich aufstapelte. »Ich suche Eliham.«

Der Mann hörte keinen Augenblick lang mit seinem Singsang auf, sondern deutete nur mit zwei Fingern zur Linken. Elia nahm an, daß er damit meinte: Zwei Marktstände weiter, also ging er an einem vorbei und blieb beim nächsten stehen. »Eliham?« rief er. Ein Kopf hob sich. »Eliham?«

»Ich bin Eliham.«

»Ich bin Elia, ein Prophet Jahwes. Gewährst du mir Unterkunft für die Nacht?«

Ein überraschter Ausdruck glitt über das Gesicht des Mannes, und ein breites Lächeln folgte. Er erhob sich zu voller Höhe und streckte die Arme aus. »Komm, komm nur.« Er sprach mit lauter Stimme und umschlang Elia mit beiden Armen. Während er den Propheten in inniger Umarmung an sich drückte, klopfte er ihm auf den Rücken und küßte ihn auf beide Wangen.

Elia, den diese überschwengliche Begrüßung überraschte, blickte auf, um dem Mann ins Gesicht zu sehen. Eliham war einen Kopf größer als der Prophet und hatte eine breite Brust und eckige Schultern. Sein Haar, auf dem ein Kopftuch mit einem purpurblauen Stirnband saß, fiel ihm bis auf die Schultern.

»Du kennst mich, hier in Jezzin?« fragte Elia.

»Ja, ich kenne dich, und ich habe eine gewaltige Überraschung für dich. Komm, hilf mir den Laden schließen, und wir gehen nach Hause.«

Gemeinsam packten die beiden Männer den Weizen, die Oliven und Nüsse in zwei große geflochtene Körbe und luden sie zwei Eseln auf. Erst als sie fertig waren und die Esel aus dem Lärm des Marktplatzes hinausführten, fragte Elia: »Von welcher Überraschung redest du?«

Eliham kicherte. »Du wirst schon sehen.«

Während sie den engen Straßen folgten, die sich der Form des Tales anpaßten, erfuhr Elia, daß Elihams Haus die einzigen Israeliten in Jezzin beherbergte.

»Dies ist eine heidnische Stadt«, sagte er zu dem Propheten und deutete auf den Berg, der sich über der Ostseite der Stadt auftürmte. »Oben auf diesem Berg gibt es Haine uralter Eichenbäume. Im größten dieser Haine befindet sich ein Götterschrein. In früheren Jahren war dies der Ort, an dem die Leute von Jezzin ihrem eigenen Baal Opfer brachten. Aber jetzt ist er dem Großen Baal, dem Isebel dient, geweiht.

»Durch Jezzin«, fuhr er fort, »führt eine gute Straße von Sidon nach Damaskus. Die Leute hier haben von der Macht Melkarts und Ascheras von Kaufleuten gehört, die hier durchreisten. Sie begannen allmählich zu glauben, daß alle Leute im Grunde nur einem einzigen Gott dienen, so übertrugen sie ihr Vertrauen von ihrem kleinen Baal auf den Baal der großen Nationen.«

Eliham schüttelte den Kopf. »Ist das nicht typisch für die Menschen, Elia? Da legen sie einen törichten Aberglauben ab, um an seiner Stelle einen respektierlicheren anzunehmen, und glauben, daß sie damit schon die Wahrheit entdeckt haben.«

Elia lächelte nicht.

Eliham fuhr fort. »Überall hier in den Bergen und in den Tälern gibt es Dörfer. Jedes von ihnen hat zumindest einen Götzentempel für irgendeinen Baal. Einige von den Leuten, vor allem die alten, glauben immer noch an ihre kleinen Baale, aber ...« Er hielt inne und blickte Elia an. »Jetzt wenden sie sich alle dem großen Baal zu.« Er hielt die Esel an und faßte Elia am Arm. »Melkart und Aschera werden Sieger bleiben, Prophet des Jahwe.«

Das Gefühl der Verzweiflung, das Elia überkommen hatte, als er das Panorama vom Berg Hermon aus betrachtete, stieg ihm von neuem in der Kehle hoch. Er antwortete mit fester Stimme und verbarg seine innere Sorge. »Nein. Baal wird den Kampf nicht gewinnen.« Er blickte Eliham fest in die Augen. »Baal wird nicht Sieger bleiben«, antwortete er mit sanfter Stimme.

Eliham wandte den Blick ab und zerrte am Geschirr der Esel, so daß sie schneller gingen. In wenigen Minuten hatten sie ein quadratisches steinernes Haus erreicht. Ein offener, bogenförmig überdachter Portiko befand sich im Zentrum der Fassade, mit zwei Fenstern an der Seite. Auf einem Drittel des flachen Daches war ein Obergeschoß angebaut, und eine Treppe führte gegenüber diesem oberen Raum hinauf.

Der Gastgeber führte ihn hinter das Haus zu einer Felsenkammer, wo die beiden Männer die Waren in einem gutgebauten Schuppen verstauten. Eliham versperrte das Tor des Hofes von innen, und sie betraten das Haus durch eine Hintertüre.

Drei Gesichter blickten auf, als die Männer eintraten, Ruth, Elihams Frau, begrüßte ihren Gatten: »Du kommst früh nach Hause, Eliham.« Dann bemerkte sie den Gast und erhob sich, um ihn zu begrüßen.

Aber Elia starrte in fassungslosem Staunen die beiden anderen Gesichter an. Die beiden Gesichter – beide mit aufgerissenen Augen und offenem Mund – nahmen ein aufgeregtes Lächeln an. Der Mann und die Frau kämpften sich gleichzeitig hinter dem Tisch hervor.

Rejab erreichte Elia als erster, und die beiden Männer umarmten einander. Miriam war an seiner Seite; sie zog den Kopf des Propheten herunter, um seine Wange zu küssen. Eliham stand ein Stück abseits mit seiner Frau und lächelte in ihre fragenden Augen. Als die erste Aufregung sich allmählich legte, faßte er Elia am Arm.

»Elia, ich möchte dir meine Frau Ruth vorstellen.«

Ruth streckte ihm beide Hände entgegen. »Du bist Elia, der Prophet des Jahwe?«

Er nickte.

Sie drückte innig seine Hände. »Willkommen in unserem Haus, Elia.« Sie deutete einladend auf den Tisch. Eliham zog eilig einen weiteren Stuhl für den Propheten herbei, während Ruth ihnen allen Wein einschenkte.

Sobald er sich gesetzt hatte, packte Elia Rejabs fetten Arm. »Wie kommt es, daß du hier bist, mein Freund?«

Rejab blickte Miriam an, dann wieder den Propheten. »Elia«, begann er, »das Leben in Israel wurde sehr schwer für mich. Entweder mußte ich betrügen, um mich im Wettbewerb behaupten zu können und mein Geschäft zu behalten, oder ich mußte mein Geschäft aufgeben und verhungern.« Als er die Geschichte von den falschen Gewichten und den Schuldverschreibungen erzählte, saß Elia schweigend da, aber Miriam bemerkte, wie die Muskeln in den Armen und im Nacken des Propheten sich allmählich anspannten. Sie bemerkte auch, daß er nur langsam von den Speisen aß, die Ruth ihm vorgesetzt hatte.

»Und so«, schloß Rejab seine Erzählung, »beschlossen Miriam und ich, hier im Hause unseres Cousins in Jezzin Zuflucht zu suchen.«

Eliham fiel ihm ins Wort. »Rejab ist ein guter Kaufmann. Wir machen jetzt gemeinsame Sache. Er verbringt seine Zeit damit, die Waren einzukaufen, während ich meine Zeit damit verbringe, sie zu verkaufen. Mein Marktstand – *unser* Marktstand – kann jetzt länger offenhalten als früher, wo ich entweder darauf warten mußte, daß die Bauern mir ihre Waren brachten, oder das Geschäft schließen und in die Felder gehen, um einzukaufen.«

Rejab lächelte freudig erregt. »Ich reise jetzt weit über das Ackerland von Jezzin hinaus, nach Coele-Syrien oder auf die Ebene von Ijon. Wenn es kein Korn mehr zu kaufen gibt, werde ich nach Sidon reisen und Fisch kaufen.«

»Wir kommen gut vorwärts, Elia, jetzt, wo wir zu viert zusammenarbeiten«, fügte Ruth hinzu. »Nicht so gut wie vor der Dürre, aber immer noch besser als die meisten anderen.«

»Ich freue mich darüber«, sagte Elia mit leiser Stimme. Dann fragte er: »Aber habt ihr hier nicht dieselben Probleme mit Gewichten und Maßen, wie ihr sie zuvor in Bet-Schean gehabt habt?«

Eliham lachte. »Nein, Elia. Hier bin ich einer der wichtigsten Kaufleute. Seit Rejab gekommen ist, geht durch unsere Hände mehr Ware als durch die irgend eines anderen. Wir sind große Fische in einem kleinen Teich, anstatt umgekehrt. Wir sind ehrlich, und die anderen müssen es uns gleichtun oder ihre Kunden verlieren.« Elihams Stimme wurde tiefer und nahm einen vorsichtigeren Ton an. »Elia, wann wird die Trockenheit ein Ende nehmen?«

»Du hast gesagt, Melkart und Aschera würden Sieger bleiben?«

»Ja, das habe ich gesagt.«

»Die Hungersnot wird nicht enden, bevor die Leute ohne jeden Schatten eines Zweifels wissen, daß es Jahwe ist, der den Regen beherrscht.«

Eliham schenkte Wein in seinen Becher. »Und angenommen, dieser Tag kommt nie?«

»Der Tag wird kommen«, beharrte Elia, »und wenn er kommt, dann wirst selbst du, Eliham, wissen, daß Jahwe Gott ist.«

»Ich weiß es jetzt auch.«

»Du weißt, daß Jahwe Gott ist, aber du glaubst im Grunde nicht daran, daß er stärker ist als diese Mächte des Bösen.«

Der Gastgeber setzte seinen Becher ab und starrte den Propheten an.

»Du glaubst nicht daran, daß Jahwe seinen Gegner schlagen kann, nicht wahr, Eliham?« wiederholte Elia.

»Und du, zweifelst du nie daran, wie die Sache ausgehen wird, Elia?«

Der Prophet blickte von einem fragenden Gesicht zum anderen. »Ja«, antwortete er schließlich. »Ich habe Augenblicke des Zweifels.«

»Warum richtest du dann über uns?« warf Ruth ein.

»Ich richte nicht über euch. Ich stelle einfach fest, daß Jahwe gesagt hat, er würde gewinnen. Was er sagt, das tut er auch. Der Baal ist sehr mächtig, selbst in Israel. Wie Jahwe den Kampf gewinnen will, kann ich euch nicht sagen. Aber er wird Sieger bleiben. Meine Gewißheit ist stärker als meine Zweifel.«

Eliham erhob sich vom Tisch. »Es ist Zeit zum Schlafengehen.«

Ruth reichte Elia eine Öllampe. »Du schläfst im Gästezimmer im oberen Stock«, sagte sie und schenkte dem Propheten, dem sie so gerne Glauben geschenkt hätte, ein zärtliches Lächeln. »Schlaf gut, und komm erst herunter, wenn du ausgeschlafen bist.«

»Danke, Ruth. Gute Nacht, meine Freunde.« Er wandte sich, um nach draußen zu gehen und die Treppe hinaufzusteigen, dann blieb er in der Türe stehen. »Jahwe *wird* Sieger bleiben«, sagte er.

Er wachte früh am Morgen auf und lag noch eine Weile im Bett, in Gedanken bei dem Gespräch am vergangenen Abend. *Selbst Jahwes Getreue glauben nicht, daß er den Kampf gewinnen wird,* dachte er. *Was muß Jahwe dann erst tun, um diejenigen zu überzeugen, die nicht glauben?* Drei Jahre Trockenheit. Elia begann zu begreifen, warum Jahwe gezwungen gewesen war, die Hungersnot so lange andauern zu lassen. Der Sieg über den Baal mußte kommen wie ein Donnerschlag.

Die Stimmung beim Frühstück war nicht so angespannt, wie Elia befürchtet hatte. Eliham versprach dem Propheten, er würde nach Kräften beten, Jahwe möge ihm Glauben schenken. Rejab und Miriam, die wie immer wacker auf seiner Seite standen, erzählten ihm, daß man von seiner Verkündigung in ganz Israel wußte.

»Aber sie beten immer noch zu Baal, nur für den Fall, daß er doch mächtiger als Jahwe ist«, hielt ihnen Elia entgegen, in Erinnerung an die Szenen, die er auf seiner Reise beobachtet hatte.

»Ja«, antwortete Rejab. »Aber sie wissen, daß Jahwe gesprochen hat. Das ist der erste Schritt zum Sieg.«

Elia brach so früh wie möglich auf. Sein Rucksack war voll Brotkuchen und sein Kopf voll Wegweisungen. Er mußte ein kurzes Stück in Richtung Westen wandern, bis er auf eine schwierige Straße stieß, die nach Süden führte. Am nächsten Tag würde er am Meer stehen.

Die Sonne stand hoch am Mittag, als der Prophet zum ersten Mal die dunkle Erde der Küste sah, ein gedämpfter Kontrast zu den blauen Wassern. Er wandte sich nach Süden und folgte der alten Lehmstraße an der Küste entlang. Gelegentlich verlangsamte er seinen Schritt, um zu beobachten, wie die Segel eines Schiffes mühelos über die Oberfläche glitten, ein faszinierendes Wunder für den Propheten aus Gilead.

Die Berge schoben sich näher an die See heran, als er weiterzog, und bald schlossen sie die Ebene fast völlig ein. Hier, an dieser Stelle, war seine Reise zu Ende. Zarpat stand schimmernd in der Sonne. In seinem Hafen lagen die Schiffe mit gerafften Segeln friedlich vor Anker.

Ein Stück weiter vorne sah er eine Frau aus dem Stadttor kommen und auf eine kleine Baumgruppe zugehen, die nahe am Rand des Hafenbeckens wuchs. Sie beugte sich nieder, um ein paar dürre Zweige unter den Bäumen aufzuklauben, fügte sie dem kleinen Bündel in ihrer linken Hand hinzu, dann richtete sie sich auf, und ihre Augen glitten forschend über den Stamm der Tamariske. Sie brach einige verdorrte Zweige ab, die leblos aus dem Stamm ragten, und schnitt jedesmal ein Gesicht, wenn der Zweig knackend zerbrach.

Ganz versunken in ihre Arbeit, bemerkte sie nicht, daß Elia sich näherte. »Ich hätte gern einen Schluck Wasser«, sagte er mit leiser Stimme.

Die Frau fuhr herum, erschrak und ließ die Zweige fallen, die sie so mühevoll gesammelt hatte. Als Elia sich bückte, um sie aufzuheben, blickte sie ihn aufmerksam an. Sein rauher, derber Mantel und der steife Ledergürtel machten ihn als Propheten kenntlich, aber sein ungekämmtes, wildwucherndes Haar und sein Bart erschreckten sie. Er hatte sich offenkundig bemüht, den Staub und Schmutz irgendeiner Reise abzuwaschen, denn sie entdeckte Streifen auf den Hinterseiten seiner Waden. Seine Kleider waren schmutzig.

Er richtete sich auf und reichte ihr die Zweige. Sie war eine kräftig gebaute Frau, aber die schlaffe Haut an ihren Wangen und ihrem Nacken zeigte die Spuren der Hungersnot. Ihr Kopf war mit einem Schleier bedeckt, und ein weites, loses Gewand hing ihr von den Schultern bis zum Boden. Sie war fast so groß wie er, und er blickte ihr genau in die Augen, über denen sich starke, aber schmale Augenbrauen abzeichneten.

»Bitte«, sagte er. »Ich bin sehr durstig. Bitte bring mir einen Krug Wasser zum Trinken.«

Sie konnte die Bitte nicht gut abschlagen. Die Sitte verlangte es, daß sie einen Fremden nicht ohne Wasser wieder wegschickte.

»Nun gut«, antwortete sie. »Ich komme in ein paar Minuten wieder.« Sie ging auf das Stadttor zu, wobei sie ihr Bündel an sich preßte.

Vielleicht ist das die Witwe, an die Gott gedacht hat, überlegte Elia. Er rief ihr nach. »Vielleicht kannst du mir auch etwas Brot mitbringen, nur ein kleines Stückchen.«

Sie blieb stehen und sah ihn an, ohne zu blinzeln, einen Ausdruck stiller Resignation auf dem Gesicht. Die beiden blickten einander einen Augenblick lang an, ehe sie sprach. »Es tut mir leid. Ich kann dir nichts zu essen geben.«

Elia fühlte eine innere Bewegung in der Brust, ein Zeichen, so spürte er, daß das die richtige Frau sein mußte. Er drängte sie. »Überhaupt nichts?«

Die Frau rührte sich nicht. Sie starrte ihn an, die Kiefer zusammengepreßt, und Elia sah, wie ihr die Tränen in die Augen stiegen. »Nein«, sagte sie. Eine Träne rann ihre Wange hinunter, aber sie machte keine Bewegung, sie abzuwischen. Der Prophet sagte kein Wort, und sie mißverstand den Ausdruck in seinen Augen und hielt ihn für Unglauben. »Ich sage dir die Wahrheit.« Immer noch blickte Elia sie an. Sie packte das Bündel Zweige mit festem Griff und schüttelte den Kopf. Der Ärger über seine gefühllose Haltung schnürte ihr die Kehle zu. »So wahr der Herr, Jahwe, dein Gott, lebt«, schwor sie, »ich habe keinen einzigen Brotfladen im Haus. Alles, was ich noch habe, ist eine Handvoll Mehl im Faß, und ein kleines bißchen Öl im Krug.« Sie stieß mit ihrer Handvoll Zweige nach ihm. »Ich habe gerade diese paar Zweige gesammelt, um heimzugehen und eine letzte Mahlzeit für mich und meinen Sohn zu bereiten.« Die Tränen flossen ihr jetzt reichlich übers Gesicht, aber sie blickte ihm immer noch geradewegs in die Augen. »Dann werden wir uns hinsetzen und auf den Hungertod warten.« Ihre Worte klangen eher resigniert als verbittert.

Elia sprach mit leiser Stimme. »Fürchte dich nicht. Vertraue auf meinen Gott. Geh und bereite diese letzte Mahlzeit für dich und deinen Sohn. Aber als erstes bereite einen kleinen Brotfladen für mich. Jahwe gibt dir ein Versprechen, und ich stehe hier als Zeuge dieses Versprechens, daß das Mehl in deinem Faß nicht ausgehen wird und dein Ölkrug nicht leer werden wird. Deine Vorräte werden anhalten, bis mein Gott den Regen sendet, der der Hungersnot ein Ende macht.«

Die Frau stand einen Augenblick lang unbeweglich da, dann hob sie die freie Hand zum Gesicht. Schließlich senkte sie die Hand wieder und blickte ihn von neuem an. Elia drängte sie nicht zu einer Antwort, sondern gewährte ihr die Zeit, nachzudenken und das Angebot zu überlegen. »Das wird Jahwe tun«, fragte sie, »nur dafür, daß ich dir einen kleinen Brotfladen gebe?«

Er lächelte. »Ahab durchsucht ganz Israel nach mir, denn durch meinen Mund wird Jahwe den Regen senden. Ich bin nach Zarpat gekommen, um mich zu verbergen. Ich werde bei dir und deinem Sohn wohnen.«

»Wenn dein Mund den Regen beherrscht, warum rufst du ihn nicht herab und ersparst uns allen eine Menge Elend?«

»Jahwe wird den Regen erst senden, wenn mein Volk bereit ist, sich von Baal abzuwenden.«

»Du verlangst von mir, daß ich Jahwe wähle anstatt des Baal?«

Elia gab keine Antwort.

Die Frau zog ihren Schleier übers Gesicht. »Nun gut«, sagte sie. »Ich habe nichts mehr zu verlieren. Ich habe lange genug zu Aschera gebetet. Sie hilft uns nicht.« Sie wandte sich zum Tor. »Komm mit mir, Prophet des Jahwe.«

Elia folgte ihr in einigen Schritten Entfernung, während sie ihm vorausging, erst durch das Tor und dann durch die Straßen von Zarpat. Nach einem kurzen Stück Weges erreichten sie ein kleines, steinernes Haus. Der Mörtel war stellenweise zwischen den Steinen herausgefallen. Das Gästezimmer im Obergeschoß war nur wenig besser als ein Windschirm; es war aus rohem, ungehobeltem Holz erbaut und provisorisch mit Zweigen gedeckt.

Eine Wäscheleine voll Kleider streckte sich von der vorderen Ecke des Schuppens zu einer Felssäule an dem Ende des Daches, an dem sich die Treppe befand.

»Warum hast du dir die Mühe gemacht, die Wäsche zu waschen, wenn du den Tod vor Augen hattest?« fragte Elia.

»Das Wasser kostet nichts, und der Brunnen ist nicht ausgetrocknet. Wenn mein Sohn und ich schon sterben müssen, wollen wir wenigstens so ehrenhaft wie nur möglich sterben.« Sie trat durch die untere Türe und bedeutete Elia, ihr zu folgen.

Ein halbwüchsiger Junge saß apathisch auf einem niedrigen Stuhl. Er hob den Kopf und blickte erst Elia, dann seine Mutter an. Die Frau lächelte nicht, sondern ging auf die Rückwand des Hauses zu. Sie nahm zwei große Krüge von einem Regalbrett und klemmte sie unter den Arm, in dem sie die Zweige hielt, dann ging sie durch die Hintertüre hinaus zum Backofen im Hof hinter dem Haus. Sie nickte ihrem Sohn im Vorbeigehen zu. »Gib dem Propheten zu trinken.«

Der Junge starrte Elia reglos an.

»Ich heiße Elia. Und du?«

Der Junge gab keine Antwort, und der Prophet konnte keinerlei Gefühlsregung auf seinem Gesicht entdecken. »Ich bin ein Prophet Jahwes«, beharrte Elia. »Wie heißt du?«

»Ich bin Boscheth.« Die Lippen des Jungen öffneten sich kaum, als er sprach.

»Meine Kehle ist wie ausgedörrt. Holst du mir einen Schluck Wasser?«

Boscheth setzte sich langsam in Bewegung. Er holte einen kleinen Napf von einem Regal, hob den Deckel von einem großen irdenen Krug ab und tauchte die Schale hinein. Elia blickte die dünnen Arme des Jungen an. Als Boscheth mit der Trinkschale zu ihm zurückkam, entdeckte der Prophet, wie eingefallen seine Züge waren. Er nahm die Schale aus den Händen des Jungen. »Vertrau mir«, sagte er mit ruhiger Stimme. »Mein Gott Jahwe wird für uns alle drei sorgen.«

Boscheth hob den Blick.

Er hatte die Gesichtszüge seiner Mutter, und Elia nahm an, daß er ein kräftiger Junge gewesen wäre, wäre da nicht die Hungersnot gewesen. Seine Schultern waren breit für einen Neunjährigen, aber knochig. »Bleibst du hier?« fragte der Junge.

»Ja«, antwortete Elia. »Ich werde im Gästezimmer oben wohnen.«

Der Junge wandte sich ab und ging nach draußen zu seiner Mutter. Elia konnte hören, wie sie miteinander stritten, bis die Stimme der Mutter sich zornig erhob und dem Jungen befahl zu schweigen. Die Stimmen erstarben, aber Boscheth kehrte nicht mehr zurück.

Elia suchte sich einen Stuhl und setzte sich nieder. Das Haus war klein; es bestand nur aus einem einzigen Raum. Ein Tisch befand sich an einer Seite des Raumes, und vier hölzerne Stühle standen an zwei Wänden entlang. An der Rückwand, in der Nähe der Hintertüre, waren Regale angebracht, auf denen verschiedene Haushaltsgeräte und Gefäße säuberlich gestapelt standen. Der Wasserkrug stand auf dem Fußboden neben den Regalen, und daneben standen zwei kleinere Gefäße, die dazu dienten, das Wasser aus dem Stadtbrunnen zu holen. Die andere Seite des Raumes war leer, von einem Stapel säuberlich gefalteter Decken abgesehen.

Die Frau kehrte nach einer Weile mit einem einzelnen Fladen mittlerer Größe zurück. Sie hielt das immer noch dampfend heiße Brot in einem Tuch in der Hand. Sie legte es auf den Tisch, ohne ein Wort zu sprechen, dann ging sie zu Elia hinüber, nahm ihm die Trinkschale aus der Hand, füllte sie neu und stellte sie neben das Brot. »Nun, Prophet des Jahwe«, sagte sie mit leiser Herausforderung in der Stimme, »nun hast du dein Essen. Iß.«

Elia zog den Stuhl an den Tisch heran. Er brach ein Stück von dem runden, flachen Brotfladen ab und stopfte es sich in den Mund, dann trank er aus dem Wassernapf. Erst nachdem er das Brot zur Hälfte aufgegessen hatte, blickte er auf. Die Frau stand neben ihrem Sohn, einen Arm hatte sie um seine Schultern gelegt, den anderen hielt sie eng an ihre Seite gepreßt. Die Faust war krampfhaft geballt. Die Augen des Jungen huschten von dem Propheten zu seiner Mutter und wieder zurück zu dem Propheten.

Elia brach einen neuen Bissen ab. »Du bäckst ausgezeichnetes Brot«, bemerkte er herausfordernd, um zu prüfen, wie ehrlich ihre Entscheidung war. Tränen stiegen ihr in die Augen, und sie drückte ihren Sohn enger an sich.

Der Junge hielt es nicht länger aus. Er wand sich aus der Umarmung seiner Mutter los und rannte auf Elia zu. Der Prophet hob gerade noch rechtzeitig den Arm, um die kleine Faust abzuwehren, die hart auf sein Gesicht einschlug. Boscheths dünne Arme schlugen wie Dreschflegel auf Elia ein, aber der Prophet fing jeden Schlag mit dem Arm ab. Der Junge kreischte: »Du Dieb!« und rannte in seiner Verzweiflung zu den Schlafdekken am anderen Ende des Raumes, um sein Gesicht darin zu vergraben.

Elia blickte die Frau an. Sie hatte das Gesicht in den Händen verborgen. Er schluckte den letzten Bissen Brot hinunter und hob die Wasserschale hoch, um den letzten Tropfen auszutrinken.

Er stellte die Schale ab, dann stand er auf und ging um den Tisch herum auf die Frau zu. Er zog ihre Hände an sich und hielt sie fest, bis sie den Blick hob. Ihr Gesicht war naß, ihre Augen geschwollen von ihrem lautlosen Weinen. »Jetzt«, sagte er, »geh und bereite diese Mahlzeit für dich selbst und deinen Sohn.«

Sie starrte ihm in die Augen.

»Du hast dein Vertrauen in Jahwe bewiesen«, sagte er, »trotz deiner Furcht und deines Zorns, als du mich den letzten Rest deiner Vorräte essen gesehen hast. Du hättest mich daran gehindert, wären deine Zweifel stärker als dein Glaube gewesen. Geh und bereite die Mahlzeit.«

Langsam zog sie ihre Hände aus Elias Griff zurück und starrte ihn immer noch voll Staunen an. Sie trat ein paar Schritte zurück, dann wandte sie sich zur Türe und ging zum Backofen hinüber. Sie beugte sich zu den beiden kleinen Krügen hinunter und blickte in jeden von ihnen hinein. Ihre Augen wurden groß vor Staunen. Sie hob einen davon auf und steckte die Finger hinein, um zu bestätigen, was ihre Augen sahen. Mehlpulver berührte ihre Hand. Sie streckte die Hand in den anderen Krug und zog dann die Finger zurück. Sie hielt sie ins Sonnenlicht. Klares

Öl glitzerte auf den Fingerspitzen. Sie blickte zurück zum Haus, dann zum Himmel hinauf. Mit steifen, unsicheren Schritten ging sie auf die offene Türe zu. Elia stand hinter der Schwelle. Sie brach auf den Knien zusammen und schlang die Arme um seine Knöchel. Ohne sich um den Schmutz zu kümmern, der sie bedeckte, begann sie seine Füße zu küssen. Der Junge blickte staunend von seinem Deckenlager herüber.

Elia streckte die Hand aus, um ihr aufzuhelfen. Er hielt ihre Schultern fest und sprach mit sanfter, aber entschiedener Stimme. »Ich habe dir dieses Öl und Mehl nicht gegeben. Jahwe hat es getan. Knie nicht vor mir.« Er zog sie an sich und hielt sie fest, bis ihr Schluchzen verebbte. Dann schob er sie mit sanfter Gebärde fort. »Der Junge ist hungrig«, sagte er. »Geh und bereite ihm seine Mahlzeit.«

ZEHNTES KAPITEL

Die scharfe Spitze der Ahle berührte Baanas Ohr. Der Priester stieß das Instrument mit einer raschen Bewegung durchs Fleisch, bis die Spitze sich in den dicken Lederflecken grub, den er hinter das Ohrläppchen hielt. Baana zuckte nicht zurück. Er starrte vor sich hin, ins Leere. Die Dorfleute drängten sich in der Straße vor dem Tor des Tempels, um die Zeremonie zu beobachten. Abinadab, prächtig in weinfarbene Roben gekleidet, stand dem Priester gegenüber. Er war ein großer Mann mit breiten Schultern und gebärdete sich wie ein Prinz, der seine königliche Stellung nicht ererbt, sondern aus eigener Kraft erarbeitet hat.

Baanas Freunde sahen schweigend zu. Ihre Gesichter waren so ausdruckslos wie die Steine an der Küste vor den Stadttoren. Der Priester streckte die Hand aus, um den Ohrring von Abinadab entgegenzunehmen. Als er das Zeichen des Besitzers in dem frisch durchbohrten Ohr befestigte, spannten sich die Gesichter der Zuschauer rundum an. Baana war einer von ihnen. Jetzt war er für sein Leben ein Sklave.

Der Winterwind, der vom Meer hereinwehte, war kalt, und die meisten Leute blieben nicht länger, als notwendig war, um der Zeremonie bis zum Ende beizuwohnen. Dann schlenderten sie fort, fast ohne ein Wort zu sprechen, einzeln oder zu zweien. Baana hätte als erster gehen sollen, aber er blieb am Tor stehen. Abinadab streckte die Hand aus, um seinen Arm zu ergreifen, aber der Priester bedeutete dem Herrn, er möge seinen neuen Sklaven noch eine Weile allein lassen.

Der Herr schritt davon. Der Priester stand neben Baana und sah zu, wie sich die Menge zerstreute. Niemand sprach, weder Baana noch der Priester noch jemand in der Menge. Nur Baanas langsames, mühsames Atmen und das Rascheln von Sandalen auf den Steinen störte die Stille. Engere Freunde blieben ein paar Sekunden länger als die anderen, aber auch sie gingen schließlich fort, bis nur mehr Baana und der Priester zurückblieben. Der heilige Mann sprach kein Wort. Er wartete, daß Baana ihm irgendwie zu verstehen gab, daß er das Bedürfnis nach einem Gespräch hatte. Als der neue Sklave weiterhin schwieg, klopfte ihm der Priester schließlich nur ermutigend auf die Schulter und wandte sich dann ab, um das Heiligtum zu betreten.

Immer noch rührte Baana sich nicht. Er starrte die Straße an, aber er sah weder die Straße noch die Läden und Marktstände, die sie säumten. Seine glasigen Augen sahen ein Weizenfeld und Reihen von Weinstöcken, aus deren Mitte sich ein Wachtturm erhob. Einst hatte es seinem Vater gehört. Und dem Vater seines Vaters. Und den Vätern seines Großvaters. Jahrhunderte hindurch. Jetzt gehörte es Abinadab.

Das war gewesen, bevor Meor-baal und sein Prophetenfreund nach Dor gekommen waren. Er hatte auf den Propheten gehört, und selbst jetzt, wo der Schmerz in seinem Ohr pochte und er das Gewicht des Sklavenrings fühlte, konnte er die Erregung nachfühlen, die in dieser Nacht in seinen Lenden gebrannt hatte. Gemeinsam mit seinem Freund Shammah und ein paar anderen jungen Männern war er ungestüm und laut lachend den Hügel hinaufgestürmt, auf den heiligen Hain zu. Er erinnerte sich an die hitzige Umarmung der Zonah unter den verschlungenen Ästen der Eichenbäume und die Brise vom Meer, die über seine Nacktheit strich. Es war die erregendste Nacht seines Lebens gewesen.

Als er spätnachts heimkehrte, hatte seine Frau mit großer Aufmerksamkeit zugehört, als er ihr wiedergab, was der Prophet über Fruchtbarkeit gesagt hatte. Sie akzeptierte seinen Besuch bei der Tempelprostituierten als einen notwendigen Akt religiöser Hingabe, und die sexuelle Leistungsfähigkeit, die er in dieser Nacht in seinem Ehebett bewies, hatte es ihnen zur Gewißheit gemacht, daß die Göttin dem Haus Baanas tatsächlich größere Fruchtbarkeit beschert hatte.

Sie wurde schwanger in dieser Nacht, ein weiteres Zeichen für die Macht der Aschera. Die Frauen, die in der Kühle des Morgens und des Abends mit ihr am Brunnen schwatzten, gaben sich keine Mühe, ihre Verwunderung zu verbergen, daß ihre Freundin zuletzt schwanger geworden war – mit Ascheras Hilfe. Sie stand hoch in Ehren unter ihren Freundinnen.

Dann suchten sie den Priester des Baal auf, den heiligen Mann Meor-baal, den man gesandt hatte, damit er in Dor wohne. Sie erzählten ihm von ihrem Glück. Das sei, so sagte er ihnen, gewiß ein Zeichen, daß Aschera ihre Gebete erhört hatte. Der Geist Baals mußte wahrhaftig in der Zonah gegenwärtig gewesen sein. Aber die Schwangerschaft war eine Prüfung. Es könne keinen Zweifel geben, daß ein Kind, das in einer solchen Nacht einer solchen Verbindung entsprungen war, der Göttin heilig war.

»Ihr müßt das Kind der Aschera opfern«, hatte ihnen der Priester geraten. »Sobald es eine Woche alt ist, wenn es noch rot wie der Mutterschoß ist und dennoch schon einmal an der Brust seiner Mutter getrunken hat.«

Baana hatte an diesem Abend die Hand auf den Bauch seiner Frau gelegt, und in diesem Augenblick hatte das Baby sich zum ersten Mal bewegt. Das mußte ein weiteres Zeichen sein. Ja, der Priester stimmte ihnen zu, daß es ein Zeichen sein mußte. Das Baby war Aschera geweiht.

Seine Frau weinte. Sie weinte immer öfter, je näher die Zeit ihrer Niederkunft heranrückte, und Baana versuchte sie zu verstehen. Aber der Gott hatte gesprochen. Das Kind nicht den Baalen zu opfern, hätte bedeutet, Unheil heraufzubeschwören; wenn sie es opferten, würden sie weitere Kinder haben, gesunde Kinder, Knaben, nur wenig später. Und Baal würde das Korn und den Wein mit schweren Ähren und großen Trauben segnen.

Das Kind war ein Knabe, ein weiteres gutes Zeichen. Shammah hatte zwei Töchter, die schon fast erwachsen waren. Bis jetzt hatten sie keine Kinder gehabt. Baana fühlte einen Stich des Bedauerns, denn seine Freude war groß, als er den Knaben sah, der seinen eigenen Lenden entsprossen war. Aber er würgte seinen Kummer hinunter, und am achten Tag brachten er und seine Frau das Kind dem Priester.

Gemeinsam gingen sie zu dritt den steil ansteigenden Hügel zum Götterschrein empor. Drinnen legte der Priester das

Kind auf den Altar. Das Baby schrie, als es aus den Armen seiner Mutter genommen wurde, und noch lauter, als es nackt auf den kalten Stein des Altars gelegt wurde. Die Zonahs standen draußen; sie hatten einander an den Händen gefaßt und bildeten einen Kreis um den Götterschrein. Sie sangen im Chor, einen monotonen, unheimlichen Gesang, der Ascheras Namen ein ums andere Mal wiederholte, bis die Eichen von dem Gesang widerhallten und die Zweige und Blätter ihren Namen flüsterten.

Der Priester zog ein scharfgeschliffenes Messer mit dünner Klinge aus einem Loch, das in den Stein des Altars gemeißelt war. Er drehte das Kind auf die Seite, und eine einzige rasche Bewegung verwandelte das Schreien des Säuglings in ein ersticktes Röcheln. Dann schwieg es still. Sein Blut, das der fachmännische Schnitt zum Fließen gebracht hatte, rann eilig in den Ausguß des Altars hinunter.

Die Frau schrie auf und brach beim ersten Schnitt des Messers zusammen. Baana fing sie auf und kniete nieder, um sie in seinen Armen zu wiegen.

»Nun«, sagte der Priester zu ihm, »mußt du so rasch wie möglich mit einer Zonah schlafen.« Er stand neben Baana und zerrte an seinem Arm. »Rasch jetzt, du mußt eine Zonah auswählen.« Er schob Baana zum Eingangstor hin. »Da sind sie. Such dir eine aus, und schlaf mit ihr unter dem heiligen Baum.«

Der Priester ging zu der Frau. Er hielt ihr Gesicht in den Händen, dann wischte er ihr mit dem Schleier die Tränen von den Augen und Wangen. Sie sah ihm wie betäubt zu, und er zog ihr den Schleier vom Kopf. Sie fühlte, wie er ihr den Schleier abnahm, und mit denselben kühnen Bewegungen, mit denen er das Messer gehandhabt hatte, das das Blut ihres Kindes vergossen hatte, entkleidete er sie. Seine Hände glitten über ihre Brüste und seine Lippen über ihren Mund, als er sie auf ihre verstreuten Kleider niederdrückte.

Sie wehrte sich nicht, sie rührte sich nicht einmal, als er den Verkehr mit ihr in dem Blut und Schmerz der so kurz zurückliegenden Geburt vollzog. Ihre Gedanken waren bei dem Leichnam des Knaben auf dem Altar über ihnen.

Baana trug seine Frau in dieser Nacht auf den Armen nach Hause. Keiner von ihnen sprach. Der Priester blieb im Götterschrein zurück. Sie weinte die ganze Nacht, aber als sie sich am nächsten Morgen erhob, leuchtete ihr Gesicht in ungewohntem Glanz. Sie sprach davon, daß sie beide, sie und Baana, mit den Göttern geschlafen hätten. Im Lauf der Tage nahm sie ihren Platz am Brunnen wieder ein und sprach mit den Frauen immer häufiger über die Verheißungen der Aschera. Sie würde weitere Kinder haben. Baanas Feld würde reicheren Ertrag als je zuvor bringen.

Sie ermutigte Baana, bei Abinadab Geld für neues Werkzeug zu leihen, und für eine neue Scheune für die reiche Ernte, die Aschera ihnen im nächsten Jahr schenken würde, und für einen neuen Ochsen anstelle des alten, müden Tieres, das seinem Vater gehört hatte.

Baana hörte ihr aufmerksam zu, erregt von dem Gedanken an die reiche Gunst, die Aschera ihnen so offenkundig erwies. Er ging zu Abinadab.

Er konnte die Schuld nicht zurückzahlen. Die Ernte in diesem Jahr war guter Durchschnitt, aber er hatte mit Überfluß gerechnet. Niemals in all den Jahren, bevor Meor-baal und der Prophet nach Dor gekommen waren, hatte Abinadab sich so unnachgiebig gezeigt. Der Geldverleiher gewährte ihm keinen Aufschub. Abinadab nahm ihm sein Feld weg. Er durfte nur unter der Bedingung weiterhin in seinem Haus wohnen, daß er ein Sklave wurde.

Den ganzen Winter hindurch suchte er nach Arbeit, während seine Frau bei Shammah und Shammas Töchtern wohnte. Um die Schuld seines Freundes zurückzuzahlen, half er ihm, das Feld zu pflügen, nachdem die Frühregen den Boden gelockert hatten. Sie säten, und dann ging Baana fort. Es gab keine Arbeit in Dor, und keine in Dothan, und keine in Samaria. Die Sklaven, die Ahab von seinen siegreichen Feldzügen mitgebracht hatte, bestellten die Felder ihrer neuen Herren. Ein israelitischer Arbeiter konnte da nicht mithalten. Zuletzt kehrte er zu Abinadab zurück und ergab sich ihm als Sklave. Es dauerte nur mehr ein einziges Jahr bis zum Sabbatjahr; dann würden alle Israeliten, die sich als Sklaven verkauft hatten, wieder frei sein. Er zog wieder in das Haus, in dem er geboren war, auf dem Land seiner Väter, und arbeitete auf seinem Erbgut für Abinadab.

Bevor das Jahr vorüber war, kam die Dürre. Baana konnte seine Freilassung nur unter der Bedingung fordern, daß er für sich und seine Frau den Hungertod auf sich nahm. Er hatte keine Wahl.

Aber er ging hin, um mit Abinadab zu sprechen, um ihn zu bitten, er möge ihn als Sklave behalten, bis die Trockenheit vorüber war, und ihm dann die Freiheit schenken. Abinadab hörte ihn freundlich an, er ließ sogar Wein auf den Tisch bringen, aber er gab nicht nach.

»Baana«, sagte sein Herr, »unter Baal geht es anders zu als unter Jahwe. Melkart ist der Gott der Macht, und er wird aus Dor eine mächtige Stadt machen. Aber die alten Sitten müssen weg. Wir brauchen eine neue Klasse von Gutsbesitzern, die das beste aus dem Land macht, Leute, die mächtig genug sind, um Handelsabkommen abzuschließen, und reich genug, um Großunternehmen zu finanzieren.«

Baana erzählte seinem Herrn von seinem Erlebnis mit Aschera. Er erzählte es Abinadab in allen Einzelheiten und versuchte ihn zu überzeugen, daß Baal auch ihn segnen wolle.

Abinadabs Antwort überraschte Baana, aber sie klang durchaus vernünftig, wenn auch auf eine Weise, die ihm selbst niemals eingefallen wäre.

»Du bist ein braver Mann, Baana«, sagte der Herr. »Jetzt, da ich von dem Segen weiß, den Aschera dir versprochen hat, betrachte ich mich als doppelt glücklich, dich in meinen Diensten zu haben. Wäre es denkbar, daß dir deine Segnungen durch mich zuteil werden?«

Der Herr sprach von seinen Träumen und seinem Bedarf an Männern, die das Land und die Leute kannten, Männer, die sich als Aufseher eigneten. »Es wird dir in meinen Diensten besser als je zuvor gehen, Baana, du wirst besser leben, als du je von deinem kleinen Feld leben könntest. Wenn du mir treu dienst, werde ich dich zum Aufseher über andere machen. Vielleicht werde ich dich eines Tages zum Aufseher über alle meine Felder machen.«

Abinadab umarmte ihn, und Baana erinnerte sich an ein merkwürdiges Gefühl von Stolz, daß ein so reicher und mächtiger Mann ihn so freundschaftlich behandelte. Er stimmte zu, ein Sklave auf Lebenszeit zu werden.

Shammah war zornig gewesen. Sein guter Freund hatte ihn nicht verstanden. Sie hatten gestritten, und Shamma hatte ihm den Vorwurf gemacht, er habe sein Geburtsrecht verkauft. Aber was ist schon Freiheit? Er hatte nur die Freiheit, zu verhungern, von den Naturgöttern verstoßen zu werden, die in einem Jahr zornig und im nächsten überreichlich großzügig waren, in schlechten Jahren Geld zu leihen und es in guten zurückzuzahlen. Und bald würde Freund Shammah vor derselben Entscheidung stehen. Zu wissen, daß einem das Land gehörte, das man bebaute, und daß man es als Erbe an seine Kinder weitergeben konnte – war dieses Gefühl von Freiheit wirklich so viel wert, daß es das Leiden rechtfertigte, das notwendig war, um das Land zu behalten? Würde Shammah die Freiheit wählen, wenn er den Preis der Freiheit bezahlen mußte? Baana war überzeugt, er würde es nicht tun.

Jetzt, wo er allein am Tor des Tempels stand und die leere Straße auf und ab blickte und dabei das schmerzhafte Gewicht des Sklavenrings in seinem Ohr fühlte, war ihm bei seiner Entscheidung längst nicht mehr so wohl zumute, wie er es sich vorgestellt hatte. Sie war zu endgültig. Er würde auf dem Land seiner Väter arbeiten, aber das Land gehörte ihm nicht. Das Korn und der Wein gehörten Abinadab. Er gehörte Abinadab. Seine Kinder würden Abindanab gehören.

Auch egal. Die Wahl war getroffen worden. Es war geschehen, und es mußte nach Baals Willen geschehen sein. Vielleicht segneten Aschera und Melkart Abinadab mehr, weil er ihnen mehr opferte. Vielleicht.

Baana schüttelte seine Benommenheit ab und stieg die Stufen hinunter. »Ja«, flüsterte er laut vor sich hin. »Ich werde mehr Opfer bringen.« Vielleicht würde Aschera es ihm eines Tages lohnen.

Shammah war als letzter Zeuge der Zeremonie gegangen. Er hielt sich nur mühsam auf den Beinen, als er zusehen mußte, wie der Sklavenring in das Ohrläppchen seines Freundes geschoben wurde. Was sollte er jetzt noch sagen, nach dem Streit, den sie vergangene Nacht gehabt hatten?

Sie sahen einander ein paar Mal in die Augen, zwei Mal, nachdem alle gegangen waren außer ihnen beiden und dem Priester. Schließlich entschied er sich dafür, nichts zu sagen. Baanas Blick war abwesend, er sah Visionen, die nur er selbst kannte. Sie konnten später über alles sprechen.

Shammah verließ die Stadt durch das Stadttor und schlug einen Weg ein, der um die Mauern herum und auf sein Haus zuführte. Es lag in einem Grüppchen von Häusern außerhalb der Mauern von Dor, auf der fruchtbaren Ebene, die langsam zu den Hügeln von Scharon anstieg.

Er faßte die unnatürlichen Veränderungen nicht, die in Dor vor sich gingen. Sollte ein Mann so viel besitzen, und so viele andere so wenig? Hatte Jahwe nicht durch Mose das Gesetz gegeben, daß jede Familie für ewige Zeiten ihr eigenes Stück Land haben sollte? Gehörte das Land nicht Jahwe, der es seinem Volk feierlich zur Bewahrung anvertraut hatte? Waren die Reichen nicht durch das göttliche Gesetz verpflichtet, beim Geldverleih Milde walten zu lassen?

Wo war Jahwe? War er jetzt der Gott der Dürre? War Baal tatsächlich der stärkere Gott, wie Meor-baal und der Prophet behauptet hatten? Und sollten die Armen den Mächtigen dienen?

Shammah ging am Rain des Feldes entlang, das er demnächst verlieren würde. Der Wind spielte in den verdorrten Blättern und Ranken, sein Geflüster sprach die Sprache der Erde. Diese Sprache hatten seine Ahnen in den Tagen Josuas gelernt, und diese Sprache wurde von Generation zu Generation weitergegeben. Der wispernde Wind sagte, das Feld gehöre Jahwe und sollte nicht aus den Händen der Familie kommen, der Gott es anvertraut hatte. Er sagte, kein Mensch sollte auf Kosten seines Mitmenschen im Überfluß leben. Aber was konnte er tun? Er würde das Feld verlieren. Er hatte bereits bei den Ältesten Klage geführt, aber sie hatten gesagt, da sei nichts zu machen. Er hatte zugesagt, die Schuld zurückzuzahlen, sobald die Ernte eingebracht war, und er konnte es nicht. Es zählte nicht, daß er bezahlt hätte, hätte er nur das Geld gehabt. Er konnte nicht zahlen. Das allein zählte.

Er betrat das Haus und schloß die Türe hinter sich, bereits entschlossen, etwas zu tun, das er anfangs geschworen hatte, niemals zu tun. Er würde nicht gegen Baal kämpfen. Der Gott der Macht war zu stark, vielleicht sogar zu stark für Jahwe. Aber seine Töchter sollten keine Sklavinnen werden. Nein, dagegen konnte er etwas tun.

Die Töchter erhoben sich, um ihn zu begrüßen, aber sie hielten inne, als sie den fremden Ausdruck auf seinem Gesicht sahen.

»Vater?« rief Maachah, die Ältere. »Fehlt dir etwas?«

Shammah zog sich einen Stuhl an den Tisch heran und bedeutete den Mädchen, näher zu kommen. »Setzt euch, meine Töchter. Ich muß mit euch sprechen.«

Die beiden waren nur ein Jahr auseinander. Die Älteste war siebzehn und wäre vermutlich schon verheiratet gewesen, wäre da nicht die Dürre gewesen. Beide hatten den Zauber der Jugend, obwohl sie dazu neigten, wie ihre Mutter dick zu werden. Es war gut, daß sie vor drei Jahren gestorben war. Es war gut, daß sie nicht mehr miterleben mußte, wie es mit der Familie bergab ging. Wie es mit Dor bergab ging.

Maachah und Zelophed setzten sich auf ihre gewohnten Plätze am Tisch, einander gegenüber. Shammah blickte sie beide an. Sie sahen eher neugierig als furchtsam aus, obwohl sie von der Zeremonie um Baana wußten und dem Gespräch mit einiger Sorge entgegensahen.

»Baana und seine Frau werden für den Rest ihres Lebens Sklaven sein«, begann er, »und auch ihre Kinder werden Sklaven sein, sofern sie noch welche haben werden.«

»Aber das Jubeljahr«, unterbrach ihn Maachah. »Werden sie denn da nicht freigelassen und erhalten ihre Felder zurück?«

Shammah antwortete rasch. »Ich kenne keinen Israeliten, der in diesem Jahr freigelassen wurde, und wir haben das Jubeljahr. Warum sollte es irgend einem Sklaven in fünfzig Jahren besser ergehen?«

Die Mädchen schwiegen.

»Ich stehe knapp davor, unser Feld an Abinadab zu verlieren. Das wißt ihr beide. Baana hat sich zum Sklaven des Abinadab gemacht, weil er nicht einmal für sich selbst sorgen konnte, geschweige denn genügend aufbrachte, um sein Feld zurückzukaufen.«

»Also wirst du uns als Sklavinnen verkaufen«, stellte Zelophed ruhig fest. »Wir werden tun, was du sagst. Andere Mädchen haben es auch getan.« Sie streckte die Hand über den Tisch, um die Hand ihrer Schwester zu ergreifen.

»Nein«, sagte der Vater. »Ich werde euch nicht als Sklavinnen verkaufen.«

»Was dann?« fragte Maachah.

»Ich werde euch in den heiligen Hain der Aschera bringen.«

Die beiden Mädchen faßten einander fester an der Hand. Beide starrten den Mann an, der mit fester Stimme, aber mit zitterndem Kinn sprach.

»Vater, das meinst du nicht ernst«, protestierte Maachah.

»Doch, das meine ich.«

»Israels Gesetze verbieten es einem Vater, seine Töchter als Tempelprostituierte herzugeben.«

»Baal ist mächtiger als Jahwe. Das hat er bewiesen.«

»Aber . . .«

Shammah unterbrach seine Tochter. »Besser eine freie Zonah als ein Sklavenmädchen.«

»Eine Zonah ist nicht frei«, protestierte Zelophed.

»Freier als eine Sklavin«, antwortete Shammah, »und ihr werdet eine gesicherte Zukunft haben, vielleicht sogar in einem Tempel. Ihr werdet ein bequemes und vielleicht sogar in Maßen luxuriöses Leben haben. Vielleicht bringt ihr sogar einen König zur Welt.«

»Das ist ein Traum, Vater«, hielt ihm Maachah entgegen. »Die Tempelprostituierten werden von Jugend auf dazu erzogen.«

»Ihr seid jung, und ihr seid beide klug. Es gibt keinen anderen Weg. Wenigstens werdet ihr Hoffnung haben. Das Leben ist nicht viel wert ohne Hoffnung. Packt zusammen, was ihr mitnehmen wollt, und wir gehen.«

»Jetzt?« fragte Zelophed.

»Jetzt. Bevor ich schwach werde. Wenn die Dämmerung hereinbricht, wird eure Zukunft gesichert sein.«

»Und was soll aus dir werden, Vater?« fragte die Ältere.

Shammah schüttelte den Kopf. »Heute abend werde ich Abinadabs Sklave sein. Vielleicht werde ich zum nächsten Sabbatjahr frei sein, wenn ich dann noch lebe; vielleicht auch nicht.«

»Vater«, fragte Maachah, »können wir nicht irgendwo anders hingehen und zusammenbleiben? Nach Samaria, oder nach Jerusalem?«

»Nein. Wir können nirgends hingehen.«

»Warum? Warum versuchen wir es nicht wenigstens?«

»Weil ich andere gesehen habe, die es versucht haben und dabei gescheitert sind. Baana ist es nicht gelungen, und er ist ein wackerer Mann. In Israel weht jetzt ein anderer Wind. Die Armen haben keine Hoffnung mehr. In der Stadt erwartet uns eine schlimmere Sklaverei als bei Abinadab. Geht jetzt. Packt eure Sachen.«

Die Mädchen erhoben sich langsam und verließen den Tisch. Sie legten einander die Arme um die Schultern, dann wandten sie sich einander zu und umarmten einander. Zelophed begann zu weinen. Shammah wandte ihnen den Rücken zu und kämpfte seine eigenen Tränen nieder. Die Mädchen leisteten keinen Widerstand. Sie waren gehorsam, wie es sich für Töchter gehört.

Der heilige Hain war nicht weit entfernt, nur zwei Meilen in östlicher Richtung, oben in den allmählich ansteigenden Hügeln. Sie aßen ihre letzte gemeinsame Mahlzeit in tiefem Schweigen unter einer einsamen Tamariske am Straßenrand. Dann gingen sie langsam und immer noch ohne ein Wort zu sprechen auf den heiligen Hain zu.

* * *

Abinadab saß in seiner Sänfte und sah zu, wie sich die Menschenmenge zerstreute. Er hatte Baana nie zuvor so schweigsam, so passiv gesehen. Der Mann war in ganz Dor für seine lebhafte Art und sein fröhliches Wesen an Festen und Feiertagen bekannt. Der Herr schüttelte den nagenden Gedanken ab, sein neuer Sklave könnte ihm entlaufen. Das war nicht nötig. Schließlich hatte er die Sklaverei selbst gewählt.

Er schnalzte mit den Fingern und zog dann die schweren, gewebten Vorhänge vor die Öffnungen auf beiden Seiten. Vier kraftvolle, muskulöse Männer hoben die Sänfte auf und begannen zu laufen, wobei ihre Beine sich in gleichmäßigem Rhythmus bewegten. Abinadab sank entspannt in den weichgepolsterten Sessel zurück. In nur zwei Jahren war er der reichste Mann in Dor geworden, einer der reichsten Landbesitzer in ganz Israel. *Und wenn die Dürre vorbei ist,* dachte er, *wird sich dieser Landbesitz in Münzen und Juwelen verwandeln.*

Die Dürre war unerwartet gekommen. Der Prophet Elia behauptete, dafür verantwortlich zu sein, aber er hatte die Trockenheit nicht gesandt. Nein, Aschera sandte sie, um den wenigen Männern, die sich – wie er selbst – entschlossen von Jahwe und seinen schwächlichen Gesetzen abgewandt und für Melkart und die Macht entschieden hatten, bei ihrem Landerwerb behilflich zu sein.

Abinadabs Sänfte langte bei seinem Haus an, das er erst vor einem Jahr gekauft hatte. Es war das größte in Dor; jedes einzelne Zimmer war aus weißem Kalkstein erbaut, die Böden und Wände waren mit persischen Teppichen belegt und drapiert.

Die Muskelmänner setzten die Sänfte ab, und Abinadab kletterte heraus. Seine Frau begrüßte ihn an der Türe. »Es ist geschafft«, sagte er.

Sie faltete die Hände vor der Brust. »Baana ist ein wertvoller Sklave«, sagte sie. »Er wird gute Arbeit auf den Feldern leisten.«

»Und ich werde gut für ihn sorgen. Er wird ein besseres Leben als mein Sklave haben als früher, wo er seinen Lebensunterhalt mühsam zusammenkratzen mußte.«

»Aschera ist zu uns allen gut, nicht wahr?« flötete die Frau.

Baana erschien rechtzeitig im Hause seines Herrn und

wurde von seinem neuen Besitzer mit offenkundiger Freude empfangen. Das darauffolgende Gespräch bestand aus Ermunterungen an Baana, sein Bestes zu tun, ließ jedoch keinen Zweifel daran, daß er jetzt ein Sklave war. Obwohl sein Herr nicht zur Grausamkeit neigte, forderte er bedingungslosen Gehorsam. Dann sagte Abinadab Baana, er solle den Rest des Tages mit seiner Frau verbringen.

Am Abend waren die Gäste, die Abinadab zum Bankett geladen hatte, kaum erschienen, als der Gastgeber von seinem Haushofmeister beiseite gewinkt wurde. Der Herr hörte sich die Botschaft an, dann gab er Anweisung, seine Gäste gut mit Wein zu versorgen.

Eine Stunde später stießen zwei vierschrötige Diener mit nacktem Oberkörper die mächtige Zederntüre auf, die in einen kleineren Besprechungsraum führte, und Abinadab trat mit breitem Lächeln ein. Die Gäste wandten sich um, um die Rückkehr ihres Gastgebers zu begrüßen. Er mischte sich rasch und lässig unter sie.

»Was hat dich von deiner eigenen Party weggeführt?« fragte einer. Dekar war es, der sprach, der Oberste der Ältesten, die am Stadttor saßen.

Abinadab lächelte. »Ich habe soeben ein weiteres Feld und einen weiteren Sklaven erworben.«

»Wer war es denn?«

»Shammah, Baanas bester Freund. Ich habe ihm vor einiger Zeit auf sein Feld Geld geliehen, damals, als so viele Kleinbauern überzeugt waren, Aschera würde ihre Ernten verdoppeln.«

»Shammah? Hat er nicht zwei Töchter im heiratsfähigen Alter?«

»Ja, aber sie werden nicht meine Sklavinnen sein. Shammah sagte, er habe auf andere Weise für sie gesorgt. Wahrscheinlich hat er sie zu Zonahs gemacht. Das ist heutzutage gar kein seltener Ausweg, um der Sklaverei zu entgehen.«

Dekar packte den Arm seines Freundes und drückte ihn. »Dann müssen wir in Kürze den Schrein besuchen«, lachte er. »Abinadab, Aschera hat dich reich beschenkt. Oder war es Jahwe?«

»Wer weiß?« lachte Abinadab. »Ich versuche, alle Götter günstig zu stimmen.«

»Ah, da kommt Beriah, um uns zu holen«, unterbrach Dekar, »Machir hat mit uns allen etwas zu besprechen.«

Beriah begrüßte den reichen Gastgeber und den Richter. »Das ist eine köstliche Party, Abinadab. Wer möchte glauben, daß wir mitten in einer Dürre stecken? Machir sagte, in Zeiten wie diesen baut der kluge Mann für die Zukunft vor.«

»Das muß er wohl von mir gehört haben.« Abinadab lachte von neuem ein lässiges, gemütliches Lachen, das beruhigend auf andere Leute wirkte. »Und ich muß zugeben, es klingt gut.«

»Auf jeden Fall«, fuhr Beriah fort, »hat Machir eine Idee. Würde es sehr ungehörig sein, wenn ein paar von uns sich einige Augenblicke lang zusammensetzen? Wir sind alle hier, und die Zeit ist günstig.«

»Wozu gibt es Parties, wenn nicht dazu, das Leben angenehmer zu gestalten? Wenn Machir eine Idee hat, möchte ich sie so rasch wie möglich hören. Wir setzen uns im Nebenzimmer zusammen, dort drüben.« Abinadab deutete auf die Zederntüre, durch die er gekommen war.

Die Gruppe sammelte sich rasch. Neun Sofas aus hochglanzpoliertem, dunkelrotem Zedernholz, einfach, aber geschmackvoll mit Elfenbein eingelegt, standen im Halbkreis an den Wänden des Raumes entlang, die hochgeschwungenen Häupter zur Mitte gewandt. Abinadab lag, als der Gastgeber, auf dem Sofa in der Mitte. Dann begann das Gedränge – nach außen hin ganz beiläufig, in Wirklichkeit aber aggressiv – um die Plätze auf den Sofas, die der Mitte am nächsten waren, denn Nähe zum Gastgeber bedeutete die entsprechende Wertschätzung.

Dem drahtigen Dekar gelang es, den Sitz zur Rechten des Gastgebers zu ergattern. Das Sofa zur Linken wurde von einem Neuankömmling in den Kreisen der neuen Aristokratie okkupiert, einem jungen Mann, dessen Vater der amtierende Priester bei der Ohrläppchen-Durchbohrungszeremonie zuvor gewesen war. Der kleine, krummbeinige Beriah war der nächste, und die nächsten nach ihm zwei Brüder, beide mit streng geschnittenen, spitz zulaufenden Bärten. Machir hatte das Sofa neben Dekar belegt, und neben ihm lag Abinadabs Sohn Hesed. Das letzte Sofa blieb leer.

Das Geplauder hörte auf, als jeder der Männer seinen Platz einnahm, voll Begierde, die neue Idee zu hören. Abinadab forderte Machir auf, er möge sprechen.

»Ich danke dir, Abinadab, für deine wundervolle Party, und dafür, daß du die Erlaubnis zu dieser Unterbrechung gegeben hast.« Er blickte von einem Augenpaar zum anderen. »Meine Idee ist einfach, aber wirkungsvoll, glaube ich. In der ganzen Geschichte Israels haben die Bauern die Gesetze des Ährenlesens beachtet. Niemals haben wir die Ecken unserer Felder abgeerntet, noch haben wir die Ähren aufgesammelt, die aus den Garben fielen, noch haben wir Oliven und Trauben ein zweitesmal abgeerntet. Alle diese Feldfrüchte blieben den Armen, so daß sie zu essen haben mögen.«

Er hielt inne. Er bemerkte, daß seine Zuhörer sich unbehaglich fühlten, und daß sie mit Vorsicht auf die Aufforderung reagieren würden, ein Gesetz zu brechen, das so sorgfältig in Ehren gehalten worden war.

»Nun«, fuhr er fort, bemüht, seine Stimme vertrauenerwekkend klingen zu lassen, »sind wir mitten in einer Dürre. Nicht nur die Armen, auch die durchschnittlichen Bauern und Arbeiter haben Mühe, ihren Lebensunterhalt zusammenzubringen. Wir, die wir uns besser darauf verstehen, unsere Vorräte einzuteilen ...« Gelächter unterbrach ihn. »Wir, die wir besser wissen, wie man seine Vorräte einteilen muß, müssen die Initiative ergreifen, zum Besten von ganz Israel.«

Dekar verlagerte sein Gewicht von einer Seite auf die andere; er versuchte gar nicht erst, den besorgten Ausdruck auf seinem Gesicht zu verbergen. »Du sprichst davon, ein altehrwürdiges Gesetz Israels zu brechen, Machir. Du bringst mich in eine unangenehme Lage.«

»Laß mich ausreden, Freund Dekar«, beharrte Machir. »Deine Rolle in diesem Spiel wird überaus ehrenhaft sein.«

Dekar bedeutete ihm, fortzufahren.

»Elia ist ein großer und mächtiger Prophet. Er sagte, es würden weder Tau noch Regen fallen, bis er Jahwes Wort verkündet, daß es mit der Dürre ein Ende haben soll. Vielleicht wird Ahab ihn schon bald ausfindig machen. Ich persönlich glaube nicht daran. Vielleicht ist Baal mächtiger als Jahwe, aber bislang hat es Baal noch nicht geschafft, Jahwes Dürre zu beenden. Wir sollten klugerweise annehmen, daß die Trockenheit noch eine Weile dauern wird. Wir konnten nur noch in der Nähe der Flüsse pflanzen, die noch Wasser führen. Wir werden nur wenig Korn haben. Die Linsen werden wie das Korn sein. Die Wurzeln der Olivenbäume und der Weinstöcke werden ein wenig Wasser finden, aber diese Ernten werden mager ausfallen. Wir müssen das Wenige, das wir haben, so verwenden, daß wir den größten Nutzen daraus ziehen, und sogar dann werden wir Nahrungsmittel in Ägypten kaufen müssen.

Ich schlage vor«, fuhr er fort, »daß wir alle jedes Körnchen Weizen ernten, das wir finden, daß wir Sklaven hinter den Erntearbeitern herschicken, die die Felder nach Ähren absuchen, daß wir die Ecken und Raine abernten, daß wir jede Traube von jedem Weinstock und jede Olive von jedem Baum pflücken. Mit dieser Vorgangsweise erreichen wir zwei Ziele gleichzeitig. Wir haben die gesamten Vorräte in Händen, so daß sie möglichst klug verteilt werden können. Und außerdem werden die Armen dann nichts mehr zu essen haben und sich daher als Sklaven an uns verkaufen müssen.«

»Machir«, unterbrach Dekar, »ich kann es nicht zulassen, daß die Gesetze Israels so mißachtet werden.«

Machir hob die Hände und bat um Ruhe. »Dekar, die Armen werden verhungern, wenn die Trockenheit andauert, und sie wird andauern. Wir erweisen ihnen Barmherzigkeit, wenn wir sie zu unseren Sklaven machen, denn ein Herr ist von Gesetzes wegen verpflichtet, für die Nahrung seiner Sklaven zu sorgen. Viele werden am Leben bleiben, die sonst gestorben wären. Sollten wir nicht die Gesetze brechen, damit einigen das Leben erhalten bleibt? Sollten wir die Gesetze nicht beiseite schieben, um Barmherzigkeit zu üben?«

Ein Chor der Zustimmung begrüßte Machirs Argumente, und niemand machte sich die Mühe, seine durchsichtige Beweisführung zu hinterfragen.

»Und natürlich wirst du sie im Jubeljahr aus der Sklaverei entlassen«, sagte Dekar, »und ihnen oder ihren Familien das Land zurückgeben.«

»Natürlich.« Machir lächelte. »So verlangen es die Gesetze Israels. Falls aber ein Sklave während dieser Zeit heiratet, müssen seine Frau und seine Kinder nicht ebenfalls freigelassen werden. So steht es in den Gesetzen Israels geschrieben, nicht wahr?«

»Ja«, sagte Dekar mit leiser Stimme. Er blickte die anderen Männer an, um zu sehen, wie sie reagierten. Abinadab nickte. Das war das Stichwort für die anderen Männer, ebenfalls zustimmend zu nicken.

Abinadab nahm die Angelegenheit in die Hände. »Dann wird es also so gemacht. Um den Armen Barmherzigkeit zu erweisen, und um die vorhandenen Vorräte aufs bestmögliche zu verteilen, werden wir die Felder bis zum letzten Halm abernten. Und nun zurück zu unserer Party.« Er klatschte laut in die Hände, und die Türflügel sprangen auf. Die acht Männer erhoben sich von ihren Sofas und begaben sich an die zum Bankett gedeckte Tafel.

»Abinadab«, beglückwünschte ihn Beriah, »dein Tisch kann es mit dem eines Königs aufnehmen.« Die Männer nahmen Platz, und die Speisen wurden aufgetragen.

ELFTES KAPITEL

Die Frau stand mitten im Zimmer auf den zerwühlten und durcheinandergeworfenen Schlafmatten, als Elia eintrat. Das aschfarbene Gesicht ihres Sohnes lag still auf ihrer Schulter, seine Arme hingen schlaff an den Seiten herunter. Sie hielt ihn mit stoischer Gelassenheit, die Arme unter seinem Hinterteil verschränkt.

»Boscheth ist tot.«

Elia machte eine Bewegung auf den Jungen zu.

»Geh weg.« Die Stimme der Frau klang gedämpft und fern, als würden die Worte am anderen Ende des Raumes gesprochen.

»Laß mich den Jungen ansehen.«

»Nein. Geh weg.« Die Frau kehrte ihm den Rücken zu. Der Mund des Jungen stand offen, wo er an der Schulter seiner Mutter lehnte. Seine geschlossenen Augenlider waren fast weiß, seine Lippen dunkel verfärbt. Die Frau weinte jetzt. »Was habe ich mit dir zu schaffen, Prophet des Jahwe?« klagte sie ihn mit vom Schluchzen erstickter Stimme an. »Bist du in mein Haus gekommen, um die Aufmerksamkeit deines Gottes auf meine vergangenen Sünden zu lenken? Bist du hier, um Jahwe auf mich aufmerksam zu machen? Ist dies die Strafe deines Gottes für alles Böse, das ich getan habe, daß er meinem Sohn das Leben nimmt? Ist das der wahre Grund, warum du in mein Haus gekommen bist?«

Elia schritt stillschweigend auf sie zu. »Gib mir den Jungen.«

Die Frau gab keine Antwort. Ihre Schultern zuckten krampfhaft, obwohl keine Tränen kommen wollten. Der Prophet faßte den Jungen unter den Achseln und zog ihn von seiner Mutter fort. Sie widerstrebte ihm nicht, sie beachtete ihn auch nicht, als er auf die Türe zuging.

Draußen kletterte er die Stufen zu dem flachen Dach hinauf und begab sich eilig zu seiner Kammer. Sein Gesicht war starr vor Anspannung, als er den Jungen aufs Bett legte.

Er kniete neben dem reglosen Körper nieder und blickte auf. Er begann zu beten. »O Jahwe Elohim, mein Gott«, begann er, »hast du der schweren Bürde dieser Frau noch weiteren Kummer hinzugefügt, dieser Frau, die mir, deinem Propheten, Unterkunft gewährte? Nimmst du ihr ihren Sohn? Ist das dein Wille?«

Elia fühlte eine Bewegung im Körper, als wehte ein Windstoß tief durch seine Eingeweide. Er blickte den reglosen Körper an, der vor ihm lag. Die Farbe in den Lippen des Jungen wurde dunkler, der schlaffe Körper kühlte merklich aus. Sorgfältig und präzise streckte er die Arme des Jungen gerade aus, von den Schultern aufwärts, und spreizte seine Beine.

Der Prophet legte sich auf den Knaben, seine Beine lagen auf den Beinen des Jungen, seine Arme auf den Armen des Jungen. Sein Bauch und seine Brust drückten auf den Körper des Jungen, und er legte den Mund auf den Mund des Jungen. Er begann, seinen Atem in den Jungen hineinzuzwingen, er atmete rhythmisch, langsam und in tiefen Zügen, seine Brust und sein Bauch zwangen den Körper des Kindes, sich mit seinen Bewegungen mitzubewegen.

Ein paar Sekunden später zog er sich von dem Jungen zurück. Die Farbe in seinem Gesicht sah besser aus, aber immer noch atmete er nicht. »O Jahwe Elohim, mein Gott«, rief Elia mit lauter Stimme aus, »laß die lebendige Seele dieses Knaben in ihn zurückkehren.«

Wieder legte sich der Prophet wie zuvor auf den Jungen. Wieder zwang er seinen Atem in die Lungen des Kindes. Im Stillen betete er, das Leben möge aus seinen eigenen Organen in jene des Kindes übergehen, aus seinem Herz in das Herz des Knaben, aus seinen Lungen in die Lungen des Knaben.

Wieder stand er auf, um den Jungen zu betrachten. Immer noch atmete er nicht. Elia wiederholte sein Gebet mit lauter Stimme und wieder legte er sich auf den Jungen. Diesmal stand er nicht mehr auf, um zu sehen, ob er etwas erreicht hatte. Er atmete lang, sorgsam, in tiefen Zügen, zwang die Luft in die Lungen des Kindes, betete im Stillen zu Jahwe und wünschte aus ganzem Herzen, seine eigene Lebenskraft möchte aus seinem Körper in den Körper des Kindes übergehen.

Er spürte eine Bewegung unter sich und ließ sich rasch zu Boden rollen. Der Junge keuchte, und seine Brust hob sich mit einer kaum wahrnehmbaren Bewegung, als der Atem durch seine Kehle ging. Elia beobachtete ihn und sah, wie sein Atem weniger mühsam wurde. Der Junge öffnete die Augen. Sie waren voll Überraschung, als sei der Junge aus einem Alptraum erwacht. Er blickte Elia an, hatte aber offenkundig Schwierigkeiten, ihn deutlich zu sehen.

»Wir haben dich beinahe verloren«, sagte der Prophet.

Der Junge lächelte schwach. Elia hob ihn auf und trug ihn aufs Dach hinaus. Boscheth sprach kein Wort, aber er hob mit einer schwachen Bewegung einen Arm und schlang ihn um den Nacken des Propheten.

Die Frau lag auf den Schlafmatten, als Elia eintrat. Sie blickte nicht auf. Er ging zu ihr hinüber. »Boscheth ist am Leben«, sagte er. »Schau ihn an und sieh selbst.«

Die Frau wandte sich langsam um, ungläubig, und blickte auf. »Boscheth?« flüsterte sie vorsichtig.

Die Stimme des Jungen war schwach, aber seine Mutter hörte ihn deutlich. Sie fuhr mit einer wilden Bewegung hoch, setzte sich auf und streckte die Arme aus. Elia legte ihren Sohn an ihre Brust. Sie küßte seine Stirn und umarmte ihn innig.

»Der Junge braucht frische Luft. Diese Sommerhitze wird seiner Genesung nicht förderlich sein. Ich bringe ihn in meine Dachkammer und lasse die Türe offen, damit die Brise vom Meer her eindringen kann.«

Die Mutter folgte ihm, als er aufs Dach hinaufstieg und den Jungen aufs Bett legte.

Sie blickte lange ihren Sohn an, dessen Haut rasch wieder ihre natürliche Farbe annahm, dann wandte sie sich an Elia. »Ich habe jetzt nicht mehr den geringsten Zweifel. Boscheths Wiederbelebung kann nur eines bedeuten, daß du ein Mann Gottes bist, und daß das Wort des wahren Gottes, Jahwe, aus deinem Mund kommt.«

Elia wandte sich ab, um die Frau und ihren Sohn allein zu lassen. Er hatte schon lange nicht mehr geweint, aber jetzt mußte er die Zähne fest zusammenbeißen, um die Tränen zurückzuhalten. *Ist es denn möglich,* dachte er, *daß auch Israel wieder gläubig wird, wenn eine heidnische Frau zum Glauben an Jahwe finden kann?*

Die Sommermonate gingen heiß ins Land, selbst an der Küste des Meeres. Elia und der Junge schliefen auf dem Flachdach und überließen den oberen Raum der Frau, so daß sie alle drei die Brise genießen konnten, die, wenn auch nur schwach, vom Meer herüberwehte.

Die Hungersnot in Phönizien war schlimm, wenn auch nicht so grausam wie in Israel. Die Stoffe aus Tyrus, die mit dem Saft der Murex-Muscheln in allen Schattierungen von Scharlach und Purpur und Zartblau gefärbt wurden, waren eine begehrte Handelsware. Das Volk von Seefahrern konnte seine Nahrung in Afrika und in Kleinasien kaufen. Tyrus verkaufte sogar Nahrungsmittel an diejenigen in Israel, die den Preis bezahlen konnten.

Der Handel war auch der Grund, daß Elia Nachrichten aus Israel erhielt. Kein Tropfen Regen war gefallen, seit er seine Botschaft vor eineinhalb Jahren vor Ahab verkündet hatte. Auch der reichliche Tau war nicht gekommen, der Tau, der auf den Schwingen des Meeres nach Israel getragen wurde, die kalten Schultern des Hermonberges berührte und in schwerem Fall das Land bedeckte, der Tau, der sich in der Morgensonne in einem Dunst so schwer wie Nebel erhebt.

Aber die Menschen wandten sich nicht an Jahwe. Mehr denn je beteten sie zu Baal, opferten ihm und gingen zu den

Tempelprostituierten und zahlten ihm Tribute. *Und dennoch,* dachte Elia ein ums andere Mal, *wenn es möglich ist, daß eine Frau aus den Heiden zum Glauben an Jahwe kommt, ist es da nicht auch möglich, daß Israel von neuem gläubig wird?*

Sie sprachen oft miteinander, Elia, die Frau und Boscheth. Die Frau war verblüfft, daß Israel irgend einem anderen Gott als Jahwe diente, um so mehr, als Elia ihr die Geschichte Israels erzählte. Er berichtete ihr von Mose und den Plagen, die die ägyptischen Sklaventreiber geschlagen hatten. Er erzählte ihr von dem Zug durchs Rote Meer, von dem Manna, das vom Himmel fiel, um das wandernde Volk in der Wildnis zu nähren, von der donnernden Stimme Jahwes auf dem rauchenden Berg Sinai und von der Landnahme.

War es da nicht an der Zeit, fragte sie den Propheten, daß Jahwe ein weiteres Zeichen sandte, ein weiteres Wunder, um seine Macht zu beweisen?

Ja, es war an der Zeit. Davon war Elia überzeugt. Aber welches Zeichen sollte das sein? Er betete oft um Antwort auf diese Frage. Als die Kühle des Winters kam und die Frau und ihr Sohn wieder in den unteren Raum zogen, verbrachte der Prophet viel Zeit im oberen Raum damit, daß er nachdachte und betete, was es mit dem Ende der Dürre und dem Zeichen Jahwes auf sich haben würde.

Es war eine beiläufige Bemerkung Boscheths, eine Erinnerung, die ihm die Antwort lieferte. Der Junge erwähnte den Berg Karmel im Gespräch mit seiner Mutter. War sie nicht dorthin gepilgert, um dem Baal für die Geburt eines Knaben zu danken? Die Frau war peinlich berührt, aber, ja, sie war dorthin gegangen, bevor sie von Jahwe gewußt hatte.

Der Berg Karmel. Der altehrwürdige Berg, der ins Meer hinaus vorsprang wie ein zorniger Wächter, der es wagte, das tiefe Geheimnis der Gewässer herauszufordern, der Gott des Landes im Kampf gegen den Gott des Wassers. Eine Zitadelle der rivalisierenden Götter, lange bevor Israel Kanaan erobert hatte, hatte dieser Berg von Anfang an den Propheten Jahwes Widerstand geleistet. *Selbst jetzt,* dachte Elia, *liegt Jahwes Schrein in Trümmern, während die Israeliten an den aus Quadern erbauten Schreinen des Melkart und der Aschera opfern.*

Welches bessere Schlachtfeld der Götter konnte es geben? Der Berg, der über das Meer hinausblickte, zu dessen rechter Hand das fruchtbare Tal von Jesreel lag, während sich zu seiner Linken die fruchtbare Ebene von Scharon erstreckte, der Berg, dessen Kamm zum fruchtbaren Jordan hinüberwies – dieser Berg war der geeignete Platz, auf dem Jahwe Elohim, der Gott Israels, die falschen Götter der Macht und der Fruchtbarkeit in die Flucht schlagen würde. Aber es mußte eine alles entscheidende

Schlacht sein. Unter den Leuten durfte nicht der geringste Zweifel bleiben, welches der wahre Gott war.

Der Winter mit seiner trockenen Kälte ging nur langsam vorüber. Die Leute auf dem Marktplatz sprachen über den seltsamen Anblick des Libanon-Gebirges, dessen braune Rippen sich nackt zeigten, statt wie sonst weiß in der Wintersonne zu glitzern. Sie sprachen auf dem Marktplatz auch über Israel, das Land, auf dem der geheimnisvolle Fluch der Aschera lastete, die diesem Volk des Jahwe mehr zürnte als ihnen. Die Karawanen der Lebensmittelkaufleute zogen niemals ohne Bedeckung durch bewaffnete Soldaten in dieses trockene Land, denn in immer größerer Anzahl lauerten Banditen den Karawanen auf und stahlen jeden Bissen Brot, der unbewacht blieb.

Die Armen in Israel konnten keine Ähren mehr lesen, und die Hungersnot dauerte so lange an, daß die Reichen keine Sklaven mehr aufnehmen konnten, weil sie schon genug Schwierigkeiten hatten, für diejenigen zu sorgen, die sie bereits besaßen. Die zurückkehrenden Teilnehmer an den Karawanen erzählten von Bettlern am Wegrand, die sich manchmal in ihrer Verzweiflung vor ihnen auf den Weg warfen. Aber die Karawanen wagten nicht anzuhalten, und die Soldaten trieben ihre Pferde durch die jammervollen Schreie hindurch. Arme und Reiche plünderten gleichermaßen oder schickten Sklaven aus, die das Land nach Lebensmitteln durchsuchten. Jede Honigwabe wurde ausgesogen, jeder Karobbaum seiner Früchte beraubt, Heuschrecken wurden gefangen und in Gläsern gesammelt, Vögel wurden von denjenigen, die sich auf die Jagd verstanden, gejagt, und selbst die Wildschweine wurden unter größter Gefahr bis tief in die wilden Marschen und das dichtverschlungene Buschwerk verfolgt.

Und dennoch beteten und opferten die Leute nur um so fieberhafter der Aschera, zahlten Tribute und gingen zu den Tempelprostituierten. Und die Dürre nahm kein Ende.

Tau fiel im Spätwinter auf der schmalen Ebene von Phönizien und auf den westlichen Hängen des Libanon. Die Leute von Phönizien brachten es zustande, die Erde umzupflügen und ihre Äcker zu bestellen, ein riskantes Spiel mit dem kostbaren Saatkorn, das jedoch Gewinn brachte, wenn auch nur in bescheidenem Maß, denn zweimal fiel schwacher Regen, als die kümmerliche Ernte sich der Reife näherte. Aber kein Tau und kein Regen fiel über Israel.

Dieser Sommer, der dritte der Trockenzeit, war der heißeste von allen. Elia und Boscheth zogen wieder auf das offene Dach hinauf, und die Frau schlief wieder im oberen Zimmer. Elia betete jeden Tag, das Gesicht Jerusalem zugewandt, um ein Wort Jahwes. Jahwe hatte so viele Monate lang geschwiegen, außer daß die ständige Versorgung mit Öl und Mehl andauerte. Diese ständige Fülle bestärkte den Glauben des Propheten während dieser Monate des Schweigens.

Der Marktplatz war eine beständige Quelle von Neuigkeiten. Elia ging niemals selbst dorthin, denn jeder Kaufmann und Händler, jeder Soldat, jeder Mann des Königs hielt Ausschau nach dem Propheten, denn Ahab hatte jedem Volk, das dem Mann Gottes Asyl gewährte, Vergeltung angedroht. Boscheth und zuweilen auch seine Mutter brachten die Nachrichten nach Hause. Die Priester und Propheten des Baal herrschten in Israel, so hieß es. Die verzweifelte Bevölkerung gab ihnen ihre Rationen an kostbaren Lebensmitteln, damit sie Beschwörungen für Aschera sangen, und die Priester vergossen das Blut der jetzt mageren und kümmerlichen Lämmer und Zicklein, verbrannten ein paar Stücke des Fleisches und aßen den Rest. Sie lächelten mit Gesichtern, deren Wangen fett geworden waren von den Opfermahlzeiten, und ermutigten das Volk, noch mehr zu opfern, um Baals Segen zu erlangen. Und die Leute starrten sie aus hohlen Augen an, bereit, sich an jeden Strohhalm einer Hoffnung zu klammern.

Es war im Frühwinter, zwei Wochen, nachdem die Frühregen fällig gewesen wären, als Jahwe schließlich sprach.

Elia erwachte eines Morgens in der Dämmerung und kniete in der frischen Luft auf dem offenen Dach nieder. Als er sich nach Jerusalem wandte, um die Sonne zu beobachten, wie sie über die Berge heraufstieg, fühlte er ein merkwürdiges Empfinden in der Magengrube. Das Gefühl brannte in ihm, als rauschte sein Blut mit verdoppelter Geschwindigkeit durch seine Adern und verbreitete sich in seinem ganzen Körper. Die Zeit war gekommen. Er konnte es fühlen, als wäre die Zeit selbst in sein Blut eingedrungen.

Er ging hinunter, um sein letztes Frühstück mit Boscheth und der Frau zu essen. Das Öl und Mehl, sagte er ihnen, würde vorhalten, bis die Erde im nächsten Frühling erblühte.

Der Prophet zog seinen ledernen Gürtel um seine Hüften zurecht, sammelte seinen Proviant ein und sagte Lebewohl. Ein paar Minuten später passierte er die Tore von Zarpat und wandte sich nach Süden.

* * *

»Obadja ist hier, mein König.«

»Gut. Führe ihn herein.« Ahab saß auf dem kleineren Thron, den er für die Alltagsgeschäfte bevorzugte. Er beobachtete, wie sein hochgewachsener Hofmeister eintrat, dieser so tadellos adrette Mann, der schweigend, aber hartnäckig seinem Glauben anhing, daß Jahwe der mächtigste der Götter sei. Der König war froh, daß Obadja sich in der Krise als so tüchtig erwiesen hatte, denn Isebel verabscheute den Mann. Er wäre längst einer von Jahwes Märtyrern gewesen, das wußte Ahab, wären seine Dienste nicht so offenkundig wertvoll gewesen. »Guten Tag, Obadja«, grüßte der König.

Obadja ließ sich kurz auf ein Knie niedersinken und sprach, während sein Knie den hochglanzpolierten Boden berührte. »Ich hoffe, es steht wohl um Euch, mein König.«

»Darauf kann ich erst antworten, wenn ich deinen Bericht gehört habe.«

»Ich habe nichts Gutes zu berichten, König Ahab. Deshalb habe ich um eine Audienz angesucht.«

»Dann laß mich gleich das Schlimmste hören. Komm, setz dich neben mich.«

Obadja stieg auf das Podest hinauf und setzte sich auf einen Stuhl mit niedriger Lehne neben den König. Er zog eine Schriftrolle aus einer Falte in seiner Tunika. »Ich habe hier die Berichte über die Steuereingänge aus jedem Verwaltungsbezirk seit Beginn der Trockenheit. Ich habe auch mit jedem einzelnen Bezirkssteuereinnehmer gesprochen. Ich kann Euch alles so detailliert erzählen, wie Ihr wünscht.«

»Die Details können warten. Wie schätzt du die Lage ein?«

»Ich glaube, wir sollten keine Ackerfrüchte mehr für den königlichen Tisch verlangen, und auch kein Futter mehr für die königlichen Viehherden. Mein Gebieter, die Leute sind am Verhungern. Nur die Priester essen sich satt.«

»Die Priester.« Ahab sprach mit Verachtung. »Aschera sorgt für die ihren.«

»Die Leute sind drauf und dran zu revoltieren. Sie sind nicht auf Euch zornig, aber sie sind verzweifelt. Eine weitere Steuer könnte ihren Zorn leicht auf das königliche Haus lenken.«

»Ja. Meine Staatsräte sind derselben Meinung.«

»Mein Gebieter, das Vieh wird verenden, wenn wir es nicht füttern können. Noch eine Woche, und wir haben keine Vorräte mehr. Offen gesagt, ich weiß nicht, was wir tun sollen.«

»Wir werden auf Suche nach Nahrungsmitteln gehen, Obadja, wie das gemeine Volk es tut.«

»Das Land ist bereits ausgeplündert, mein König.«

»Ja. Daran zweifle ich nicht. Aber es mag sein, daß Korn an tiefen Stellen und bei den Wasserlöchern gewachsen ist. Wir können es nur versuchen. Wir werden zwei Trupps organisieren. Ich werde einen davon befehligen und im Süden und im Jordantal auf die Suche gehen. Du wirst den anderen befehligen und im Norden suchen. Zieh durch das Tal Jesreel und dann hinauf nach Dan. Kehre auf dem Weg über Jesreel und am Meer entlang zurück. Achte darauf, daß du die Quellen von Megiddo besonders sorgfältig absuchst. Vielleicht können wir genug Futter für die Viehherden finden, um sie am Leben zu erhalten, bis der Regen kommt.«

Ahab entdeckte den entmutigten Blick in Obadjas Augen. »Der Regen wird kommen, mein Hofmeister. Jahwe wird sein Volk nicht von der Erde verschwinden lassen.«

Obadja warf dem König einen fragenden Blick zu. »Ihr sagtet Jahwe.«

»Ja«, antwortete Ahab. »Ich sagte Jahwe. Ich kenne mich nicht aus in den Wegen der Götter, aber immerhin bin ich ein Israelit.«

Obadja nickte.

»Jetzt geh. Organisiere die Suchtrupps. Wir brechen am Morgen auf.«

Jeder Suchtrupp bestand aus einem Wagen – einem königlichen Wagen für Ahab, einem kleineren für den Hofmeister – und fünfzig Reitern. Jedes Pferd trug zwei Körbe, die an seinen Flanken hingen. Jeder Reiter zog einen Esel mit ähnlichen, aber größeren Körben hinter sich her. Am Morgen waren die beiden Kontingente zum Aufbruch bereit.

* * *

Die weiße Leiter von Tyrus glänzte gleißend in der Morgensonne. Elia kniff die Augen zusammen und schirmte sie mit der Hand, bis sein Arm müde wurde. Als die Nacht hereinbrach, setzte er seine Reise fort. Er war sogar für die Kälte dankbar, wenn er nur dieses Gleißen nicht länger ansehen mußte.

Es war schon eine Weile nach Mitternacht, als der Prophet, von seinem schweren Mantel bedeckt, unter einer Tamariske einschlief. Am nächsten Mittag überschritt er die Grenze Israels am Fuß des Berges Karmel und folgte der Straße, die an seiner nördlichen Schulter entlanglief. Selbst der Karmel – dieser Berg unablässigen Wachstums – war braun, von ein paar verstreuten Immergrünsträuchern abgesehen.

Elia lief abwechselnd mit raschem Schritt und rannte dann wieder, und so kam er am Spätnachmittag durch Megiddo, dann verließ er die Straße und überquerte den Grat der rückwärtigen Ausläufer des Karmel, wo der Berg in eine Kette breiterer Hügel zerfiel, die sich südöstlich nach Samaria erstreckten. Er wanderte bis spät in die Nacht, schlief unruhig in der Kälte und war vor Sonnenaufgang wieder unterwegs. In der Abenddämmerung erreichte er die Straße nördlich der Stadt. Die weißen Kalksteinmauern schimmerten weiß, sie reflektierten die Frühmorgensonne, bevor sie auf die braune Erde fiel, als wäre Samaria früh aufgestanden, um das Morgenlicht einzufangen.

Ein Trupp Reiter bog, angeführt von einem Wagen, um die nordwestliche Ecke der Stadtmauer, und bald ritt die ganze Kolonne an der Nordmauer entlang. Elia beobachtete die Prozession, die deutlich über dem Dachfirst des Baalstempels, den

Isebel hatte bauen lassen, sichtbar war. Als er die Straße erreichte, wandte der Reiterzug sich nach Norden und bewegte sich auf den Propheten zu.

Es dauerte nur Minuten, bevor Elia den Mann in dem Gefährt erkannte. Es war Obadja. Der Prophet stand am Straßenrand und sah zu, wie die Kolonne sich näherte. Als sie knapp vor ihm war, hob er den Arm. »Mein Freund Obadja«, rief er laut.

Der Hofmeister zog scharf die Zügel an. Die beiden Pferde blieben augenblicklich stehen und schnaubten protestierend, daß man ihren Lauf so brüsk gehemmt hatte. Obadja hatte seine Tunika bis zu den Schenkeln hochgerafft und die Falten in seinen juwelenbestickten Leinengürtel geschoben. »Elia«, rief er, »Elia, bist du das?«

»Ja, mein Freund.«

Obadja ließ die Zügel über die vordere Griffstange des Wagens fallen und stieg ab. Er kniete vor dem Propheten nieder und berührte mit der Stirn die Erde, daß seine Tunika auf dem Boden schleifte. »Mein Herr Elia«, sagte er.

Elia gab sich nicht die Mühe, den Hofmeister zum Aufstehen aufzufordern. Seine Stimme war tief, mit einem mächtigen Widerhall, der sich aus seinem Inneren erhob, als gehörte er zum Wind. »Geh zu Ahab«, befahl er. »Sag deinem Herrn, daß ich hier bin und ihn erwarte.«

Der Hofmeister blieb auf den Knien liegen und hielt den Kopf leicht gesenkt. Seine Hände ruhten auf seinen Schenkeln. Er blickte Elia nicht an und gab auch keine Antwort.

»Was ist, mein Freund?« fragte Elia, überrascht von diesem Schweigen.

Der Hofmeister hob den Blick. Er sprach in anklagendem Ton. »Du verlangst etwas von mir, das meinen Tod bedeuten kann.« Er stand auf und blickte dem Propheten ins Gesicht. Während er auf den kleineren Mann hinunterblickte, zuckte sein Bart, und er sprach in einem Tonfall, der knapp an Ärger grenzte. »Ich freue mich, dich zu sehen, Elia. Wir haben dich auf Befehl des Königs mit größter Anstrengung überall gesucht. Jetzt verlangst du von mir, ich solle König Ahab sagen, daß du wieder aufgetaucht bist und neben dieser staubigen Straße auf ihn wartest. Warum mußt du solche Forderungen stellen? Warum gestattest du mir nicht, dich zum König zu bringen?«

Elias Augen blitzten zornig. Er sprach mit strenger Stimme. »Weil Ahab beweisen muß, daß er wenigstens einen Funken Respekt, sei er auch noch so winzig, vor Jahwe, dem Gott Israels, hat.«

»Und angenommen, du bist nicht mehr hier, wenn ich mit dem König zurückkehre? Dann bist du wieder unauffindbar.«

»Ich werde hier sein«, antwortete Elia.

»Welche Sünde gegen Jahwe habe ich begangen, daß du mich zur Hinrichtung durch die Hand meines Königs Ahab schickst? Was habe ich getan?«

Elia schüttelte verzweifelt den Kopf, verblüfft über die fiebrigen Antworten seines alten Freundes. »Du hast nicht gegen Jahwe gesündigt«, antwortete er. »Warum redest du so daher?«

»Ich schwöre dir«, antwortete Obadja, »so wahr Jahwe dein Gott lebt, es gibt kein Volk und kein Königreich auf Erden, zu dem Ahab nicht Suchtrupps geschickt hat, die dich ausforschen sollten. Selbst nachdem die Könige berichteten, daß du in ihrem Herrschaftsbereich nicht zu finden seist, verlangte Ahab feierliche Eide zur Bekräftigung von ihnen. Du kannst dir nicht vorstellen, du, den die Hand Jahwes an einem heimlichen Ort verborgen hat, wie gründlich Ahab nach dir gesucht hat und wie wütend er war, daß er dich nicht gefunden hat. Jetzt sagst du mir, ich soll hingehen und ihm ankündigen, du bist da. Nehmen wir einmal an, ich täte es. Und nehmen wir an, sobald ich fortgegangen bin, kommt der Geist Jahwes über dich und führt dich in göttlicher Inspiration an irgendeinen Ort, den ich nicht einmal erraten kann. Ahab wird die ganze Gegend nach dir durchsuchen, und dann wird er mich an Ort und Stelle erschlagen, weil ich dich nicht verhaften ließ, als es mir möglich gewesen wäre.«

Der Hofmeister hielt inne. Er starrte den Propheten an, sein Atem kam in kurzen, heftigen Stößen, sein normalerweise so ausdrucksloses Gesicht war voll Anspannung. »Elia«, sagte er, »ich bin ein Anhänger des Jahwe von Jugend auf, und habe ihm Zeit meines Lebens nach bestem Wissen und Gewissen gedient. Hat dir niemand erzählt, wie ich einhundert Propheten in den

Höhlen von Samaria versteckte? Hat dir niemand erzählt, wie ich sie mit Brotfladen und Wasser ernährte und ihnen unter großem persönlichen Risiko die Nahrung brachte? Nun sagst du mir, ich solle zu Ahab gehen, indem du dich auf unsere vergangene Freundschaft berufst, und ich solle ihm sagen, daß du hier bist.« Er schüttelte entschieden den Kopf. »Elia, vielleicht habe ich zu viel von diesem Krieg der Götter gesehen, aber weder du noch ich können wissen, was Jahwe als nächstes tun wird. Du gehörst nicht dir selbst. Vielleicht wird er dich abberufen. Ich kann kein so verrücktes Risiko eingehen. Ich werde dich zu Ahab bringen.«

»Du wirst mich nicht zu Ahab bringen. Er wird hierherkommen, um mit mir zu reden, oder, beim Wort Jahwes, die Dürre wird nicht mehr enden in Israel.« Er packte seinen Freund am Arm. »Obadja, so wahr Jahwe lebt, der Gott aller Heerscharen des Himmels und der Erde, dessen Prophet ich bin und mit dessen Stimme ich spreche, ich sage dir, daß ich mich heute noch vor Ahab zeigen werde.«

Der Hofmeister starrte einen Augenblick lang den Propheten an, dann wandte er sich seinem Wagen zu und stieg ein. Er blickte auf Elia hinunter. »So sei es. Du hast bei Jahwe geschworen, daß du heute noch vor Ahab stehen wirst. Du bist durch deinen Eid gebunden, und wenn du nicht mehr hier sein solltest, möge Jahwe dann dir antun, was Ahab mir antun wird.«

»Ich bin gebunden.«

Obadja bedeutete dem Reiterzug, kehrtzumachen, dann wandte er sein Gefährt zur Stadt. Er schnalzte mit den Zügeln, daß die Pferde in Galopp fielen, und ließ eine Staubwolke hinter sich, die die Reiter fast erstickte. Sie beeilten sich, ihm aus dem Weg zu gehen. Ahab würde erst eine kurze Wegstrecke auf der Straße nach Süden zurückgelegt haben.

Elia setzte sich am Straßenrand hin und sah zu, wie die Kolonne nach Samaria zurückkehrte.

Es dauerte knapp eine Stunde, bis Ahab auftauchte. Er fuhr nicht in seinem Wagen, sondern war zu Pferde und kam in großer Eile geritten. Er hatte nur fünf Berittene bei sich. Obadja war zurückgeblieben. Der Prophet hatte sich keinen Fußbreit gerührt, nicht einmal, um näher an die Stadt heranzurücken.

In den Augen des Königs loderte ein wilder, aber unsicherer Blick. Er sprach in zornigem Ton, aber seine Stimme verriet das Erstaunen, das er dem Propheten gegenüber empfand. »Bist du es, der das Elend über Israel gebracht hat?« verlangte er zu wissen.

Elia erhob sich. Er verbeugte sich nicht, sondern ging rasch hinüber und trat an die Seite des Königs. Seine Stimme war nicht weniger laut und zornig als die Ahabs. »Ich bin es nicht, der Elend über Israel gebracht hat«, sagte er. »Du selbst bist es. Du und deines Vaters Haus, denn während deiner Regentschaft hast du Jahwe und seinen Geboten den Rücken gekehrt, und statt dem Gott Israels bist du den Baalen nachgefolgt.«

Ein Soldat spornte vor Zorn über diesen Tonfall sein Pferd, so daß es auf Elia zusprang, aber Ahabs Handbewegung gebot ihm innezuhalten.

Die Augen des Propheten blitzten zornig, ganz so, wie sie es vor zweieinhalb Jahren getan hatten, als er das letztemal vor Ahab gestanden war. »Nun, König von Israel, wird Jahwe sich und seine Macht kundtun. Auf Befehl Jahwes sage ich dir: Schicke Läufer in alle Städte Israels und versammle das Volk auf dem Gipfel des Berges Karmel. Versammle dort all die Propheten des Baal-Melkart, alle vierhundertundfünfzig, und alle Propheten der Aschera, alle vierhundert. Versammle alle die Propheten, die an Isebels Tisch essen, auf dem Berg Karmel. Dort wird Jahwe Elohim, der einzig wahre Gott, ein großes Werk tun, das dich in Staunen versetzen wird, und dort wird ganz Israel Gott sehen.«

Er hielt inne, und der König und der Prophet starrten einander mit brennendem Blick an. Der eine der beiden Männer hatte alle Armeen Israels unter seinem Befehl, der andere hatte die Mächte des Himmels auf seiner Seite. Keiner von beiden wich auch nur eine Spurbreit zurück. Dann sprach Elia von neuem. »Versammle sie dort auf dem Karmel, all die Propheten und die Großen Israels. Ich spreche auf Befehl Jahwes. Wenn du sie nicht versammelst, wird die Dürre kein Ende nehmen. Wenn du gehorchst, wird Jahwe ein Wunder tun, das dich verblüffen wird, und dann wird die Dürre ein Ende nehmen.«

Ahab starrte ihn von seinem Pferd herab an. Zweimal setzte er zum Sprechen an, aber jedesmal überlegte er es sich anders. Schließlich sagte er mit ruhiger Stimme: »Die Dürre muß enden. Ich kenne mich nicht aus in den Wegen der Götter, aber einer von ihnen muß den Sieg davontragen. Ich werde tun, was du gesagt hast. Ich werde Läufer durch ganz Israel ausschicken. In sieben Tagen wird sich das Volk auf dem Karmel versammeln. Die Anführer Israels werden dort sein und alle aus dem Volk, die kommen wollen. Die Propheten des Melkart werden dort sein und die Propheten der Aschera. Und ich selbst werde auch dort sein.« Er trieb sein Pferd an, so daß es herumfuhr, und wandte sich dann über die Schulter hinweg an den Propheten. »Wir werden sehen, wer Macht über die Himmel hat. Und wenn die Trockenheit nicht auf Jahwes Wort hin endet, wenn Jahwe sich nicht zeigt, dann wirst du sterben.« Er spornte sein Pferd mit kräftigen Stößen an und galoppierte auf Samaria zu.

Elia lächelte. Sieben Tage. »Ja«, sagte er mit leiser Stimme, »Jahwe wird sich zeigen.« Er lachte und rief Ahabs Reitern nach, obwohl sie ihn vermutlich nicht mehr hören konnten. »Jahwe wird sich zeigen, Ahab.« Er beobachtete, wie der Staub, den die Hufe der Pferde aufgewirbelt hatten, sich ausbreitete und sank, bis der Trupp hinter einer Mauerecke außer Sichtweite verschwand. Er stand da, die Hände auf die Hüften gestemmt, und starrte zu den fernen Mauern von Samaria hinüber. Seine Stimme war wieder ganz ruhig. »Jahwe wird sich zeigen. Und ganz Israel wird wissen, wer Gott ist.«

Er fühlte, wie die Aufregung in seinem Magen wuchs und einen Schauder durch seinen Körper sandte. Sieben Tage. Wie konnte er sich sieben Tage lang zurückhalten? Aber es war gut so. Ganz Israel würde wissen, daß der einsame Prophet des Jahwe, ein einzelner Mann, sich den achthundertfünfzig besten Propheten des Baal stellen würde. »Ja«, wiederholte er von neuem, »Jahwe wird sich zeigen.«

Elia wandte sich um und ließ den Blick über das Land schweifen. Wohin sollte er gehen, um den Zeitpunkt abzuwarten? Da war das Meer, tief unten im Gerstental in Richtung Westen, hinter der niedrigen Hügelkette verborgen, die sich aus der Ebene von Scharon erhob. Da war Jesreel, das fruchtbare Tal im Norden, und Juda im Süden mit der heiligen Stadt Jerusalem. Er blickte in Richtung Nordosten, als könnte er Bet-Schean sehen, das im Jordantal stand, wo das Tal von Jesreel in Stufen zum Ghor hin absank und seine ebene Sohle breiter wurde. Er vermißte Rejab. *Dorthin würde ich gehen,* dachte er, *wäre Rejab immer noch dort zu Hause.*

Er war eine einsame Gestalt, wie er da zwischen Himmel und Erde stand, den schweren Mantel lose über die Schultern geworfen, während sein verfilztes Haar und sein struppiger Bart sich unter den gelegentlichen Windstößen bewegten, als wäre er ein Bruder des Windes.

Es gab da eine Familie, fiel ihm ein, als er nachdachte, eine Familie, die Rejab mehrfach erwähnte hatte, ein Freund, der ein Knecht Jahwes war, ein Mann, von dem Rejab Ware gekauft hatte. Shaphat war der Name des Mannes, und er wohnte in Abel-meholah. Die Augen des Propheten leuchteten auf. Dorthin würde er gehen. Die Stadt lag näher als Bet-Schean, am südlichen Ende derselben Jordanebene, wo die Hügel von Samaria sich nahe heranschieben und das Tal verengen. Er konnte den Weg noch vor Anbruch der Nacht hinter sich bringen.

Elia verließ die Straße und wandte sich geradewegs nach Osten in Richtung Tirzah, das einst die königliche Stadt gewesen war. Jenseits von Tirzah bog er nach Norden ab und nahm die schmale Straße, die man *Der Weg der Eiche des Wahrsagers* nannte. Die Straße folgte dem Flußbett eines Wadi ein breites Tal entlang. Ein paar Meilen weiter, noch lange vor Einbruch der Dämmerung, war er im Jordantal angelangt.

Das Tal wurde an dieser Stelle merklich enger. Er war schon früher hier gewesen, als die Wiesen noch grün gewesen waren. Damals war es ganz deutlich gewesen, woher der Name der Stadt stammte: Abel-meholah, *Tanzwiese.* Jetzt war die ganze Umgebung braun und verdorrt.

Shaphat war einer der bedeutendsten Männer in Abel-meholah, erfuhr Elia, der Besitzer eines großen Feldes und mehrerer Ochsen. Er fand das Haus ohne Mühe. Es war groß, mit vier Räumen im Erdgeschoß und einem komfortablen oberen Raum.

Der Prophet pochte an die Türe. Auf sein Klopfen hin kam ein hochgewachsener junger Mann zur Türe, dunkelhäutig und von drahtiger Gestalt. Zu Elias Überraschung hing das Haar des Mannes bis weit über die Schultern herab, obwohl es nicht so unfrisiert wie sein eigenes war.

»Bist du ein Nazoräer?« fragte er, ohne sich vorzustellen.

»Das bin ich«, antwortete der Mann. »Ich habe ein Gelübde abgelegt, daß kein Schermesser mein Haupt berühren wird, solange noch ein einziger Schrein der Aschera in Israel steht und solang nur ein Stein des verfluchten Tempels des Melkart auf dem anderen steht.«

Elia stieß einen Freudenschrei aus. Er sprang in die Luft und wirbelte um die eigene Achse, ehe er wieder auf den Füßen landete. »Gelobt sei Jahwe! Ich konnte nicht glauben, daß ein solcher Glaube noch in Israel zu finden sei.«

»Und du bist ein Prophet, mein Herr, wie ich sehe. Woher kommst du, und wie kommt es, daß Isebel dich noch nicht entdeckt hat?«

»Ich bin Elia, ein Freund des –«

Elias Vorstellung wurde brüsk unterbrochen. Diesmal war es der junge Mann, der freudig aufschrie, obwohl er nicht in die Luft sprang. Er packte Elia mit festem Griff und zog ihn gewaltsam in seine Umarmung, wobei er beide bärtigen Wangen küßte. Er trat einen Schritt zurück, und seine Augen leuchteten. »Du bist Elia, im Ernst? Du bist tatsächlich Elia?«

Der Prophet lachte. »Ich bin tatsächlich Elia.« Aber der junge Mann hatte sich bereits abgewandt, um seinen Vater und seine Mutter zu rufen. »Entschuldige«, sagte er zu Elia, »ich habe dich nicht hereingebeten. Bitte tritt ein.«

Während Elia über die Schwelle trat, näherten sich die Eltern des jungen Mannes. »Vater, Mutter, dies ist Elia«, stellte er ihn aufgeregt vor, »der Prophet Elia.«

Der Mann und die Frau eilten mit raschen Bewegungen auf ihn zu, und der Mann breitete die Arme weit aus, um den Propheten zu umarmen. Tränen glitzerten in ihren Augen. »Ich bin Shaphat«, sagte der Mann, »und das hier ist meine liebe Frau, Deborah.« Dann winkte er Elia zu einem gepolsterten Stuhl mit einer Lehne. Zwei solcher Stühle standen in einem Winkel und zwischen ihnen ein niedriger Tisch. Shaphat ließ sich auf dem zweiten Stuhl nieder. Er war so hochgewachsen wie sein Sohn, und sein Haar, das hinten im Rücken oberhalb der Schultern gerade abgeschnitten und von der Stirn zum Nacken unterhalb der Ohren in einer schrägen Linie abfiel, war weiß.

Während Deborah in die Küche eilte, um den Wein aufzutischen, zog der Sohn sich einen Stuhl herbei, um sich zu seinem Vater und dem Propheten zu setzen. Als der Sohn sich setzte, fragte ihn Elia: »Du hast mir deinen Namen noch nicht genannt.«

»Ich bin Elisa«, antwortete der junge Mann.

»Elisa. ›Gott ist Erlösung‹. Ein guter Name.«

»Ich bin stolz darauf, diesen Namen zu tragen.«

Die Tage gingen aufs angenehmste dahin, mehr als vergnüglich, denn Elia stellte fest, daß Elisas Kenntnisse der Geschichte Israels und seine Begeisterung für die Sache Jahwes nicht geringer waren als seine eigenen. Sein Eifer war sogar noch überschäumender, ja manchmal grenzte er an gewalttätigen Zorn. Kein Zweifel, der junge Mann hatte das Zeug zu einem Propheten.

Elisa und Shaphat wußten bestens Bescheid, wie die Dinge in Israel standen. Die sieben Tage vergingen hauptsächlich in langen Diskussionen. Elia hörte von ihnen, daß Isebel die Propheten entdeckt hatte, die Obadja in den Höhlen verborgen hatte. Sie waren auf ihren Befehl hin alle massakriert worden, und, so nahm Shaphat an, die Königin hätte auch Obadja hinrichten lassen, wäre er nicht so offenkundig ein Günstling Ahabs gewesen. Elisa sprach voll freudiger Erregung über die peinliche Verwirrung der Baalspropheten, die es nicht schafften, der Dürre ein Ende zu machen, die Jahwe gesandt hatte. Er sprach auch – aber in viel ernsterem Ton – von den vielen Säuglingen, gelegentlich auch halbwüchsigen Kindern, die den Baalen von ihren verzweifelten Eltern auf den Rat verzweifelter Priester hin geopfert wurden.

Die Dürre hatte ihr Werk getan. Jeder einzelne Israelit kannte Jahwes Fluch, den Elias Mund ausgesprochen hatte. Die meisten von ihnen versuchten, beide Götter gleichzeitig zu beschwichtigen, indem sie erst zu dem einen Schrein, dann zu dem anderen gingen – sie rezitierten die Gesetze des Mose in ihren Häusern und umarmten die Zonahs auf den Höhen der Berge. Elia wurde zornig, als er davon hörte, obwohl er bereits von diesen Praktiken wußte.

Als die Tage ihrem Ende zugingen, begann Elisa den Elia zu bedrängen, er möge ihn als seinen Diener mit sich nehmen. Sie sprachen lange über die Sache. Shaphat war in einem Augenblick begeistert von dem Arrangement, im nächsten Augenblick zeigte er sich widerwillig. Die Hungersnot hatte ihn hart getroffen – obwohl es ihm möglich war, da er so nahe am Jordan wohnte, Krüge mit Wasser auf seine Ochsenkarren zu laden und ein kleines Feld am Leben zu erhalten –, und er brauchte Elisas Hilfe.

Es war jedoch Elia selbst, der sich am widerwilligsten zeigte. »Ich habe immer allein gearbeitet«, sagte er. »Ich muß oft in aller Eile von einem Ort zum anderen ziehen. Ich wüßte nicht, wozu ich einen Diener gebrauchen könnte.« Schließlich aber willigte er ein, schon wegen der schweren Arbeit, die am Karmel getan werden mußte, vor allem aber weil der junge Mann Qualitäten hatte, die der Prophet gerne fördern wollte.

ZWÖLFTES KAPITEL

Aus ganz Israel strömten die Menschen zur *Amphiktionie*, der Versammlung des ganzen Volkes zusammen. Sie kampierten überall an den Ufern des kleinen Kison-Flusses, der am Fuß des Karmel entlangfließt und ins Meer mündet. Selbst an diesem großen Tag eilten noch verspätete Teilnehmer die Pfade im Tal Jesreel entlang. Sie kamen von jenseits des Jordan auf der Karawanenstraße des Karmel, von Süden auf der alten königlichen Straße an der Küste, und aus dem Hügelland – dem Shephelah – kamen sie über die Ebene von Scharon und klommen die Flanken des Karmel hinauf.

Elia und Elisa kamen schon einen Tag früher an. Sie trafen die Baalspriester bereits in einem Lager unter einer Gruppe Terebinthenbäume in der Nähe des Heiligtums an. Die beiden Männer suchten sich einen angenehmeren Platz in einer kleinen Schlucht, die etwas südlich lag.

Ahab kam in der Dämmerung an. Er hatte die Nacht in seinem Sommerpalast in Jesreel verbracht. Isebel hatte sich entschuldigen lassen; sie war verärgert, daß der König sich in die Oberhoheit über alle religiösen Belange, die er ihr gewährt hatte, eingemischt hatte. Er ließ seinen Wagen mitsamt seinen Adjutanten am Fuß des Berges zurück und stieg wie ein Pilger zu seinem Gipfel hinauf. Die Propheten des Baal umdrängten ihn, als er sich dem Schrein des Melkart näherte.

Elia beobachtete die Begrüßung von einer höhergelegenen Stelle am Hügel aus, dann schritt er gemeinsam mit Elisa zum Heiligtum hinunter. Ein Baalspriester hörte ihn kommen und wandte sich mit einer Bemerkung an seinen Gefährten. Die beiden Männer lachten.

Die Sonne war bereits hoch genug gestiegen, daß sie der Kälte der Nachtluft ihre Schärfe nahm. Kein Blatt bewegte sich in der Stille, als hielte selbst die Natur in Erwartung der Ereignisse des Tages den Atem an. Elia wies seinen Diener an, er solle am Rande des Heiligtums warten, und trat vor. Die Lichtung bestand aus weicher, mit Felsbrocken durchsetzter Erde. An der Nordseite ging sie in ein Felsband über, das mehr als zweihundert Fuß tief senkrecht zum Kison abfiel. In der Nähe der Klippe befand sich ein Haufen Steine, der Altar des Jahwe, der auf Isebels Befehl zerstört worden war. Die drei anderen Seiten bestanden aus sanfteren Hängen, auf denen eine große Zuhörermenge Platz finden konnte. Eine Felsspitze erhob sich im Westen und verstellte den Blick aufs Meer, aber in nördlicher Richtung, jenseits des Kison, war das Tal Jesreel deutlich zu sehen. Das Unterholz und die Büsche, die für gewöhnlich in Flecken und Grüppchen auf der weichen Erde des Heiligtums wuchsen, waren gerodet worden. Nur ein paar krumme alte Bäume waren noch da und lenkten die Aufmerksamkeit von Melkarts hüfthohem Altar aus gemeißeltem Stein ab. Dieser Altar stand im Zentrum der Lichtung. Elia starrte ihn verächtlich an, dann blickte er zu der Menge der Propheten hinüber.

Er rief mit lauter Stimme: »Wo sind die Propheten des Melkart?«

Ein Sprecher trat aus der Gruppe vor und antwortete mit einer Stimme, die nicht weniger gewaltig als Elias Stimme klang: »Wir sind hier.«

»Und wo sind die Propheten der Aschera?« rief Elia.

Keine Antwort kam.

»Wo sind die Propheten der Aschera?« rief Elia von neuem.

Niemand rührte sich. Die Propheten des Melkart murmelten untereinander mit leisen, überraschten Stimmen.

»König Ahab von Israel«, rief Elia, »wo sind die Propheten der Aschera?«

Ahab trat in die Lichtung, den bärenähnlichen Schädel mit königlicher Gebärde hochgereckt, und ging langsam auf den Propheten zu, bis er nur wenige Fuß von ihm entfernt stand. »Elia, ich habe getan, was du verlangt hast«, sagte er im Gesprächston.

»Sie wußten von der Versammlung. Ich kann ihre Abwesenheit nicht erklären.«

Elia drehte sich langsam um die eigene Achse und ließ den Blick über die Menge schweifen, die sich rasch sammelte, als sie seine Herausforderung hörte. »Ganz Israel soll es wissen«, schrie er, während er sich im Kreis drehte, »daß Aschera nicht Gott ist, und daß ihre Propheten Feiglinge sind. Und sie wagen es auch nicht, ihre Macht an der Jahwes zu messen.«

Die Leute gaben keine Antwort. Sie fuhren fort, sich Plätze zu suchen, wobei sie so nahe wie möglich an das Heiligtum herandrängten und die weniger bedeutenden Persönlichkeiten den bedeutenderen Platz machten. Der Sprecher der Melkart-Propheten trat vor. »Aber wir sind hier, Elia, Prophet des Jahwe.« Er trug einen Prophetenmantel, der aus feiner Wolle gewebt und mit dem Purpur von Tyrus gefärbt war. »Wir sind hier versammelt, vierhundertfünfzig Mann, und wir werden dir beweisen, daß Baal sovielmal stärker ist als Jahwe, als wir hier mehr sind als du.«

»So sei es«, antwortete Elia. »Ihr alle sollt für Baal eintreten, und ich werde allein für Jahwe eintreten.« Er wandte sich an die Menge, die Arme ausgebreitet, so daß sein Mantel in Form eines Dreiecks von jedem Arm herabhing und der Saum unterhalb seiner Knie einen Zipfel formte. »Leute von Israel«, schrie er, »wie lange wollt ihr von einem lahmen Bein aufs andere hinken, wie ein Krüppel, der vor einer Weggabelung steht und sich nicht entscheiden kann, welchen Weg er einschlagen soll? Entscheidet euch jetzt. Wenn Jahwe Gott ist, dann folgt ihm nach. Aber wenn Baal Gott ist, dann folgt ihm.«

Das Volk schwieg. Einige von ihnen lächelten zufrieden bei dem Gedanken, daß die Unterhaltung, die hier geboten wurde, die lange Reise wert war.

Elia ließ die Arme sinken, aber seine Stimme erhob sich zu einem donnernden Crescendo. »Ich stehe hier allein, ein einzelner Mann, der einzige noch lebende Prophet Jahwes. Nur ich bin übriggeblieben, ein einzelner Mann, der den Gott Israels bezeugt.« Er deutete mit einer weit ausholenden Handbewegung auf die Männer des Melkart. »Aber hier hat der Baal vierhundertundfünfzig Propheten. Und dennoch wagt es Jahwe, Baal herauszufordern.«

Er blickte immer noch die unbeeindruckte Menge an, dann wandte er sich an die ganze Versammlung und deutete auf die dichtgedrängte Gruppe der Propheten. »Diese Propheten sollen zwei kleine Stierkälber herbeischaffen. Von diesen beiden sollen sie als erste eines auswählen, damit ihr Opfer dem Baal auch gewiß angenehm sein wird. Sie sollen es in Stücke schneiden, wie das Ritual es erfordert, und auf das Holz des Altars legen. Sie sollen das Holz aber nicht anzünden, sondern statt dessen ihre Götter anrufen, sie mögen Feuer senden. Danach werde ich dasselbe tun. Der Gott, der Feuer vom Himmel schickt, das ist der wahre Gott.«

Die Leute murmelten untereinander, viele Köpfe nickten zustimmend. Ahab stand, von seinen Höflingen umringt, mit stoischer Gelassenheit da. Obadja war an seine Seite getreten. Eine Stimme aus der Menge rief: »Gut gesprochen, Elia.« Die Anführer Israels nahmen den Ruf auf und wiederholten ihn. »Ja, Elia, das ist eine gute Probe. Gut gesprochen.« Die Stimmen aus der Menge wurden immer lauter, Gelächter brandete auf, bis Elias Stimme sich donnernd über den Tumult erhob.

»Trefft eure Wahl, ihr Propheten des Baal. Wählt einen jungen Stier nach eurem Gefallen aus. Ruft als erste euren Gott an, denn ihr seid viele. Richtet euer Opfer zu und ruft die Namen eurer Götter an. Aber setzt das Holz nicht in Brand.«

Elia wandte sich ab und ging an den Rand der Lichtung. Er warf seinen Mantel zu Boden, setzte sich darauf und zog die Falten über seine Beine. Die Leute in seiner unmittelbaren Umgebung zogen sich zurück, um dem seltsamen Mann nicht allzu nahe zu kommen.

Die Baals-Propheten hatten damit gerechnet, daß Tiere für irgend eine Art Opfer gebraucht würden, noch bevor der Tag zur Neige ging, und hatten mehrere Stierkälber mitgebracht. Ihr Sprecher rief seinen Dienern zu, sie sollten die beiden Besten herbeibringen. Rasch wurden die beiden herbeigebracht, beide mit starken Muskeln und glänzendem Fell. Es wäre nicht gut angekommen, Elia ein kümmerliches Tier zuzuteilen, denn die Leute hätten jede Unfairneß ihrerseits übel genommen. Der

Sprecher betrachtete die Tiere sorgfältig, befühlte Widerrist und Flanken, inspizierte die Haut auf der Suche nach Mängeln und begutachtete Augen und Maul. Dann traf er seine Wahl.

Auf sein Zeichen hin traten sechs Propheten vor. Einer von ihnen schlug das Tier mit der stumpfen Seite einer Axt hart zwischen die Ohren. Das Tier brach lautlos zusammen. Ein zweiter Prophet stieß sein Schwert ins Herz des Tieres. Während die sieben Priester es fachgerecht zerlegten, arrangierten weitere Priester das Holz auf dem steinernen Altar.

Herz und Nieren wurden auf den Altar gelegt, zusammen mit sämtlichen besten Fleischstücken. Dann begann der Sprecher zu beten. Für eine solche Gelegenheit – Feuer vom Himmel herabzurufen – gab es keine auswendig gelernten Gebete, also flehte er Baal an, Erbarmen mit den Menschen zu haben, die ihm dienten, und ganz Israel zu beweisen, daß Baal Gott sei. Andere Propheten stimmten mit ein, und bald drängten sich alle vierhundertfünfzig Propheten in einem einzigen mißtönenden Chor auf der Lichtung und rund um den Altar.

Die Leute sahen mit entspanntem Interesse zu, denn sie alle hatten schon früher Opferhandlungen miterlebt, wenn sich Stimmen wie lange Finger erheben, die von der Erde zum Himmel weisen, wenn das Blut über einen Altar strömt, um den Lebensquell des Wassers aus den Himmeln zu locken, er möge sich mit dem Lebensquell lebendiger Wesen vereinen und die Erde benetzen, wenn die Propheten oder Priester die Götter anflehen, das tote Opfer anzunehmen, als wäre es das Volk selbst, das auf den Altar gelegt wurde, um für die Götter zu sterben.

Aber die Himmel antworteten nicht. Die Gebete leierten weiter, einmal laut und fordernd, einmal jämmerlich und bettelnd. Bald waren die Augen der Propheten verschmiert von der schwarzen Erde, von der sie sich ganze Hände voll ins Haar streuten, und der Boden wurde staubig unter ihren unablässigen Schritten. Die Sonne stand im Zenit. Sie gleißte durch weiße Kreise im blauen Himmel herab und sog den Gestank verwesenden Fleisches an sich. Die Propheten schrien mit heiseren Kehlen die Stille an. Als die Stille nicht antwortete, sprangen einige von ihnen auf den Altar. Sie lagen quer über dem Fleisch und dem

Herz und den Nieren, bis einer vom anderen hinuntergestoßen wurde, während diejenigen, die zu Boden fielen, sich mit blutbefleckten Mänteln im erstickenden Staub wälzten.

Und immer noch schwieg der Himmel.

Elia sah zu. Gelegentlich lachte er leise, aber deutlich die Leute rundum an, die noch ein Stückchen weiter vor diesem wildlockigen Mann zurückwichen, der es wagte, den Baal herauszufordern, diesem ungebärdigen Propheten, der unter dem geheimnisvollen Schutz des Jahwe stand.

Schließlich erhob sich der Prophet auf die Füße. Er stand mit bloßen Armen in seiner Tunika auf seinem Mantel und schrie den Männern des Baal zu: »Schreit lauter, ihr Propheten des Baal, denn Baal ist doch ein Gott, oder etwa nicht? Schreit lauter, ein Gott kann euch doch gewißlich hören!« Er lachte verächtlich, ein wildes Lachen, das der Menge Schreckensschauer durch die Glieder sandte. »Vielleicht denkt er sich gerade irgendeine neue Erfindung für die Leute von Tyrus aus, oder er hat eine neue Idee mit Aschera zu besprechen. Vielleicht müßt ihr lauter schreien, um ihn von seiner Arbeit wegzulocken.«

Elia schritt am Rand der Lichtung entlang. Als er an den Leuten vorbeikam, denen es gelungen war, die Plätze mit der besten Sicht zu ergattern, wichen sie instinktiv vor ihm zurück und hielten den Atem an, als sie die freche Lästerung in seinen Worten hörten.

»Ruft doch lauter«, brüllte er den ohnehin schon kreischenden Propheten zu. »Ruft lauter! Vielleicht sitzt Baal gerade auf dem stillen Örtchen und kann euch vor Anstrengung nicht hören.« Er lachte, als die Propheten sich ihm in selbstgerechtem, frustriertem Zorn zuwandten. »Ruft lauter«, brüllte er und beugte sich vor, um in ihre verzerrten Gesichter zu starren. »Vielleicht ist er in Spanien in Tyrus' neuester Kolonie unterwegs. Ihr müßt schon ein wenig lauter rufen, damit er euch übers Wasser hinweg hört.« Elias Gelächter war jetzt so laut wie die Klagegesänge der Männer des Melkart. »Ruft lauter. Vielleicht ist er eingeschlafen und muß erst geweckt werden.«

Elias Hänseleien und die Frustration des dreistündigen vergeblichen Gebets trieben die Propheten zu noch wilderen Darbietungen an. Ihre Stimmen erhoben sich, bis nicht einmal Elias lautes Gelächter mehr zu hören war. Während sie ihre Gebete hervorkreischten, begannen sie den wirbelnden Derwischtanz des Baal. Die Knie gebeugt, die Schenkel ausgestreckt, eng zusammengekauert, sprangen sie hoch in die Luft und wirbelten um die eigene Achse. Ohne erkennbare Organisation bewegten sie sich dennoch in einem Kreis um den Altar, als rührte irgendeine unbekannte Kraft sie um wie Suppe in einem Kessel. Einige schaukelten in langsamem Rhythmus von einem gebeugten Knie zum anderen und krümmten sich jeweils über einem Knie, während sie mit wilden Armbewegungen herumfuchtelten und ihre Gebete hervorgellten. Einige unter den Zuschauern stopften sich die Finger in die Ohren, um sich Erleichterung von den furchterregenden Schreien zu verschaffen, die sich in einer betäubenden Masse über den vierhundertfünfzig Propheten erhoben. Andere im Publikum stimmten in die Schreie und Gebete mit ein, sie hoben die Arme zum Himmel und schüttelten sie im Takt der verzückten Gesänge, bis sie selbst in Trance verfielen.

Dann sprang einer der Propheten auf den Altar und zog sein beidseitig scharfgeschliffenes Messer. Er hob es mit beiden ausgestreckten Armen hoch in die Höhe. Er kreischte laut auf, dann zog er sich das Messer diagonal über die Brust. Augenblicklich erschien ein Blutstreifen, und er schrie seine Ergebenheit dem Baal gegenüber laut heraus. Wieder zog er das Messer über sein Fleisch, um ein X zu zeichnen, das rasch im roten Blutstrom verschwand. Wiederum hob er die Arme hoch und schrie, er sei ein getreuer Knecht des Baal. Dann bewegte sich seine Messerhand rascher. Er fuhr mit dem Messer über seinen Unterleib, und über seine Arme, und über seine Beine, während er mehr vor Ekstase als vor Schmerz schrie und sein Blut aus den seichten Schnitten rann und das dunkle, eingetrocknete Blut des Opfers rötete.

Seine religiöse Verzückung wirkte ansteckend. Auch andere Propheten zogen ihre Messer und sprangen auf den Altar, um sich zu ihrem Gefährten zu gesellen, bis kein Platz mehr war und der Altar unter der dichtgedrängten Masse der Körper verschwunden war.

Viele der Propheten waren jetzt nackt; sie hatten ihre Mäntel längst beiseite geworfen und sich ihre Tuniken bei dem rasenden Umgang mit den Messern vom Leib geschnitten. Einige von ihnen schlugen sich selbst mit Stöcken, die sie vom Altar geholt hatten und die sie jetzt abwechselnd über ihre Schultern schwangen. Sie schlugen auf ihre von Messerschnitten zerfetzten Rükken los, bis das Blut immer reichlicher rann und die Haut und die groben Stöcke rot von ihrem Lebenssaft waren.

Sie schrien immer noch lauter und erreichten eine Lautstärke, die normale Menschen niemals zustande gebracht hätten. Drei weitere Stunden, bis zur Zeit des Nachmittagsopfers, schrien und kreischten sie, bis sie zusammenbrachen und die heilige Lichtung als erschöpfte, blutende, schmutzverschmierte Haufen bedeckten, bis nur noch fünf übrigblieben, die immer noch stumme Münder aufrissen, aus denen nur heiseres Krächzen drang. Die fünf bewegten sich immer noch im Kreis um den Altar; ihre Muskeln weigerten sich, dem Tanzbefehl ihrer erstarrten Gehirne zu gehorchen, ihre Kehlen waren verbrannt vom Kreischen und der kalten Bergluft und dem Staub, ihre Beine schlurften nur noch, statt zu springen, ihre Arme hingen schlaff herab, statt in der Luft herumzufuchteln.

Elia verließ sie und begab sich zum Absturz der Klippe. Er blickte hinunter auf die Zuspätgekommenen und die Frauen und die armen Leute, die es nicht geschafft hatten, auf die Hänge hinauf zu gelangen, die nur den Schreien lauschen konnten, die von hoch oben herabdrangen, und auf Nachrichten warteten, wie sie von den Glücklicheren, die das ganze Schauspiel sehen konnten, weitergegeben wurden.

Er wandte sich um und blickte die Zuschauer an. Alle, mit wenigen Ausnahmen, saßen in steinernem Schweigen da, ihre Sinne waren verwundet von dem Spektakel, den sie mitangesehen hatten, ihre Herzen konnten die Schrecken, die sie miterlebten, nicht länger erfassen. Sie waren stumm. Köpfe lagen gebeugt auf den Knien. Einige wandten der Szene den Rücken zu. Blicklose Augen starrten den Altar an. Einige waren betrunken, in seliger Betäubung betrunken.

Elia rief die vor Entsetzen wie gelähmte Menge an. »Kommt«,

rief er, »kommt näher zu mir.« Augen blickten in seine Richtung, und einige lösten sich kopfschüttelnd aus ihrer hypnotischen Starre. »Kommt näher. Kommt nahe zu mir«, wiederholte der Prophet.

Ahab reagierte als erster auf die Aufforderung, und Obadja folgte ihm. Der stoische Gesichtsausdruck des Königs hatte sich in schockierten Unglauben verwandelt, Unglauben, daß solche Exzesse bei den Baalspriestern möglich waren. Er war ein Militarist, ein Mann der Verwaltung. Er hatte von der Baalsreligion weniger zu sehen bekommen als der Mann auf der Straße, und was er gesehen hatte, war durch höfische Sitte gemildert gewesen. Er machte sich seine eigenen Gedanken über Isebel.

Das Volk folgte seinem König und drängte sich eng um Elia. Er blickte sie einen Augenblick lang an. Dann, ohne ein Wort zu sprechen, wandte er sich Jahwes zerstörtem Altar zu und wählte einen großen, schmucklosen Stein. Er ächzte unter seinem Gewicht, seine Muskeln spannten sich unter dem dünnen Tuch seiner Tunika, aber er schaffte es, ihn an eine ebene Stelle zu tragen, ganz in der Nähe der Klippe, aber immer noch auf der weichen Erde. Er legte ihn flach und gerade hin. Dann holte er einen weiteren Stein von gleicher Größe. Und noch einen. Und noch einen. Schließlich hatte er zwölf Steine Seite an Seite und Kante an Kante hingelegt, so daß sie einen niedrigen, flachen Altar bildeten. Er blickte die Menschenmenge an. Zwölf Stämme Israels, die jetzt politisch getrennt waren, aber geistig niemals getrennt werden konnten. Sie begriffen rasch, was die Anzahl der Steine zu bedeuten hatte.

Der Prophet rief Obadja zu, er möge ein Grabewerkzeug holen lassen. Elisa beobachtete, wie angestrengt sein Mentor die geringe Arbeit tat, und wünschte, er könnte ihm helfen. Aber Elia grub den Graben selbst, mehrere Zoll tief in der weichen Erde und rund herum um den improvisierten Altar.

Als er mit dieser Arbeit fertig war und die Leute in stummer Faszination zusahen, sammelte Elia ganze Armvoll Holz. Diesmal winkte er Elisa, er möge ihm helfen. Gemeinsam häuften sie das Holz auf den Altar. Dann brachte Elisa auf Befehl des Propheten das Stierkalb herbei, das er an einen Baum gebunden hatte. Elia tötete den Stier, schnitt ihn auf eine ganz ähnliche Weise wie die Baalspropheten in Stücke und legte die vorschriftsmäßigen Stücke auf das Holz.

»Jetzt«, wandte er sich an die Zuhörer, »füllt vier große Krüge mit Wasser.« Es war das erste Wort, das er im Verlauf von mehr als einer Stunde gesprochen hatte, und acht junge Männer beeilten sich, ihm zu gehorchen. Sie fanden Krüge unter den Gerätschaften der Baalspropheten und kletterten zu einem Teich am Fuß der Klippe hinab. In wenigen Minuten kehrten sie wieder zurück, schwitzend von der Anstrengung, die Krüge die steile Klamm heraufzutragen, die vom Teich bergauf führte. Die Menge unten hatte davon erfahren, und nun reckten sie die Hälse zur Klippe hinauf, obwohl sie nichts von dem sehen konnten, was oben vorging.

Die Männer blickten Elia an und erwarteten seine Anweisungen. »Gießt das Wasser über das Opfer.«

Sie blickten einander an und konnten nicht glauben, daß sie die Anordnung richtig verstanden hatten. »Über das Opfer?« fragten sie.

»Über das Opfer«, antwortete Elia ruhig.

Die Männer gehorchten. Je zwei und zwei stemmten sie die schweren Krüge hoch. Das Wasser ergoß sich über das Opferfleisch und das Holz und rann in die Ritzen zwischen den Altarsteinen hinunter. Die nächste Zweiermannschaft folgte, und das Wasser floß auf die Erde. Dann kamen die nächsten, und wieder die nächsten. Das vom Wasser durchweichte Fleisch lag rot auf dem Holz, und das Holz, rosa gefärbt vom wäßrigen Blut, lag dunkel auf dem nassen Altar. Die weiche, trockene Erde unterhalb saugte rasch das überschüssige Wasser auf. Elias Handlungsweise war so außergewöhnlich, daß niemand auf den Gedanken kam, auf die Ungehörigkeit hinzuweisen, die es bedeutete, inmitten einer Dürre kostbares Wasser zu verschütten.

Die acht jungen Männer standen neben ihren großen Krügen. »Macht das Ganze noch einmal«, befahl Elia. Ungläubig, aber gehorsam, hoben die Männer ihre Krüge auf die Schultern und machten sich auf den mühseligen Weg zum Teich. Als sie das Wasser ein zweites Mal über den Altar gossen, konnte die Erde die Nässe nicht mehr aufnehmen, und das Wasser rann auf allen Seiten in den Graben.

Zur Überraschung der jungen Männer befahl ihnen Elia, die Krüge auch ein drittes Mal zu füllen. Gedämpftes, ersticktes Gemurmel ging durch die Reihen der Zuhörer.

Die Männer kehrten zurück. Der Schweiß rann ihnen in Strömen herab, ihre Beine schmerzten von der dreimaligen Klettertour, ihre Schultern und Armmuskeln brannten vom Gewicht der dreimaligen Last. Sie zogen Elias Anordnung nicht in Zweifel, sie wagten nicht einmal einen fragenden Blick, als er einfach auf den Altar deutete. Ein Team nach dem anderen goß das Wasser auf das Fleisch und das Holz. Es rann in raschfließenden Bächen über den Altar herab und über den wassergesättigten Boden in die rundum laufenden Gräben. Der vierte Krug füllte den Graben bis zum Rand.

Es war getan. Vier Krüge, das Zahlensymbol für die Welt mit ihren vier Winden und vier Ecken. Dreimal wurden sie ausgeleert, das Zahlensymbol für den göttlichen Jahwe. Die Botschaft war den Leuten klar. Jahwe beherrscht die Erde.

Elia bedeutete den Männern, beiseite zu treten und wies die Menge an, sich ein Stück zu entfernen, dann trat er neben den Altar und wandte den Blick zum Himmel. Seine Stimme war laut, aber ruhig, und die Leute unten konnten deutlich die Worte des Propheten hören, den sie nicht sehen konnten. »Jahwe Elohim«, rief er aus, »Gott Abrahams, Isaaks und Jakobs, Gott Israels! Laß es heute offenkundig und allem Volke kenntlich werden, daß du Gott bist, der einzige Gott in Israel, und daß ich, Elia, dein Diener bin. Laß ganz Israel erkennen, daß die Trockenheit, die mein Mund angekündigt hat, und alles, was hier geschieht, nicht durch mich geschehen ist, sondern auf deinen Befehl hin und durch deine Macht.«

Die Leute, die Anführer Israels, die Mächtigen des Volkes standen aufrecht und schweigend da, während der Prophet sprach.

»Höre mich, o Jahwe«, fuhr er fort und streckte seine haarigen Arme aus, »höre mich, damit alle diese Menschen, das Volk

Israel, erkennen mögen, daß du Gott der Herr bist. Laß sie erkennen, daß du ihre Herzen vom Baal zu dir zurückwenden willst.«

Elia ging an den Rand der Klippe vor, bis er dicht vor dem Absturz stand. Er hob die Arme zum Himmel. Die Leute unten konnten ihn jetzt deutlich sehen, eine einsame Gestalt, die sich vom Himmel abzeichnete. Die Zuhörer in seiner Nähe wagten kaum zu atmen, so spannungsgeladen war der Kontrast zwischen dem einsamen, stillen Propheten und der rasenden Horde des Baal.

Die Sonne stand im Westen über dem Meer. Keine Spur von Wolken war zu sehen, der Himmel war eine blaue Weite, die sich erstreckte, soweit das Auge reichte. Die Leute folgten Elias himmelwärts gewandtem Blick mit den Augen. Die ganze Natur lag in tiefem Schweigen, kein Windhauch regte ein Blättchen. Dann geschah es. Ein Blitzstrahl fuhr aus dem wolkenlosen Blau herab und berührte den Altar. Der Donner folgte augenblicklich mit ehrfurchtgebietender Gewalt, die Donnerstimme Jahwes, die das Gebet des Propheten beantwortete. Der ganze Bereich ging in Flammen auf. Ein blaues Feuer fuhr brüllend vom Holz und dem Fleisch und dem Altar hoch, als würde es in einen unsichtbaren Rauchfang nach oben gesogen. Elektrische Spannung knisterte wie Feuerfunken in den Gräben, und auf der nassen Erde leckte die weißglühende Flamme das Wasser auf dem geschwärzten Boden in erschreckend raschen Streifen auf. Die Flamme brannte immer noch auf dem Holz und Fleisch, und zwischen den Steinen zischte elektrisches Feuer mit weißer Flamme.

Alles war in einem Augenblick wieder vorbei, noch bevor die Menschen sich vom furchtbaren Schock des Donnerschlags erholt hatten. Die ungeheure Hitze hatte die Steine in kleine Brocken zerkrümelt, und das Holz und das Fleisch waren vollständig verzehrt worden.

Die Menschen fielen zu Boden und verbargen das Angesicht auf der Erde. Auch die Leute unten sahen den Blitzschlag und die emporlodernden Flammen. Der Donnerschlag schüttelte sie genau so heftig durch wie die Leute, die näher am Altar standen, denn sie sahen den einsamen Propheten mit erhobenen Armen vor dem feurigen Hintergrund stehen. Auch sie fielen aufs Angesicht, noch bevor sie von der völligen Zerstörung des Altars gehört hatten. Der Gesang begann fast augenblicklich auf der Bergspitze oben, aber er verbreitete sich rasch bis zu der Menschenmenge unten. »Jahwe allein ist Gott. Jahwe allein ist Gott.« Die Menschen riefen es, während sie noch mit tiefgesenktem Kopf auf der Erde knieten, dann, als sie sich von ihrem Entsetzen erholten, schrien sie lauter und lauter. »Jahwe allein ist Gott!«

Elia hatte sich nicht gerührt, aber er senkte die Arme und deutete auf die Baalspropheten, die immer noch betäubt vor sich hinmurmelnd auf der Erde lagen. Er überschrie den Lärm der Menge: »Ergreift die Baalspropheten. Laßt keinen einzigen von ihnen entkommen.« Ein paar Männer, die in der Nähe standen, hörten den Befehl und gehorchten rasch. Als andere ihre Bewegung sahen, wiederholte Elia seinen Befehl, und eine Menschenmenge stürzte sich auf die Propheten.

Erschöpft und immer noch wie hypnotisiert von ihrem ekstatischen Tanzen und Schreien, leisteten die Propheten kaum Widerstand, als der Mob über sie herfiel. Der Diener Elisa machte den Anführer; gnadenlos stieß er einen nackten, blutüberströmten Propheten die Schlucht hinunter und über den Steilhang zum Bach Kison hinunter. Der Mann rollte, sich überschlagend, den steinigen Pfad hinunter und war nur noch eine Masse lebloser Wunden und zerschlagenen Fleisches, als Elisa ein geborgtes Messer in sein Herz stieß und den Leichnam in den engen, schlammigen Fluß warf.

Die Männer folgten Elisas Beispiel, ein orgienhaftes Massaker begann. Zerfleischte Leichen, deren Arme und Beine in grotesken Winkeln vom Körper abstanden, die Kehlen aufgeschlitzt, die Herzen von Messerstichen durchbohrt, wurden zu Haufen in den Kison geworfen, bis das schlammige Wasser sich blutrot färbte. Der Pfad, der vom Heiligtum auf dem Karmel oben zum Fluß hinunterführte, war frei; der Abhang trug die Spuren von Blut, das auf den Bäumen und Felsen zurückgeblieben war. Und der vom Blut gerötete Kison floß träge dem Meer zu, um die Seuche, die das Land verpestet hatte, dem Gott von Tyrus ins Gesicht zu speien.

Ahab, an dessen Seite Obadja stand, hatte sich während des ganzen Massakers nicht gerührt. Wie gelähmt von der gewaltigen Feuererscheinung Gottes, nahm er das Massaker rundum nicht wahr. Statt dessen dachte er an Isebel.

Auch Elia hatte sich nicht bewegt, aber sein Gesicht glühte vor Stolz. Er hatte damit gerechnet, daß Gott antworten würde, dennoch war die Gewalt und Eindringlichkeit dieser Antwort selbst für seine Selbstsicherheit wie ein Schock gekommen. Ihm war zumute, als hätten sich ihm Leib und Seele getrennt, während er voll Freude die Reinigung des Landes beobachtete und sich auf die Verkündigung der Gottesherrschaft Jahwes freute. Aber es gab noch mehr zu tun.

Er rief einigen älteren Männern zu, die in der Nähe stehengeblieben waren: »Geht und schlachtet ein Stierkalb und bereitet ein Festmahl vor. Euer König muß essen.« Dann rief er über den zerstörten Altar hinweg Ahab zu: »Folge den alten Männern bergaufwärts. Sie werden ein Festmahl bereiten. Iß dich satt und trinke reichlich vom reinen Wasser. Feiere das Ende der Dürre, denn in meinen Ohren widerhallt das Rauschen eines gewaltigen, reichlichen Regens.«

Ahab wandte sich um, ohne Antwort zu geben, und entfernte sich schwerfällig in die Richtung, in die Elia gewiesen hatte. Obadja schritt schweigend an seiner Seite dahin, das königliche Gefolge schloß sich ihnen an. Gedanken wirbelten im Kopf des Königs, Gedanken an Jahwe, den Gott Israels, Gedanken an das Ende der Dürre, Gedanken an Isebel. Der Gedanke an Isebel drängte sich am nachdrücklichsten auf. Was würde sie tun? Würde das Massaker unter den Baalspropheten Tyrus dazu veranlassen, das politische Bündnis aufzukündigen? Wie konnte er die Verehrung Jahwes in Israel fördern, ohne die Bedingungen seines Heiratsvertrages mit Isebel zu brechen? Für Ahab war die Entwicklung viel weniger ein religiöses als ein staatspolitisches Problem. Wie konnte er den religiösen Eifer des Volkes auf Jahwe richten und gleichzeitig die gegenseitig so nützliche Allianz mit Tyrus aufrechterhalten?

Elisa kehrte zurück, als Ahabs Gefolge zwischen den Bäumen verschwand.

»Komm mit mir«, befahl Elia.

Die beiden Männer stiegen zum Gipfelgrat des Karmel hinauf. Das Meer war noch außer Sichtweite, als sie stehenblieben, es lag hinter einem weiteren Gipfel verborgen, der ein wenig weiter westwärts aufragte. Elia setzte sich auf den Boden. Er verbarg das Gesicht auf den hochgezogenen Knien und verschränkte die Hände um die Knöchel. »Ich werde beten«, wandte er sich leise an Elisa. »Steig höher hinauf und blicke übers Meer hinaus.«

Elisa gehorchte in aller Eile und lief mit langen Schritten davon. Der Hang, den er erklimmen mußte, war nicht allzu steil, aber die Winterluft war so kalt, daß seine Kehle vor Anstrengung schmerzte. Dennoch rannte er voll Erregung los. Sein Kopf drehte sich vor Überraschung über diesen so plötzlichen und entscheidenden Sieg. Auf dem Gipfel angekommen, blickte er über die von gelbem Sand bedeckte Golfküste unterhalb hinaus, zum westlichen Horizont hinüber. Er beschirmte die Augen mit den Händen gegen die Spätnachmittagssonne. Ein paar Minuten lang spähte er aus, und seine Enttäuschung stieg zusehends. So weit er sehen konnte war der Himmel klar.

Er stieg mit langsamen, enttäuschten Schritten vom Gipfel herab und erstattete seinem Herrn Bericht. »Nichts. Ich sehe überhaupt nichts.«

Ohne aufzublicken deutete Elia mit der Hand in Richtung des Meeres. »Geh und sieh noch einmal nach.«

Der Diener nickte, ohne daß Elia es sah, und kehrte zum Gipfel zurück. Wiederum suchte er mit den Augen den Himmel ab. Er kniff die Augen zum Schutz vor der hellen Sonne zusammen und sah sich sorgfältig um. Immer noch gleißte der Himmel in ungebrochener Klarheit. Deprimiert stieg er hinab, um Elia seinen entmutigenden Bericht zu bringen. Wiederum winkte ihm der Prophet, zum Gipfel hinaufzusteigen. Wiederum glühte der Himmel, von der Sonne beherrscht, in trockener Glut.

Elisa mußte den Weg mehrmals hintereinander machen. Jedesmal bedeutete Elia seinem Diener mit wortloser Geste, von neuem nachzusehen, ohne seine Gebete deshalb zu unterbrechen.

Unten am Bach Kison legte sich die wilde Aufregung des Massakers unter der Menge. Die Leute redeten über das Spektakel der Baalspropheten und sprachen ehrfürchtig von Jahwes Eingreifen und brachen in Gelächter aus über die nackten Leichen der Propheten, die sich so hoch im Fluß türmten, daß das Wasser sich um sie herum einen Weg suchen mußte.

Die Sonne neigte sich immer tiefer dem Horizont zu, je öfter Elisa seinen Weg zum Gipfel hinter sich brachte. Beim siebenten Mal sah der Diener ganz in der Ferne ein Wölkchen. Beim siebenten Mal. Elisa fühlte, wie ein Schauder seinen Körper durchrann. Die Zahl paßte. Sieben war die Zahl, die den Hebräern am heiligsten war, die Zahl, die entsteht, wenn man vier und drei zusammenzählt, die Zahl, die die vollkommene Einheit von Erde und Himmel symbolisiert. Er wischte sich das Wasser aus den Augen, um deutlicher sehen zu können. Die Wolke war da, winzig und fern, aber sie war da. Der Diener rannte in aller Eile vom Gipfel hinunter und zurück, unbekümmert um die Büsche und Sträucher, die nach ihm faßten. Er war außer Atem, als er Elia erreichte, und seine Rippen hoben und senkten sich heftig, als er Bericht erstattete. »Da ist eine winzige Wolke ganz in der Ferne«, berichtete er keuchend, »nicht größer als eine Menschenhand steht sie am Horizont.«

Elia erhob sich. »Es ist genug«, sagte er. »Jetzt geh zu Ahab an den Ort, wo er sein Festmahl hält. Sag ihm, er möge zu seinem Wagen laufen und seine Pferde anspannen. Sag ihm, er soll sich beeilen, den Berg zu verlassen und ins Tal Jesreel hinunter zu gelangen, damit der Sturm ihn nicht ereilt.«

Ahabs Lachen widerhallte zwischen den Bäumen. Voll jubelnder Freude klopfte er Obadja auf den Rücken, dann erhob er sich, um zu seinem Wagen zu eilen. Er überließ es seinem Hofmeister, sich darum zu kümmern, daß Geräte und Vieh an ihren Ort zurückgeschafft wurden, eine schwierige Aufgabe im Regen, denn bei Nässe wurde der Lavaboden des Tales leicht sumpfig. Pferde und Karren hatten eine langsame und mühselige Fahrt vor sich.

Elia hatte sich bereits an den Abstieg vom Berg gemacht und erreichte die Ebene von Jesreel, bevor Ahab noch seinen Wagen reisefertig gemacht und sich zum Aufbruch bereitet hatte. Der Prophet steckte die Enden seiner Tunika in den breiten Ledergürtel und rannte in aller Eile über die festgestampfte, ausgedörrte Talsohle auf die Stadt zu, die siebzehn Meilen entfernt am Fuß des Berges Gilboa lag. Aschera hatte einen Tempel dort, den Isebel erbaut hatte, um die vierhundert Propheten der Göttin zu beherbergen. Zweifellos würden sie behaupten, es sei ihr Verdienst, daß die Dürre ein Ende genommen hatte. Er mußte schneller sein als der Regen, so daß dieser kurz nach seinem Eintreffen losbrechen würde, als hätte er ihn an Jahwes Stelle zu ihnen gebracht. Die Torwächter mußten mit eigenen Augen sehen, daß der Regen Jahwe gehört.

Die Wolken sammelten sich rasch hinter ihm, schwer und dunkel hingen sie am Spätnachmittagshimmel und brachten lange vor der Zeit die Dämmerung. Der Donner rumpelte in der Ferne, in der Richtung, in der die See lag. Der Klang gab seinen Gliedern neue Kraft. Er rannte in gerader Linie, quer über die vor Hitze zerborstenen Felder, während Ahabs Wagen sich an die Schlangenwindungen der Straße hielt. Er rannte wie in wilder Wut, entschlossen, die Herausforderung des Wagens anzunehmen; er rannte in aller Eile, um Ahabs Gesicht zu sehen, wenn der König die Tore von Jesreel betrat. Seine kurzen, muskulösen Beine trugen ihn mit hastigen Bewegungen wie Pumpenschwengel über die weite Ebene des Talbeckens, wobei er kurze Schritte machte statt der langen Sätze, die ein dünner Läufer gemacht hätte.

Er langte knapp vor Ahab an den Stadttoren an, und der Sturm folgte unmittelbar hinter ihm. Er stellte sich seitlich ins Tor und wartete auf den König. Der Wind blies jetzt in steifen Böen, die den unmittelbar bevorstehenden Regen ankündigten. Er zerrte an den Falten seiner Tunika und wühlte wild in seinem Haar. Seine Brust hob und senkte sich unter schweren Atemzügen, und er spannte die Muskeln in seinen Beinen an, bis sie schmerzten, um den drohenden Wadenkrampf abzuwenden. Ahabs Wagen jagte nur wenige Sekunden nach dem Eintreffen des Propheten auf das Stadttor zu, und Elia hob grüßend die Hand. Ahab zog hart an den Zügeln, um die Pferde anzuhalten. Er sprach kein Wort, während er den seltsamen, haarigen Propheten mit seinen nackten Armen ansah. Der Regen kam mit ihm, und er brach urplötzlich und mit voller Wut los, ein stürmischer Regen, der sie beide binnen Sekunden durchnäßte. Elia hob sein Gesicht und seine Arme dem Regen entgegen und fühlte, wie die Nässe den Staub von seiner Haut wusch und seinen Bart durchnäßte und sein nasses Hemd an seinen Leib klebte. Er begann zu lachen. »Nun, mein geliebter König«, schrie er Ahab durch den Sturm hindurch zu, »Jahwe hat sich heute tatsächlich kundgetan.«

Der König spürte, wie ihm der Regen ins Gesicht und auf den Rücken peitschte und sich über seine mit Sandalen bekleideten Füße ergoß, um dann hinten aus dem Wagen zu fließen, aber er lächelte nicht. Er wollte Elia sagen, wie ihm zumute war, daß er sich als Israelit über den Sieg Jahwes freute, daß jedoch die Last des Königtums in seinem Inneren schwerer wog. Er konnte an nichts anderes denken als an Isebel und das Bündnis mit Tyrus. Ohne ein Wort zu sprechen schnalzte er mit den Zügeln und fuhr durchs Tor.

Er sandte augenblicklich nach der Königin. Sie hatte angespannt auf Nachrichten über den Ausgang des Wettkampfes gehört und eilte deshalb sofort in seine Kammer. Ahab wechselte eben seine durchnäßte Kleidung, als sie angekündigt wurde. Er rieb sich Haar und Bart kräftig mit einem Handtuch, als sie eintrat.

»Der Sturm wütet gewaltig«, sagte sie mit sorgsam im Zaum gehaltener Fröhlichkeit.

»Ja«, antwortete Ahab. »Aber es ist nicht Baal, der ihn gesandt hat. Es ist Jahwe.«

Das Gesicht der Königin zeigte einen kurzen Augenblick lang einen schockierten Ausdruck, aber sie unterdrückte das Gefühl rasch und fragte mit gleichmütiger Stimme: »Wie das?«

»Elia forderte deine Propheten heraus, ein Opfer zu bereiten und zu Melkart zu beten, er möge Feuer vom Himmel fallen lassen, das den Altar anzünden solle. Sie beteten den ganzen Tag hindurch, vom Morgen bis zur Zeit für das Nachmittagsopfer. In meinem ganzen Leben habe ich noch kein solches Spektakel gesehen. Deine Propheten haben sich aufgeführt wie die Wahnsinnigen. Es endete damit, daß sie sich mit Messern ins eigene Fleisch schnitten und sich im Dreck wälzten. Sie waren nicht nur erschöpft, sie waren wie von Sinnen. Entweder sind sie verrückt oder ihr Gott ist es.«

Isebel ging zu zwei Sofas hinüber, die dicht nebeneinander mitten im Raum standen. Sie streckte sich aus und stützte sich auf einen Ellbogen auf. Ihr Gesicht trug einen Ausdruck lässiger Gleichmut. »Und Jahwe?« fragte sie. »Hat Jahwe mit Feuer geantwortet?« Sie lachte. »Ich hätte gerne gesehen, wie Elia seinen Altar umtanzte. Sein grausiges Haar muß ja wahrhaftig ein Anblick gewesen sein.«

Ahab zog sich eine Tunika über den Kopf und zog sie an den Schultern zurecht. »Jahwe hat geantwortet, und ich habe niemals einen so ruhigen Propheten wie Elia gesehen.«

Die Königin setzte immer noch einen Ausdruck von höflichem Interesse auf, als lauschte sie dem Bericht über irgendein sportliches Ereignis. »Und wie hat Jahwe geantwortet?«

»Er hat mit Feuer geantwortet.« Ahab hatte die Hände auf die Hüften gestützt und stand breitbeinig vor der Königin. »Isebel, deine Propheten sind geschlagen. Jahwe antwortete Elia auf höchst ungewöhnliche Weise, auf grandiose Weise. Noch niemals seit dem Exodus hat unser Gott so deutlich gesprochen. Die Leute warfen sich aufs Angesicht nieder und schworen laut, sie wollten Jahwe dienen. Dann erschlugen sie auf Elias Befehl hin alle deine Propheten. Jeden einzelnen von ihnen. Ihre Leichen liegen in diesem Augenblick im Wasser des Baches Kison.«

Isebel setzte sich auf. Sie spielte nervös mit einer Falte ihres Kleides. Ahab beobachtete sie schweigend, halb und halb amüsiert über ihre Anstrengungen, Selbstbeherrschung zu bewahren, aber auch betrübt, daß diese Königin, die er herzlich liebte, ihren Traum in Trümmer fallen sehen mußte. Als sie schließlich sprach, konnte sie nicht verhindern, daß ihre Schultern zuckten. »Schon gut«, sagte sie, »erzähl mir genau, was geschehen ist.«

Ahab setzte sich auf dem Sofa ihr gegenüber nieder und beugte sich zu ihr. Er begann von Anfang an zu erzählen.

Als er schließlich seinen Bericht beendet hatte, fragte Isebel leise: »Wo ist Elia jetzt?«

»Er stand am Stadttor und begrüßte mich, als ich in Jesreel einfuhr.« Der König ging zu seiner Frau und trat hinter sie. Er legte seine Hände auf ihre Schultern und küßte ihr Haar. »Isebel, es ist Wahnsinn, deinen Kampf gegen Jahwe fortzusetzen. Das enge Bündnis zwischen Israel und Tyrus hat große Bedeutung für mich, aber dieser Versuch, unsere Religionen miteinander zu vereinen, ist uns aus der Hand geraten. Ich habe dir einst geschworen, ich würde es nicht dulden, daß du die Propheten Jahwes verfolgst. Dennoch hast du sie bis auf den letzten Mann umbringen lassen. Nur Elia ist als letzter übriggeblieben. Ich habe dir freie Hand gelassen, weil sie sich dem Tempelbau hier und in Samaria so heftig widersetzten. Ich konnte ihnen nicht gestatten, die Rechte zu beschneiden, die dir dein Heiratsvertrag zusichert.« Er drehte die Königin zu sich herum. »Isebel, ich verstehe nicht viel von den Göttern. Aber von heute ab weiß ich, daß Jahwe der Gott Israels ist und es immer sein wird. Du mußt dich damit zufriedengeben, dem Baal allein Opfer zu bringen, nur du und dein Gefolge. Das ist alles, was der Heiratsvertrag verlangt. Du mußt deine Bemühungen aufgeben, Israel zu Melkart und Aschera zu bekehren.«

Isebel zog Ahabs Hände sanft an ihr Gesicht. Sie küßte seine Finger, dann entzog sie sich ihm. »Ich muß nachdenken, Ahab, ich möchte allein sein.« Sie wandte sich zur Türe.

Meor-baal, der die Nachricht von dem Ereignis auf dem Karmel bereits erhalten hatte, wartete auf die Königin vor den Türen ihrer Gemächer. Er ließ sich auf Hände und Knie fallen, als sie sich näherte, und berührte mit der Stirne die kalten Steinplatten.

»Steh auf, Meor-baal«, sagte sie rasch.

Der Priester erhob sich. Isebel wandte sich ihren beiden Hofdamen zu, die respektvoll hinter ihr standen, und bedeutete ihnen, in ihren Gemächern zu warten. Sobald sie allein mit Meor-baal war, ließ sie ihre mühsam aufrechterhaltene Selbstbeherrschung fallen. Sie packte ihn wild am Arm und stieß zwischen zusammengebissenen Zähnen, mit brennenden Augen die Worte hervor: »Bring Elia diese Botschaft«, sagte sie. »Sag ihm, ich schwöre bei meinen Göttern, daß ich ihn morgen um diese Zeit getötet und in Stücke gehauen haben werde. Sag ihm, man wird seine Leiche in den Bach Kison werfen, wie er es mit meinen

Propheten getan hat.« Sie stieß Meor-baal von sich fort, als wollte sie ihm Schwung für seine Nachricht geben, aber noch bevor er sich bewegen konnte, packte sie seinen Ärmel. »Warte, Priester des Baal. Sage ihm, ich hätte noch einen weiteren Schwur getan. Sag ihm, ich hätte geschworen, die Götter sollen mir all das antun und noch Schlimmeres, was meinen Propheten geschehen ist, wenn ich ihn morgen um diese Zeit nicht ums Leben gebracht habe.«

Der Priester, der die Kunst höfischer Sitte bestens beherrschte, ließ sich seine Sorge nicht anmerken. »Es geschehe, wie du befiehlst.« Er nickte mit einer halben Verbeugung.

Elia saß mit einem der wohlhabenden Einwohner von Jesreel beim Abendessen, als die Nachricht einlangte. Meor-baal hatte Angst gehabt, der siegreiche Prophet würde den Tod auf ihn herabfluchen, und an seiner Statt einen unbeteiligten Boten gesandt, der ihm den Schwur der Königin überbringen sollte. Elisa war erst kurz zuvor angekommen, durchnäßt und fröstelnd; erst hatte ihn die Suche nach dem Mantel seines Herrn aufgehalten, dann die Suche nach Elia selbst.

Der Gastgeber antwortete auf das Pochen an der Türe, dann rief er Elia herbei. »Ein Bote will dich sprechen, Elia. Er sagt, er habe eine Nachricht vom königlichen Hof.« Der Bote flüsterte die Nachricht mit angstvoll aufgerissenen Augen in Elias Ohr, dann trat er einen Schritt zurück, voll Furcht, der launische Prophet könnte einen Fluch Gottes auf ihn herabrufen. Elia lauschte in schockierter Überraschung. Er schloß langsam die Türe und wandte sich seinem Gastgeber zu. »Ich muß gehen«, sagte er.

»Jetzt schon?« antwortete der Mann. »Das Essen wird gleich aufgetragen werden. Du mußt zuerst essen.«

»Ich muß jetzt gleich gehen.« Ohne weitere Erklärung warf der Prophet sich den Mantel über die Schultern und eilte zur Türe hinaus.

Der Gastgeber starrte ihm nach. »Dein Herr ist ein seltsamer Mensch«, sagte er zu Elisa.

Elisa gab keine Antwort. Ohne einen Blick zurückzuwerfen, hob er seinen eigenen Mantel auf und eilte nach draußen.

DREIZEHNTES KAPITEL

Elisa war erschöpft vom schnellen Lauf. Er starrte seinen Herrn an, während sie beide schwer atmend im unzulänglichen Schutz eines Olivenhains lagen. Elia hatte seine Anwesenheit noch nicht zur Kenntnis genommen, er hatte es anscheinend auch gar nicht bemerkt, als sein Diener ihn außerhalb der Tore von Jesreel einholte. Sie waren gemeinsam davongerannt, zuweilen Seite an Seite, zuweilen war Elisa einen Schritt zurückgefallen. Der vierschrötige Prophet rannte mit seinem kurzbeinigen Gang wie Pumpenschwengel und brauchte drei Schritte, wo sein Diener zwei machte, aber selbst nach dem Gewaltmarsch vom Berg Karmel nach Jesreel war er derjenige gewesen, der das Tempo angab.

Die Wut des Sturmes legte sich nur wenige Minuten, bevor die Männer Schutz und Erholung unter den dicken, dichtbelaubten Bäumen des Hains fanden. Sie waren sieben Meilen weit gelaufen, rund um den Fuß des Berges Gilead. Die lavarote Erde des Tales war unter ihren Tritten bereits sumpfig gewesen. Sie befanden sich jetzt in En-Gammin und hatten einen beträchtlichen Vorsprung vor jedem Suchtrupp, der am Morgen aufbrechen mochte. Elisa konnte nur rätseln, was seinen Herrn zu seiner furchtsamen und schweigsamen Flucht nach seinem Sieg auf dem Berg Karmel bewegt hatte. Isebel war die einzig denkbare Ursache, es sei denn, dem Propheten war aufgetragen worden, ein weiteres Wunder zu vollbringen. Diese Möglichkeit schrieb Elisa jedoch ab, als er Elias Gesicht sah, als der Prophet aus dem Haus stürzte.

Die dicken Äste über ihren Köpfen milderten die Gewalt des immer noch reichlichen Regens, aber sie hielten die Nässe nicht ab. Die Zweige sammelten das Wasser und ließen es dann in großen Tropfen fallen, die unregelmäßige Plumpsgeräusche machten, als wäre das gelbe Gras unter ihren Füßen hohl. Elia lag auf dem Rücken, seine mächtige Brust hob und senkte sich keuchend, sein ausdrucksloses, regloses Gesicht fing das Gewicht der dicken Tropfen auf, ohne mit der Wimper zu zucken. Seine Augen standen offen, sie blinzelten nicht, es sei denn, ein Tropfen landete unmittelbar auf seinem Ziel; dann schüttelte er mit einer scharfen Bewegung den Kopf und verfiel wieder in sein tranceartiges Starren.

Mehrmals hintereinander setzte Elisa an, den Propheten beim Namen zu rufen, aber Elias unvertraut seltsames Verhalten warnte ihn jedesmal davor, sich einzumischen. Schließlich erhob er sich und warf seinen Mantel ab. Vorsichtig manövrierte er den Saum durch die Zweige und über einen dickeren Ast, so daß er ein Zelt über seinem Herrn bildete. Diese Tätigkeit löste eine jähe und reichliche Dusche über Elia aus, der wild den Kopf schüttelte und sich aufsetzte. Er wischte sich die Nässe vom Gesicht und blickte seinen Diener an, den er jetzt zum ersten Mal bewußt wahrnahm. Elisa befestigte den Saum seines improvisierten Zeltes und setzte sich dann unter dem kleinen Schirmdach nieder.

Elia sprach noch immer nicht, und er erwiderte auch Elisas Lächeln nicht. Er schüttelte leise den Kopf, als sei er unfähig, in Worte zu fassen, was in ihm vorging. Der Prophet legte seinen Mantel ab und bedeutete dem Diener, seine Umhüllung mit ihm zu teilen. Er sah jetzt so verzweifelt aus, wie Elisa es sich von einem echten Propheten niemals erwartet hätte. Die beiden Männer legten sich nebeneinander zum Schlaf nieder, immer noch ohne ein Wort miteinander zu sprechen. Elia schlief auf dem Rücken liegend ein, aber er grunzte und murmelte die ganze Nacht hindurch und weckte Elisa immer wieder mit seinen zuckenden Muskeln und seinem nervösen Geschniefe auf.

Der Regen hörte vor Anbruch der Dämmerung auf, aber schwerer Nebel verhüllte das Tal. Die beiden Männer marschierten in Richtung Dothan, wobei sie den niedrigen Hügel überquerten, der sanft in die von der Stadt beherrschte Ebene absinkt, und kamen bereits eine ganze Weile vor Mittag in den Vororten an. Dort wandten sie sich nach Südosten und schlugen die

Straße nach Tirzah ein. Elia war immer noch wenig gesprächig, und Elisa wanderte schweigend dahin und machte sich Gedanken über die extremen Stimmungsschwankungen seines Mentors.

In Tirzah blieb Elia stehen und deutete auf die Straße, auf der er erst vor wenigen Tagen zu Elisas Haus unterwegs gewesen war. Er sprach mit Entschiedenheit den ersten vollständigen Satz, seit sie Jesreel verlassen hatten. »Du mußt mich jetzt verlassen, Elisa, und in dein Vaterhaus zurückkehren.«

Der Diener blickte das enge Tal entlang, dann wandte er sich um und blickte in das verzweifelte Gesicht seines Herrn. »Und wohin wirst du ohne mich gehen, Prophet des Jahwe?«

»Ich gehe nach Süden.«

»Süden?«

»In die Wildnis, wo Israel seinen Gott gefunden hat. Das ist passend so.«

»Was wirst du tun?«

Elia gab keine Antwort. Er nickte ihm ein Lebewohl zu und wandte sich nach Süden, den Weg der Eiche des Wahrsagers entlang. Elisa folgte seinem freiwillig angenommenen Herrn, ohne auch nur einen Blick auf sein Elternhaus zu werfen. Fast zwei Meilen weit lief er hinter Elia her. Elia blieb an einer Stelle stehen, wo die Straße den Gipfelgrat des Berges kreuzte. Er starrte in ein langes, häufig bereistes Wadi hinunter, das östlich des Jordan verlief. Er konnte den tiefen Einschnitt des Flusses Jabbok sehen, der von der anderen Seite her in den Jordan mündete. Dieser Fluß markierte die Südgrenze seiner Heimatprovinz Gilead. Das hügelige Hochland mit seinen Weideflächen war nicht sichtbar, nur die Klippen, die auf der Ostseite des Ghor weitaus höher aufragten als im Westen, wo die beiden Männer standen.

Der Prophet wandte sich Elisa zu, der jetzt schweigend neben ihm stand. Er stellte keine Fragen, warum Elisa immer noch da war. »Es scheint mir, als wäre ein Leben vergangen, seit ich aus diesen Hügeln herabgestiegen bin. Ein ganzes Leben.« Er deutete mit einer ruckartigen Handbewegung auf die Talsohle. »Vor zwei Jahren bin ich bei Nacht durch dieses Tal gelaufen, um Ahabs Suchtrupps zu entgehen.«

»Elia«, wagte der Diener zu sagen, »die Jahre waren ihren Preis wert. Warum bist du jetzt so betrübt? Welche Nachricht könnte den Sieg auf dem Karmel zunichtemachen?«

»Ja, den Sieg«, sagte der Prophet mit leiser Stimme. Er kauerte sich nieder, stöhnte, als die Anstrengung sich in seinen schmerzenden Schenkelmuskeln bemerkbar machte und setzte sich mit lang ausgestreckten Beinen auf den Boden. »Die Nachricht, mein Freund, kam von Isebel. Sie hat geschworen, mich noch vor Anbruch der Nacht zu töten.«

Elisa kniete nieder, so daß er Elia seitlich gegenübersaß. »Würde sie so etwas wirklich tun? Das Volk würde es nicht erlauben. Das hieße, gegen Jahwe selbst die Hand zu erheben.«

»Ja, genau das hat sie vor.«

»Aber Jahwe wird dich beschützen. Er hat dich in all diesen schrecklichen Monaten beschützt.«

Elia hatte keine Lust, dem jüngeren Mann die Wirklichkeit eines Prophetenlebens nahezubringen; im Augenblick war ihm nicht danach zumute, den Lehrer zu spielen. »Wie viele Propheten des Jahwe sind noch übrig, Elisa?« fragte er.

Der Diener schüttelte den Kopf; sein Gesicht war ausdruckslos vor ungläubigem Staunen. »Aber du bist Elia. Du bist ein Sonderfall. Jahwe beschützt dich auf wunderbare Weise. Und der Berg Karmel. Elia, das war einer der größten Siege, die Jahwe in der Geschichte Israels errungen hat. Kannst du einem solchen Sieg einfach den Rücken kehren?«

Elia hob einen Stein auf und warf ihn gedankenlos in Richtung des Tales. »Isebel ist eine fanatische Anhängerin des Baal, noch fanatischer, als selbst ich mir vorstellen konnte. Der große Sieg hat ihr Herz nicht bekehrt.«

»Du bist müde, Elia. Du brauchst Ruhe. Dann kannst du wieder klarer denken.«

»Vielleicht.«

»Was hast du jetzt für Pläne?«

»Ich bin nicht sicher. Ich denke, ich sollte in das Land gehen, in dem die Wiege unseres Volkes stand.«

»Dann bist du immer noch entschlossen, in die Wildnis zu ziehen?«

»Ja.«

Elisa nickte zustimmend und schüttelte das Gefühl der Sorge ab, das ihn anfänglich überkommen hatte. »Das mag eine gute Idee sein. Die Wüste hat ihre eigene Art, die Seele eines Menschen zu erneuern, obwohl es mir scheinen will, daß du zu einem merkwürdigen Zeitpunkt davongehst.«

Elia lächelte trocken und gab keine Antwort. Er machte eine Bewegung, sich zu erheben und grunzte vor Anstrengung. Elisa sprang eilig auf die Füße und ergriff die Hand seines Meisters, um ihm aufzuhelfen.

»Danke«, sagte der Prophet schlicht.

Die beiden Männer begannen den Hügel hinabzusteigen. Sie schritten schweigend Seite an Seite. Sie kamen im wunderschönen, gut bewässerten Schechem knapp vor Mittag an. Elisa ging Lebensmittel einkaufen, mit der Anweisung, Elia später am Jakobsbrunnen zu treffen.

Der Prophet fand den Brunnen ohne Mühe und setzte sich auf seinem steinummauerten Rand zur Rast nieder. Tiefe Seilspuren hatten sich in die großen Steinquadern gegraben, wo seit Jahrhunderten Schäfer und Frauen das Wasser für ihre Familien geholt hatten. Der Berg Ebal erhob sich, ein imposanter Anblick, im Norden, der Berg Garizim im Süden. Er dachte an die Segenssprüche und Flüche, die in der Frühzeit Israels in feierlicher Versammlung von den Zwillingsgipfeln verlesen worden waren. *Selbst damals,* dachte Elia, *vor vierhundert Jahren ist dieser Brunnen schon von ehrwürdigem Alter gewesen.* Wie oft waren die von Seilen zerkerbten Steine wohl schon ersetzt worden, seit Jakob vierhundert Jahre vor Mose diesen Brunnen gegraben hatte?

Die Mahlzeit erfrischte beide Männer. Elia hatte seit der Nacht vor dem Wettstreit auf dem Berg Karmel keine komplette Mahlzeit mehr gegessen. Sie setzten ihre Reise in südlicher Richtung bis Lebonah fort, das rund zwölf Meilen entfernt lag, dann verließen sie die Hauptstraße, nachdem Elia den impulsiven Einfall gehabt hatte, in dieser Nacht bei dem zerstörten Heiligtum in Shiloh zu schlafen. Der Einfall erwies sich als Mißgriff. Elisa hatte gedacht, es würde seinem Herrn Mut machen, in so innige Verbindung mit Israels Vergangenheit zu treten, aber die Nacht war unfreundlich. Der von Wolken bedeckte Himmel war dunkel, und das willkürliche Arrangement der Steine erinnerte Elia an die dunkelsten Tage in Israels Bund mit Gott. Shiloh, einst eines der am höchsten in Ehren gehaltenen Heiligtümer in Israel, war zur Zeit Samuels von den Philistern zerstört und niemals wieder aufgebaut worden. Andere Heiligtümer, die verkehrsgünstiger lagen, hatten Shilohs Platz eingenommen. Jetzt wurde Jahwe durch andere Götter ersetzt, die den Leuten mehr zu Gesicht standen.

Nach der Erfahrung, die er in dieser Nacht in Shiloh gemacht hatte, fürchtete Elisa die Wirkung, die Bethel auf den Propheten haben würde, jener uralte heilige Schrein an der Stelle, wo Jakob dem Jahwe einen Altar errichtet hatte, nachdem er den Traum von den goldenen Stufen gehabt hatte. Jerobeam hatte ein goldenes Kalb dort aufstellen lassen, um das frisch abgetrennte Israel von Jerusalem fortzulocken.

Unter dem Vorwand, daß sie dort sicherer vor Isebels Suchtrupps wären, überzeugte Elisa den Propheten, daß sie weiterhin auf der einsamen Landstraße bleiben sollten. Diese Straße war länger, sie schlängelte sich zwischen den hochgelegenen Hügeln dahin, aber sie stieß bei Gibeah, jenseits der Grenze von Juda, wieder auf die Hauptstraße. Sie konnten bereits am Spätnachmittag in Jerusalem sein.

Elias Stimmung heiterte sich auf, als er die Grenze nach Juda überschritt. Er blieb stehen und atmete tief durch. Das Meer glitzerte deutlich sichtbar im Westen, am Fuß der steilen Gebirgskette und jenseits der sanfteren Ebene von Scharon. Er wandte sich Elisa zu. »Ich wollte bei Gott, ich wäre Prophet in Juda, unter einem König, der den Herrn liebt.«

»Ja«, stimmte Elisa ihm zu, »das wär einfacher. Aber dann müßtest du wohl einen anderen Namen annehmen.«

Elia blickte seinen Gefährten fragend an.

»Was nützt schon der Name ›Jahwe ist Gott‹ in einem Land, in dem die Leute das ohnehin wissen?«

Der Prophet lächelte. »Ja. Aber ich wäre gern bereit, meinen Namen zu ändern.«

»Elia«, sagte der Diener im Tonfall ernster Frömmigkeit, »ist es nicht ein großer Trost, daß Juda dem Herrn treu geblieben ist?«

Elia warf einen Blick über die Grenze zurück. »Für einen Propheten in Israel ist das nur ein schwacher Trost.« Er senkte die Stimme und sprach jetzt mehr mit sich selbst als mit Elisa. »Bedeutet das, daß Israel seine Bestimmung verworfen hat? Daß Jahwe sich jetzt nur mehr um Juda bemühen wird?«

»Ich teile deine Liebe für Israel«, antwortete Elisa, ohne zu bemerken, daß Elia nur ein Selbstgespräch geführt hatte, »aber dennoch freut es mich zu wissen, daß König Jehosaphat dem Jahwe treu ergeben bleiben und dennoch ein bedeutendes Land begründen kann. Ahab baut Israel auf, indem er an Geldgier und Machtgelüste appelliert. Joschafat baut Juda auf, indem er ein System der Gerechtigkeit für das Volk geschaffen hat und den Bund mit Jahwe aufrechterhält. Und Juda gedeiht bei dieser Politik.«

»Juda gedeiht«, mußte auch Elia anerkennen. Er drehte sich ganz um die eigene Achse und holte neuerlich tief Atem. »Und die Luft hier ist besser zu atmen«, sagte er.

Jerusalem lag hoch oben auf einem Gipfel der Bergkette, eine so unzugängliche Zitadelle, wie eine große Stadt nur sein konnte. Sie betraten Jerusalem durch das Ephraim-Tor, eines der drei Haupttore im Norden, die in die befestigte Stadt führten. Der Tempel lag nicht weit entfernt im Inneren. Rasch begaben sie sich zu dem gewaltigen Wunderwerk.

Elia und Elisa standen Seite an Seite und starrten in ehrfürchtigem Staunen das Eingangstor des Tempels an. Zwei mächtige, freistehende Obelisken erhoben sich dreißig Fuß hoch in die Höhe, zwei Drittel der Höhe der gesamten Tempelfassade. Isebels Tempel hatte ähnliche Säulen, aber sie repräsentierten die Phalli des Fruchtbarkeitskultes. Diese beiden hatten Namen: Jachin bedeutete »Jahwe begründet« und Boaz bedeutete »In Jahwe ist Stärke«. Feuer flackerte in sanften Wellen in riesigen Feuerschalen an der Spitze jedes Obelisken. Ihre Bedeutung war gleichermaßen historisch wie mystisch, sie galten als Erinnerung an die Feuersäule bei Nacht und die Wolkensäule bei Tag, die die Israeliten durch die Wüste geführt hatten, und sie galten auch als Verbindung zwischen Himmel und Erde, wie der Rauch sich erhob, um sich mit dem Himmel zu vermischen.

Zur Rechten stand der massive Brandaltar, dreißig Fuß im Quadrat und fünfzehn Fuß hoch. Er war über dem Altar aus Naturgestein errichtet worden und verbarg ihn völlig. Ein Sims lief unterhalb des höchsten Teiles des Altars entlang, auf dem die Priester standen, während sie die Brandopfer vorbereiteten und darbrachten. Ein Abflußsystem verlief unterhalb des Altars und führte das Blut der Schlachtopfer in den Bach Kidron ab.

Zur Linken befand sich das nicht weniger massive Arrangement des Beckens und der Kessel. Ein bronzenes Becken, so groß, daß man es das Geschmolzene Meer nannte, war auf jeder Seite von fünf Kesseln umgeben. Das Meer selbst war fünfzehn Fuß breit und siebeneinhalb Fuß hoch. Es ruhte auf den Rücken von zwölf bronzenen Ochsen, die auf den Hinterbeinen hockten; jeweils drei blickten in die vier Himmelsrichtungen. Die Priester wuschen ihre Hände und Füße im Wasser des Beckens, bevor sie sich dem Altar näherten oder das Allerheiligste betraten. Jeder der zehn runden Bronzekessel maß zehn Fuß im Durchmesser und ruhte auf mächtigen, neun Fuß hohen Füßen, die rundum mit den verschiedensten Pflanzen- und Tiergestalten geschmückt waren. Die Kessel wurden von den Priestern dazu benützt, die Eingeweide der Opfertiere in Vorbereitung des Opfers zu waschen.

Ohne ein Wort zu sprechen schritten die beiden Männer zwischen dem Altar und dem Geschmolzenen Meer hindurch und stiegen die zehn Stufen zwischen den beiden Säulen empor. Sie betraten das *ulam*, den Vorhof des Tempels, und blickten durch die hohen Türen in das *kekhal*, das Heiligtum. Seine Dimensionen waren genau abgemessen. Der Raum war exakt zweimal so lang wie breit, sechzig Fuß mal dreißig Fuß, und die Höhe wiederum maß genau die Hälfte der Länge und Breite, nämlich fünfundvierzig Fuß.

Im obersten Teil der seitlichen Mauern waren Fenster eingelassen, die schräg nach oben durch das dicke Mauerwerk verliefen, um die Sonnenstrahlen einzufangen, die mit atemberaubender Brillanz auf den mit Gold eingelegten Wänden gleißten. Kompliziert verschlungene Ornamente aus Palmbäumen, Blüten und Cherubim waren in das Zedernholz geschnitzt, mit dem die

Wände getäfelt waren. Die ganze Innenausstattung war mit Gold überzogen, jeder Zoll der Wände und der Decke, jedes Gerät und jedes Möbelstück.

An jeder Seite der Wand standen fünf goldene Kerzenleuchter, von denen jeder sieben Äste hatte, die jeder aus reinstem Gold geschmiedet waren. Drei der Kerzenleuchter brannten selbst jetzt, während des Tages, um die ununterbrochene Anbetung und das unauslöschliche Licht Gottes und seines Volkes zu symbolisieren. Das flackernde Licht der Kerzenleuchter warf ein sanftes und ständig wechselndes Licht auf das Gold des Raumes.

Zur Rechten befand sich ein Tisch aus Akazienholz, der ebenfalls mit Gold überzogen war. Darauf waren in zwei säuberlichen Reihen zwölf Laibe ungesäuertes Brot ausgelegt, wobei jeder Laib einen der zwölf Stämme repräsentierte, eine doppelte Erinnerung an die Versorgung in der Wildnis und an die ständige Frucht, die die Erde auf Befehl Jahwes hervorbrachte. Der Räucheraltar lag unmittelbar vor ihnen, vor dem Tor des *debit*, des Allerheiligsten. Jeden Morgen und jeden Abend verbrannte ein Priester Räucherwerk auf diesem Altar, das nach speziellem Rezept aus vier verschiedenen Parfüms und ein wenig Salz hergestellt wurde, ein Zeichen der Anbetung, die Jahwes Volk seinem Gott entgegenbrachte. Ein Hauch des Duftes, der süß in die Nase stieg, war vom morgendlichen Ritual zurückgeblieben, als der Rauch des Räucherwerks zur Decke emporgestiegen war, um schließlich durch die Fensterschlitze zu fließen und sich himmelwärts aufzulösen.

Hinter dem Räucheraltar befand sich die Zedernholzwand des Allerheiligsten. Die beiden Türen aus Olivenholz waren, wie alles andere auch, mit Gold überzogen. Nur wenige Männer in der Geschichte Israels hatten jemals den vollkommen quadratischen Innenraum betreten, dreißig mal dreißig Fuß, denn nur der Hohepriester durfte die lichtlose Kammer betreten, und auch er nur jedes Jahr am Versöhnungstag. Jahwes Gegenwart war in diesem Allerheiligsten aufs intensivste lebendig. Seine Glorie, die *schechina*, war dort gegenwärtig – jene überwältigende, fast sichtbare Gegenwart Gottes, die in der Feuersäule und der

Wolke erschienen war, jene Gegenwart, die am Berg Sinai erschienen war, als Jahwes Stimme von den wolkenverhangenen Höhen des Berges herabdonnerte, jene Gegenwart, deren Heiligkeit selbst dem Hohenpriester fast die Sinne schwinden ließ, wenn er den heiligen Raum betrat.

Elia sprach mit leiser Stimme, ohne sich direkt an seinen Gefährten zu wenden. »Ich wünschte, das Herz jedes einzelnen Israeliten wäre ein Allerheiligstes.«

Die Bundeslade befand sich in diesem Raum, die Kiste aus Akazienholz, in der sich die von Mose mit eigener Hand behauenen Steintafeln befanden, auf denen Jahwe selbst sein Gesetz niedergeschrieben hatte. Jeder fromme Israelit wußte, wie das Allerheiligste aussah. Die Bundeslade stand im Mittelpunkt, aber sie war nicht das größte Objekt im Raum. Ihr Deckel, der Gnadenstuhl Jahwes, war aus massivem Gold. An den Deckel schlossen sich in einem einzigen ungeteilten Stück zwei große Cherubim an, die den Blick einander zu und auf den Gnadenstuhl hinabgewandt hielten, jeder mit Flügeln, die die Wand auf der einen und die Flügelspitzen des Gefährten auf der anderen Seite berührten. In dem Raum zwischen den beiden Cherubim und knapp oberhalb des Gnadenstuhles befand sich die heiligste Stelle im Allerheiligsten. Der Gnadenstuhl war der Sitz Gottes, sein spezieller Aufenthaltsort, der bei aller Heiligkeit keine Ähnlichkeit mit anderen Götterschreinen hatte. Er war viel zu klein, um Jahwe zu fassen, dessen Gegenwart das ganze Universum durchdrang.

Die beiden Männer fühlten sich winzig, aber hoch geehrt, als sie der äußeren Türe den Rücken kehrten und langsam aus dem Tempelbezirk fortgingen.

Sie hatten noch zwei Stunden Zeit bis zum Einbruch der Dämmerung, und Bethlehem war nur noch fünf Meilen entfernt. Die Straße nach Bethlehem führte über die Berggipfel. Zur Linken fielen die öden Hügel in einer Ansammlung bizarrer gelb-grauer Nacktheit zum Toten Meer ab. Nur ein schwacher Hauch von Grün, der die Ufer des jetzt von den Winterregen geschwollenen Baches Kidron säumte, unterbrach ihre Monotonie. Zur Rechten waren die Hügel grüner, obwohl die Felder, die sonst Gerste und Weizen trugen, jetzt brach lagen. Die Menschen arbeiteten immer noch fieberhaft auf den steinigen Fleckchen Land, um die vom Regen aufgeweichte Erde zu pflügen. Sie würden bis in die Abenddämmerung hinein arbeiten, so spät waren die Regenfälle gekommen.

Wissen sie, dachte Elia, *von dem Wettkampf auf dem Berg Karmel, daß Jahwe der Trockenheit ein Ende gemacht hat und daß sein Prophet in eben diesem Augenblick nahe an ihnen vorübergeht?*

Das harte Land dieses Gebietes war fruchtbar, aber mühsam zu bestellen, nicht so leicht gezähmt wie Ephraims Täler. Steine beherrschten die Felder, die über die ganze Landschaft hinweg verstreut lagen, als werfe irgendein unsichtbarer böser Spaßvogel immer neue auf das Land, kaum daß die Bauern die alten weggeschafft hatten. Die Arbeit nahm kein Ende. Niedrige Mauern, die aus den so mühsam gesammelten Steinen erbaut waren, markierten die Grenzen der einzelnen Felder. Die Mäuerchen zogen sich kreuz und quer über das Ackerland und die zu Terrassen gestuften Hügel, aber die Steine wurden nicht weniger, zum ständigen Ärger der Bauern. Die Kalksteinhügel bahnten sich da und dort ihren Weg durch die Erde wie die Glatzköpfe alter Männer, und an anderen Stellen verliefen sie ganz knapp unter der Erde, unsichtbare, aber tückische Fallen für den Bauern.

Elisa, der mehr vom Bauern an sich hatte als sein Meister, erklärte Elia, daß die Pflanzen früh und vielversprechend aus der seichten Erde sproßten, die den darunterliegenden Fels bedeckte. Die Sonne erwärmt die Erde an solchen Stellen sehr schnell, so daß die Samen rasch keimen und die Schößlinge schnell aus dem Boden wachsen. Aber die Pflanze kann den Stein nicht durchbrechen und ihre Wurzeln tiefer in die Erde bohren. So welkt und verfällt sie sehr rasch.

Dem Diener tat es leid, daß er das gesagt hatte, kaum daß die Erklärung über seine Lippen gekommen war. Elia blieb stehen und ließ den Blick über die Felder schweifen. Dann wandte er sich um und sagte fast unhörbar: »Israel ist genauso.« Er schritt weiter, den Kopf tief gesenkt, und behielt nur den Boden direkt vor seinen Füßen im Auge, wie verzweifelte Menschen es tun. »Ich kann nicht verstehen, Freund Elisa, wieso Israel so schwer zu erreichen ist. Unser Land ist reicher als Juda. Das Land schenkt seine Fülle um so viel freigebiger als hier. Und wir sind reicher, was den Handel angeht. Aber hier geben die Menschen Jahwe die Ehre für ihr mühseliges Leben und den Ertrag der Felder.«

»Es hat mit den Anführern des Volkes zu tun, meinst du nicht, Prophet des Jahwe? Joschafat ist ein gerechter Mann, und er weiß, daß nur Jahwe wahre Gerechtigkeit lehrt. Ahab kennt nur die Macht von Waffen und Bündnissen. Religion ist für ihn ein Buch mit sieben Siegeln, also läßt er Isebel freie Hand zu lehren, was anscheinend so gut funktioniert – die Anbetung der Götzen von Macht und Fortschritt.«

Elia gab keine Antwort. Es war ein merkwürdiges Gefühl, sich von dem Jüngeren belehren zu lassen, und er war beeindruckt von seiner Einsicht, aber zugleich bekümmert, daß nicht er, der Prophet, den Diener belehrte.

Der Prophet schlief auch in dieser Nacht nur unruhig, selbst inmitten der Bequemlichkeiten der Herberge, die Elisas Geld ihnen erkauft hatte. Sein Leben erschien ihm sinnlos. Die Szene auf dem Berg Karmel wiederholte sich in allen Einzelheiten und leuchtenden Farben, trotz seiner Bemühungen, sie von sich wegzuschieben und endlich einzuschlafen. Er versuchte seine Muskeln zu entspannen, wobei er mit den Fingern begann und sich zu den Schultern und dem Nacken vorarbeitete, aber immer wieder schoben sich die Bilder vor sein inneres Auge. Wieder und wieder spielten die Baalspropheten ihr Drama ekstatischer Schreie und wirbelnder Tänze durch. Die Gesichter der Zuschauer rückten ins Bild, und in Gedanken rief sich der Prophet den Ausdruck einzelner Gesichter vor Augen, Gesichter, die im Verlauf dieses langen Tages von Aufregung zu Unglauben und schließlich zu steinerner Ablehnung wechselten, Gesichter, hinter denen Seelen steckten, die sich vom Unakzeptablen verletzt fühlten.

Er wachte von Zeit zu Zeit aus seinem Halbschlaf auf, um bewußter über die Dinge nachzudenken. Die Leute hatten Jahwe in Wahrheit nicht angenommen. Sie waren nur überwältigt von ihm. Sie gehorchten dem Befehl, die Baalspropheten abzuschlachten, wie sie einem siegreichen General gehorcht hätten, solange das Schlachtenglück auf seiner Seite war, und sie würden Jahwe so rasch wieder im Stich lassen, wie ein bezahlter Söldner einer aussichtslosen Sache den Rücken kehrt.

Als der Morgen anbrach, war der Himmel teilweise bewölkt, und Elia erwachte erst aus dem tiefen Schlummer, der so oft in den frühen Morgenstunden auf eine schlaflose Nacht folgt, als sein Diener ihn schüttelte. Er hatte bereits Frühstück bestellt und scherzte darüber, daß die Straße von Bethlehem nach Hebron immer bergab verläuft.

Als sie ihre Reise fortsetzten, hatte Elisa jedoch seine Bemühungen, seinen Herrn aufzuheitern, wieder aufgegeben. Obwohl er sich Sorgen um Elia machte und sein Gehaben als höchst rätselhaft empfand, wußte er doch, daß es Probleme gibt, die nur der von ihnen Betroffene selbst lösen kann. Hilfe von draußen mochte willkommen sein, aber sie traf selten ins Schwarze – und oft wußte der von Sorgen gequälte Mensch selbst nicht, wo dieses Zentrum seiner Schwierigkeiten lag.

Die Männer waren am späten Vormittag aufgebrochen, und es war früher Nachmittag, als sie Beth-Zur erreichten. Sie stiegen den Hügel hinauf, um sich zu erfrischen und ihre Wasserschläuche an den üppigen Quellen der Stadt frisch zu füllen. Keine Schafe oder Rinder waren zu sehen, denn es war Mittag, aber ausgehöhlte Steintröge zum Tränken der Herden bildeten einen Kreis um die Quelle. Der Prophet und sein Gefährte ruhten sich nur einige wenige Minuten aus, dann stiegen sie den Hügel wieder hinab zur Straße.

Hebron lag nur noch eine Wegstunde entfernt. Den alten Geschichten gemäß, die er im Lauf der Jahre an Lagerfeuern und über flackernden Öllampen gehört hatte, wußte Elia, daß sie in Kürze einen Eichenhain erreichen würden, die Eichen von Mamre, wo Abraham sich im Verlauf seiner Wanderungen über Land längere Zeit hinweg aufgehalten hatte. Trotz der Schönheit des Ortes war kein einziges Zelt unter den mächtigen Bäumen aufgeschlagen. Die Stelle war heilig.

Sie hielten sich in Machpela, nordwestlich von Hebron, nicht auf, obwohl Elisa sehr gerne das Höhlengrab besichtigt hätte, das Abraham von Ephron dem Hethiter gekauft hatte, als Sarah starb.

Die beiden Reisenden blieben auch nicht in Hebron über Nacht, wie sie es geplant hatten. Elia bestand darauf, daß sie weiterzogen, trotz der Kälte, die sich nachts über die Wüste senken würde. Elia beschleunigte seinen Schritt. Er eilte dahin wie ein Besessener, und bald schwatzte er so unablässig über die Wanderungen der Israeliten in der Wildnis, daß der erschöpfte Elisa sich nach dem früheren Schweigen zurücksehnte.

Elisas Magen knurrte die ganze Nacht vor Hunger. Er hatte nichts mehr gegessen seit dem späten Frühstück in Bethlehem, und Elia hatte auch da nur wenig gegessen. Aber der Prophet ließ keine Anzeichen von Hunger erkennen und reagierte kaum auf das Unbehagen, das die Kälte ihnen verschaffte. *Er kann immer nur an eine Sache zur Zeit denken,* dachte Elisa, *und jetzt denkt er an nichts anderes als an die Wüste.*

Auf halbem Wege nach Beerscheba ließen Straße und Wadi den unfruchtbaren Kalkstein hinter sich und stießen auf einen Streifen weicheren Schwemmlandes. Die Hügel hier waren niedrig, sie verliefen in sanftem Auf und Ab in Richtung Wüste. Gelegentlich kuschelte sich eine kleine, von keinen Mauern umschlossene Stadt still und dunkel an die Flanke eines niedrigen Hügels, immer in der Nähe eines kleinen Wadi, das den Khalil speiste.

Die Straße wurde zu Sandboden, als die Reisenden sich Beerscheba näherten. Sie mußten die Muskeln in den Waden anspannen, als ihre Zehen wirkungslos in den lockeren Untergrund sanken. Sie machten kürzere Schritte, und die kalte Nachtluft dörrte ihre Kehlen aus, als sie vor Anstrengung tief einatmeten. Dennoch erreichten sie Beerscheba gegen Mitternacht.

Die Stadt wies einige kleine Befestigungen auf, aber — abgesehen von einem kleinen Bereich — keine rundum laufende Stadtmauer. Statt dessen waren die Niederlassungen der Einwohner überall entlang der breiten Wadis verstreut.

Auf dem Marktplatz kauerten Reisende in den Tornischen oder saßen Rücken an Rücken im Freien, um sich gegenseitig zu schützen; sie hatten ihre Mäntel über die Köpfe gezogen und doppelt um den Leib gewickelt und schliefen in unbestimmter Furcht, sie könnten angepöbelt oder beraubt werden. Sie warteten darauf, sich den Karawanen anzuschließen, die sie quer durch die tückische Wüste an ihren Zielort bringen würden. Einige von ihnen würden wohl tagelang warten müssen,

Elisa und Elia schlängelten sich so leise sie konnten zwischen den verstreut daliegenden Schläfern hindurch. Einige erwachten sicherlich dabei und beobachteten sie scharf, aber niemand ließ sich eine Bewegung anmerken. Jenseits des Marktplatzes kamen sie zu dem dünnen Rinnsal des Wadi es Seba. Elia blieb stehen und sprach mit leiser Stimme zu seinem Diener. Die Stimme des Propheten klang fest. »Elisa, ich möchte in die Wüste hinausgehen, allein.«

Elisa hatte bereits erwartet, daß sein Herr etwas dergleichen sagen würde, obwohl er während der ganzen Reise gehofft hatte, er würde bei ihm bleiben dürfen, um ihm in seiner Phase der Verzweiflung beizustehen. Aber Elia hatte sein ganzes Leben lang allein als Prophet gearbeitet, er war den Seßhaften gegenüber zwar freundlich, wollte aber von ihnen unabhängig bleiben. Mehr noch als die meisten anderen Propheten zog er seine Kraft aus der Einsamkeit der Wüste. Aber dem Diener gelang es nicht, seine Sorge zu verbergen, denn Elia war nicht vertraut mit der Wüste im Süden des Landes.

»Du solltest zuerst etwas essen«, warnte er.

»Nein. Ich gehe jetzt gleich.«

»Du kennst weder Weg noch Steg in der Wildnis hier, Elia. Warte wenigstens, bis es Morgen wird, und erkundige dich nach dem Weg.«

»Nein.«

»Wohin willst du dann gehen?«

»Wohin der Geist Jahwes mich führt.«

»Du bist leichtsinnig, daß du jetzt fortgehst, in der Nacht und ohne Proviant. Du mußt jetzt schon Hunger haben.«

Elia reagierte nicht auf die Vorhaltungen seines Dieners. »Bleib hier, Elisa«, befahl er. »Wenn ich in ein paar Tagen noch nicht zurück bin, kehr in dein Elternhaus zurück.«

Elisa nickte. Im Verlauf ihrer Rede hatte er die unerschütterliche Sturheit des Propheten zur Genüge kennengelernt. »Ich werde einige Tage warten. Schalom. Jahwe sei mit dir.«

Elia blickte zum Himmel auf, um sich nach den Sternen zu orientieren. Dann kniete er nieder und füllte seinen Wasserschlauch aus dem schmalen, seichten Bach in der Nähe. Er stand auf, überquerte das Wasser mit zwei Schritten und zog in Richtung Süden los. Elisa beobachtete ihn einige Minuten lang, während sein Meister zwischen den niedriggebauten Häusern einherschritt, die überall im weiten Tal verstreut lagen. Bald darauf verschwand Elia in der Finsternis. Der Diener starrte ihm nach, in die Leere hinein, die er in der Luft fühlen konnte. In seiner Sorge zwang er sich, sich die letzten Bewegungen des Propheten ins Gedächtnis zurückzurufen und die Art, wie er mit den Augen den Himmel abgesucht hatte.

Er ist in Richtung Süden gegangen, schloß Elisa zuletzt. *Er kennt den Weg nicht, also ist er einfach in Richtung Süden gegangen. Er wird es sich keinen Augenblick lang anders überlegen.*

VIERZEHNTES KAPITEL

Etwa eine Stunde, nachdem er Beerscheba verlassen hatte, ließ Elia die fruchtbare Erde des breiten Tales hinter sich. Die niedrigen Hügel wurden rauher und unfruchtbarer, Steine lagen reichlich auf ihren Hängen verstreut. Sie erwiesen sich als ein Fluch in der Dunkelheit, denn immer wieder stieß er sich die Zehen daran oder vertrat sich den Fuß.

Bei Sonnenaufgang näherte Elia sich dem Berg Haleikim. Bei Tageslicht wäre der Marsch nicht sonderlich strapaziös gewesen, aber trotz des hellen Mondlichts stolperte er wiederholt und schlug der Länge nach hin. Sein Unterarm hatte bei einem dieser Stürze schmerzhafte Schrammen davongetragen, und er hinkte, denn einmal war er genau mit dem Knie auf einen kleinen, scharfkantigen Stein gefallen. Er fühlte zwar keinen Hunger, aber der Verlust an Kraft verlangsamte seine Schritte beträchtlich. Als er so dahinschlurfte, schaufelten die Zehen seiner Sandalen bei jedem Schritt ein winziges Tal in den Sand.

Er war jedoch entschlossen, weiterzugehen, und da ihm nun das Tageslicht zu Hilfe kam, zog er am Fuß des Berges Haleikim entlang in Richtung Südosten. Das Land war baumlos, aber wenn er den Blick nach Westen ins tiefer gelegene Gelände richtete, konnte er einen gelegentlichen Streifen Vegetation in tristen Winterfarben erkennen und zuweilen auch eine Gruppe hochgewachsener Zypressen.

Als er schließlich einen Paß über den drohenden Gebirgszug gefunden hatte, konnte er kein Zeichen von Leben mehr entdecken, obwohl der Paß selbst Anzeichen aufwies, daß er hin und wieder von Reisenden überquert wurde. Wiederum befand er sich fast genau südlich von Beerscheba. Er wandte sich nach

Osten in die Paßhöhe hinein und dann kurz darauf nach Norden in ein tiefes Tal zwischen zwei hoch aufragenden Bergketten. Nachdem er etwa eine Stunde geklettert war, kam er zu einer kleinen ebenen Fläche. In ihrer Mitte wuchs, von dem wenigen Wasser genährt, das die Fläche auffangen konnte, ein einzelnes Wacholderbäumchen. Es war völlig entlaubt, aber seine zahllosen dünnen Äste brachen die Strahlen der Sonne und warfen einen grauen Schatten. Elia ließ sich in eine sitzende Haltung nieder, wobei er sorgsam auf seine schmerzenden Muskeln und sein wundes Knie achtete, als er sein Gewicht verlagerte und die Beine vor sich ausstreckte.

So saß er lange Zeit und bewegte nur gelegentlich eine Hand, um einem schmerzenden Handgelenk Erleichterung zu verschaffen oder seine Beine auszustrecken, um den Krampf loszuwerden, der sich in seinen Waden und Schenkeln bemerkbar machte. Er begutachtete sein zerschrammtes Knie, beschloß aber, den dumpfen Schmerz zu ignorieren, da er ihn ohnehin nicht ändern konnte.

Er hätte gerne geweint, aber er wußte nicht mehr, wie. Stattdessen umklammerte die Verzweiflung immer enger seine Kehle. Er saß da wie gelähmt, unfähig, Worte zu formen, mit denen er seine Verzweiflung hätte hinwegbeten können. Mehr als eine Stunde lang starrte er die Klippen an, die sich zu beiden Seiten erhoben, und das Tal, das sich unter seinen Füßen erstreckte. Die Erde und die Felsen waren braun und grimmig anzusehen in der Wüstensonne, ihre felsenharten Hänge und Gipfel sprachen von zeitlosem Frieden und zeitlosem Jammer. Sie waren Spiegelbilder seiner Seele, seiner tiefen Überzeugung, daß Jahwe Gott war und daß er selbst sein Prophet war, und im Gegensatz dazu die Verzweiflung, daß sein Leben nichts Sinnvolles bewirkt hatte.

Er hatte seinen Glauben – von seinem Leben gar nicht zu reden – auf dem Berg Karmel aufs Spiel gesetzt. Nie zuvor hatte Jahwe ein machtvolleres, ein deutlicher sichtbares, ein überzeugenderes Zeichen gesandt, daß er Gott war. Nicht einmal die Teilung des Meeres, als Israel von Mose aus Ägypten geführt worden war, nicht einmal das Manna in der Wüste war ein größeres Zeichen gewesen als dieses Feuer vom Himmel. Aber Isebel hatte sich nicht überzeugen lassen. Und wenn sie nicht überzeugt war, würde es auch Israel nicht sein.

Ein Gefühl dumpfen Grolls gegen Gott erfüllte ihn. Nicht Zweifel. Er hatte keine Zweifel an Gott. Er war zornig auf Gott – zornig, daß Jahwe ihn dahin geführt hatte, ein so großartiges Wunder zu vollbringen und ihm dann die Ergebnisse vorenthielt, die er sich zu Recht hätte erwarten dürfen. Die Israeliten hatten das Rote Meer trockenen Fußes durchschritten und sie glaubten an Jahwe, jedenfalls eine Weile lang. Sie aßen das Manna in der Wildnis und sie glaubten an Jahwe, jedenfalls eine Weile lang. Aber sie sahen Feuer vom Himmel herabfallen und das Opfer verzehren, und den Altar, und selbst das Wasser, und sie glaubten nicht, nicht einmal eine Weile lang.

Elias Tagträume vergangener Jahre sammelten sich in den Ritzen der Berge und sättigten die Luft rund um den Baum. Sie waren der Dunst, der am Wüstenhimmel hing und in schimmernden Schleiern von den heißen Steinen des Tales aufstieg. In all diesen Jahren, in denen er auf Marktplätzen gepredigt hatte, in denen er in der pfadlosen Wildnis Gileads meditiert oder leidenschaftliche Debatten unter flackernden Öllampen geführt hatte – in all diesen Jahren hatte er davon geträumt, eines Tages an Ahabs Seite zu stehen und vom Balkon des Palastes aus der versammelten Menge unten zu verkünden, daß von nun an bis in Ewigkeit Jahwe Gott war, der einzige Gott in Israel.

Wenn dieser Augenblick überhaupt jemals kommen sollte, hätte ihn das Wunder auf dem Berg Karmel herbeibringen müssen.

Elia legte sich auf den Rücken, und die Müdigkeit in seinem Körper kroch in seine Seele, bis sein erschöpfter Geist so bleischwer wie seine Arme hingestreckt auf der Erde lag. Er hatte versagt, und in seinem Versagen gipfelte das Versagen all derer, die vor ihm gekommen waren. Mose scheiterte in ihm, und Samuel, und David, und Nathan, und all jene ungezählten, namenlosen Tausenden von getreuen Verkündern Jahwes, deren Namen Gott allein kannte. Er stand als letzter in der Reihe der Zeugen. Ihr Erfolg war wertlos ohne seinen Erfolg. Diese ganze Mühsal war an ihr Ende gelangt. Jahwe war verworfen worden, endgültig, seiner gewaltigen Zurschaustellung seiner Macht zum Trotz.

Gedanken klammern sich zäh an seinen erschöpften Geist, und die Episoden aus der Geschichte Israels ergossen sich in rascher Folge in sein Bewußtsein, wobei sie wie durch einen Filter durch den Dunst der Enttäuschung drangen, der den Himmel verschleierte.

Moses Gesicht tauchte vor seinem inneren Auge auf, wie er es sich oft und oft vorgestellt hatte, mit einem langen Bart und buschigen Augenbrauen. Aber nun sprach dieses Gesicht nicht mehr von grimmiger, prophetischer Entschlossenheit. Jetzt hing die Haut schlaff auf den Knochen und die Augen lagen tief in den Höhlen.

Samuels Augen starrten einen Thron an, und sein tiefgesenkter Kopf schwankte in langsamer Bewegung hin und her. Er hatte davor gewarnt, was geschehen würde, wenn Israel weiterhin einen König verlangen würde, und nun war es geschehen.

David, mit mächtigen Knochen und Muskeln, hochgewachsen und von männlicher Schönheit – sein Dichter-Krieger, Krieger-Dichter-Gesicht war das betrübteste von allen. Dieses Gesicht widerspiegelte nicht allein Enttäuschung, sondern Wehmut, denn das Königreich, das er in einem Leben brillanter Führerschaft und tiefer Ergebenheit gegenüber Jahwe zusammengebracht hatte, war in zwei Teile zerfallen, und das größere und reichere Stück trieb von den felsigen Bergen fort in den gähnenden Rachen der See.

Davids Gesicht verschwand, und an seiner Stelle zog ein Strom von Gesichtern vorbei. Die meisten von ihnen waren leer und ausdruckslos, aber er erkannte Kaleb und Josua, und Abija und Nathan, alle mit den Gesichtszügen, die er sich ausgemalt hatte, als er ein kleiner Junge gewesen war und seinem Vater zuhörte, wie er ihm die Geschichte Israels erzählte. Und sie alle, bis zum letzten Mann, hatten vergeblich gelebt. Ihre Führerqualitäten, ihr Leiden, ihre Gebete, ihre Treue zu Jahwe waren vergeudet. Und warum sollte er annehmen, daß er, Elia, ein einsamer Prophet inmitten eines abtrünnigen Volkes, imstande sein könnte, sich der Flut von Unheil entgegenzustellen, die so viele tapfere und entschlossene Leben verschlungen hatte?

Dann sprach er, hörbar, aber mit gedämpfter Stimme, zu

dem Gott, den er nicht fühlen konnte, den er jedoch in seiner Nähe wußte. »Es ist genug«, sagte er langsam. »Nun, Jahwe, nimm mir das Leben. Ich bin nicht besser als meine Väter.« Dann schloß er die Augen zum Schlaf, und sein letzter Gedanke war, daß er nicht mehr erwachen würde.

Die Sonne stieg höher in den Himmel und brannte mit all ihrer Wut auf das Tal hinab. Die Strahlen drangen durch die blattlosen Zweige des Wacholderbäumchens und fielen auf den lang hingestreckten Körper des Propheten. Er lag flach auf dem Rücken, die Arme weit über den Kopf ausgestreckt, das Gesicht zur Seite gewandt. Die ineinander verschlungenen Schatten der dünnen Zweige überzogen kreuz und quer seinen Körper. Er rührte sich nicht, als die Sonne hinter der Klippe im Westen aus seinem Blickfeld verschwand und auch nicht, als die Schatten im Tal tiefer wurden. Die Nacht brach herein, und mit ihr die Wüstenkälte des Winters, und immer noch regte er sich nicht.

In der Morgendämmerung – während das frühe Licht der ersten Morgenstunden in hell pastellfarbenem Orange und Rosa und Rot und Purpur und Blau auf den Felsklippen, die das Tal einschlossen, leuchtete – fühlte Elia, wie jemand seine Schulter berührte. Eine Stimme durchdrang seinen tiefen Schlummer, als käme sie aus weiter Ferne, die Stimme eines Gottesboten, die Berührung eines Engels. Stimme und Berührung waren von der Zärtlichkeit der Liebe erfüllt.

Er erwachte nur langsam, als kletterte er aus einem tiefen Schacht des Schlafes und kämpfte sich mühsam zum Sonnenlicht an der Schachtöffnung vor. Dann erstarb die Stimme, und die Berührung hörte auf.

Er stützte sich auf einen Ellbogen auf und öffnete die Augen, als er den zarten Geruch von heißen Brotfladen wahrnahm. Ein kleines Feuer schwelte nur wenige Fuß entfernt und verströmte den Geruch von Dornranken. Auf einem flachen Stein in seiner Mitte backte ein großer Brotfladen. Daneben stand ein Krug Wasser.

Elia raffte sich auf Hände und Knie auf und kroch auf das Feuer zu. Vorsichtig zog er den Fladen von dem heißen Stein und wechselte ihn von einer Hand in die andere, bis er hinreichend abgekühlt war, um ihn zu halten. Er aß langsam, spülte jeden Bissen mit dem klaren, kühlen Wasser aus dem Krug hinunter und staunte über die göttliche Vorsehung, aber dennoch wäre es ihm lieber gewesen, Gott hätte ihn sterben lassen.

Nach dem Essen legte er sich wieder auf derselben Stelle unter dem Wacholder nieder und fiel rasch von neuem in tiefen Schlaf.

Die Sonne wanderte so glühendheiß wie zuvor durch das Tal und darüber hinaus in Richtung Westen. Die Nacht brach so eisig wie zuvor über die Wüstentäler herein. Elia schlief, unbekümmert um Hitze und Kälte, reglos, Körper und Seele in tiefer Ruhe befangen, ohne Visionen oder Träume von der Vergangenheit oder Zukunft Israels. Im Augenblick, in dem die frühe Dämmerung ihre lebhaftesten Farben zeigte, spürte er von neuem ein Zupfen an der Schulter, und in der dunklen Höhle seines Schlafes hörte er, wie die ferne und sanfte Stimme ihm von neuem zurief: »Steh auf und iß.« Diesmal so schien es ihm, hörte er noch einen weiteren Satz: »Denn die Reise, die dir bevorsteht, ist zu gewaltig für dich.«

Diesmal fiel ihm das Aufwachen nicht so schwer wie am vergangenen Morgen, aber immer noch war ihm zumute, als müßte er aus den Eingeweiden der Erde emporklettern.

Diesmal backten drei Brotfladen auf den flachen Steinen inmitten des Feuers. Er holte sie heraus und aß sie langsam auf, während er in kleinen Schlucken das Wasser aus dem Krug trank.

Die Stimme hatte zu ihm gesagt: »Weil die Reise zu gewaltig für dich ist.« Elia sann über die Worte nach. *Jahwe wollte nicht, daß ich jetzt schon sterbe, aber was ist mit der Reise gemeint? Es heißt doch sicher nicht, daß ich nach Isebels Drohung noch nach Israel zurückkehren soll? Was dann?*

Als er den letzten Bissen Brot gegessen und den letzten Schluck Wasser aus dem Krug getrunken hatte, hatte er eine Entscheidung gefällt. Er würde zum Berg Horeb gehen, dem Berg Jahwes in Sinai, wo Jahwe seinem Volk sein Gesetz gegeben hatte. Dort würde er Gott entweder so deutlich zu sich sprechen hören wie einst Mose, oder er würde sterben.

Elia stellte den leeren Krug ab, erhob sich und machte sich an den Abstieg ins Tal. Er schlug den Weg nach Westen ein, sobald er aus dem Tal aufgetaucht war, und eilte mit raschen Schritten dahin, da der Weg jetzt hauptsächlich bergab führte. Irgendwo im Westen, das wußte er, führte eine Straße von Beerscheba nach Kadesch-Barnea.

Er ließ die öden Kalkhügel bald hinter sich zurück und betrat einen Streifen Wüstenland, auf dem einsame Gebüsche und unten in den Wadis sogar aggressivere Gewächse wuchsen. Aber obwohl die kleinen Bäume und das wintertote Gras der Wadis im Vergleich zu der absoluten Öde der Wüste wie Oasen erschienen, wirkte das Gebiet wenig einladend. Die nackten Streifen felsübersäter grauer und brauner Wüstenei schrien den Reisenden die unmißverständliche Warnung entgegen, sich kundig zu machen, ehe sie die Reise in die große und schreckliche Sinai-Wüste wagten.

Diejenigen, die diese Wüste überlebten, fragten sorgsam nach Wegweisung in den Städten, die am Rande der Wüste lagen, wie Beerscheba oder Kadesch-Barnea. Der Reisende pflegte zu fragen, bis er jedes Orientierungszeichen, jeden Trampelpfad, jedes Wasserloch und jeden der am Ort herrschenden Beduinenstämme und ihrer Anführer kannte. Der Prophet hatte also einen doppelten Grund, den Weg durch Kadesch zu nehmen, zum einen, um Ratschläge einzuholen und zum anderen, um seine Pilgerfahrt an einem Ort zu beginnen, wo Israel viele der jammervollen vierzig Jahre seiner verfluchten Wanderung verbracht hatte.

Als Elia die weitläufige Stadt erreichte, ging die Dämmerung bereits in Dunkelheit über. Er war zuerst enttäuscht, wie klein die uralte Ansiedlung war, bis er am nächsten Morgen entdeckte, daß die Stadt sich in weithin verstreuten Häusergruppen über das breite Wadi el Qudeirat und seine Zuflüsse ausdehnte. Jede Häusergruppe sammelte sich um einen felsumfriedeten Brunnen. Die Stadt wies keine großen Gebäude auf, die ein Stadtzentrum gebildet hätten, nur einen abgetakelten Marktplatz, der sich am späteren Vormittag mit Wüstenbeduinen und den Judäern von Kadesch füllte, die sich kaum von ihnen unterschieden. Sie waren von der Wüste gegerbt, dunkler als ihre Verwandten im Norden, was zweifellos mit der wütenden Kraft der Sonne zu tun hatte.

Kadesch lag direkt am Rande des schrecklichen Ödlandes, der letzte Außenposten zwischen der heimtückischen Wüste und den vom Tau befeuchteten Hügeln und Wadis, die sich nach Norden und Westen erstreckten. Seine Vorväter hatten vierzig Jahre lang am Rande des Daseins gelebt. *Und nun,* dachte er, *haben sie sich von neuem dafür entschieden, als Menschen mit ruhelos umherirrendem Geist an den Rändern des Daseins zu leben.*

Im Süden begann dann das wirkliche Ödland. Elia blickte hinüber zur Tih, der Wüste der Wanderung, wobei er die Augen mit der Hand beschirmte. Das war der beschwerlichste Weg zum Berg Horeb, aber auch der kürzeste. *Vielleicht,* dachte er, *ist der schwerste Weg der beste für eine irrende Seele. Vierzig Jahre lang war Israel auf seiner Wanderung unterwegs, zehnmal vier Jahre.*

Die heilige Bedeutung der Zahl war offenkundig. Zehn war die Zahl menschlicher Vollendung; vier war die kosmische Zahl, die die Welt symbolisierte. Die vierzigjährige Zeitperiode hatte also ihren göttlichen Zweck gehabt, Gottes Volk zur Vollendung zu führen.

Elia machte sich auf den Weg, die nördliche Flanke des Hügels hinunter in das Wadi el Ain. Seine Reise – die Reise, die ihm zu beschwerlich gewesen wäre ohne das kräftespendende Labsal, das Gott ihm bereitet hatte – würde durch diese gewaltige Wüste führen. Er würde seine Wanderung zum Horeb hinausziehen, so daß sie vierzig Tage dauerte, ein Tag für ein Jahr. Vielleicht würde Jahwe dann mit seiner Seele dasselbe tun, was er mit Israel getan hatte.

Sobald er das Tal erreicht hatte, suchte er einen ältlichen Judäer auf, den er um Wegweisung bat. Sie saßen mehr als zwei Stunden unter einem Terebinthenbaum. Der alte Mann hatte seine Freude daran, sein Wissen mit einem Reisenden zu teilen, vor allem mit einem Propheten des Jahwe, der sich auf einer Pilgerfahrt zum Berg Horeb befand. Er beschrieb die Wildnis in allen Einzelheiten. Als Elia dem Mann Lebewohl sagte, konnte er voll Zuversicht zu seiner Reise aufbrechen.

Elia verbrachte einige Tage damit, das Gebiet zu erforschen. Er erkundete jedes noch so kleine Tal und kampierte neben jedem Wasserloch, wobei er seine Gedanken zwang, sich in denselben Bahnen zu bewegen, wie die Gedanken seiner Vorväter zu denken, wie sie gedacht hatten, das Leben zu sehen, wie sie es gesehen hatten. Er kämpfte darum, das Geheimnis des Unglaubens und der Schwachheit zu erfassen, das ihre Wanderung durch die Wüste erzwungen hatte; dann kämpfte er darum, das Geheimnis des Glaubens und der grimmigen Entschlossenheit zu erfassen, das ihre Kinder zu einer Nation von Eroberern gemacht hatte.

Er ging dahin und dorthin in der weglosen Weite der Tih, der weiträumigen Ebene westlich der Wüste von Paran, und bestaunte den schwarzen Granit, glattgeschliffen wie Glas vom Sand, den der Wind darüber hinweht, in üppiger Menge über die kiesbedeckte Ebene gestreut, so daß er einen scharfen Kontrast von Schwarz gegen Weiß bildet. Er fühlte, wie der Granit unter seinen Füßen rutschte und in die Sohlen seiner Sandalen schnitt, und seine Beine schmerzten von den kurzen, nutzlosen Schritten, zu denen dieser Boden ihn zwang.

Er fegte den Staub von den Kreuzungspunkten zweier Wadis und enthüllte das verborgene Wasser der *temails* und füllte seinen Wasserschlauch ein ums andere Mal mit der gelblichen, brackigen Flüssigkeit, die zum Vorschein kam, wenn man den Sand an der richtigen Stelle wegfegte. Er wanderte Stunden hintereinander durch die Tih, ohne auch nur einen einzigen Busch zu entdecken. Er bestaunte die kleinen Schnecken, die sich in ihren luftdicht verschlossenen Häusern an die seltenen Pflanzen ankleben, die in unregelmäßigen Abständen entlang der Wadis wachsen. Sobald eine der ebenso seltenen Regenzeiten eintrat, erwachten die Schnecken zum Leben.

Der Prophet zog nach Osten, um die Wildnis von Paran zu erforschen, einen Teil der schrecklichen Hochebene, die weiter östlich in gespenstige, spitzzackige Berge zerfällt. Er versuchte zu erraten, auf welchen Wegen seine Vorväter wohl gezogen waren, wo sie ihre Herden geweidet und ihre Zelte aufgeschlagen hatten. Er spürte die Härte dieser trocken-heißen Region und spürte, wie die Sonne sich in seine bereits tiefgebräunte Haut hineinbrannte. Wenn ihm das Wasser ausging, fühlte er den Speichel salzig auf seinen Lippen eintrocknen, so daß sie anschwollen und zersprangen. Er spürte die Feuerglut einer ausgedörrten Kehle und das schwere Gewicht versagender Glieder und die Furcht vor Trugbildern in einem Land, dem der Mensch gleichgültig war.

Er beobachtete, wie die Farben der grauweißen Wüste sich zu Farbschattierungen von rötlichem Braun und deutlicher ausgeprägten Grautönen wandelten und sah zu, wie die Sandsteinhügel sich in Regenbogen verwandelten, wenn die Sonne aufging und sich neigte. Er spürte die atemberaubende Hitze des Wüstenwindes *Chamsin* und schauderte unter der schweren, bis ins Mark dringenden Kälte der Nächte. Er freute sich jeden Tag auf den Windhauch am späten Nachmittag, der auch nur selten ausblieb.

Er aß sehr mäßig, um der Fastenzeit Gelegenheit zu geben, an seiner Seele zu arbeiten. Wenn er überhaupt aß, dann nur die angenehm säuerlichen, fleischigen Blätter der *gataf*-Pflanze.

Die Tage waren zu qualvoll, um rasch vorüberzugehen. Sie zogen sich endlos hin, die Nächte noch länger, und Tag und Nacht gingen ineinander über mit einer Gleichförmigkeit, die immer fühlbarer wurde. Gegen Ende wußte er, daß er die gemeinsame Quelle der Schwäche und der Kraft entdeckt hatte, die eine Generation zermürbt und die andere zurechtgemeißelt hatte. Die Wüste, die für eine Generation von Sklaven zu grausam gewesen war, hatte aus deren Kindern ein Volk von Kriegern geformt.

Er fand dieses Geheimnis heraus, aber er fand keine Antwort auf seine eigenen Lebensfragen. Der Berg Karmel erhob sich weiterhin als eines der großen Wunder Israels vor ihm, und Israel folgte immer noch anderen Göttern nach.

Während seiner Wanderung war er allmählich weiter südlich in die Wildnis vorgedrungen, so daß er an dem Morgen, an dem er den Entschluß faßte, zum Berg Horeb weiterzuziehen, am südlichen Rand der Tih stand. Die Luft war ziemlich kalt, und der Prophet schauderte selbst unter der Wärme seines Mantels.

Die gewaltige Hochebene schob ihre dreieckige Spitze durch das Kernland von Sinai. Dann endete sie abrupt und fiel in einer Mauer von Klippen zu einer weiten Sandsteinebene, dem Debet er Ramleh, ab. Dort waren die Berge niedrig und standen weit auseinander, mit breiten Gipfeln und bizarren Formen, die Täler waren steilwandig und eng.

Jenseits der Sandsteinberge erhoben sich die harten, bläulichen Granitberge, die Majestät des Sinai. Sie bildeten eine chaotische Masse mit scharfen Graten und schneebedeckten Gipfeln, die sich aufreckten, als wollten sie den Himmel aufreißen. Der Berg Horeb lag geradewegs vor ihm, zwei Tagereisen entfernt, die höchste Erhebung auf der Halbinsel. Der etwas niedrigere, aber nicht weniger stolze Berg Serbal erhob sich alles beherrschend über die Gebirgskette im Westen des Gottesberges.

Elia war jetzt magerer, seine Haut wirkte alt nach dem langen Fasten, sein Gesicht war unter den Wangenknochen ein wenig eingesunken. Die Muskeln an seinen Gliedern waren jetzt eher flachsig als rundgewölbt, seine dunklen Augen und sein Haar wirkten noch auffälliger als zuvor. Er schritt den Pfad mit resoluter Entschlossenheit entlang, sein Geist zwang seinen Körper, sein Körper gehorchte mit einer Kraft, die er aus dem Geist bezog, gehorchte, weil er wußte, daß dieser Geist dem Körper keinen Halt gewähren würde. Der Körper war aller Erschöpfung entrückt, gefühllos, nur mehr eine Hülle, die den Geist weitertrug.

Aber die Leiden, die der Körper erduldete, gingen auf den Geist über. Der Geist wollte nicht zur Ruhe kommen. Er huschte katzenartig von einem Gedanken zum anderen, vom Fasten in der Wüste geschärft, erinnerte er sich an die verschiedensten Details aus dem Leben des Propheten und der Geschichte Israels. Dennoch, all seine Selbstbeherrschung und seine Erinnerungen vermochten nicht, die düstere Stimmung des Propheten aufzuhellen. Die Seele war so erschöpft wie der Körper, nur der eiserne Wille zwang beide weiter in Richtung Horeb.

Er befand sich jetzt in einer anderen Welt, dem kränklichgrünen Pflanzenbewuchs des Tales, das sich inmitten einer Kette nackter Gebirge dahinschlängelte und im Verhältnis zur Tih geradezu üppig wirkte. Große dornige Bäume wuchsen da und dort auf der Sohle und den tiefergelegenen Talmauern der engen Schlucht. Die Felswände stiegen steil auf beiden Seiten auf, manchmal sogar senkrecht.

Am Spätnachmittag kam er bei dem großen Wadi Feiran an, auf der Route, der die alten Israeliten gefolgt waren, als sie während des Exodus vom Roten Meer aus ins Landesinnere zogen. Die Talsohle bestand aus weißem Sand, an manchen Stellen glatt und weich, an anderen von Steinen durchsetzt. Die Berge erhoben sich auf allen Seiten in unregelmäßigen Formationen; die gewaltige Breite des Wadi milderte den Eindruck ihrer Höhe.

Er wandte sich nach Osten. In Gedanken projizierte er eine Szene ins Tal, fast eine Fata Morgana, so wirklichkeitsnah erschien sie ihm, von Tausenden jüngst befreiter Sklaven, die den von Staub und Stein bedeckten Pfad entlangschlurften. Ihre Furcht überwog ihre Hoffnung, ihr Gezänk verdunkelte ihren Glauben. Ein Mann führte sie, der entschlossen war, sie auch gegen ihren Willen zu befreien. Hier, in Sinai, nur wenige Meilen flußaufwärts im Wadi, hatte Mose einige der schwersten Stunden seines Lebens durchlitten. Aber in diesen Stunden – darauf beharrte Elias Geist im Widerspruch zu seinem kranken Gemüt und seinem erschöpften Körper – hatte Mose Gott am deutlichsten sprechen gehört.

Am frühen Nachmittag des nächsten Tages konnte der Prophet seine Erregung nicht länger beherrschen. Er begann zu laufen. Seine Sandalen schleuderten kleine Sandfontänen in die Luft, wenn seine Zehen beim Sprung aufsetzten. Er rannte ein paar Minuten lang, so schnell er konnte, dann verfiel er in einen gemäßigteren Schritt. Das Tal war da und dort mit Vegetation bedeckt, Akazienbäume mit ihren dünnen Stämmen und den flachen Wipfeln aus dichtverschlungenen Zweigen, Palmen, um deren Stämme junger Wildwuchs aus herabgefallenen Samen aufsproßte, und Terebinthen mit knorrigen Stämmen. Er ging an all dem vorbei, ohne es zur Kenntnis zu nehmen, er achtete auch nicht auf die Berggipfel, die immer höher und imposanter aufragten, je weiter er in Richtung Süden vordrang. Er rannte mit hoch aufgerichtetem Körper, seine Beine bewegten sich wie

Pumpenschwengel in ihrem kurzbeinigen Gang, seine Arme schwangen im Rhythmus seiner Schritte, seine Augen betrachteten das Wadi nur als ein Hindernis, das es zu überwinden galt.

Elia behielt seinen raschen Schritt vier Meilen weit bei, dann, als er um eine Krümmung bog, kam der Berg Horeb in Sicht. Er blieb stehen, seine Arme hingen an den Seiten herab, sein Atem kam in tiefen, raschen Stößen. Der Fuß des Berges lag verborgen hinter den Windungen und Seitentälern des Wadi, aber der kahle Grat erhob sich um so imposanter mit seinen steilen Felsmauern, als der Prophet nicht bemerkt hatte, wie die Gebirgskette beständig an Höhe und Macht zunahm.

Er fiel auf die Knie, seine Arme hingen schlaff an seinen Seiten, immer noch hatte er das Gesicht zum Berg Gottes erhoben. Seine hohen Gipfelzacken schienen am Himmel zu kratzen wie die harten Knöchel einer Faust. Keine Donnerwolke hing über seiner blauschultrigen Höhe. Kein Felsspalt öffnete sich und sprach. Keine Botschaft war in seine felsigen Klippen eingemeißelt. Die Erregung wich von ihm. Er fühlte sich leer, gleichermaßen unfähig, seine Scham und seinen Zorn in Worte zu fassen. Dennoch wußte er aus einem Leben voll Erfahrungen mit Gott, daß Jahwe oft gerade dann nicht spricht, wenn sein Diener es von ihm erwartet. Enttäuscht, aber dennoch zuversichtlich, daß Jahwe zur rechten Zeit zu ihm sprechen würde, erhob sich der Prophet, um seine Wanderung zu beenden.

In dreißig Minuten erreichte er die Ebene, wo Israel sich versammelt hatte, um die Lesung des Gesetzes zu hören. Der Prophet blickte die zwei Meilen lange Ebene von Rahah entlang. Das ganze Volk fand mühelos Platz in dieser Weite.

Er wandte sich um und blickte den Berg Safsafeh an. Er war nicht der höchste Gipfel in der Gebirgskette, aber er war imposant. Elia ließ den Blick sorgfältig über den heiligen Berg schweifen und versuchte, allen Details den ihnen zukommenden Platz bei den geschichtlichen Ereignissen zuzuweisen. Mose hätte auf jedem der Felsvorsprünge im unteren Teil des Safsafeh stehen können, als er den versammelten Israeliten das Gesetz vorlas. Und eine ausgewählte Gruppe von Stammesführern hätte auf einer halbkreisförmigen Erhebung stehen können, die am Fuß des Berges entlanglief und ein Amphitheater bildete, eine bevorzugte Position, um die heiligen Worte zu hören.

Ein schnabelähnlicher Felsgrat fesselte die Aufmerksamkeit des Propheten. Er wirkte wie eine Miniaturausgabe des ganzen Berges. Obwohl er sich nur in halber Höhe befand, umgab ihn seine eigene Majestät. *Ein ausgezeichneter Ort für ein goldenes Kalb,* dachte er, *die Sicht ist zwar beschränkt, dafür fällt das Klettern leichter. Es liegt im Wesen des Menschen, sich mit weniger zufriedenzugeben, als Jahwe anbietet.*

Das Gefühl der Verzweiflung überkam ihn von neuem. Wie mußte sich Mose in jenem Augenblick gefühlt haben, als er vom Berge herabstieg, die schweren Steintafeln in den Armen, nur um das goldene Kalb vor sich zu sehen, das auf dem niedrigeren Hügel errichtet worden war? Auch Mose hatte seine Wunder gewirkt, und dennoch betete sein Volk andere Götter an.

Elia starrte bis zum Abend den Safsafeh an, bis die vom Sonnenuntergang rosa gefärbten Felswände dunkel wurden und er sich schaudernd abwandte, um für die Nacht Schutz zu suchen. Alle diese Wunder und noch mehr konnten die Israeliten nicht davon abhalten, Jahwe um ihres goldenen Kalbes willen aufzugeben.

FÜNFZEHNTES KAPITEL

Im Verlauf der nächsten paar Tage erforschte Elia die Umgebung. Wasser war reichlich vorhanden, vielleicht reichlicher als irgendwo anders im Sinai. Er fand Bäche in vier der Täler, die vom Berg Horeb ausgingen und ihn umgaben. Ein weites Talbecken, reich und lieblich, senkte sich tief in die Mitte des Berges. Tatsächlich gab es in der Gebirgskette mehrere Täler mit einer Vielzahl von Gräsern, Kräutern und Bäumen, die alle vom Tal aus nicht sichtbar waren.

An mehreren aufeinanderfolgenden Tagen erkletterte er die verschiedenen Gipfel, wobei er jedesmal eine Botschaft Jahwes erwartete und jedesmal nur seine eigenen Gedanken vorfand. Er erstieg als erstes den Berg Safsafeh, wobei er versuchte, sich Moses Erfahrung zu vergegenwärtigen. Auf halbem Wege zum Gipfel befand sich eine kleine Mulde, vielleicht die Stelle, an der Mose die Anführer Israels zurückgelassen hatte, um allein weiterzuklimmen.

Der lange, hohe Bergrücken hinter dem Safsafeh war wohl der Ort, wo Mose das Gesetz empfangen haben mußte, schloß Elia. Eine kleine Höhle konnte dem Gesetzgeber während seines vierzigtägigen Aufenthaltes auf dem Berg Schutz geboten haben, und nicht weit entfernt befand sich eine Felsspalte, gerade so groß, daß ein Mann hineinkriechen konnte. Vielleicht war es diese Felsspalte, wo Mose einen Augenblick lang Gott gesehen hatte. Der Gipfel selbst erhob sich noch um einiges höher, steil aus dem Grat aufstrebend; vielleicht war es auf seinem höchsten Punkt gewesen, daß Mose das Gesetz Jahwes empfangen hatte.

Der Prophet kletterte nicht früher auf diesen höchsten Gipfel hinauf, als bis der Frühling kam und Schnee und Eis geschmolzen waren. Die Kälte war auch auf den anderen Gipfeln bitter, und steife Winde wehten. Er hätte sich überhaupt nicht in dieses Gebiet gewagt, wäre da nicht seine Ungeduld gewesen, alle jene Orte zu sehen, an denen Israel seinen Ursprung als Volk gehabt hatte.

Jahwes Stimme schwieg während dieser Tage des Forschens, und sie schwieg immer noch, nachdem Elia das ganze Gebiet mit Ausnahme der höchsten Höhen des Horeb-Massivs untersucht hatte. Auch der Prophet schwieg. Er brachte es nicht fertig zu beten, obwohl er es oftmals versuchte. Er konnte einfach nicht in Worte fassen, was dunkel und unbestimmt in seiner Seele vorging. Sein Leben war zu untauglich, zu verbraucht, zu verschwendet an Leute, die nichts annehmen wollten. In seinen Träumen war er nicht der letzte Prophet der Gläubigen gewesen, sondern hatte stürmische Erfolge gefeiert in seinen Bemühungen, die Menschen zu Jahwe zurückzuführen. Das Leben in Verstecken, die bittere Armut, die Einsamkeit, die Furcht, der Spott und Hohn und der Zorn der Mächtigen waren es alle wert, erduldet zu werden, wenn das Ende Erfolg hieß, aber nicht, wenn die Schlacht verloren war.

Die reglosen Berge sprachen zu Elia, aber ihre Botschaft war unklar. An einem Tag sprachen die öden Felszacken von harten, versteinerten Herzen, an anderen Tagen sprachen die grünen Bänder der Täler von Herzen, die reiche Frucht brachten. An einem Tag sah Elia in den Wadis unten die Israeliten vor sich, wie sie goldene Kälber machten; an anderen Tagen wieder sah er ein Volk vor sich, das letzten Endes doch Jahwe nachfolgte.

Als die Tage zu Wochen wurden, verbrachte Elia lange Stunden damit, von den Höhen aus die gewaltigen Massen der grauen Granitgipfel anzustarren, und ihre Härte übertrug sich auf sein Gemüt. Er konnte fühlen, wie seine Nerven sich stählten. Die Nahrung in den Mulden und Tälern füllte allmählich die Muskeln seines Körpers wieder auf, so daß er wieder die zähe, vierschrötige Gesundheit annahm, die er vor seinem Fasten gehabt hatte. Seine Augen verloren ihren verwirrten Blick und nahmen wieder den tiefen, durchdringenden Blick des Propheten an.

Und dennoch sprach Jahwe nicht.

Elia wurde unruhig. Er dachte immer öfter an Israel. Als der März dem Winter ein Ende machte, fielen ihm die Bilder der Baalsaltäre wieder ein, und er spürte von neuem, wie der Zorn in seiner Brust aufstieg. Aber die Wiederkehr dieser Empfindungen frustrierte ihn jetzt doppelt, denn Isebel hatte den Sieg davongetragen. Jahwe hatte keinen Brückenkopf mehr in Israel.

Es war Anfang April, als Jahwe sprach. Elia saß auf einem Felsband unterhalb der Höhle, die er sich zu eigen gemacht hatte, und beobachtete die Granitgipfel, die in der Frühlingssonne wie poliertes Kupfer leuchteten. Die Stimme erschreckte ihn, so abrupt riß sie ihn aus seinen Gedanken. Er sprang auf die Füße und blickte um sich. Die harten Berge sahen aus wie zuvor, die Schatten der Felsspalten gruben sich tief in ihre Flanken. Die Stimme war nicht laut gewesen, und er war nicht sicher, ob sie vom Berg Horeb kam oder aus seiner eigenen Brust. Die Stimme fragte einfach: »Was tust du hier, Elia?«

Der Prophet antwortete mit lauter Stimme, und ein Unterton von Zorn schwang darin mit, wie ihn Liebende an sich haben, wenn sie sich vom Geliebten im Stich gelassen fühlen. »Ich habe für dich geeifert, Jahwe, denn ich weiß, daß du der Herr der Heerscharen bist.« Die Stimme des Propheten war kraftvoll, lauter als die Stimme, die zu ihm sprach. »Ich habe hart für dich gekämpft, denn die Kinder Israels haben sich von dem Bund abgewandt, den du mit ihnen gemacht hast, du wolltest ihr Gott sein und sie sollten dein Volk sein. Sie haben deine Altäre eingerissen und deine Propheten erschlagen.« Elia blickte zu dem Gipfel auf, den er nicht sehen konnte. Gewiß war die Stimme von dort oben gekommen. »Ich bin als einziger übriggeblieben, Gott, ich allein, und auch ich bin dem Tode geweiht. Sie suchen nach mir, um mich zu töten.«

Gottes Antwort kam rasch. Sie tauchte zugleich in Elias Seele und außerhalb seiner selbst auf. Sie tönte in seinem Kopf und in den Felsen und Bäumen des Berges. Er spürte sie in allen Gliedern und hörte sie aus den Tälern zu seinen Füßen. Die Stimme war sanft, aber bestimmt. »Geh und stelle dich auf dem Berg vor mein Angesicht.«

Elia eilte sofort den Berg hinauf, wobei er einen verhältnismäßig leicht begehbaren Pfad hinaufkletterte, der sich zwischen den himmelwärts ragenden Felsmauern hindurchschlängelte. Oben auf dem Grat eilte er, so schnell er konnte, zu seiner Höhle. Drinnen angekommen wandte er das Gesicht zum Eingang. Sein Herz schlug heftig, mehr aus Ehrfurcht vor Jahwe als von der Anstrengung des Kletterns.

Er war kaum einen Augenblick dort gestanden, als ein lautes, summendes Geräusch ertönte. Es wurde rasch immer lauter. Der Tag verdunkelte sich mit überraschender Geschwindigkeit. Bald saugte ein Wind von Orkanstärke an der Öffnung der Höhle und pfiff durch die Ritzen der Felsgipfel. Elia fiel lang hingestreckt auf den Boden der Höhle nieder und verbarg den Kopf unter den Armen. Der Lärm wurde immer lauter, der entsetzenerregende Sturm, ein Wind ohne Regen, peitschte und schnappte in wilder Wut an den Bergen und versuchte, die Felsenhaut von Gottes eigenem Berg abzureißen. Lautes Kreischen widerhallte in der Höhle, als Baumstämme mit wilder Gewalt eingedreht wurden, dann hallte fürchterliches Krachen wie Donnerschläge in seiner Höhle, als Bäume mit roher Gewalt mit Stumpf und Stiel aus dem Boden gerissen wurden. Entwurzelte Bäume flogen die Flanken des Berges hinab, Felsbrocken, die ihre Wucht losgerissen hatte, folgten ihnen und erfüllten die Luft mit schrekkenerregendem Aneinanderkrachen, während sie auf ihrem Weg ins Tal über den Fels der Berghänge scharrten. Inmitten der kreischenden Laute der geplagten Erde jagte ein noch viel lauterer Krach einen eisigen Schauder über seinen Rücken, als ein riesiger Felsbrocken auf eine Felsnase krachte und sie vom Berg losriß.

Der Sturm dauerte fast eine Stunde lang an, dann breitete sich tiefe Stille über die Bergspitzen. Elia erhob sich vorsichtig und bewegte sich langsam auf die Öffnung der Höhle zu. Er blickte hinaus. Der Himmel war klar. Er schob sich Zoll für Zoll hinaus, um einen besseren Überblick zu gewinnen. Ein mächtiger Felsblock lag nur einige wenige Fuß vom Eingang der Höhle entfernt. Unterhalb, unten in dem Tal, in dem er Gottes Stimme gehört hatte, hatten andere Felsbrocken Spuren der Verwüstung hinterlassen. Felsnasen, deren Anblick ihm vertraut geworden war, waren wie mit Messern abgeschnitten; ihre zackigen Kanten hatten eine etwas hellere Farbe als die von Wind und Wetter verfärbten Stücke, die in Trümmern im Tal lagen. In den steilen Abhang hatten die stürzenden Bäume und rollenden Felsen allerorten tiefe Rinnen gegraben. Unten lagen Baumstämme und Felsbrocken und Steine in einer wüsten, verfilzten Masse zuhauf. Abgeschürfte Rindenstücke und zerfetzte Blätter übersäten die Abhänge und die Talsohle. Nackte Stämme ragten aus dem Abhang, ihre zerfetzten Splitter leuchteten gelblichweiß in der Sonne. Die Stümpfe waren nackt und zernarbt, ihre Rinde war abgeschält und lag in winzigen Stücken um sie herum. Zur Rechten war in geringer Entfernung ein ganzer Teil des Berges aus der Gebirgskette losgerissen und stand für sich allein da wie eine abgehauene Hand, von dem ursprünglichen Felsmassiv durch eine tiefe Schlucht getrennt. Die heulenden, kreischenden und zerreißenden Geräusche widerhallten noch in Elias Kopf. Sein Herz pochte vor Furcht mit schweren Schlägen in seiner Brust.

Der Berg lag jetzt in tiefem Schweigen. Nicht einmal ein Windhauch störte die Stille, die jetzt fast so unheimlich wirkte wie der plötzliche Sturm selbst.

Elia betrachtete die Zerstörung viele Minuten lang. Zweifellos hatte Gott ihn wegen eben dieser Erfahrung auf die Bergspitze gerufen. Zweifellos hatte Jahwe ein Wort für ihn gehabt. Vielleicht war das die Botschaft, die der Prophet nach Israel bringen sollte. Jahwe würde mit der rächenden Wut eines Orkans über sie kommen.

Aber Jahwe hatte das nicht gesagt. War das nicht die Botschaft, die der Prophet während seines ganzen Dienstes gepredigt hatte? Er konnte eine solche Zornesbotschaft nicht noch einmal überbringen, ohne absolut sicher zu sein, daß sie von Gott stammte. Aber Jahwe war jetzt so still wie die Luft rundum.

Elia schritt langsam durch die Zerstörung hindurch zu seiner Höhle. Er setzte sich am Höhleneingang nieder und blickte auf die zerrissene Umgebung hinaus. Die Gänsehaut lief ihm mehr als einmal über die Arme, als die furchterregenden Laute sich von neuem in sein Gedächtnis drängten. Er lauschte dem Tag rundum und erwartete jeden Augenblick, daß Jahwe wieder zu ihm sprechen würde. Aber als der Sonnenuntergang die Berge von neuem in Farbe tauchte, ohne sich um die Zerstörung unten zu kümmern, wartete Elia immer noch auf eine neue Botschaft. Allmählich verloren die Farben des Granit ihre Leuchtkraft und die Nacht brachte den Sinai in ihre Gewalt. Ein sanfter Wind begann zu wehen, dessen Flüstern einen lebhaften Gegensatz zur Wut des Sturmes bildete. Der Prophet dankte Jahwe mit einem Kopfnicken für diese Brise und begab sich in seiner Höhle zur Nachtruhe.

Er erwachte am nächsten Morgen und ging wieder an den Höhleneingang. Nichts hatte sich verändert. Die Szenerie der Verwüstung lag unberührt genau wie am Vortag da. Er seufzte und schüttelte den Kopf. Er wollte die Höhle verlassen, aber er hatte noch keinen Schritt getan, als die Erde unter seinen Füßen zu beben begann. Er lehnte den Rücken gegen die Höhlenwand und stemmte die Hände gegen ihr Dach. Das Beben verstärkte sich. Der harte, schmutzbesäte Felsboden unter ihm vibrierte in raschen, kurzen Stößen, die ständig an Geschwindigkeit zunahmen. Die ersten dieser Erdbewegungen hatten noch einen gewissen Rhythmus, dann wurde das Schütteln unregelmäßiger und gewaltsam. Elia fiel von neuem zu Boden und kroch in panischer Angst tiefer in die Höhle. Staub fiel von der Höhlenwölbung und erfüllte die Luft mit einem feinen Staub, der die Atemwege belegte. Die Erde brüllte jetzt, ein langgezogener, kratzender, rutschender Laut von Fels zu Fels, und derselbe Lärm wie am Vortag zerriß die Luft, lauter als zuvor. Er entstand aus dem Beben des Berges und wurde von diesem weitergetragen. Der Gedanke fuhr ihm durch den Kopf, daß Jahwe ihm jetzt vielleicht das Leben nehmen würde, wie er es vor Wochen von ihm erbeten hatte. Es war nur passend, daß er auf dem Berg Horeb sterben sollte. Aber das Dach der Höhle hielt stand, und das Erdbeben war nach wenigen Minuten vorbei.

Der Staub in der Höhle war Elia in die Nasenlöcher und die Kehle gedrungen. Er räusperte sich und versuchte, die erstickenden Staubteilchen auszuhusten, aber er atmete nur um so mehr von ihnen ein, als er nach Luft schnappte. Er rannte zum Höhleneingang und hustete mit solcher Gewalt, daß er Mühe hatte, sich auf den Füßen zu halten. Draußen bildete der in der Luft schwebende Staub einen Schleier über dem Boden. Der Wind erfaßte ihn und fegte ihn weg.

Der Felsbrocken, der gestern in der Nähe der Höhle gelandet war, war verschwunden. Die abgebrochene Felsenhand, die durch eine Kluft vom ursprünglichen Massiv abgetrennt worden war, war abgebrochen. Sie lag in tausend Stücken über die ganze Seite des Berges verstreut und hatte seine Zerstörung hinter sich gelassen. Die Masse verfilzter Baumstrünke und Äste im Tal unten streckte ihre zerfetzten Glieder wie in groteskem Flehen um Hilfe aus, zerschmettert vom Gewicht monströser Felsbrocken, die das Erdbeben auf sie losgelassen hatte. Zur Rechten hatte sich die uralte Felsspalte mit ihrem spärlichen Bewuchs zäher Kletterpflanzen, die ihm über Tage hinweg Rätsel aufgegeben hatte, ein Stück weiter geöffnet und war jetzt ein Abgrund, dessen Sohle in der Dunkelheit verborgen lag.

Elia konnte jetzt atmen, aber der Geschmack des Staubes hing immer noch in der Luft, und die Sonne durchdrang seinen Schleier und tauchte die Berge in trübe Glut.

Der Prophet blickte sich sorgsam um, halb und halb in der Erwartung, eine Botschaft von Jahwe in die neugeschaffenen Felsspalten eingemeißelt zu finden, oder in der verschlungenen Masse von Bäumen und Felsbrocken unten, oder in den Staub geschrieben, der hoch in der Luft schwebte. Aber wieder begegnete ihm nur das Schweigen Gottes. Selbst der sanfte Wind, der dem Erdbeben auf dem Fuße gefolgt war, hatte sich gelegt. Heute wie gestern lag der Tag in tiefer Stille vor ihm, als müßte die Natur nach all der Zerstörung erst wieder Atem holen, bevor sie von neuem die Stimme erheben konnte. Die frisch abgespaltenen Felsen ruhten unbeweglich an ihren neuen Orten. Die abgerissenen Stümpfe trugen schweigend das Stigma des Todes. Die leichte Decke abgerissener Blätter von den zerfleischten Bäumen lag in feierlicher Ruhe, wo sie gefallen waren.

Der Tag ging dahin, und Elia rührte sich nicht von der Stelle. Er schritt auf dem Felsband vor seiner Höhle auf und ab. Wenn Gott nicht wollte, daß er starb, wozu sollte er leben? Welche Botschaft hatte Jahwe für sein Volk?

Jahwe gab keine Antwort.

Der Abend kam heran wie am Vortag. Dieselbe sanfte Brise, die am Vortag die Luft gereinigt und die Hitze fortgefegt hatte, kündigte ihn an. Wie am Vortag dankte Elia Gott für dieses Geschenk, dann fuhr er fort, Wache zu halten und auf ein Wort Jahwes zu warten.

Die Nacht brach herein, und Elia aß von seinem Proviant, bevor er sich zum Schlaf ausstreckte. Seine Gedanken drehten sich endlos im Kreise, während er in seinen Mantel gewickelt auf seinem Lager aus Zweigen und Blättern lag. Er konnte sich nur an zwei Sätze Jahwes erinnern, eine Frage und einen Befehl. Der Prophet hatte die Frage beantwortet und dem Befehl gehorcht. Was machte er denn wirklich hier? Er wartete auf ein Wort von seinem Gott. Und Jahwes Befehl, auf den Gipfel des Berges zu steigen, war zweifellos die Einleitung für irgendeine Offenbarung, die zu erwarten war. Hatte Jahwes Frage eine Botschaft enthalten? Waren die erderschütternden Ereignisse eine Warnung, daß er nicht hier sein sollte? Aber da war zweifellos noch mehr.

Am nächsten Morgen zitterte Elia, als er die Mündung der Höhle verließ. In seine Furcht mischte sich ein Gefühl der Erwartung, was Gott wohl als nächstes tun würde. Ein sanfter Wind wehte, warm, nicht kühl, wie die Morgenbrise für gewöhnlich war. Er blickte nach Osten, in der Erwartung, dunkle Sturmwolken heranziehen zu sehen. Tatsächlich, da stiegen sie hinter den Gipfeln auf, weit draußen in Richtung des Golf von Akaba. Elia beobachtete fasziniert, wie sie immer dichter wurden. Sie bauten sich rasch zu Türmen auf, ihre donnergeladenen Zinnen stiegen immer höher in den Himmel und sammelten sich zu einer gewaltigen Masse, als sie über das Sinai-Massiv hinwegzogen. Die Bergspitzen waren blau und purpurn unter ihnen, düstere Farben, so düster wie die Wolken selbst, die majestätisch und ehrfurchtgebietend in ihrer dunkelverhüllten Wut einherzogen. Blitze fuhren aus ihnen heraus, und in wenigen Augenblicken drangen gewaltige Donnerschläge an Elias Ohren. Das Unwetter zog nach Westen, auf den Berg Horeb zu, und bald umwehte der Wind den Propheten in steifen Böen. Das Haar wurde ihm in die Augen geblasen, und er spürte, wie sein Bart seinen Nacken peitschte. Er beobachtete und fühlte alles, was geschah; ihm war zumute, als stünde er inmitten der Stimme Gottes, bis der Regen losbrach. Zuerst fielen ein paar große Tropfen in unregelmäßiger Folge, die der Wind vor den Wolken hertrieb. Kaum hatte er sich in seiner Höhle zusammengekauert, als der Sturm auch schon mit voller Wucht losbrach und den Regen so wild vor sich herpeitschte, daß er sich tiefer ins Innere der Höhle zurückziehen mußte.

Der Lärm des Donnerschlags drang gleichzeitig mit dem Feuerschein des Blitzes in die Zuflucht der Höhle. Er konnte nicht sehen, wo der Blitz eingeschlagen hatte, aber es war irgendwo ganz in der Nähe, und nach seiner Wucht zu schließen war es ein zerstörerischer Schlag gewesen. Der Regen fiel nur wenige Augenblicke lang, aber seine Gewalt war mörderisch. Dann zog er über die Berge nach Westen hin ab. Noch bevor Elia sich aus der Höhle hinausbegeben konnte, schien bereits wieder die Sonne.

Er war überrascht, daß all die Wut so kurz und wirkungslos gewesen war. Er begab sich auf den Rand der Klippe hinaus, um zu sehen, welche Wirkung der Sturm auf das zerfetzte Tal gehabt hatte. Dann sah er es. Die Masse verfilzter Baumstrünke und Zweige in dem tiefen Wadi unten stand in Flammen. Er beobachtete die Flammen, erst neugierig, dann mit Besorgnis, als sie sich rasch über den mächtigen Haufen natürlichen Unrats ausbreiteten. Bald konnte er ihr Prasseln hören, selbst auf die weite Entfernung hin, und sah sie mit der weißglühenden Hitze eines Schmelzofens brennen. Kleine Stücke von Rinde und Zweigen erhoben sich, immer noch lodernd, auf den heißen Luftwellen über den Flammen und wurden vom Wind durch das ganze Tal getragen. Binnen einer Stunde hatten sich die Flammen ungehemmt über das gesamte Wadi ausgebreitet, die schwebenden Feuerstückchen entzündeten überall Gruppen von Büschen und Bäumen. Die kleineren Gruppen von Vegetationen brannten rasch ab, die großen brannten langsamer, aber mit wilderer Glut; ihr Feuer schleuderte Fackeln nach allen Richtungen, die andere Bäume und Büsche in Flammen setzten. Das Feuer brüllte wie tausend Streitwagen bis spät in den Nachmittag. Dann brannte es allmählich aus.

Elia beobachtete all das voll Staunen und lauschte wiederum auf Gottes Stimme inmitten der Zerstörung. Gegen Abend war das Tal schwarzgebrannt, das Feuer war erloschen, aber Rauch stieg von den nackten schwarzen Stümpfen auf, die wie verwundete Pfähle auf dem Schlachtfeld der Natur standen. Jeder Baum und Busch, so weit sein Auge reichte, war verbrannt. Die Talmauern rund um die Flecken und Wäldchen der jetzt zerstörten Vegetation waren kohlschwarz. Der Trümmerhaufen schwelte immer noch und sandte den beißenden Geruch seines Rauches – der jetzt nach dem Erlöschen des Feuers noch dichter war – ätzend in Elias Nase. Der Prophet hatte nicht den geringsten Zweifel, daß irgendwo in all der Zerstörung und den Gewaltakten der letzten Tage eine Botschaft Jahwes verborgen lag.

Er betrachtete den schwelenden Haufen zu seinen Füßen, auf dem sich wie Blatternarben die Felsbrocken abzeichneten, die das Erdbeben losgelöst hatte. Die Zerstörung war grauenhaft, dachte er, aber im Lauf der Zeit würden die toten Wurzeln absterben, und die verbrannten Gewächse würden grüner als zuvor wiederkehren. Der zerschmetterte Berg würde seine Narben annehmen, und zukünftige Besucher würden bewundernd auf die ehrfurchtgebietenden Felsformationen deuten, wie er selbst zu anderen Gipfeln aufgeblickt hatte, bevor der Sturm und das Erdbeben losgebrochen waren. Im Grunde hatte sich nichts verändert.

Noch während er nachdachte, begann die Brise von neuem, wie am vergangenen Tag und am Tag zuvor. Sie war nur ein Wispern, eine sanfte Bewegung der Luft, so schwach, daß er kaum zu sagen wußte, aus welcher Richtung sie wehte. Aber bald wurde die von Rauch erfüllte Luft frischer und der Abendhimmel klarer und die Sonnenstrahlen berührten noch einmal die nackten Felswände in Kupfer und Rosa und Gold. *Letzten Endes,* dachte Elia, *ist es die sanfte Brise, die einen Menschen am ehesten dazu inspiriert, Gott Dank zu sagen.*

Ein Schauder rann durch den Körper des Propheten, und ein kribbelndes Gefühl machte sich in seiner Brust und seinen Armen breit. Er hob den Blick und fragte mit lauter Stimme: »Ist das deine Botschaft für mich, o Herr?«

Die Augen des Propheten standen weit offen vor Überraschung. Er begann mit großen Schritten auf seine Höhle zuzueilen, dann kehrte er wieder zu der Szenerie im Tal unten zurück. Seine Gedanken flogen zurück zum Berg Karmel, zu der gewaltigen Zurschaustellung göttlicher Macht, zum Anblick des feurigen Strahls, der aus dem klaren Himmel herabgefallen war und den Altar und das Opfer entzündet hatte, zu den gedämpften Ausrufen des verblüfften Volkes, zu den lauten Jubelschreien, als sie die Propheten des Baal abschlachteten, zu dem blutbefleckten Bach Kison und den Leichenhaufen, die seine Gewässer schändeten.

Der Lufthauch begann zu sprechen. »Meine Wege sind nicht eure Wege. Ich bin auf geheimnisvolle Weise in den Herzen der Menschen am Werk, um ihre Liebe zu gewinnen.« Die Brise sprach in leisem Ton, kaum hörbar, der aus allen Richtungen zugleich zu kommen schien, als wisperte er aus dem Himmel und aus dem Tal und aus den Bergen. So hüllte er den Propheten in seine Wahrheit ein.

»Habe ich auf dem Karmel Unrecht getan?« fragte Elia mit lauter Stimme. Er wiederholte die Frage noch einmal und lauter, wobei er sich langsam um die eigene Achse drehte, um mit der sanften Stimme zu sprechen, die ihn von allen Seiten umgab. »Habe ich auf dem Karmel Unrecht getan?«

Die Stimme antwortete mit ihrer stillen Kraft. »Meine Wege sind nicht eure Wege. Ich wirke sanft in den Herzen der Menschen.«

Elia fiel auf die Knie, ohne sich um den harten Boden des Felsvorsprunges zu kümmern; er breitete die Arme aus, seine Gedanken überschlugen sich. Der Berg Karmel hatte keine Wirkung gehabt. Die mirakelhafte Zurschaustellung göttlicher Macht hatte nicht die augenblickliche Wirkung auf Israel gehabt, die er sich erträumt hatte. Aber zweifellos hatten die Gewaltmaßnahmen Isebels nach kühnen Taten verlangt. Gewalt mußte mit Gewalt beantwortet werden, oder nicht?

»Meine Wege sind nicht eure Wege«, wiederholte der sanfte Lufthauch.

Der Prophet ließ die Arme sinken. Er lag immer noch auf den Knien, aber sein Körper war hoch aufgerichtet, sein Gesicht himmelwärts gewandt. Das Lüftchen erstarb nicht, als die Dämmerung einbrach. Es hielt an und flüsterte seine Botschaft wieder und wieder, bis sie in Elias Körper drang und im Rhythmus seines Herzschlags in ihm widerhallte. Er vermochte nicht zu sprechen. Er fühlte, daß er einen Augenblick gewaltiger Erleuchtung erlebte, aber er fand keine Antwort auf Jahwes Rede. In seinem Schweigen kehrte das Gefühl der Verzweiflung wieder, das ihn sechs Monate lang belastet hatte. Wie konnte er seine Berufung anders wahrnehmen? Hatte er das Zeug dazu, sich zu ändern? Wo sollte er anfangen? Wie vermag ein harter Prophet mit sanfter Stimme zu den Herzen der Menschen zu sprechen?

Jahwe ließ ihn nicht allzu nahe an den Klippenrand seines Zweifels herankommen. Als Elias unausgesprochene Fragen sich in seine Seele ergossen, sprach Gott von neuem. Er stellte dieselbe Frage, die er vor drei Tagen gestellt hatte. »Was tust du hier, Elia?«

Elia blickte über die Felsenmauern hinweg zum erhabenen Gipfel des Berges Horeb, aber noch während er in die Ferne blickte, fühlte er die Frage in seinem Inneren. Er wiederholte die Antwort, die er vor drei Tagen gegeben hatte. »Ich habe für dich geeifert, Jahwe, Gott der Heerscharen. Dein Volk hat den Bund vergessen, den du mit ihm geschlossen hast. Sie haben deine Altäre eingerissen. Sie haben deine Propheten erschlagen. Ich allein bin übriggeblieben, und jetzt trachten sie auch mir nach dem Leben.«

Der Lufthauch erstarb einen Augenblick lang. Elia erhob sich schwer atmend auf die Füße. Er schlug die Hände vors Gesicht. Die Brise durfte jetzt nicht aufhören, nicht jetzt, so knapp vor einer Antwort. Dann begann der Wind von neuen zu wehen, so sanft wie zuvor, und er hörte seinen Namen. »Elia.« Er ließ die Hände sinken und blickte um sich. »Elia.« Wieder das Wort. Das Wispern des Windes trug es in sein Herz. »Geh«, sagte der Windhauch, »kehr um und reise bis in die Wildnis von Damaskus. Wenn du dorthin kommst, salbe Hasaël zum König Syriens. Und salbe Jehu, den Sohn Nimschis, zum König von Israel. Und salbe Elisa, den Sohn Schafats von Abel-Mehola zu deinem Nachfolger als Prophet. Und es soll geschehen, daß alle, die dem

Schwert Hasaëls entkommen, von Jehu erschlagen werden, und wer dem Schwert Jehus entgeht, soll von Elisa erschlagen werden.« Dann wiederholte der Windhauch von neuem seinen Namen. »Elia«, flüsterte er, und wiederum: »Elia.« Er wandte sich um und blickte in die Luft zu seinen Häupten. »Elia, du bist nicht der einzige Israelit, der Jahwe treu geblieben ist. Ich habe immer noch siebentausend Seelen in Israel, die die Knie nicht vor dem Baal gebeugt und nicht sein Götzenbild geküßt haben. Geh. Dein Werk wartet auf dich.«

Die Brise erstarb. Elia lauschte noch einen Augenblick lang, dann wandte er sich seiner Höhle zu. *Hasaël soll König von Syrien werden. Jehu soll König von Israel werden. Elisa soll mein Nachfolger werden.* In seiner Höhle angelangt, sann er über Jahwes Botschaft nach, während er sich aus seinem Proviant eine Abendmahlzeit zusammensuchte. *Wenn Jahwe sanft zu den Herzen der Menschen spricht, wie kommt es dann, daß Hasaël und Elisa und Jehu alle Feinde Gottes erschlagen werden?*

Der Prophet beendete seine Mahlzeit und ging früh zu Bett, um ausgeruht zu sein für die lange Wanderung, zu der er am Morgen aufbrechen wollte. Während er jedoch dalag und auf den Schlaf wartete, konnte er den Widerspruch zwischen Jahwes Botschaft und den Vorhersagen künftiger Gewalttaten nicht aus seinen Gedanken löschen. Was für ein Gott war Jahwe? Er spricht mit sanfter Stimme, um die Herzen der Menschen zu umwerben, dennoch bestraft er hartnäckige Menschen, die sich der Sünde überlassen. Er ist ein Gott der Liebe und ein Gott des Gerichts. Im Zwielicht des Schlafes fühlte Elia, wie von neuem eine Stimme sprach. Sie kam aus dem Inneren seiner Seele und sprach aus dem Inneren seiner Gedanken. »Meine Wege sind nicht eure Wege. Meine Wege sind unerforschlich. Deine Aufgabe ist es, getreulich zu erfüllen, was dir aufgetragen ist.«

* * *

Nabot erhob sich von den Knien und lächelte zufrieden. Die Schößlinge entwickelten sich zufriedenstellend, die Stöcke waren genau richtig am Spalier festgebunden. Die dreijährige

Trockenheit hatte seine Söhne nicht vergessen lassen, wie man Weinstöcke zieht.

Er war ein kleiner Mann, schmal gebaut, mit einem flachen Magen und einer Hühnerbrust. Seine beiden Söhne waren – glücklicherweise – größer und breiter gebaut; sie gerieten nach ihrer Mutter. Die Arbeit, die im Frühling getan werden mußte, war anstrengend; in jedem Herbst fiel ihm die Ernte schwerer, wenn er die üppigen Traubenbündel hochheben mußte. Aber er hatte seine Freude an allem, was mit dem Land zu tun hatte, selbst an der schmerzhaften Müdigkeit, die ihn während der geschäftigen Zeiten des Jahres kaum jemals verließ. Seine Weinberge hatten Qualität. Jeder einzelne Weinstock war ihm so vertraut, wie einem Schäfer seine Schafe vertraut sind. Er beobachtete den Weinberg sorgfältig, er überwachte das Beschneiden der Stöcke, das Aufbinden und die Ernte. Er schritt während der Sommerhitze zwischen den Reihen der Weinstöcke auf und ab, um nachzumessen, wie dick der Morgentau auf ihnen lag, und mit dem seit Generationen angesammelten Wissen abzuschätzen, wie sich Feuchtigkeit und Sonnenschein auf seine Ernte auswirken würden.

Das Leben hätte nicht schöner sein können, jetzt, wo die Trockenheit vorüber war. Seine Familie war gesund, seine Töchter verheiratet, seine Söhne hätten jedem Vater Ehre gemacht. Er war der Vertreter einer alteingesessenen Familie, die zu den Begründern der Stadt gehörte, ein hochgeehrtes Mitglied des Ältestenrates von Jesreel. Nabot blickte zur Sonne auf. Bislang war das Jahr gut verlaufen. Er konnte auf eine reiche Ernte hoffen.

Ahabs Stimme riß ihn aus seinen Träumen. Er blickte zum Palast hinüber. Der König schritt, allein, zwischen den Weinstöcken auf ihn zu und winkte ihm im Näherkommen zu.

Der Weinbauer erwiderte den Gruß und eilte auf Ahab zu, der geduldig abwartete, bis Naboth die üblichen Höflichkeiten des Niederkniens und des Herabflehens von Gottes Segen auf das königliche Haus hinter sich gebracht hatte.

»Nabot«, sagte der König, »ich habe dich in letzter Zeit nicht oft gesehen. Wie ist es dir ergangen?«

»Gut, König Ahab. Und sogar sehr gut, seit die Trockenheit ein Ende hat.«

»Deine Weinstöcke sehen prachtvoll aus. Wie üblich.«

»Ja, sie gedeihen gut.«

»Nabot, ich bin gekommen, um dir ein Angebot zu machen.« Ahab wählte seine Worte vorsichtig, bemühte sich aber nach Kräften, liebenswürdig zu klingen. Nabot betrachtete ihn mit fragenden Blicken. »Mein Freund, ich brauche unbedingt einen Garten hier am Ort, wo ich Kräuter und Gemüse für meinen Sommerpalast ziehen kann. Dein Weinberg liegt genau neben dem Palast. Ich könnte mir kein besseres Feld vorstellen.«

Nabots Augen verengten sich. Er blickte über den Weinberg und sah Ahab dann eindringlich in die Augen. »Mein König, dies ist das Land meiner Ahnen. Es wäre Unrecht, wenn ich es aufgeben wollte.«

»Ich werde dir gegenüber mehr als entgegenkommend sein, Nabot«, drängte ihn Ahab. »Ich besitze noch andere Felder, von denen einige größer und besser als das deinige sind. Ich werde dir besseres Land im Tausch für deinen Weinberg geben.« Er lachte im Bemühen, Nabots wachsende innere Anspannung zu beschwichtigen. »Oder wenn dich ein Leben als Händler mehr reizt, werde ich dich für das Land reichlich bezahlen.«

Nabots Antwort kam rasch. »Nein, mein König. Ich kann nicht verkaufen, und ich kann auch nicht tauschen. Dieses Feld hat über viele Generationen hinweg meiner Familie gehört. Das kann mit Geld nicht bezahlt werden. Meine Wurzeln sind hier, so gewiß wie die Wurzeln meiner Weinstöcke.«

»Weinstöcke wachsen auch in anderen Feldern. Es ist kein Problem, sie zu verpflanzen – weder bei Weinstöcken noch bei Menschen, solange nur die Weinstöcke guten Boden und die Menschen ihre Freunde um sich haben.«

»Ich kann dir das Land nicht geben.«

Ahab starrte Nabot mit strengem Blick an. »Du bist unvernünftig, Nabot. Mir nützt kein anderes Feld. Dein Land grenzt an meines. Es gibt doch zweifellos einen Preis dafür, den du und deine Söhne in Ehren annehmen können.«

»Nein, mein König. Ich kann nicht verkaufen.«

Ahab spürte, wie ihn ein Stich des Ärgers durchfuhr. Er beherrschte sich, aber sein Blick durchforschte Nabots Gesicht voll Entrüstung. »Du weigerst dich, auch nur zu verhandeln?«

»Es tut mir leid, König Ahab. Jeder weiß, daß ich dir treu ergeben bin, aber dieses Feld ist mein Leben. Es bedeutet mir mehr als alles andere auf der Welt. Dem Gesetz nach hat jeder Israelit das Recht, die Äcker seiner Vorfahren für sich zu behalten. Das Land ist ihm heilig. Ich hoffe, du hast Verständnis dafür. Ich kann dieses Feld nicht aus der Hand geben.«

Der König gab keine Antwort. Er wandte sich zum Palast, dann blickte er Nabot von neuem an. Das Gesicht des Weinbauern war hart.

Ahab ging mit schweren Schritten davon. Nabot beobachtete, wie er das Feld überquerte. Er kannte Ahab seit vielen Jahren. Der König hatte ihn oft als Ehrengast zu seinen Sommerfesten im Palast eingeladen. Sie hatten sich miteinander unterhalten, zuweilen sogar über staatspolitische Fragen. *Ich würde alles für ihn tun,* dachte Nabot, *aber mein Land kann ich nicht aufgeben.* Besorgt wandte er sich seinem Haus zu.

Ahab stürmte in seinen Sommerpalast, ohne auf die Begrüßung der Torwächter zu achten. Seine Schritte hallten auf dem harten Steinboden, und er nahm zwei Stufen auf einmal. Isebel hielt inne, als sie sah, wie er ohne ein Wort an ihr vorbeistürmte und die Türe seines Schlafzimmers hinter sich zuknallte. Sie folgte ihm. Sie betrat mit leisen Schritten den Raum und rief ihn bei Namen. »Ahab?«

Der König gab keine Antwort. Er lag mit dem Rücken zu ihr, das Gesicht in den Kissen vergraben.

»Ahab, was stimmt nicht?«

Er hob einen Arm und winkte der Königin mit heftiger Gebärde, das Zimmer zu verlassen. Isebel schlüpfte hinaus und schloß leise die Türe hinter sich.

Ahab kam an diesem Abend nicht zu Tisch. Isebel hatte ihn früher schon zornig gesehen, aber niemals so verdrießlich wie jetzt. Sie aß schweigend. Lange bevor die Höflinge ihre Mahlzeit beendet hatten, verließ sie den Speisesaal und begab sich in Ahabs Schlafkammer.

Der König lag reglos da, mit dem Gesicht zur Wand. Sie

setzte sich aufs Bett. »Mein Gatte und König«, fragte sie mit zärtlicher Stimme, »warum bist du so betrübt?«

Er rührte sich nicht.

»Mein König, es ist doch gewiß nichts geschehen, das nicht wieder gutgemacht werden könnte. Warum hast du deine Türe vor mir verschlossen?« Die Königin legte eine Hand auf seine Schulter. »Ahab, bitte. Sei nicht so mürrisch. Nimm die Decke vom Kopf und sag mir, was nicht in Ordnung ist.«

Ahab zog die Kissen beiseite und schleuderte sie wütend gegen die Wand. »Nabot weigert sich, mir sein Feld zu verkaufen.«

Isebel lachte leise, beherrschte sich aber, als Ahab mit zornrotem Gesicht zu ihr herumfuhr. »Warum hat er sich geweigert, dir das Land abzutreten?«

»Ich habe ihm alles nur erdenkliche angeboten. Ich sagte, ich würde es gegen ein besseres Feld eintauschen oder es ihm über den Wert bezahlen. Er wollte nicht einmal verhandeln.«

Isebel erhob sich und ging in die Mitte des Raumes. Sie wandte sich ihm zu und sprach mit strenger Stimme. »Ich fürchte, du folgst dem Weg des Jahwe.«

Ahab schwang die Beine über den Rand der Matratze und platzte mit den Worten heraus: »Das Gesetz gibt Nabot recht. Es ist das Land seiner Vorfahren. Er hat das Recht, das Feld zu behalten.« Er schlug mit der Faust aufs Bett.

Die Königin sprach kein Wort. Sie spürte, wie Entrüstung in ihr aufstieg. »Ahab«, rief sie mit befehlender Stimme, »wer ist König in Israel?«

»Was ist das für eine Frage?« gab Ahab wütend zurück.

»Bist du nun König in Israel oder nicht?« fragte Isebel.

Ahab starrte sie durchdringend an.

»Komm und iß«, lächelte die Königin. »Melkart hat seine Methoden, Königen und Königinnen zu Diensten zu sein. Ich werde dir das Land beschaffen.« Sie streckte Ahab die Hand entgegen.

Der Ausdruck auf seinem Gesicht wurde weicher, und er schüttelte den Kopf. »Wie kannst du dir so hundertprozentig sicher sein?«

»Weil ich meinen Gott kenne.« Sie wedelte mit den Fingern, um ihm ihre Hand anzubieten. »Ich werde das Land für dich beschaffen, dann werde ich es dir zum Geschenk machen. Jetzt komm mit mir und iß.«

Ahab zuckte die Achseln und erhob sich vom Bett.

Am nächsten Morgen begab sich Isebel schon in aller Frühe in ihre Geschäftskammer. Sie verlangte nach Pergament und schrieb einen einzigen Brief, der unter allen Anführern Israels weitergereicht werden sollte. Sie reichte ihn dem Boten mit der ausdrücklichen Anordnung zu warten, bis jeder einzelne Mann auf der Liste den Brief gelesen hatte und ihn dann dem nächsten zu bringen. Nabot stand nicht auf der Liste.

Binnen einer Woche hatten die Männer, die auf der Liste standen, ein dreitägiges Fasten in Jesreel ausgerufen. Die Leute beugten sich gehorsam dem Gebot. Sie hatten keine andere Wahl, als ihren Anführern Vertrauen zu schenken. Ein solches Fasten diente der Ankündigung, daß der Stadt Gefahr drohte. Die unbekannte Ursache mußte entdeckt und noch im Verlauf des Fastens in Ordnung gebracht werden.

Überall in den Häusern redeten die Familien beim Schein des Kerzenlichts über die Bedeutung des Fastens. Wer hatte Gottes Gesetze so frevelhaft mißachtet, daß die ganze Stadt in Gefahr war? Waren die Ratsherren der Ansicht, Ben-Hadad rüste zum Angriff? Sie dachten über vergangene Ereignisse nach. Sie durchforschten ihr eigenes Leben. Sie blickten ihre Nachbarn mit mißtrauischen Augen an. Ihre Mägen knurrten vor Hunger. Die Männer versammelten sich auf dem Marktplatz, um die verschiedenen Möglichkeiten durchzudiskutieren. Die Frauen schwätzten an den Stadtbrunnen. Während der ganzen Zeit verharrten die Ratsherren in düsterem Schweigen, während Nabot sich wunderte, warum man ihn vor der Ankündigung nicht zu Rate gezogen hatte.

Am Abend des dritten Tages trafen sich die Männer von Jesreel in feierlicher Versammlung in der Halle des Gerichts. Zu seiner Überraschung erhielt Nabot den hohen Ehrensitz in der Mitte des ranghöchsten Tisches. Er fragte sich, warum wohl. Aber war er nicht viele Jahre lang einer der führenden Männer der Stadt gewesen? Vielleicht sollte er für vergangene Dienste geehrt werden.

Andere Ratsherren ließen sich zu seinen Seiten nieder, die ganze Länge des Tisches entlang. Die Leute der Stadt drängten sich in den Raum und setzten sich auf den harten Bänken nieder. Das Rascheln der Gewänder und das gedämpfte Schwatzen lag wie unter einem dunklen Schleier feierlicher Sorge, denn an diesem Abend würde die drohende Krise verlautbart werden, oder vielleicht auch entdeckt werden, und Lösungen würden gesucht werden.

Ein Priester erhob sich und begann seinen Gesang.

Wohl dem, dem die Übertretungen vergeben sind,
dem die Sünde bedeckt ist!
Wohl dem Menschen, dem der Herr die Schuld nicht zurechnet,
in dessen Geiste kein Trug ist!

Das versammelte Volk antwortete mit einem lauten »Amen.« Der Priester fuhr fort, sein monotoner Gesang wechselte kaum die Tonhöhe, er rezitierte, wie es uralter Brauch vorschrieb. Die Leute kannten jedes einzelne Wort auswendig und unterbrachen vorschriftsgemäß mit der gebührenden Antwort.

Denn als ich es wollte verschweigen, verschmachteten meine Gebeine
durch meine täglichen Klagen.
Denn deine Hand lag Tag und Nacht schwer auf mir,
daß mein Saft vertrocknete, wie es im Sommer dürre wird.

»So ist es wahrhaftig, o Gott!« rief das Volk und füllte mit seinem Zuruf die kurze Pause aus, die der Priester eingelegt hatte.

Darum bekannte ich dir meine Sünde
und meine Schuld verhehlte ich nicht.
Ich sprach: »Ich will dem Herrn meine Übertretungen bekennen.«
Da vergabst du mir die Schuld meiner Sünde.

»Wir bekennen, o Gott.«

Deshalb werden alle Heiligen zu dir beten
zur Zeit der Angst.
Darum, wenn große Wasserfluten kommen, werden sie nicht an sie gelangen.
Du bist mein Schirm, du wirst mich vor Angst behüten,
daß ich errettet gar fröhlich rühmen kann.

»Gott ist barmherzig.«

Ich will dich unterweisen und dir den Weg zeigen, den du gehen sollst,
ich will dich mit meinen Augen leiten.
Seid nicht wie Rosse und Maultiere, die ohne Verstand sind,
denen man Zaum und Gebiß anlegen muß; sie werden sonst nicht zu dir kommen.

»Heile unsere Herzen, o Gott.«

Der Gottlose hat viel Plage, wer aber auf den Herrn hofft, den wird die Güte umfangen.
Freuet euch des Herrn und seid fröhlich, ihr Gerechten, und jauchzet, all ihr Frommen.

»Freut euch des Herrn, denn er ist barmherzig.«

Der Priester hielt inne und erhob die Hände zum Himmel. Das Volk fiel augenblicklich ein, als er den Schema rezitierte, wobei er die Stimme in eine höhere Tonlage als gewöhnlich hob. Sie alle sprachen in eintönigem Klang, wobei sie am Ende jedes Satzes die Stimme senkten: »Höre, Israel, Jahwe ist unser Gott, Jahwe allein.«

Der Priester setzte sich. Ein Ältester, der neben Nabot saß, erhob sich. Er sprach, als hätte er die Worte auswendig gelernt. »Leute von Jesreel«, begann er, »wir haben uns in feierlicher Versammlung hierherbegeben, um das Wort Jahwes zu suchen, was unsere Sünde angeht, um unsere Sünde aus unserer Mitte hinwegzutun und Gott anzuflehen, er möge den Schrecken abwenden, der uns bedroht. Aber bevor wir fortfahren, hat unser Rat beschlossen, einen Mann zu ehren, der unserer Stadt große Dienste erwiesen hat.« Er faßte Nabot am Arm und bedeutete ihm, sich zu erheben.

Wie auf ein Stichwort hin sprangen zwei Männer im Hintergrund der Halle auf und stürzten herbei. Einer von ihnen schrie: »Einen Augenblick, euer Ehren.«

Der Älteste stellte sich überrascht, Nabot blickte seinen Gastgeber erwartungsvoll an. Die beiden Männer saßen auf der Bank vor dem Tisch, Nabot unmittelbar gegenüber, wie es Vorschrift war, wenn jemand eine Anklage vorbrachte.

»Dieser Mann verdient keine Ehrung, Euer Ehren«, sagte einer von ihnen.

Nabot setzte sich nieder und runzelte die Stirn, überließ es aber dem Ältesten, sich um die Unterbrechung zu kümmern.

Der Ankläger fuhr fort: »Mein Gefährte und ich sind hier, um der ganzen Versammlung die Ursache für das Fasten mitzuteilen. Nabot ist es, der die drohende Katastrophe über Jesreel bringt.«

»Ihr habt eine Anklage gegen Nabot vorzubringen?« fragte der Älteste. Er warf einen nervösen Seitenblick auf den Angeklagten.

»Nabot hat Jahwe und den König verflucht. Nach dem Gesetz muß er gesteinigt werden. Das ist die Ursache des Unglücks, das über uns schwebt.«

»Euer Vorwurf ist sehr ernsthaft. Seid ihr völlig gewiß?« unterbrach der Älteste.

»Mein Gefährte und ich waren selbst anwesend. Nachdem König Ahab mit Nabot darüber gesprochen hatte, daß er seinen Weinberg kaufen wollte, verfluchte Nabot den König. Den Gesalbten Gottes zu verfluchen ist um nichts weniger, als Jahwe selbst zu verfluchen.«

»Ihr braucht dem Hohen Rat nicht zu erklären, was das Gesetz vorschreibt. Könnt ihr beschwören, daß eure Vorwürfe der Wahrheit entsprechen?«

Nabot raffte sich auf und beugte sich zornig vor. »Ihr lügt!«

schrie er. »Niemals habe ich den König verflucht, und euch habe ich noch nie zuvor gesehen!«

»Wir hörten ihn, wie er es auf dem Marktplatz sagte. Dieser Mann ist keiner Ehrung wert. Er hat nichts Besseres verdient, als für seine Lästerung gesteinigt zu werden.«

Der Älteste überschrie Nabots Proteste mit seiner Frage. »Das Gesetz fordert, daß zwei Zeugen für ein solches Verbrechen auftreten. Schwört ihr beide, die Wahrheit zu sagen?«

»Ja, wir schwören«, antworteten die Männer im Chor. »Wir sind Zeugen, wir alle beide.«

Die Stimmung der Leute war durch das Fasten und die Nervenanspannung aufs äußerste gereizt; jetzt explodierte sie. Jahwe hatte ihnen die Antwort auf ihre Sorgen gegeben. Nabot war der Schuldige. »Steinigt ihn!« schrie jemand. Ein paar junge Männer stießen den Tisch beiseite und fielen über Nabot her, dessen Protestschreie in dem allgemeinen Lärm untergingen. Er schlug nach ihnen, aber ein Fausthieb von einem der kräftigeren Männer schleuderte ihn zu Boden. Nabots Söhne versuchten sich zu ihrem Vater durchzukämpfen; sie schrien den jungen Männern gellend zu, ihn in Frieden zu lassen und prügelten auf alle los, die sie an den Kleidern zu packen versuchten.

Die Hysterie breitete sich wie Wildfeuer aus. Andere Männer stürzten sich in die Schlägerei. Nabot wimmerte in ungläubigem Entsetzen. Seine Söhne fanden sich von Männern umzingelt, die sie an Armen und Beinen packten und auf ihre Gesichter und Körper mit Fäusten einschlugen. Die Menge strömte durchs Tor und auf die Straße hinaus, wobei sie den halb bewußtlosen Nabot und seine wild um sich schlagenden Söhne mit sich schleppten. Irgend jemand schrie, das Gesetz verlange, daß die ganze Familie gesteinigt würde. Eine weitere Stimme nahm den Ruf auf und schrie, man solle Nabots Frau herbeibringen. Eine Menschenmenge stürmte zum Hause, um sie zu ergreifen.

Die ganze Szene dauerte nur wenige Minuten. Nabot und seine Söhne wurden an Armen und Beinen vor die Stadtmauer geschleppt und in eine Grube geworfen. Der erste Stein traf Nabot hinten am Schulterblatt, ein zweiter zerschmetterte seine Hand, als er sich das Gesicht bedeckte. Die drei Männer waren bereits bewußtlos, als ihre Ehefrau und Mutter den Hügel hinabgezerrt wurde, um ihr Schicksal zu teilen. Die Kleider wurden ihr vom Leib gerissen, so daß ihre greisen Brüste schändlich entblößt wurden. Die Männer schleuderten Steine gegen ihren nackten Leib. Sie raffte sich stumm auf die Knie auf. Sie schrie nicht mehr, sondern rief den Namen ihres Gatten.

Die Menge hielt einen Augenblick lang inne. Sie versuchte, zu ihm hinzukriechen. Ein Mann schrie und schleuderte einen Stein mit tödlicher Zielsicherheit. Sie brach zusammen. Eine Blutlache bildete sich unter ihrem Kopf. Die Steine flogen weiter; die Männer schleuderten sie mit aller Kraft, um ihre Gefährten auszustechen, was Kraft und Zielsicherheit anging. Bald waren die Körper halb mit scharfkantigen Steinen bedeckt. Die Wange eines Sohnes war unter dem Auge zu einem zackigen roten Loch aufgerissen, Blut strömte aus einer aufgeschlitzten Arterie in Nabots Nacken. Die dumpfen Aufschläge der Steine dauerten noch lange an, nachdem die Schreie erstorben waren.

Die letzten noch hörbaren Geräusche waren das Klappern von Steinen auf Steinen, mit weniger Zielsicherheit und weniger Wut als zuvor. Die Menge verfiel in Schweigen. Langsam wandten sich die Männer den Stadttoren zu. Diejenigen, die schokkiert waren, gingen als erstes; die eher morbid Gesinnten später. Der letzte Mann schleuderte den letzten Stein mit aller Gewalt, als wollte er sich bestätigen, daß er in einer gerechten Sache gehandelt hatte.

Nabots Töchter kauerten hysterisch schluchzend in ihren Häusern, während ihre Männer die Türen verriegelten und gegen den Mob bewachten, der sie übersehen hatte.

Eine Stunde später erhielt Isebel die Nachricht, daß die Tat vollbracht war. Sie ging zu Ahab. »Siehst du, Melkart gewinnt seine Kriege. Nabot und all seine Erben sind tot. Der Weinberg ist dein.«

Ahab blickte sie mit gerunzelter Stirne an. Er lächelte, aber sein Herz lächelte nicht mit.

SECHZEHNTES KAPITEL

Der Golf von Akaba erstreckte sich lang und tiefblau zwischen zwei Reihen unglaublich öder Hügel. Die östliche Hügelkette jenseits des Golfs war höher und versperrte den Blick auf die Häßlichkeit der arabischen Wüste. Elia stand in der Mündung des Wadi Sa'deh, an der Stelle, wo es aus seiner engen, tiefen Schlucht ans Licht der eine Meile breiten Kiesebene trat, die allmählich zum Meer hin abfiel. Er konnte in nördlicher Richtung bis Ras al Burka sehen, der kleinen Halbinsel, die ein paar Meter weit in den Golf vorspringt.

Vier Tage waren vergangen, seit er den Berg Horeb verlassen hatte. Er hatte sich jetzt an die südliche Wildnis gewöhnt, also war die Reise nicht allzu strapaziös, wenn auch unerfreulich. Er war der Route des Exodus gefolgt, wie sie ihm der alte Mann in Kadesch beschrieben hatte, aber er kam viel schneller vorwärts, als es seinen Vorvätern mit ihren Herden und Kindern und Besitztümern möglich gewesen war.

Er war froh, aus den Hügeln draußen zu sein und sich jetzt auf ebenem Land neben klarem Wasser zu bewegen. Die Sonne war immer noch heiß, der Glast der weißen Küste war unangenehm, aber der Weg war unendlich viel besser als der weiche, trockene Sand der Dünen und die ständige Bergauf-Bergab-Kletterei in den Wadis.

Ein Grüppchen Palmen am Ufer kennzeichnete den Brunnen, von dem der alte Mann ihm erzählt hatte. Elia verließ die großen Felsbrocken in der Nähe der Klippen und machte sich auf den Weg zum Brunnen. Je näher er dem Wasser kam, desto kleiner wurden die Steine, bis der Boden in der Nähe der Palmen und am Ufer des Golfs hauptsächlich aus feinem Kies und Sand bestand.

Das Wasserloch war acht oder zehn Fuß tief und das Wasser darin brackig. Sein leichter Schwefelgeruch stieg Elia unangenehm in die Nase, aber er ließ den am Rand befestigten Schöpfeimer dennoch hinunter, um seinen Wasserschlauch zu füllen. Der alte Mann hatte ihn gewarnt, er würde kein gutes Wasser mehr finden, bis er nach Ezjon-Geber käme.

Elia schulterte den Wasserschlauch und wandte sich nach Norden. Er schritt am Ufer entlang und fühlte die Kühle der Wellen, die über seine Füße hinwegschwappten und sich dann wieder sammelten, um den nächsten Anlauf vorzubereiten. Zu seiner Linken erhoben sich die westlichen Hügel hoch in den Himmel. Ihre grauen Granitmauern wirkten trübselig in der Mittagshitze. Während der gesamten vier Tage seiner Wanderung hatte er darum gerungen, den Zwiespalt zwischen Gottes Gericht und seiner Ankündigung, er würde sanft in den Herzen der Menschen sprechen, aufzulösen. Gottes Gericht war das Handwerkszeug eines Propheten. Damit kannte er sich aus. Mit der Sünde konnte es kein Pardon geben. Und schlimmer noch, Sünde führte zu den Übeltaten, die jetzt ganz Israel verpesteten. Menschen, die über Leichen gehen, die von den Qualen und Nöten anderer Menschen leben, solchen Menschen mußte eine Schranke gesetzt werden. Israels ganze Geschichte hatte gezeigt, daß Jahwes Weg mit den Menschen der Weg der Buße und Umkehr war. Aber die Leute wollten nicht umkehren, also blieb nur noch das Gericht. Ja, von Gottes Gericht verstand er etwas.

Aber was war mit der stillen, sanftmütigen Stimme? Kann ein Prophet den Unbußfertigen das Gericht verkünden und sanft mit den anderen reden? Können Menschen inmitten des Gerichts Sanftmut verstehen? Die Frage war undenkbar. Der Prophet kannte nur wenig in seiner eigenen Erfahrung oder in der Geschichte Israels, das für ein sanftes Vorgehen sprach. Schließlich verbannte er das Problem aus seinen Gedanken. Vielleicht würde die Zeit eine Lösung des Paradoxons bringen.

Der nächste Morgen war strahlend hell. Die Wasser des Golfs schimmerten durchsichtig in der Sonne; die Gipfel im Osten waren wild zerklüftet, massive Schatten und Felszacken, die sich aus dem Meer erhoben. Vor ihm, auf der Seite nach Westen zu, loderten die Granithügel in den tanzenden Farben ihrer Erzadern. Die Mauern der Tih glühten gelb in der Ferne. Sie stürzten steil zur Küste ab, trafen aber auf halbem Wege auf die kupferhaltigen Granitfelsen und ihre Kappen aus Sandstein, die im Licht der Dämmerung rot wie Feuer brannten.

Elia genoß die behagliche Reise. Seemuscheln in allen Größen, von winzigsten Exemplaren bis zu solchen, die mehrere Pfund wogen, lagen überall an der Küste.

Am Spätnachmittag kam er zu der Bucht von Taba. Vier schlanke Sudanesenpalmen erhoben sich zu einer Höhe von sechzig Fuß über der sandigen Ebene. Junge Palmen, die im Vergleich zu ihren Eltern winzig wirkten, wuchsen verstreut um die hohen Bäume. Vielleicht hatten die Israeliten hier ihr Lager aufgeschlagen, aber in diesem Fall, dachte Elia, mußten sie Wasservorräte von einem anderen Ort mitgebracht haben. Das Wasser der Zisterne von Taba war zu brackig zum Trinken.

Bald konnte Elia die Öffnung des Araba, des Tals der Schmiede, sehen, die tiefe Kluft, die über eine Strecke von hundert Meilen in südlicher Richtung vom Toten Meer zum Golf von Akaba verlief.

Eine häufig benutzte Straße stieß an seinem nordwestlichen Ende auf den schmalen Golf. Die verschiedenen Karawanenstraßen, die den Sinai querten, liefen an diesem Punkt zusammen, um die Schlußetappe der Reise nach Ezjon-Geber anzutreten. Eine ganze Anzahl Straßen traf sich hier bei der Stadt der Schmelzöfen. Elia hatte vor, eine von ihnen zu nehmen, die bedeutende Karawanenstraße, die das Tal Araba in seiner ganzen Länge durchmaß.

Die Straße war steinhart gestampft von den Hufen der Esel, die das Erz aus den verstreut liegenden Minen transportierten. Elia begegnete ihnen häufig auf seiner Reise nach Norden. Sie waren über die ganze Straße verstreut, waren einzeln und zu zweien unterwegs; an ihrer Seite schritten schmutzige, verschwitzte Treiber. Die Treiber waren zum Großteil Israeliten, die eine niedrige Geburt oder spätere Schicksalsschläge auf die unterste Rangstufe judäischen Lebens hinabgestoßen hatte, aber sie waren freie Männer. Die Arbeit in den Minen wurde von Sklaven getan, Kriegsgefangenen, deren Leben keinen Pfifferling wert galt.

Elia kam am Spätnachmittag an der bedeutendsten Mine vorbei, in Timneh. Das ganze Gebiet war von starken Mauern umgeben, um eine Flucht der Sklaven zu verhindern. Sogar die schwarze Schlacke wurde innerhalb der Mauern deponiert, denn das Erz wurde teilweise an Ort und Stelle in zahlreichen kleinen Steinöfen geschmolzen, um Masse und Gewicht zu verringern, die nach Ezjon-Geber transportiert wurden. Wachen waren in dem ganzen Gebiet häufig anzutreffen und beobachteten alles mit Vorsicht, aber hin und wieder winkte einer Elia zu, wenn er seine Prophetenkleider erkannte.

In der Abenddämmerung erreichte der Prophet die Quelle von Gharandal. Ein paar Palmbäume drängten sich um die Quelle. Das Wasser war warm, aber trinkbar. Der Tag war heiß gewesen; selbst der Wind, der durchs Tal Araba wehte, war heiß. Elias Tunika war naßgeschwitzt, und sein Mantel, den er über dem Arm oder auf der Schulter getragen hatte, wies salzige Streifen auf. Er badete Gesicht und Arme im warmen Wasser, dann trank er sich satt.

Die Nacht war heiß. Elia schlief auf dem Rücken auf seinem ausgebreiteten Mantel, Arme und Beine weit von sich gestreckt, um den Kontakt mit seiner eigenen schweißtriefenden Haut zu vermeiden. Er stand früh auf, keineswegs erfrischt, aber weniger müde, und nahm seine Reise wieder auf.

Die Wadis im Westen wurden jetzt zahlreicher, alle wasserlos bis auf seltene Quellen, von denen nur die Karawanenführer und Reisenden wußten. Gelegentlich kam ein Eseltreiber mit seinem erzbeladenen Esel vorbei, die Kleider von schwarzem und rotem Schmutz verschmiert, die Augen trüb und wäßrig, das Gesicht mürrisch. Elia konnte nicht anders, er spürte leise Gewissensbisse beim Gedanken an Israel und Juda. Selbst Juda mit seinem guten König Joschafat, der für seine Gerechtigkeit bekannt war, ließ es zu, daß Männer sich ihr Leben lang in Vergessenheit in der erstickenden Hitze abplagten, bis die Alten starben und die Jungen davonliefen, um sich den Räuberbanden in den Hügeln anzuschließen. Und was die Sklaven anging, die in dieser ummauerten Anlage eingeschlossen waren, wo die Hitze noch schrecklicher war als im Tal, so mußte ihr Leben unbeschreiblich grauenhaft sein.

Kurz nach Mittag kam Elia am südwestlichen Ufer des Toten Meeres an. Zu seiner Linken erhob sich der Salzhügel von Jebel Usdum zu einer Höhe von fast sechshundertfünfzig Fuß. Er war sechs Meilen lang, eine von Wind und Wetter gedrechselte Ansammlung fantastischer Kuppen und Säulen. Die alten Männer erzählten, Usdum sei das zerstörte Sodom, die Stadt des Bösen, Gefährtin Gomorras, und daß eine der seltsamen Salzsäulen Lots Frau sei.

Am Nordrand des Salzhügels stieß Elia auf eine Gruppe von Salzgräbern. Sie waren zu viert, alles kräftige Männer, nackt, mit sonnengebräunter Haut. Sie hielten mit ihrer Arbeit inne, um den Propheten anzustarren. Ihre Augen waren wild und verzweifelt, ihre Muskeln wölbten sich mächtig an den Schultern. Schweiß troff von allen ihren Gliedern. Ihr Haar war ein Stück über der Schulter abgeschnitten; sie alle hatten sich zwei oder drei Tage vor ihrem Aufbruch in das Tal rasiert und wiesen nun die stoppeligen ersten Anzeichen von Bärten auf.

»Ich bin Elia, Prophet des Jahwe«, verkündete er. »Wo kann ich Wasser finden?«

Die vier Männer starrten ihn ausdruckslos an.

»Wo kann ich Wasser finden?«

Ein Mann lachte. Er deutete auf die mächtigen Wasserschläuche neben den Eseln, deren Beine mit Lederriemen zusammengekoppelt waren, so daß sie nur kurze Schritte machen konnten. Elia schritt auf die Wasserschläuche zu, wobei er den Männern dankend zunickte. Er hob den Wasserschlauch von der Schulter und kniete nieder, aber da unterbrach ihn ein lautes Nein, das einer der Männer ingrimmig knurrend hervorstieß. Er blickte zurück. »Du willst Wasser. Du bezahlst uns mit Salz.« Er deutete auf einen speerähnlichen Eisenstab. »Da. Grab deine Bezahlung aus.«

Elia zuckte die Achseln. Die Männer waren Judäer, aber aus derselben armen Gesellschaftsschicht, die im Araba die Esel trieb. Sie kannten keine Furcht vor dem Fluch eines Propheten, war ihr Leben doch bereits ein einziger Fluch. Er schritt an den vier Männern vorbei und nahm das Werkzeug zur Hand. Er stieß die Spitze gegen den harten Salzhügel und kratzte. Langsam meißelte er einen zwei Fuß im Quadrat großen Block heraus, indem er mit den Eisen einen schmalen Spalt rundum grub. Es dauerte eine Stunde, bis er mit der Arbeit fertig war. Er schwitzte ohnehin schon von der Backofenhitze, jetzt trieb ihm die zusätzliche Plage den Schweiß aus den Poren, daß er in Bächlein seinen Körper hinabrann. Sein Hemd klebte am Körper und war überall mit Salzflecken besät. Der Salzstaub setzte sich in seinem Haar und Bart ab, die in der Hitze heftig juckten. Wider besseres Wissen leckte er sich gelegentlich das Salz von den zersprungenen Lippen, was seinen Durst noch beträchtlich verschlimmerte.

Schließlich hob er den sauber geformten Salzziegel auf und legte ihn auf den Stapel neben den Eseln. Er wandte sich den Wasserschläuchen zu. Die Männer lachten und traten vor ihn hin, so daß sie ihm den Weg versperrten. Elia kämpfte seinen Zorn nieder. »Gebt mir Wasser zur Bezahlung«, sagte er. Die Männer lachten von neuem. Der Zorn des Propheten hätte ihn fast dazu hingerissen, einen Fluch über sie auszusprechen, denn man glaubte allgemein, daß die Beleidigung eines Propheten immer auch eine Beleidigung des Gottes war, dem er diente. Aber er erinnerte sich an die trüben Augen der zermürbten Eselstreiber im Araba und dachte: *Diese Männer hier haben wenigstens noch Mumm in den Knochen.* Er wandte sich wortlos ab und hob seinen Mantel und seinen Wasserschlauch auf. Im Fortgehen hörte er hinter sich das gedämpfte Gelächter der Salzgräber.

Elia machte keinen Versuch, aus seinem Wasserschlauch zu trinken, bevor er nicht außer Sicht war. Dann erwies es sich, daß seine Furcht berechtigt war. Während er sich damit abgemüht hatte, den Salzziegel herauszumeißeln, hatte einer der Männer den letzten Rest seines Wasservorrats ausgeleert. Die nächste Zisterne befand sich in Engedi, fünfundzwanzig Meilen entfernt, und seine Kehle schrie bereits jetzt nach Wasser. Nicht einmal in der Tih hatte er den Durst so grausam gefühlt wie jetzt. Das Salz trocknete auf seinem Körper und seinen Kleidern. Seine Lippen zersprangen vor Hitze. Seine Zunge schwoll an und füllte dick seinen Mund aus. Seine Augen brannten von dem Salz, das er in sie hineingerieben hatte, und er konnte sich nicht davon zurückhalten, das ständige, qualvolle Jucken noch zu verschlimmern.

Die Nacht war dunkel. Er konnte kaum noch die Reihe der Klippen zur Linken erkennen. Auch das Meer war dunkel, aber die weiße, salzüberkrustete Küstenlinie zeichnete sich im Mondlicht als klar erkennbares Band ab, dem er folgen konnte. Er wurde immer zorniger, je mehr seine Müdigkeit und sein Durst zunahmen, wobei ihn die Beleidigung gegen Jahwe noch mehr ärgerte als die Beleidigung, die ihn selbst getroffen hatte. Wäre er kein Prophet gewesen, so hätten ihn die Salzgräber vielleicht sogar attackiert. Dafür jedenfalls war er dankbar. Aber was mußten die vier Männer jetzt von Jahwe denken? Sie würden vor ihren Freunden mit dem Zwischenfall prahlen. Statt das Mitleid Jahwes zu begreifen, der sich weigerte, ihnen ihre Schuld zu vergelten, würden sie von Gottes Schwäche erzählen. *Wie sieht es jetzt aus mit der sanften Stimme?* dachte er.

Elia erreichte Engedi erst lange nach Mitternacht, denn Erschöpfung und Durst hatten seine Schritte verlangsamt, und er hatte seine Beine zu jedem Schritt auf der fremden und stockdunklen Straße zwingen müssen. Seine Kehle brannte bei jedem Atemzug. Seine Lippen bluteten aus breiten, runzligen Rissen. Er kniete am Rand des Wadi nieder und leckte das Wasser aus seinen gewölbten Händen. Er trank langsam und nur wenig auf einmal. Wie eine Feuersbrunst lohte der Impuls in ihm auf, sich gierig vollzusaufen. Das Wasser brannte grausam auf seinen Lippen, aber die Feuchtigkeit auf seiner geschwollenen Zunge war das überwältigendere Gefühl von beiden. Er schluckte mühsam. Nur langsam entspannte sich seine Kehle so weit, daß sie das warme Wasser aufnahm.

Nachdem er ein wenig getrunken hatte, setzte Elia sich neben dem Bach nieder und wartete, bis sein Magen sich an die Erleichterung gewöhnt hatte, dann trank er von neuem. Die Erschöpfung, die er im Verlauf seines achtstündigen Marsches zum Wasser verzweifelt niedergekämpft hatte, überschwemmte ihn jetzt wie eine Sturzwelle. Er stand auf, bevor die Müdigkeit ihn völlig überwältigen konnte, in der Hoffnung, den Weg durch das finstere Wadi bis zu seinem Ursprung zu schaffen. Die Quelle war nicht weit vom Meer entfernt, aber sie lag im oberen Teil eines langen, steilen, felsigen Flußbetts. Ein paar Meter weit kämpfte er sich hoch, dann gab er das Klettern auf. Er legte seinen Mantel, seinen Gürtel und seinen Rucksack auf die Felsen, watete ins Wasser und setzte sich nieder. Das Wasser umspülte seine Lenden und seine Beine, seine warme Nässe wusch das festgebackene Salz von seinem Unterleib. Er beugte sich vor, tauchte das Gesicht ins Wasser und schüttelte kräftig den Kopf. Das wilde Haar floß mit der Strömung. Er hob den Kopf und schnappte nach Luft. Dann senkte er ihn von neuem und rubbelte sich Haar, Bart und Kopfhaut mit den Fingern. Es war, als schwemmte der Bach einen Teil seiner ängstlichen Anspannung fort, und an ihre Stelle trat eine eher entspannte Müdigkeit. Er wand sich aus seiner Tunika heraus und hielt sie vor sich hin ins Wasser. Die Strömung streckte sie flach aus, wie sie da in seinen Händen hing. Er schwenkte sie im Wasser hin und her, um das verklebte Salz abzulösen, dann rappelte er sich splitternackt auf, bis er auf den mit Sandalen bekleideten Füßen stand, wrang die Tunika aus, so gut er konnte, und zog sie wieder an. Er wollte bis zum Morgen damit warten, daß er auch seinen Mantel reinigte.

Die Finsternis löschte die Gestalten von Bäumen und Büschen aus und verwandelte sie in eine unkenntliche Masse an den Seiten des Wadi. Elia entschied sich für einen Platz auf den offenen Felsen, wenigstens bis zur Dämmerung, und suchte sich einen hinreichend ebenen Schlafplatz in der Nähe des Flüßchens. Der Prophet schlief bis nach Tagesanbruch, aber kurz nach Sonnenaufgang fing sich die Hitze in den roten Felsen und stieg rapide an. Immer noch müde und zerschlagen, begab Elia sich zu einem geschützten Platz unter Akazienbäumen, wobei er sorgfältig darauf achtete, ihren Dornen auszuweichen.

Er schlief noch zwei Stunden lang, aber dann machte die Hitze, in der sich kein Lufthauch regte, jede Behaglichkeit zunichte. Er warf sich den Mantel über die Schulter und schnallte sich den Gürtel um die Hüften, dann ging er zum Bach, um seinen Wasserschlauch zu füllen. Die Qualen des Dursts und der Erschöpfung hatten ihm grausame Kopfschmerzen eingetragen, die in seinen Augen und seinem Hinterkopf pochten. Krusten hatten sich auf den Rissen in seinen Lippen gebildet, so daß jede Bewegung der Gesichtsmuskulatur ihm scharfe Schmerzen bereitete.

Das Tageslicht ließ deutlich erkennen, daß Engedi die üppigste Oase westlich des Toten Meeres war. Die Quelle entsprang ein paar hundert Fuß westlich aus dem Kalksteingebirge und fiel in Kaskaden über Felsstufen zum Meer hinunter ab. Hohes Zuckerrohr und Akaziendickichte, untermischt mit anderen Bäumen und Büschen, bildeten einen schwellenden Dschungel, der sich am Großteil des Flußlaufes entlangzog. Die »Apfel von Sodom« genannte Frucht wuchs reichlich an den verschiedensten Stellen. Elia begann zu lachen, zuckte aber dann zusammen, als das Lächeln einen Schmerz mit sich brachte, der ihn wie mit Messern durchfuhr. Die Äpfel waren wie die Religion des Baal. Rund und glatt, gelb, wenn sie reif waren, hingen sie in köstlichen Trauben von drei oder vier Stuck nebeneinander. Sie sahen einladend aus und fühlten sich angenehm an — so lockten die Äpfel den hungrigen Elia zu einem Festmahl. Aber er wußte, daß die Früchte, wenn man sie anfaßt und zu öffnen versucht, mit einem leisen Knall zerbersten. Die Rinde enthielt nur einen kleinen, seidigen Samenbeutel. Der Hungrige fand nichts darin als leere Luft.

Das Wasser würde für den Rest der Reise kein Problem bedeuten, denn zwei große öffentliche Quellen lagen am Wege. Elia wollte das Nordufer des Meeres in der Mitte des Nachmittags erreichen und dann die Ebene queren, so daß er in Jericho noch vor Einbruch der Dunkelheit ankam. Er beschloß, in gemächlichem Tempo weiterzuziehen.

Am späten Vormittag passierte Elia den Kidron zur Linken, den heiligen Bach, der am Tempel von Jerusalem vorbeifloß und durch die öden braunen Hügel hinunter in das steil abfallende Tal des Feuers, bevor er ins Tote Meer mündete.

Er konnte das Nordufer jetzt mühelos erkennen. Jenseits der nördlichen Meeresküste erhob sich eine Gebirgskette, die von unten betrachtet wie ein einzelner Berg aussah, aus der Hochebene von Moab. Es war der Berg Nebo.

Mose war alt gewesen, als er auf dem Nebo stand, das ganze große Volk Israel hinter sich, hundertundzwanzig Jahre alt, aber er war nicht gebrechlich gewesen. Er sammelte Jahwes Gesetze und ließ sie die Menschen in all den Lagern lehren. Gottes Warnung war streng und prophetisch. Obwohl er seinem Volk reiche Gaben schenkte, würden sie sich anderen Göttern zuwenden, sobald sie sich in dem neuen Land niedergelassen hatten. Und genau das hatten sie getan; ja sie taten es jetzt noch. Das Muster der Ereignisse hatte sich nicht geändert; die Warnung war nicht beachtet worden.

Moses letzte Tat war es gewesen, einen Nachfolger, Josua, zu wählen. Dann entschwand er ihren Blicken in dem Land von Tälern und Klüften und zerbröckelnden Felsen und Abhängen und Schweigen und Disteln und stöhnendem Wind. Er schritt in Gottes Hände hinein und wurde niemals wieder gesehen; sein Leichnam wurde niemals gefunden.

Die Wanderung über die Ebene nach Jericho war trübselig; sie hatte nicht einmal den Reiz der faszinierenden Öde der Hügel in der Wildnis, die Elia den ganzen Weg durch das Araba und am Toten Meer begleitet hatten. Die Stadt hatte ihre Bedeutung längst eingebüßt, aber immer noch war sie ein Paradies für den Reisenden, der aus der Wildnis dort ankam. Riesige Palmbäume erhoben sich über den Wohnhäusern, und kleinere Palmen füllten die Gärten der Stadt. Der Marktplatz brodelte von Karawanen, die mit Datteln und Balsam handelten und Vorräte für ihre Reisen einkauften.

Elia war die Stadt vor allem wegen ihrer Prophetenschule vertraut. Er fragte sich, ob es irgendeinem von ihnen gelungen war, nach Juda zu flüchten, und ob sie wieder zurückgekehrt waren. Er begab sich zum Marktplatz.

Einige der kleinen Buden hatten bereits geschlossen, andere Kleinhändler luden ihre Ware auf ihre Esel, während die größeren Händler ihre Produkte und Waren in ihre Marktstände schafften, um sie über Nacht einzuschließen. Elia erntete von dem ersten Händler, den er fragte, nur ein Achselzucken; er wisse nichts von einer Prophetenschule. Ein anderer Händler hatte gehört, die Schule sei wieder eröffnet worden, aber die Propheten zögen von einem Ort zum anderen aus Furcht vor Verfolgung. Keiner der Händler wußte, wo sie sich jetzt befanden. Schließlich bot ein Jahwist dem Propheten eine Bleibe für die Nacht an.

Der Gastgeber war ein freundlicher Mann. Seine Frau gab Elia eine Salbe für seine zersprungenen Lippen, die die Schmerzen beträchtlich linderte, und sie sorgte für eine weiche Matratze für sein Nachtlager. Das Fleischgericht zum Abendessen – ein seltener Luxus, der zu Ehren des Propheten serviert wurde – war für Elia wie eine Ankündigung, daß er wieder in die Zivilisation zurückgekehrt war. Sein Schlaf war erfrischend, und nach einem Frühstück aus Datteln, Beeren und Wein verließ er Jericho in bester Laune.

Weder der Gastgeber noch seine Frau wußten viel über die Rückkehr der Propheten Jahwes. Die Frau hatte Gerüchte gehört, daß Macaiah Isebels Mordkampagne entgangen sei, aber sie kannte niemand, der ihn tatsächlich gesehen hatte. Sie äußerte die Vermutung, er versuche vielleicht im Geheimen, die überlebenden Propheten ausfindig zu machen und zu organisieren. Gewiß konnte Isebel nicht jeden einzelnen Propheten des Jahwe gefunden haben. Es gab zu viele von ihnen und zu viele Höhlen in der Wildnis.

Elia hob den Wasserschlauch und ließ sich den Strahl in den Mund rinnen. Jahwe hatte gesagt, siebentausend Menschen hätten ihre Knie nicht vor dem Baal gebeugt. Er hatte zwei von ihnen kennengelernt.

Die Straße nach Abel-mehola verlief über unfruchtbares Land. Glücklicherweise wurden die Dornendickichte, die gelegentlich einen Angriff auf die Straße starteten, auf königlichen Befehl immer wieder zurückgeschnitten, aber dennoch wurde die Straße nicht so häufig befahren wie die andere östlich des Flusses, die besser mit Wasser versorgt war. Der Mangel an Vegetation verlieh der bedrückenden Hitze einen stechenden Glanz und betonte noch die Eintönigkeit des Weges. Der Prophet war gezwungen, sich mit seinen Gedanken zu beschäftigen.

Gott würde mit sanfter Stimme zu den Menschen sprechen. Aber Jahwe würde auch Hasaël und Jehu und Elisa dazu anhalten, die Baalsdiener zu erschlagen. Elia wußte, daß die drei Männer das Henkersschwert nicht unbedingt mit eigener Hand führen würden, aber sie würden die treibende Kraft des Gemetzels sein, wie er selbst es auf dem Karmel gewesen war. War sein eigenes Massaker an den Baalspropheten ein Irrtum gewesen? Die Lektion, die er auf dem Berg Horeb gelernt hatte, ließ es ganz so aussehen. Aber wählte Jahwe selbst denn nicht denselben Weg? Vielleicht gab es einen Punkt, an dem Gottes Sanftmut in rachsüchtigen Zorn umschlug. Ja, vielleicht war das die Antwort. Gott spricht mit sanfter Stimme zum Herzen, bis es sich so sehr verhärtet hat, daß es die Wahrheit nicht mehr hören will, so verderbt, daß es eines Wesens mit dem Bösen wird, so unauflöslich verschlungen in seine Täuschung, daß es Gerechtigkeit unmöglich macht. Dann muß Gott das Krebsgeschwür ausschneiden.

Die Last des Problems lag jetzt anderswo. *Welcher Mensch kann ein solches Urteil fällen?* dachte er. *Wer kann die Liebe und den Zorn Jahwes entziffern? Wer außer Gott selbst kann sagen, wann Menschen zu keiner Umkehr mehr willens sind?*

Elia schauderte. Das Schwert war eine so viel einfachere Antwort als Sanftmut, es paßte so gut zu der Art von Rache, wie Menschen sie an ihren Feinden nehmen – oder Gottes Feinden. Zuletzt gelangte er zu der Entscheidung, ein Mann Gottes müsse Sanftmut, nicht Zorn und Rache, als seine Botschaft zu den Menschen bringen und dürfe nur als Gerichtsprophet auftreten, wenn Gott ihn ohne jeden Zweifel dazu drängte. Er empfand Furcht bei dem Gedanken, denn er kannte sich selbst.

Die Sonne sank eine Stunde bevor Elia Abel-mehola erreichte. Als er vor Shaphats Türe anlangte, hatte die Nacht bereits das ganze Tal bedeckt. Shaphats breites Lächeln und Deboras Mahlzeit heiterten den müden Propheten wieder auf. Elisa kam etwas später; er war bei Freunden in der Stadt zu Besuch gewesen. Sein Haar war immer noch lang; er hatte seinen Nazoräer-Eid nicht aufgegeben.

Elias Lippen waren immer noch wund und geschwollen und sein Rücken schmerzte von der langen Tageswanderung. Die Familie verschob ihre Fragen auf später und gestattete ihm, sich früh zurückzuziehen.

Debora hörte Elia am nächsten Morgen die Treppe herunterkommen und die Männer begrüßen. Sie nahm den Deckel von dem kegelförmigen Lehmofen ab und griff vorsichtig hinein, um die Brotfladen herauszunehmen, die sie frisch gebacken hatte. Sie legte sie auf einen Teller und ging ins Haus. Elia begrüßte sie mit einem Kuß auf die Wange. Shaphat und Elisa hatten ihn bereits ins Gespräch verwickelt, aber die drei Männer zogen die Stühle an den Tisch heran, während Debora die Brotfladen und Honig, Feigen, Rosinen, Wein und – für den Nazoräer Elisa – leicht angesäuerte Ziegenmilch auf den Tisch brachte.

Der junge Mann unterbrach das Gespräch, um Elia nach seiner Pilgerreise zu fragen. Elisa erzählte von der Öde der Tih und der harten Wüstenei des Berges Horeb. Shaphat lauschte mit großem Interesse, während Elisa immer ungeduldiger darauf wartete, daß der Prophet seine spirituelle Pilgerreise beschreiben würde.

»Hat Jahwe zu dir gesprochen?« fragte er schließlich rundheraus.

Elia hielt inne und stippte seinen Brotfladen in die Honigschüssel. Er aß langsam und ging seine Antwort in Gedanken durch, während die Männer angespannt warteten. Debora stand neben dem Tisch und hatte die Arme vor dem Leib verschränkt. »Ja«, antwortete er schließlich, »Jahwe hat zu mir gesprochen.« Er hielt wiederum inne. »Seine Worte waren anders als sonst. Ich habe nicht verstanden, was er meinte.«

»Was hat Jahwe gesagt?« platzte Elisa heraus.

Der Prophet rutschte auf seinem Stuhl hin und her. Er erzählte ihnen – ein wenig widerwillig – von dem Sturm, dem Erdbeben, dem Feuer und der sanften, milden Stimme Gottes im Säuseln des Windes. Er enthüllte ihnen jedoch nicht, daß er neue Anordnungen bekommen hatte.

Shaphat brach schließlich das Schweigen. »Was hat das zu bedeuten? Ist es eine neue Offenbarung?«

»Es ist eine neue Offenbarung«, antwortete Elia. »Ich habe darum gerungen, den Sinn zu verstehen. Ich glaube, ich verstehe Jahwes Anordnung, aber bis jetzt weiß ich nicht, wie ich danach leben soll.«

»Lebst du nicht schon danach, wenn du nur einfach gehorchst?« gab Elisa zurück. »Was tut ein Prophet denn anderes als gehorchen?«

Elia lächelte über die Naivität des Jünglings. »Gewiß«, sagte er, »das ist schon wahr. Aber es ist nicht leicht, seinen Lebensstil zu ändern. Selbst ein Prophet wird in seinem Tun durch die Art und Weise festgelegt, wie die Leute um ihn herum denken und wie er selbst zuvor gedacht hat. Werden die Menschen einer leisen Stimme zuhören, wenn sie an Lärm gewöhnt sind?« Er seufzte. »Jeder Mensch ist ein Kind seiner Zeit. Er kann nur wenig über den Horizont seiner Umgebung hinaussehen. Er ist eins mit seinen Mitmenschen. Sein Denken richtet sich nach ihren Reaktionen. Gewiß, es ist Jahwes Art, sanft zu den Herzen der Menschen zu sprechen. Aber was ist, wenn sie nicht zuhören? Wie wird Jahwe dann sprechen? Was soll ein Prophet dann tun?«

»Ich bleibe dabei, ein Prophet soll einfach gehorchen«, beharrte Elisa.

»Und spricht Jahwe denn zu einem Propheten, als gäbe es keine geschichtliche Zeit? Als wären die Menschen nicht, was sie sind? Nein, mein junger Freund, die Lektion ist großartig, aber einfach ist sie nicht.« Elia sprach mit großer Entschiedenheit, um dem Gespräch ein Ende zu machen. »Jetzt«, fuhr er fort, »erzählt mir aber, was so vor sich geht. Ich habe gehört, Macaiah sei vielleicht noch am Leben.«

Shaphat antwortete. »Das haben auch wir gehört. Aber niemand in Abel-mehola hat ihn gesehen. Vielleicht hat Obadja ihm zur Flucht verholfen.«

»Und was ist mit Isebel?«

»Ahab muß die Mörderhand der Königin zurückgehalten haben«, fuhr Shaphat fort. »Wir bangten um Elisas Leben. Er verbarg sich eine Zeitlang in den Wadis, aber keine Soldaten kamen, um nach ihm zu suchen. Er lebt jetzt ganz öffentlich hier. Vielleicht ist die Gefahr vorbei.«

»Dann hat das Wunder auf dem Berg Karmel doch etwas Gutes bewirkt«, sagte Elia leise.

»Ja. Es hat etwas Gutes bewirkt.«

Elisa unterbrach seinen Vater. »Elia, das Volk redet immer

noch über dieses gewaltige Ereignis. Einige der Leute hier haben aufgehört, dem Baal zu opfern. Isebel hat Schwierigkeiten, neue Priester aus Phönizien hierherzulocken. Sie haben Angst, nach Israel zu kommen.« Seine Stimme nahm einen düsteren Ton an. »Aber die Tempel Melkarts und Ascheras stehen immer noch. Mein Schwur ist noch nicht erfüllt.«

Debora, die bislang geschwiegen hatte, mischte sich ins Gespräch. »Shaphat, erzähl Elia von Naboth.«

Shaphats Lächeln erlosch. Er beugte sich weit über den Tisch. »Elia, erst gestern ist in Israel eine Tragödie geschehen.« Er erzählt von Ahabs Verlangen nach dem Weinberg seines Nachbarn und der falschen Anklage gegen Naboth. »Seine Söhne und seine Frau wurden ebenfalls getötet. Isebel steckt dahinter, daran besteht kein Zweifel. Ahab würde sich niemals so offen über die Gesetze Israels hinwegsetzen.«

»Aber er gab ihr die Erlaubnis, es zu tun«, schrie Elisa. »Er ist an Naboths Blut so schuldig wie Isebel. Seine Gier war stärker als das Israelitenblut, das in seinen Adern fließt.«

Elia starrte ausdruckslos ins Leere, während das Gespräch weiterging. Er erhob sich, während Shaphat noch mitten in einem Satz war. »Ich muß nach Jesreel«, sagte er.

Die Männer verstummten.

»Ich muß gehen.« Er wandte sich der Hausfrau zu. »Ich danke dir, Debora, für alles. Ich würde gerne länger bleiben, aber Jahwe ruft mich nach Jesreel.«

»Laß mich mitkommen«, bat Elisa.

»Ich gehe allein.«

»Ich möchte immer noch dein Diener sein.«

Elia wandte sich ihm zu. »Nein, ich gehe allein. Ich hole dich dann später.« Er nahm seinen Mantel und Gürtel von dem Stuhl, über den er sie am vergangenen Abend gelegt hatte. Debora war bereits damit beschäftigt, seinen Wasserschlauch zu füllen und Nüsse und Brotfladen zusammenzupacken, die sie in seinen Brotbeutel steckte. Sie reichte ihm den Proviant an der Türe.

Elia rannte den ganzen Weg bis Bet-Schean, das neun Meilen talaufwärts von Abel-meholah liegt, dann wandte er sich nach Westen in das weite Tal von Jesreel und verfiel in einen raschen

Trab. Er erreichte die Stadt drei Stunden später. Der Palast lag an ihrer Westseite, Naboths Weinberg ein Stück tiefer, auf dem Abhang, der zum Meer hinunter abfiel.

Elia langte kurz nach der Stunde der Mittagsmahlzeit im Weinberg an. Er konnte Ahab sehen, wie er die Reihen der Weinstöcke abschritt, wie es der Brauch war, wenn man ein Landstück als sein Eigentum beanspruchte. Er näherte sich leise hinter dem Rücken des Königs und wartete, bis Ahab sich zu ihm umwandte.

Das Blut wich Ahab aus den Wangen, als er den Propheten sah. Die beiden Männer starrten einander an, Elia mit einem erschreckenden Drohblick kommenden Gerichts in den Augen, die Kleider verschwitzt von dem eiligen Lauf, das Haar verfilzt und unordentlich. Das Gesicht des Königs war ausdruckslos, voll Erwartung.

Der Prophet hob den Arm und wies mit einem Finger auf Ahab. »So hast du also deinen Untertan getötet«, sagte er mit strenger Stimme, »und nun gehst du über sein Land, um es in Besitz zu nehmen.«

Ahab, dem man das schlechte Gewissen ansah, antwortete mit leiser Stimme: »So hast du mich also entlarvt, mein Feind?«

Elias Tonfall wurde um nichts milder. »Ich habe dich entlarvt.« Er senkte die Stimme, aber sie klang um nichts weniger hart. Die Worte, die ganz ruhig ausgesprochen wurden, ohne Lärm und Geschrei, drangen Ahab mit ihrem Fluch wie Pfeile in die Ohren. »Du hast deine Seele verkauft, Ahab, König von Israel, und getan, was in den Augen Jahwes Unrecht ist. Beim Wort Gottes, ich sage dir, daß Jahwe Unheil über dich bringen wird. Er wird dich hinwegraffen und jeden Sohn jeder Mutter in Israel töten, der aus dem Hause Ahab stammt, wie sicher sie auch verschanzt sein mögen. Jahwe wird mit deiner Familie genauso verfahren wie mit den Familien von Jerobeam und Baasha. Du bist über alle Maßen schuldig, daß du Israel zur Sünde verführt hast. Du hast Jahwes Zorn durch dein Tun herausgefordert und du wirst für deine Sünden bezahlen.« Der Prophet deutete auf den Palast. Er knirschte mit den Zähnen. »Die Hunde unter den Mauern von Jesreel werden Isebel verschlingen.« Er deutete wieder auf Ahab. »Diejenigen aus deinem Hause, die in der Stadt sterben, werden unbegraben daliegen, den Hunden zum Fraß, und die auf dem offenen Land sterben, werden den Vögeln zum Fraß werden.«

Ahab wurde totenbleich. Der Prophet wandte sich um und verließ das Feld. Der König starrte ihm nach, bis Elia außer Sicht war. Er schlug die zitternden Hände vors Gesicht. »Mein Gott«, sagte er, »was habe ich getan?« Tränen stiegen ihm in die Augen und rannen zwischen den Fingern hindurch auf seine purpurne Robe. Er sank auf die Knie nieder und hob seinen bärenähnlichen Schädel zum Himmel. »Mein Gott, was habe ich getan?« schrie er. Er beugte sich vor und riß große Klumpen Erde aus dem Boden, dann warf er sich die rote Erde über den Kopf und die Schultern. Seine Stimme war über das Feld hinweg bis zum Palast zu hören, als er von neuem in heller Verzweiflung schrie: »Mein Gott! Jahwe! Was habe ich getan!« Die Schuld, die er fühlte, schoß wie ein glühender Strom aus seinen Eingeweiden und durchströmte seinen ganzen Körper. Er lag lang hingestreckt auf der Erde, hämmerte mit den Fäusten auf den Boden, riß Erdbrocken aus dem Grund, um sie sich über den Leib und ins Haar zu streuen, bis die Erschöpfung die letzten Tränen versiegen ließ. Er erhob sich langsam. Die Erde, die seine Tränen durchnäßt hatten, klebte als Schlamm auf seinen Wangen und seinem Nacken. Die rote Erde sah im Kontrast zu seinem purpurnen Gewand wie Blut aus. Ausgerissene Barthaare klebten unter seinen Fingernägeln. Er blickte zum Palast hinüber. »Verdammt sollst du sein, Isebel!« schrie er. Er schlug mit der schmutzverschmierten Hand nach einem jungen Weinstock. »Verdammt sollst du sein«, kreischte er. »Verdammt seist du, Isebel! Verdammt! Verdammt! Verdammt!«

SIEBZEHNTES KAPITEL

Elia wölbte die Hände vor dem Mund. »Macaiah!« Keine Antwort kam. Er bewegte sich in östlicher Richtung an der Hügelkette entlang, da er nicht genau wußte, wo sich die Höhle befand, und hielt gelegentlich inne, um seinen Ruf nach dem Propheten zu wiederholen. Macaiah beobachtete Elia mißtrauisch aus dem Schutz einer mit Büschen bewachsenen Felsgruppe. Erst als der zottige Prophet so nahe war, daß Macaiah seine Gesichtszüge deutlich erkennen konnte, trat er heraus und Elia in den Weg. Er rief den Namen voll Überraschung aus. »Elia?«

Die beiden Männer standen sich von Angesicht zu Angesicht gegenüber und lächelten einander strahlend an, ehe sie einander umarmten. »Wie hast du mich gefunden, mein Bruder?« fragte Macaiah.

»Zufällig«, antwortete Elia. »Durch einen glücklichen Zufall. Auf dem Weg von Jesreel hierher kam ich durch En-Gannim. Dort erzählte mir ein Priester, du hättest dich auf diesem Hügel hier versteckt. Er wußte aber nicht genau, wo deine Höhle war. Hat mein Geschrei dich erschreckt?«

»Mich schreckt schon lange nichts mehr«, antwortete Macaiah, »aber das heißt nicht, daß ich leichtsinnig geworden wäre.« Er klopfte Elia auf die Schulter. »Aber die Gefahr muß wohl vorbei sein, da du so kühn am hellen Tage unterwegs bist.«

»Vielleicht.« Elia lächelte. »Vielleicht. Aber die entscheidende Schlacht ist noch nicht geschlagen.«

Macaiah schüttelte den Kopf. »Nein«, sagte er trocken, »diese Schlacht ist noch nicht geschlagen.« Er ergriff Elia am Arm. »Komm. Laß uns zu meiner Höhle gehen, dort ist es kühler. Wir können uns dort weiter unterhalten.«

Die beiden Propheten stiegen ein kurzes Stück weit den Abhang hinunter. Macaiah wies den Weg hinter einen kleinen

Myrrhenbusch, der den Eingang der Höhle nur teilweise verbarg. Die Männer mußten sich zusammenkauern, um die niedrige, breite Öffnung zu betreten. Sie setzten sich in der Nähe des Höhleneingangs nieder und warteten, bis ihre Augen sich an das Dunkel gewöhnt hatten. Macaiah bot Elia seinen Wasserschlauch an, der aber schüttelte den Kopf und deutete auf seinen eigenen. »Aber dies hier ist Wein«, sagte Macaiah. Elia lächelte und langte zu.

»Nun«, bat Macaiah, »erzähl mir, wie es dir seit dem Berg Karmel ergangen ist.«

Die Propheten unterhielten sich bis spät in den Nachmittag und tauschten sich über ihre Gedanken und Einsichten über Jahwes Kampf gegen Baal aus. Macaiah bestand darauf, daß das Wunder auf dem Berg Karmel eine entscheidende Wirkung gehabt hätte. Viele Israeliten hatten sich von den Baalskulten abgewandt, andere Israeliten, die ihre Gesinnung verborgen gehalten hatten, sprachen jetzt offen über ihre Treue zu Jahwe: Gottes gewaltiger Beweis seiner überlegenen Macht auf dem Berg Karmel hatte ihre Furcht zerstreut. Die beiden Männer rangen gemeinsam um die Bedeutung von Jahwes Wort an Elia, daß sein bevorzugtes Mittel die sanfte Stimme sei. Macaiah kam zu denselben Schlüssen wie Elia. Dennoch, da waren sie sich einig, konnten sie die neue Offenbarung nicht ignorieren. Jahwe hatte gesprochen.

Gegen Sonnenuntergang tauchten zwei junge Propheten bei der Höhle auf, beide verschwitzt und mit Straßenstaub bedeckt. Sie starrten den haarigen Propheten ungläubig an, bis Macaiah ihnen glaubhaft versichert hatte, daß der Fremde tatsächlich Elia war. Außer sich vor Freude fielen sie mit ihren Fragen mit solchem Eifer über ihn her, daß sie ihre Mahlzeit vergaßen. Macaiah mußte sich schließlich ins Mittel legen und darauf bestehen, daß sie sich wuschen und aßen. Die Unterbrechung tat der lebhaften Diskussion jedoch keinen Abbruch, und die Fragen dauerten bis spät in die Nacht hinein an.

Elias Geist kam nicht zur Ruhe, so müde er auch von der Reise und den langen Debatten war. Er lag auf seinem Mantel, ohne auf die Geräusche der Schläfer rundum zu achten. Die jungen Propheten hatten ihn auf einen Gedanken gebracht, der eine Antwort auf Gottes Rätsel sein mochte. Mit sanfter Stimme zu sprechen, das bedeutete, mit vielen Stimmen zu sprechen, auf den Marktplätzen von Dörfern und Städten und Großstädten zu sprechen, in den Häusern von Israels Familien, in den Straßen der Städte und auf den Pfaden und Landstraßen; das bedeutete, den Baal in seinen Hainen und Schreinen herauszufordern, die Botschaft Jahwes allerorten zu verkünden, das Land mit seinen Lehren zu durchtränken.

Elia verbrachte die Sommermonate bei Macaiah. Es war eine gute Zeit, eine Zeit des Nachdenkens und Nachprüfens. Er hatte nicht mehr das Gefühl, als einziger im Kampf zu stehen, und es überzeugte ihn vom Wert des Geschehens auf dem Berg Karmel, daß sich so viele Herzen Jahwe zuwandten und so viele junge Männer Propheten wurden.

Die Frühregen fielen im Oktober. Augenblicklich waren alle Felder übersät von Männern, die sich hinter hölzernen, eisenbeschlagenen Pflügen abmühten, den Boden umzuackern. Elia sah sie in den Tälern und auf den terrassenformig abgestuften Hügeln am Werk, während er die sieben Meilen von Bethel nordwärts nach Gilgal marschierte. *Und für mich ist es Zeit, meine eigenen Felder zu bestellen,* dachte er. *Elisa ist so begabt wie Macaiah, und er hat das Zeug zu einem großen Mann.* Der Plan war während all der Wochen im Spätsommer und Herbst in ihm gereift. Er würde Elisa alles lehren, was er selbst wußte; Elisa würde die Prophetenschule neu begründen.

Er verbrachte die Nacht in Gilgal und stand früh am nächsten Morgen auf. Abel-meholah lag fünfundzwanzig Meilen in nördlicher Richtung; er mußte erst in die Berge hinaufklettern und dann die talwärts führende Straße nehmen, die dem Wadi bis zum Jordan folgte.

Das Tal wimmelte von schreienden, schwitzenden Bauern, die ihre dahinholpernden Pflüge mit einer Hand festhielten und ihre Ochsen mit der anderen mit langen Stöcken antrieben.

Shaphats Feld war eines der größten in Abel-meholah. Es lag in der Nähe eines Wadi, ein langer, breiter Streifen des reichsten Bodens auf der ganzen Ebene. Elisa war unverkennbar. Sein langes Haar hing bis über die Schultern herab und kroch in langen, verfilzten, schweißgetränkten Strähnen unter seinem Turban hervor. Sein Arbeitshemd hatte er von den schlanken Beinen hochgerafft und in seine breite Tuchschärpe gesteckt. Elia lachte, als der junge Mann bei einem unvermuteten Hopser des Pfluges stolperte.

Elisa arbeitete mit zwei Ochsen. Vor ihm zogen in unregelmäßigen Reihen elf weitere Pflüger, alles Taglöhner, mit ihren Gespannen dahin. *Der Mann ist ein kluger Kopf*, dachte Elia. *Er läßt sie vorangehen, damit er kontrollieren kann, ob sie ordentlich arbeiten.*

Der Prophet näherte sich den Arbeitern von hinten. Sie alle hatten ihre ganze Aufmerksamkeit auf ihre Ochsen gerichtet, auf den Halt des Pfluges im Erdreich und die Geradlinigkeit der Furche. Elisas Furche war die äußerste; der Mann, der auf der Innenseite des Ackers pflügte, ging ein beträchtliches Stück voraus, um die Furche zu ziehen, an der die anderen sich ausrichteten; die anderen Männer folgten jeweils einige Meter hinter dem Nebenmann zu Linken. Der Prophet nahm seinen Mantel ab und zog die Riemen des Rucksacks über den Schultern zurecht. Er ging auf Elisa zu. Der junge Mann bemerkte ihn immer noch nicht. Ohne ein Wort zu sprechen, warf Elia den Mantel mit einer weit ausholenden Bewegung über Elisas Kopf, so daß er in weiten Falten über seine Schultern fiel. Elisa hielt die Ochsen mit scharfem Ruck an und fuhr überrascht herum. Elia warf ihm nur einen kurzen Blick zu, dann wandte er sich wieder zur Straße.

»Elia!«

Der Prophet ignorierte den Zuruf. Er eilte weiterhin auf die Straße zu, wobei er den Streifen ebenen Bodens neben der frischen Ackerfurche benutzte.

»Elia!« Der junge Mann blickte den Mantel an. Er war dicht und fest aus Kamelhaar gewebt und roch ein wenig nach Schweiß. Die Bedeutung, die der Handlungsweise des Propheten zugrunde lag, brach wie eine Sturzwelle über Elisa herein. Er blickte der allmählich entschwindenden Gestalt des Propheten nach. Der Mantel war ein so typisches Kennzeichen Elias wie sein zottiger Körper. Er begann zu rennen, daß der Mantelsaum an seine Beine klatschte. »Elia!«

Er holte den Propheten auf der Straße ein, die am Flußbett des Wadi entlang zu den Gebirgen im Westen führte. »Elia! Ich bin völlig verblüfft«, keuchte er. »Aber ich zweifle nicht an Jahwes

Wort. Erlaube mir nur, meinen Eltern einen Abschiedskuß zu geben, danach werde ich dir nachfolgen.«

Elia nickte. »Gewiß. Ich will dich nicht davon abhalten, Lebewohl zu sagen.«

»Kommst du mit?«

»Nein. Es ist deine Entscheidung; du selbst mußt sie deinen Eltern begreiflich machen. Du bist dein eigener Herr.«

»Ich komme dir nach. Gehst du nach Samaria?«

Elia nickte. Elisa machte eine Verbeugung und rannte zurück ins Feld. Der Prophet erinnerte sich an seinen eigenen Entschluß, die Rechabiten und Jonadab zu verlassen. Selbst Gottes Volk hat immer gute Gründe zur Hand, warum ihre Freunde und Kinder nicht auf Gottes Ruf hören sollten. Shaphat, dessen war sich Elia gewiß, würde sich dem Plan weitaus heftiger widersetzen, als sein junger Freund annahm.

Die Arbeiter hatten den Rand des Feldes erreicht. Sie blieben stehen und beobachteten das Gehabe ihres jungen Aufsehers mit steigender Verwunderung. Elisa zog die Pflugschar aus ihrem Loch und ließ das Pflugholz zu Boden fallen; dann band er die Pflugschar flach auf das Holz. Er eilte zum vordersten Gespann hin und versetzte dem Leittier einen Klaps auf die Stirnseite, damit die Ochsen sich zum Stall wandten. Die Tiere merkten, daß ihnen eine Ruhepause bevorstand, und setzten sich eilig in Bewegung, während Elisa ihnen nachlief und sie noch weiter zur Eile antrieb.

Er spannte die Ochsen nicht aus Pflug und Joch aus, sondern trieb sie einfach in den Stall, dann rannte er ins Haus. Er stürzte zur Türe hinein, immer noch mit dem Mantel des Propheten um die Schultern. Ohne ein Wort zu sprechen trat er vor seinen Vater hin.

»Elisa, ist das nicht Elias Mantel? Ist ein Unglück geschehen? Ist er hier?«

»Nein, er ist nicht hier, Vater.«

Shaphat starrte seinen Sohn an, seine Augen verengten sich. »Was hat das zu bedeuten? Warum hast du das Feld verlassen?«

»Elia hat mich zu seinem Nachfolger berufen, Vater.«

Shaphat erhob sich aus seinem bequemen Stuhl. »Debora, komm her.« Die Frau trat aus der Küche ins Zimmer, die Augen groß vor Erregung, so sehr hatte der Tonfall ihres Gatten sie beunruhigt. »Sieh dir deinen Sohn an«, befahl er.

Sie starrte den Mantel des Propheten an.

»Dein Sohn sagt, er soll Elias Nachfolger werden.«

Debora ging zu dem jungen Mann hinüber. Sie legte den Kopf in den Nacken, um ihm in die Augen zu sehen, und fragte: »Ist das wahr, Elisa?«

»Es ist wahr, Mutter.«

Tränen stiegen ihr in die Augen. Shaphat legte ihr den Arm um die Hüfte. Sie verbarg das Gesicht an seiner Schulter. »Elia ist ein guter Mensch. Wir lieben ihn. Aber er weiß nicht, was er da verlangt. Und du weißt es auch nicht.«

»Jahwe ist es, der mich berufen hat. Elia ist nur sein Sprachrohr.«

»Der Acker, Sohn, das Gut. Ich kann es nicht ohne dich bewirtschaften. Ich werde alt.«

»Du kannst einen Verwalter anstellen.«

»Diene Jahwe, Elisa, wie wir es tun und wie wir es dich gelehrt haben, aber geh nicht diesen Weg. Elias Leben ist wie ein dürres Blatt im Herbst. Der Wind wird dich mit ihm zusammen hinwegfegen.«

»Der sicherste Platz auf Erden ist im Willen Gottes.«

»Ich verbiete dir, zu gehen.«

»Jahwe hat mich berufen. Ich kann nicht nein sagen.«

Die beiden Männer standen einander wortlos gegenüber. Debora entzog sich Shaphats Umarmung und klammerte sich an ihren Sohn. »Elisa, geh nicht. Widersetz dich nicht deinem Vater.«

Elisa war verblüfft, mit welch zorniger Entschlossenheit sie sich ihm in den Weg stellten. Er entwand sich dem Griff seiner Mutter. Er ging in die Küche und ergriff ein eisernes Beil und ein Messer mit langer Klinge. Ein längliches Öllämpchen stand auf dem Tisch, dessen kleine Flamme aus der Tülle flackerte. Er hob es auf und kehrte in den Wohnraum zurück.

Debora preßte die Hand auf den Mund. »Elisa?«

Er ging zur Türe hinaus und zu den Ochsen, die er unversorgt im Stall stehengelassen hatte. Shaphat hastete hinter ihm her. Elisa stellte die Öllampe und das Werkzeug auf den Zaun und begann den Tieren das massive hölzerne Joch abzunehmen. Er zerrte Joch und Pflug zum Zaun, steckte das Messer in den Gürtel und ergriff die Axt.

Erst als er die Axt hoch über den Kopf eines der Ochsen erhob, begriff Shaphat, was er vorhatte. »Elisa!« schrie er. Zu spät. Das stumpfe Ende der Axt krachte auf den Ochsen nieder. Er brach augenblicklich in die Knie und rollte auf die Seite. Der zweite Ochse sah verständnislos zu, wie Elisa auf ihn zueilte. Shaphat schrie von neuem: »Elisa! Hör auf!« Er rannte zu seinem Sohn hin, aber der zweite Ochse lag bereits tot auf der Seite. »Was ist mit dir, Elisa? Bist du wahnsinnig geworden?« Der Vater riß seinem Sohn die Axt aus der Hand, aber die wurde bereits nicht mehr gebraucht.

Elisa zog das Messer aus dem Gürtel und begann das Tier abzuhäuten. Die Knechte kehrten gerade rechtzeitig vom Acker zurück, um das zweite Tier tot zusammenbrechen zu sehen. Elisa rief ihnen zu: »Sagt den Dorfleuten, es gibt ein großes Fleischessen. Sagt ihnen, sie sollen herbeikommen. Jedermann ist eingeladen.«

Shaphat, den Elisas blitzartiges Tun völlig gelähmt hatte, brachte kein Wort des Widerspruchs hervor. Er starrte fassungslos die beiden toten Ochsen an.

Elisa arbeitete mit fiebriger Eile. Er zog einen langen Schnitt über die Unterseite des Ochsen und an seinen Beinen entlang, um die Haut abzuziehen, weidete das Tier aus und begann, große Fleischstücke aus dem Kadaver zu schneiden. Er schleppte jedes Stück einzeln zum Stall und hängte es an einen Haken zum Abtropfen. Zuletzt schnitt er dem Ochsen den Schädel ab und schleifte die Haut an einem Strick, den er an die Hinterbeine gebunden hatte, beiseite. Er hängte ihn kopfunter über einen Balken.

Shaphat trat ihm in den Weg, als er sich dem zweiten Ochsen näherte. »Elisa, du zerstörst mein Hab und Gut«, sagte er schlicht.

Elisa schlug einen Bogen um ihn. »Zieh es mir vom Erbe ab«, antwortete er.

Shaphat versuchte, mit seinem Sohn zu reden, während Elisa den Ochsen zerlegte. Der Sohn arbeitete mit denselben raschen Bewegungen wie zuvor und schien die flehentlichen Bitten seines Vaters nicht einmal zu hören. Ein paar Neuankömmlinge starrten mit großen Augen über den Zaun, scherzten untereinander und riefen Shaphat zu, er möge ihnen erklären, was da los sei. Andere Dörfler kamen aus drei Himmelsrichtungen herbei. Die elf Arbeiter, die mit Elisa auf dem Acker gewesen waren, brachten ihre Ochsen im Stall in Sicherheit und mischten sich unter die Menge. Man überfiel sie augenblicklich mit Fragen, die sie nicht beantworten konnten. Shaphat ging schließlich geradewegs durch die Menge, wobei er ihre Fragen ignorierte und ihr freundliches Zupfen am Ärmel abwehrte, und begab sich in sein Haus.

Elisa holte die Axt, die sein Vater achtlos fallengelassen hatte. Er ergriff das massive Ende des Pfluges und trat zwischen Viehgatter und Haus. Er hörte seinen Namen rufen, während die Menge vor Verblüffung nach Luft schnappte, als er die Axt schwang und auf den kostbaren Pflug niedersausen ließ. Irgend jemand in der Menge bemerkte, daß sein Mantel aussähe wie Elias Mantel.

Der frischgebackene Prophet zerhackte den Pflug in achtzehn Zoll lange Holzspäne, die er zu einem Haufen aufschichtete. Er lief ins Viehgatter, hob das Joch auf und legte es sich über die Schultern, wobei er die Arme ausstreckte, um die Enden im Gleichgewicht zu halten. Er warf es neben dem frisch geschnittenen Holz zu Boden und wandte sich an seine Freunde. »Wie ich dieses Joch abwerfe«, so sagte er leise, »so werfe ich dieses Leben ab.«

Die Ankündigung enthüllte der Menge, daß das Fest einen ernsten Anlaß hatte. Die Leute verfielen in Schweigen und sahen voll Staunen zu, wie Elisas Axt mit düsterem Klang auf das dicke Holz des Jochs loshackte.

Als er mit der Arbeit fertig war, waren die Schultern des Mantels vom Schweiß durchtränkt. Er ließ die Axt fallen und ging ins Haus, um gleich darauf mit einem langen Bratspieß und seinen Halterungen zurückzukehren. Shaphat und Debora folgten ihm zur Türe und beobachteten ihn, während sie einander eng umschlungen hielten. Ihr Sohn stellte den Bratspieß ordnungsgemäß auf, dann schichtete er das Holz darunter auf. Er sammelte ein paar Dornzweige in der Nähe des Backofens seiner Mutter auf, stopfte sie unter das Holz, holte die Öllampe vom Zaun und setzte die Zweiglein in Brand. Das Feuer fraß sich rasch durch das trockene Holz.

Elisa wartete, bis die Flammen ihren Höhepunkt überschritten hatten und eine heiße Aschenschicht sich darunter zu bilden begann. Er kehrte zum Stall zurück und wählte drei große Stücke vom Besten für den Bratspieß aus. Erst als das Fleisch zum Rösten befestigt war, sprach er von neuem.

Die Männer, jeder einzelne ein guter Freund Elisas, standen im Vordergrund, die Frauen in einem Halbkreis hinter ihnen. »Meine Freunde«, begann er, »ihr alle wißt, daß ich einen Nazoräer-Eid abgelegt habe, daß kein Schermesser mein Haupt und kein Wein meine Lippen berühren sollte, solange die Tempel des Baal in Samaria und Jesreel stehen. Mein Herz war schwer um Jahwes willen. Heute hat sich mein schönster Traum erfullt.« Er faßte den Mantel und breitete ihn auf Armeslänge aus. Das Kleidungsstück bildete ein Dreieck zwischen seinen Händen und einer Stelle zwischen seinen Knien. Sein langes Haar und sein Bart ließen sein Gesicht unheimlich über der geraden Linie seiner Arme und Schultern hervortreten. »Dies ist Elias Mantel«, sagte er. Er ließ die Arme sinken. »Heute, während ich im Feld bei der Arbeit war, warf Elia seinen Mantel über mich. Jahwe hat mich berufen, dem Propheten zu folgen und sein Schüler zu sein. Ich gehe mit Freuden.« Er deutete auf das bratende Fleisch und das Feuer. »Die Flammen verzehren Joch und Pflug, und das Fleisch meines Ochsengespanns wird in eure Körper übergehen. Diese Dinge sind Symbole meines Lebens. Nun ist dieses Leben beendet. Ich werde nie wieder zu ihm zurückkehren.«

Seine Freunde schwiegen; jeder einzelne fühlte sich peinlich berührt, daß ihm keine Antwort einfiel. Die meisten von ihnen hatten an den Götterschreinen des Baal geopfert; einige hatten nach dem Ereignis auf dem Berg Karmel damit aufgehört. Sie alle wußten, wie leidenschaftlich Elisa für Jahwe eiferte. Zuletzt löste sich ein junger Mann zögernd aus der Menge und schloß Elisa innig in die Arme. Er ließ ihn mit sanfter Geste aus der

Umarmung los und verbeugte sich feierlich, ehe er in die Menge zurückkehrte. Dieser Ausdruck von ermutigender Zustimmung und Ehrfurcht trieb Elisa die Tränen in die Augen.

Die Menge verharrte einen Augenblick lang völlig reglos. Noch nie war ein Prophet aus Abel-meholah gekommen. Dann verbeugten sich einige Männer in der ersten Reihe bis zur Erde, und andere, die hinter ihnen standen, folgten ihrem Beispiel.

»Bedeutet diese Ehrung«, fragte Elisa, »daß ihr dem Baal abgeschworen habt?«

Ein Murmeln lief durch die Menge. Einige schrien Ja, andere verharrten in Schweigen.

Elisa verfolgte das Thema nicht weiter. »Jetzt«, sagte er, »kommt und eßt.« Er ergriff das Messer und schnitt großzügige Portionen ab, die er jedem, der herbeikam, reichte. Die Frauen saßen in kleinen Gruppen schwatzend am Rand und warteten darauf, daß die Männer ihre Mahlzeit beendeten.

Nachdem er den Männern aufgetischt hatte, wandte Elisa sich dem Haus zu. Shaphat stand in der Türe und hielt immer noch seine Frau umschlungen. »Und mein Vater«, rief Elisa. »Wird auch mein Vater ein Stück vom erschlagenen Ochsen essen?«

Einen Augenblick lang rührte Shaphat sich nicht. Die Menge beobachtete ihn neugierig. Dann ging er mit langsamen Schritten auf Elisa zu. Als er sich ihm näherte, zerbrach seine Selbstbeherrschung, und er brach in Tränen aus. Er sank an die Schulter seines Sohnes. Debora rannte vom Haus her auf sie zu. Die drei umarmten einander vor den Augen der Menge, ohne sich ihrer Tränen zu schämen.

Elisa küßte seine Mutter und seinen Vater auf beide Wangen und löste sich dann von ihnen. »Ich muß jetzt gehen, wenn ich Elia noch einholen will«, sagte er. Er wandte sich an die Dorfleute. »Obwohl wir Abschiedstränen vergießen«, rief er, »feiern wir doch ein Freudenfest. Freude sollte die Herzen aller Menschen durchströmen, wenn Jahwe einen Diener beruft. Laßt es euch schmecken.« Er wandte sich an Shaphat. »Vater, wir hätten gerne Wein.« Shaphat nickte und eilte zum Haus. »Seid glücklich, meine Freunde«, wiederholte Elisa, »denn auch ich bin glücklich.« Er legte den Arm um seine Mutter und führte sie zur Türe.

Drinnen packte er Nüsse und gedörrte Weizenkörner in einen Proviantsack und füllte einen Wasserschlauch. Sein Vater reichte ihm einen kleinen Geldbeutel und ging dann mit drei Schläuchen Wein nach draußen.

Elisa küßte seine Mutter von neuem.

Shaphat stand wartend neben dem gebratenen Fleisch. »Elisa«, sagte er, »würdest du auch mir ein Stück abschneiden, bevor du gehst?«

Der Sohn lächelte und trat ans Feuer. Er wählte das beste Stück und schnitt eine große Portion davon ab.

Shaphat nahm es mit beiden Händen entgegen. Er biß ein Stückchen ab und kaute langsam, dann sagte er zu seinem Sohn: »Elisa, ich habe Anteil an deinem neuen Leben. Geh mit Jahwe.«

»Ich danke dir, Vater.« Elisa wandte sich zur Straße.

* * *

Im Osten stiegen die Hügel von Samaria immer höher und höher an, bis sie in der Bergkette hoch über dem Jordantal ihren höchsten Punkt erreicht hatten. Im Westen beherrschte der dunkelgraue Schwemmsandboden der fruchtbaren Ebene von Scharon das Land, das zum Meer hin abfiel, gelegentlich unterbrochen von breiten Streifen fetter roter Erde und, an der Küste, da und dort einem Muster aus Dünensand. Vor ihnen zog sich die Gebirgskette des Karmel in nordöstlicher Richtung zur See hin.

Dor lag an der Küste, vierzehn Meilen südlich des Karmel. Die Stadt beherrschte die weite graue Ebene, die sich zwischen dem Meer und dem Bergmassiv erstreckte. Beide Propheten trugen ihre Mäntel über der Schulter – Elia hatte seinen alten Mantel zurückbekommen, Elisa trug einen etwas neueren. Nach weiteren zehn Meilen verließen die Propheten die Küstenstraße und bogen in die schmale Landstraße nach Dor ein. Sie erreichten die Stadt am Spätnachmittag.

Die Ältesten beobachteten die beiden Gestalten, die sich dem Haupttor von Dor näherten. »Der sieht ja aus wie Elia«, sagte einer von ihnen überrascht. Brauen wurden gerunzelt, als die alten Augen sich abmühten, deutlicher zu sehen. »Es ist tatsächlich Elia«, sagte der Sprecher noch einmal, jetzt mit mehr Überzeugung.

Die Propheten traten durchs Tor und näherten sich den Sitzen der Ältesten. Die alten Männer hasteten auf sie zu und verbeugten sich, als sie näherkamen. »Elia, wir fühlen uns geehrt«, begrüßte ihn der Häuptling der Ältesten. »Was bringt dich nach Dor?«

»Wenn der Prophet des Jahwe hier in Ehren empfangen wird, warum steht dann Ascheras Götzenschrein immer noch vor der Stadt?« verlangte Elia mit strenger Stimme zu wissen. Elisa stand schweigend daneben und wünschte mit aller Leidenschaft, ebenfalls sprechen zu dürfen.

Die Ältesten schüttelten peinlich berührt die Köpfe. »Wir sind auch nicht einverstanden damit, daß er sich dort befindet«, antwortete einer von ihnen.

»Warum befindet er sich dann noch dort?«

Der Häuptling der Ältesten trat an den Propheten heran, bis sie einander von Angesicht zu Angesicht gegenüberstanden. Sein Bart war eine merkwürdige Ansammlung weißer, strähniger Fleckchen, sein Kopf war kahl. Er sprach mit heiserer, gedämpfter Stimme. »Wir haben nicht mehr die Macht, die wir einst in Dor hatten«, erklärte er. »Die Leute folgen anderen Anführern.« Er hielt inne. »Möchtest du zu unseren Leuten sprechen, Elia?«

»Ich werde sprechen. Versammelt sie um sechs Uhr abends hier.« Der Prophet winkte Elisa, und die beiden wandten sich in Richtung Stadt, zur Herberge für Reisende. Die Ältesten zerstreuten sich in verschiedene Richtungen, um die Ankündigung in der Stadt zu verbreiten.

Abends stieg Elia die Stufen hinauf, auf denen vor einigen Jahren die Baalspriester gestanden waren. Eine Menschenmenge hatte sich bereits versammelt, manche waren möglichst früh gekommen, um die besten Plätze zu ergattern. Er begann augenblicklich mit seiner Rede.

»Leute von Dor, wie viele von euch waren an Gottes großem Tag auf dem Karmel?« rief er.

Ein Meer von Händen reckte sich als Antwort auf seinen feierlich-düsteren Ruf.

»Ihr lebt in der Ebene«, fuhr Elia fort. »Jahwe forderte die Regengöttin heraus und zeigte deutlich, daß Baal selbst auf der

Ebene keine Macht hat. Und nun sagt mir die Wahrheit, hat Baal euch gut behandelt, solange ihr am Altar der Heiden Opfer gebracht habt?«

Ein gedämpftes, unsicheres Murmeln lief durch die Menge. Einige von den Leuten wandten sich Abindanab zu, der an seinem üblichen Platz im Hintergrund in seinem Wagen stand. Er zog es vor, sowohl den Sprecher als auch die Menge im Auge zu behalten.

Elia erkannte augenblicklich die Herausforderung. Zu Abindanab jedenfalls war Baal freundlich gewesen. »Einige von euch sind Sklaven geworden, seit Isebel zur Königin gemacht wurde«, schrie er. »Aber ihr träumt immer noch von den Versprechen von Aschera und Melkart. Hat es sich für euch gelohnt, ihnen nachzujagen? Meint ihr immer noch, diese Götter würden euch eines Tages eure Wünsche erfüllen?« Er wies mit dem Finger auf Abindanab. »Ihr seid keine Sklaven dieses Mannes, noch die Sklaven irgendeines anderen. Ihr seid Sklaven eurer eigenen Gesinnung. Ihr seid Sklaven verfehlter Träume.« Er deutete auf Abindanab. »Eure Sklaverei«, schrie er, »ist die Folge eurer Gier, ein Mann zu sein, wie er einer ist.«

Er stieg höher die Treppe hinauf, damit all die Leute, die jetzt eine große Menge bildeten, ihn besser sehen konnten. Sein Körper, von zottigem Haar bedeckt, von dem Mantel umhüllt, mit Leder gegürtet, stand in scharfem Kontrast zu Abindanabs gepflegter und kultivierter Erscheinung.

»Was meint ihr wohl, warum Jahwe euch aus Ägypten herausgeführt hat?« verlangte Elia zu wissen. »Um euch aus einer Sklaverei in die andere zu führen? Was meint ihr wohl, warum hat Jahwe Israel neue Gesetze gegeben, nach denen es leben sollte? Damit einer den anderen betrügen kann? Habt ihr nicht die Gesetze eurer Väter gehört?« Er starrte die Menschenmenge an und schwieg, bis das Schweigen ihre Aufmerksamkeit verdoppelt hatte. »Hört sie!« schrie er. »Hört die Gesetze des Jahwe! Hat nicht Jahwe durch den Mund eures Vaters Mose gesprochen: ›Ihr sollt nicht tun nach der Weise des Landes Ägypten, darin ihr gewohnt habt, auch nicht nach der Weise des Landes Kanaan, wohin ich euch führen will. Ihr sollt auch nicht nach ihren

Satzungen wandeln, sondern nach meinen Rechten sollt ihr tun, und meine Satzungen sollt ihr halten, daß ihr darin wandelt. Denn der Mensch, der sie tut, wird durch sie leben; ich bin der Herr, euer Gott.‹« Der Prophet holte tief Atem und beugte sich zu den Leuten vor, als wollte er sie an sich ziehen. »Meine Freunde, die Gier der phönizischen Kaufleute ist nicht Jahwes Art. Sagte uns Jahwe nicht, wir sollten die Feldraine nicht abernten und die herabgefallenen Ähren nicht nachlesen und die Weinberge nicht völlig entblößen, damit diese Nahrung den Armen zugute käme?«

Elia bemerkte überrascht, daß Köpfe nickten und die Menschenmenge in nervöse Unruhe geriet. Er fragte sich, wie es hatte geschehen können, daß das heilige Gesetz so offenkundig gebrochen worden war, aber er fuhr fort. »Hört das Gesetz Jahwes. ›Du sollst nicht stehlen. Du sollst einen Landsmann nicht betrügen oder täuschen. Du sollst deinen Nächsten nicht bedrücken und berauben. Du sollst das Recht nicht verdrehen. Du sollst deinen Nächsten lieben wie dich selbst.‹«

Die Menge geriet in Unruhe. Verhärmte Gesichter blickten mit Verachtung auf Abindanab und die Reihe von Fuhrwerken und gutgekleideten Männern, die neben ihrem Anführer standen. Elia bemerkte, daß die Reichen ihren Gesichtsausdruck von Verachtung und Amüsement beibehielten.

Der Prophet fuhr fort, ihnen Jahwes Gesetze in Erinnerung zu rufen, und war verblüfft, daß das bloße Rezitieren dieser einfachen Gesetze die Menge so leicht in Erregung versetzte. »Wenn ein Fremder sich in eurem Lande niederläßt, so sollt ihr ihn nicht bedrücken. Er soll wie ein Einheimischer behandelt werden, und ihr sollt ihn lieben wie euresgleichen. Ihr sollt das Recht nicht verdrehen und kein falsches Maß und Gewicht verwenden.«

Das Gemurmel in der Menge erstarb. Die Leute lauschten hingerissen, als er ihnen die fast schon vergessene Geschichte des Exodus erzählte, die seine eigene Pilgerfahrt ihn ganz neu hatte erfahren lassen. Er beschrieb die Qualen des Lebens in Ägypten und die noch schlimmeren in der Wildnis; dann sprach er von der Freude, die das Volk Gottes empfunden hatte, als es ins Gelobte Land kam. Jeder Mann sollte sein eigenes Stück Land haben, sein eigenes Haus, sein eigenes Leben. Er sprach von den häufigen Rückfällen in den Götzendienst und beklagte die Verführung durch die zuchtlosen Baale. Er erzählte ihnen die Geschichte der Strafen Gottes, wie Jahwe sie wie Ton zu einer wohlgefälligen Form geknetet hatte, eine Form, die sie nie erreicht hatten und die nun aufs widerwärtigste mißraten war.

Als er vom Land sprach, wurde die Menge unruhig; immer wieder kam er auf die Gesetze zurück, die das Land und die Sklaverei betrafen, wie man immer wieder auf einen schmerzenden Zahn beißt, und die Leute flüsterten und starrten. Sklaven und Freie gleichermaßen blickten vorsichtig, aber haßerfüllt zu den reichen Herren hinüber.

Elia dachte, während er redete: *Wie kann ein Prophet zugleich Gerechtigkeit und Mitleid lehren?* Aber er wußte die Antwort. Die Menschen mußten Mitgefühl in jenen seltenen Momenten zwischen zwei Zornausbrüchen lernen.

Er predigte fast zwei Stunden lang, bis die Sonne hinter den Horizont sank und der Schatten der Stadtmauer die Menschenmenge in eine formlose Masse verwandelte. Seine Kehle war rauh und trocken, obwohl er gelegentlich aus seinem Wasserschlauch trank. Abindanab war fortgegangen und mit ihm die meisten der reichen Zuschauer.

Als er schließlich die Stufen hinabstieg, wollte sich die Menge noch immer nicht zerstreuen. Shammah drängte sich zu dem Propheten durch. »Elia, Prophet des Jahwe«, schrie er so laut, daß die ganze Menschenmenge seine Frage hören konnte, »wir wollen mehr davon hören, was Gott über die Gesetze der Knechtschaft gesagt hat. Wann soll ein Sklave freigelassen werden?«

»Im Jubeljahr, oder wenn er genug Geld zusammengebracht hat, um sich freizukaufen«, antwortete der Prophet.

»Das Jubeljahr ist eben zu Ende gegangen. Jetzt dauert es wieder mehr als vierzig Jahre.«

Elia bemerkte den Sklavenring in Shammahs Ohr. »Bist du ein Sklave, weil dein Herr dich betrogen hat oder weil deine eigene Gier dich betrogen hat?«

Die Menge trat unbehaglich von einem Fuß auf den anderen. Shammah ließ einen Augenblick lang den Kopf sinken, dann hob er ihn von neuem und blickte Elia in die Augen. »Ich bin den Baalen nachgelaufen«, gab er zu, aber er fügte hinzu: »Sollte ein Mann so lange verdammt sein wegen eines einzigen Fehlers?«

»Eines Fehlers?« fragte Elia. »War dein Götzendienst nur ›ein einziger Fehler‹?«

Shamma war fest entschlossen, sich nicht dazu überreden zu lassen, sich in sein Elend zu ergeben. »Ich habe gesündigt«, sagte er. »Aber sollte Abindanab wie ein Fürst leben dürfen wegen meiner Sünde? Seine Sünde ist größer als meine!«

Ein Mann in der Menge schrie seine Zustimmung zu Shammahs Worten laut heraus. Andere Stimmen fielen augenblicklich ein. Elia wartete, bis die Aufregung sich gelegt hatte.

Baana drängte sich an seinen Freund heran und ergriff seinen Arm. »Shammah«, flüsterte er, »was tust du da? Du könntest dafür ausgepeitscht werden.« Shammah riß seinen Arm los, ohne ihm Antwort zu geben.

»Jahwe wird Rache nehmen an allen, die seine Gesetze mißachten«, sagte Elia. »Was dich angeht, so hast du das Spiel des Baal gespielt und verloren. Hättest du gewonnen, so wärst du jetzt wie dein Herr. Du hast dein Elend selbst über dich gebracht. Jetzt versuchst du, Jahwe für deine Zwecke zu benützen, wie du einst den Baal zu benützen versucht hast, um deine eigenen Ziele zu erreichen. Aber Jahwe ist nicht die Ursache deines Unglücks.«

»Aber die Reichen haben die Macht, das Gesetz zu ihren Gunsten zu beugen«, unterbrach eine Stimme.

»Jahwes Gerechtigkeit ist eine schwerere Last als die Torheit der Menschen«, antwortete Elia. »Wenn die Reichen gesündigt haben, sucht die Sache in Ordnung zu bringen, so gut ihr könnt, aber laßt euch nicht dazu hinreißen, noch mehr als sie zu sündigen.« Elia bedeutete Elisa, ihm zu folgen. Stimmen riefen den Namen des Propheten, als er sich durch die Menge kämpfte und sich zur Herberge für Reisende begab. Er gab ihnen keine Antwort. Die Leute drängten zurück, als er vorbeiging, aber sie zerstreuten sich nicht.

Shammah sah den beiden Propheten nach, wie sie davongingen. Er spürte, wie ihm die Knie zu versagen drohten, als er begriff, wie schwerwiegend seine Handlungsweise war. Einige

Freunde kämpften sich zu ihm vor, wobei sie ihre Gefährten beiseiteschoben. Namenlose Gesichter betrachteten ihn schweigend, schluckten ihre Gefühle angesichts seines Zorns hinunter und rangen mit sich selbst, was sie nun tun sollten.

»Shammah«, sagte ein Freund mit gedämpfter Stimme. Er wandte sich um und sah den Mann an seiner Seite an. »Shammah, ich fürchte, Baana hat Abindanab deine Worte hinterbracht.«

Der Sklave verbarg das Gesicht in den Händen. »Baana ist mein bester Freund. Er würde das niemals tun.« Er spürte die Hand des Gefährten auf dem Arm und blickte auf. Im Gesicht des Mannes standen Sorge und Gewißheit geschrieben. Baana, das wußten sie beide, war nicht mehr derselbe wie früher, seit er sich bemühte, sowohl Abindanab als auch Aschera zufriedenzustellen. »Was soll ich tun?« fragte Shammah schlicht.

»Du bist nicht der einzige«, antwortete der Freund. »Mehrere von uns haben die Stimme erhoben. Sie werden herausfinden, wer es war. Sklaven sind nicht lange tapfer.«

Andere Stimmen umdrängten Shammah, Stimmen von Männern, die einer wie der andere des Aufruhrs gegen ihre Herren schuldig waren. Shammah wußte, daß er der Verantwortliche war, denn er war es, der das tragische Gespräch ins Rollen gebracht hatte. »Wir müssen fliehen«, sagte er mit leiser Stimme. »Es ist besser, ein freier Räuber zu sein als ein verstümmelter Sklave.« Die anderen nickten. Sechs Männer schoben lautlos den Riegel des Stadttors zurück und zwängten sich durch die schmale Öffnung. Sie wandten sich nach Südosten, den Hügeln von Juda zu.

* * *

Elisa lag in der Dunkelheit des Herbergszimmers auf dem Rücken. »Elia«, rief er, »bist du noch wach?«

»Ja.«

»Was wird jetzt geschehen?«

»Das weiß nur Jahwe.«

Der junge Mann stützte sich auf den Ellbogen auf. »Elia, die Leute sind zornig. Sie sind drauf und dran, einen Aufstand anzuzetteln.«

»Ja, sie sind zornig.« Elia sprach in gleichgültigem Ton, ohne innere Bewegung oder wirkliches Engagement.

»Sollten wir nicht bei ihnen sein? Sollten wir sie nicht belehren, was jetzt das Richtige zu tun wäre?«

»Und was ist das Richtige? Hat Jahwe dir ein solches Wort gegeben?«

Elisa sank auf sein Lager zurück und gab keine Antwort.

»Die Leute belehren, das kann man nicht in einer einzigen Nacht. Das ist das erste, was ein Prophet lernen muß.«

»Aber was wird geschehen?« fragte Elisa besorgt. »Sind wir nicht dafür verantwortlich, was geschehen könnte?«

»Wir sind dafür verantwortlich, Jahwes Wege zu verkünden und sie so klar und deutlich wie nur möglich allem Volk weiterzusagen. Die Reichen haben Jahwes Wort einst so deutlich wie die Armen und die Sklaven gehört. Die es gehört haben, müssen danach handeln. Die Reichen sollten die ersten sein, denn sie haben die Macht. Wenn nicht, werden sie Sturm ernten.«

Elisa streckte sich aus. Er schwieg einen Augenblick lang, dann sagte er schlicht: »Ich wünschte, ich könnte helfen.«

Elia lächelte in der Dunkelheit. »Deshalb bist du ja ein Prophet. Im Worte Jahwes ist Hilfe für die Armen und Beladenen und für die Reichen gleichermaßen.« Er sprach vertraulicher weiter. »Aber, mein junger Freund, du wirst Israel nicht an einem einzigen Tag ändern. Die Herzen der Menschen sind zu kompliziert dazu. Die klare Lehre Jahwes besagt, daß jeder Mann sein eigenes Stück Land haben sollte. Wenn die Armen das Gesetz hören, schreien sie nach ihrem Anteil. Aber meinst du, sie wären anders als die Reichen? Nein, einer ist so gierig wie der andere, reich oder arm. Die Armen und die Reichen müssen gleichermaßen erst lernen, Nächstenliebe zu üben.«

Der Prophet erhob sich von seinem Bett und beugte sich über Elisa. »Steh auf, Elisa«, sagte er. »Die Zeit ist gekommen, wo ich dir alles erzählen muß, was Jahwe auf dem Horeb zu mir gesagt hat.«

ACHTZEHNTES KAPITEL

Ahab ordnete an, daß Thronsessel auf dem großen Versammlungsfeld vor dem Haupttor Samarias bereitgestellt wurden, einer für ihn selbst, einer für Joschafat. Die beiden Könige, beide gleich alt, waren keine jungen Männer mehr, aber beide waren bei guter Gesundheit, vor allem der bärenähnliche Ahab.

Der judäische König war nicht weniger aufgeregt bei diesem Staatsbesuch als Ahab, aber aus anderen Gründen. Joschafats bedeutendste Minister hatten ihn begleitet. Sie hielten eine Konferenz nach der anderen mit Ahabs Ratgebern ab, um Wirtschafts- und Handelsabkommen unter Dach und Fach zu bringen. Ahab dagegen dachte an Krieg. Er brauchte Joschafats Hilfe gegen Ben-Hadad. Zu diesem Zweck empfing er seinen südlichen Nachbarn mit gewaltigem königlichem Prunk. Er nützte das Versprechen günstiger Handelsabkommen – seine Trumpfkarte bei den Verhandlungen – weidlich aus und vermochte Joschafat überdies davon zu überzeugen, daß Ben-Hadad in Kürze auch an Judas Grenzen stehen würde.

Zuletzt gab Joschafat seine Einwilligung zum Kampf. »Was ich besitze, steht dir zu Diensten«, sagte er, »aber laß uns zuerst Jahwes Wegweisung suchen.«

Die Hofpropheten, die immer bereitstanden, um Rat zu erteilen, wurden augenblicklich zusammengerufen, alle vierhundert auf einmal. Ahab dachte daran, daß die verläßliche Unterstützung so vieler die paar Gegenstimmen bedeutungslos machen würde. Ihre spontane Antwort erfolgte jedoch zu rasch und allzu vorhersehbar: »Greift an, Jahwe wird euch den Sieg schenken.«

Joschafat rutschte unbehaglich auf seinem Thron hin und her. Die Antwort entsprang so offensichtlich menschlichem Sinnen und Planen. Er kannte die Hofpropheten nur zu gut und wunderte sich, daß Ahab nach den Ereignissen auf dem Berg Karmel immer noch zahlenmäßige Überlegenheit als ein Zeichen göttlicher Stärke akzeptierte. Er wandte sich an Ahab. »Gibt es keinen anderen Propheten in Israel, der uns einen zuverlässigeren Rat geben könnte?«

Ahab zuckte die Achseln. Daß die Antwort der Prophetenhorde seicht und bedeutungslos war, war ihm genauso bewußt wie Joschafat. »Es gibt da einen Mann«, antwortete er. Er schwieg von Elia, den er in den Jahren seit der Affäre um Naboth nicht mehr gesehen hatte. »Sein Name ist Macaiah. Aber ich sage dir offen, ich halte nichts von dem Mann. Er prophezeit mir niemals etwas Gutes, immer nur Schlechtes.«

»Du solltest keine solchen Vorurteile gegen den Mann haben, mein Freund«, antwortete der König von Juda. »Wenn er ein wahrer Prophet des Jahwe ist, wollen wir ihn hören.«

»Nun gut«, stimmte Ahab zu. Er wandte sich an einen Höfling, einen Eunuchen, der in der Nähe stand. »Geh, such Macaiah und bring ihn so rasch wie möglich hierher.«

Die Propheten merkten gar nicht, daß ihre Wahrhaftigkeit in Zweifel gezogen wurde. Sie fuhren fort, Beschwörungen und Gebete zu leiern, tanzten ihre ekstatischen Tänze, warfen kleine Knöchlein auf den Boden und forschten in der Weise, wie sie fielen, nach Antworten, die sie bereits fest im Kopf hatten, und versetzten sich in hypnotische Trancezustände, um dann Worte auszustoßen, die sie genausogut – wenn auch weniger extravagant – bei klaren Sinnen hätten äußern können. Ein Prophet, Zedekia, machte sich mit viel Geschick ein Paar eiserne Hörner. Er stellte sich, als wäre er ein wilder Stier und stürmte auf die anderen Propheten und die Zuschauer los, die ihm mit flinken Bewegungen auswichen. Er wandte sich den beiden Königen zu und verkündete: »Dies ist das Wort Jahwes. Ihr werdet die Aramäer aufspießen, wie ein wilder Stier alles aufspießt, was ihm in den Weg tritt.«

Macaiah, der wieder regelmäßig in Samaria gepredigt hatte, kam kurz nach Mittag an. Der Eunuch hatte ihm bereits in allen Einzelheiten erzählt, was die vierhundert Propheten gesagt hatten. Macaiah hatte schlicht und einfach geantwortet: »So wahr Jahwe lebt, ich werde nur das prophezeien, was er mir sagt.«

Ahab wandte sich augenblicklich mit der Frage an ihn: »Sollen wir Ramoth-gilead angreifen oder davon Abstand nehmen?«

Macaiah lächelte trocken. Die Mehrzahl der Propheten saß jetzt auf der Erde, nur einige wenige schrien immer noch in Verzückung, Ahab solle angreifen. »Was fragst du, König Ahab, du kennst die Antwort doch«, quiekte er mit verstellter Stimme. »Greif an und der Sieg ist dein. Jahwe wird die Stadt in deine Hände geben.« Er fuchtelte mit den Armen und äffte spöttisch die Propheten nach, die zornig aufsprangen. Joschafat lachte von Herzen.

Ahab, der das alles nicht komisch fand, schlug auf die Lehne seines Thronsessels. »Hör auf, mich zum Narren zu halten, Macaiah«, sagte er zornig. »Ich habe dich schon mehr als einmal gewarnt. Sprich, was Jahwe dir zu sagen befiehlt, und kein Wort mehr.«

Macaiah machte eine leichte Verbeugung und schloß die Augen. Er stand hoch aufgerichtet und schweigend da. Sein rechter Arm hob sich mehrmals hintereinander mit langsamer Gebärde zum Himmel und senkte sich wieder. Sein linker Arm hing schlaff an seiner Seite. Zuletzt öffnete er die Augen und sprach mit seiner natürlichen Stimme. »Ich sah ganz Israel über seine Berge zerstreut, wie Schafe ohne Hirten, und ich hörte Jahwe sagen: ›Sie haben keinen Herrn. Laß die Krieger in Frieden heimwärts ziehen.‹«

Ahab wandte sich mit rascher Bewegung an Joschafat, »Habe ich dir nicht gesagt, daß mir Macaiah niemals etwas Gutes prophezeit?«

Macaiah unterbrach den König, um mit seiner Prophezeiung fortzufahren. »Höre nun das Wort des Herrn«, rief er. »Ich sah den Herrn auf seinem Thron sitzen, und das ganze himmlische Heer stand um ihn her und diente ihm. Jahwe fragte die Heerscharen: ›Wer will ausgehen und Ahab dazu verlocken, daß er Ramoth-gilead angreift und in der Schlacht fällt?‹ Da gaben sie ihm vielerlei Antworten, aber schließlich trat ein Engel vor und sagte: ›Ich will ihn betören.‹ Der Herr sprach zu ihm: ›Wie denn?‹ ›Ich werde ausgehen‹, antwortete der Engel, ›und den Hofpropheten den Sinn verwirren, so daß sie lauter Lügen reden.‹ Jahwe antwortete: ›Dein Plan wird gelingen. Du wirst Ahab betrügen. Geh und tu, was du gesagt hast.‹« Macaiah deutete auf die Propheten. »Du siehst, der Plan funktioniert. In diesen Propheten steckt ein Lügengeist. Jahwe läßt dich in den Krieg ziehen, weil er deinen Tod beschlossen hat.«

Die Propheten begannen Macaiah wüst zu beschimpfen. Zedekia stürzte auf ihn zu und schlug ihn hart ins Gesicht. »Und woher nimmst du die Überzeugung, daß Gott durch dich spricht und nicht durch mich?« verlangte er zu wissen.

Macaiah biß die Zähne zusammen, um die Beleidigung hinunterzuschlucken. »Ich werde euch sagen, woran ihr erkennen könnt, wer die Wahrheit gesagt hat. Nach der Schlacht, wenn ihr euch von einer Kammer in die andere verkriecht, um der Verhaftung wegen eurer falschen Prophezeiungen zu entgehen, dann werdet ihr wissen, daß Jahwe nicht durch euch gesprochen hat.«

Ahab erhob sich von seinem Thronsessel. Seine laute Stimme unterbrach den Disput zwischen seinen Propheten. »Verhaftet Macaiah«, befahl er mit strenger Stimme. »Es geht nicht an, daß er sein Gift weiter im Lande verbreitet. Bringt ihn zu Amon, dem Stadthauptmann, und zu meinem Sohn Joasch. Sagt ihnen, sie sollen ihn in den Kerker werfen und bei Brot und Wasser auf magere Kost setzen, bis ich wohlbehalten aus der Schlacht zurückgekehrt bin.«

Die Wachen führten den Befehl augenblicklich aus. Zwei von ihnen packten Macaiah an den Armen und schleppten ihn fort. Der Prophet wandte sich um und schrie dem König zu: »Wenn du wohlbehalten aus der Schlacht zurückkehrst, dann wirst du wissen, daß Jahwe nicht durch mich gesprochen hat.«

Macaiahs Prophezeiung versetzte Ahab in Sorge. Aber der Prophet hatte nicht einen verlorenen Krieg vorhergesagt, sondern daß der König getötet würde. Mit einem eisigen Schauder erinnerte er sich an Elias Prophezeiung, die dieser vor Jahren in Nabots Weinberg gemacht hatte. Er vermochte Joschafat zu überzeugen, daß er mit ihm in die Schlacht zog, aber als Vorsichtsmaßnahme sollte Joschafat seine königliche Kriegsrüstung anlegen, um die Aufmerksamkeit auf sich zu ziehen, während er selbst die Uniform eines einfachen Wagenlenkers anlegen wollte.

Ein paar Wochen später lagerte die Doppelarmee zu beiden Seiten von Ramoth-gilead, im Westen und im Süden, und wartete auf die Morgendämmerung. Die Schlacht begann bei Tagesanbruch. Ben-Hadad, dem die Kriegsvorbereitungen nicht verborgen geblieben waren, reiste aus Damaskus an, um seine Armee persönlich zu kommandieren. Während Ahabs Kriegstechniker in den Wäldern von Gilead Bäume fällten, um die massiven Teile von Kriegsmaschinen daraus zu konstruieren, trafen sich die Armeen der kriegführenden Parteien auf den Ebenen und niedrigen Hügeln vor der Stadt.

Ben-Hadad erteilte den Befehl, alle Anstrengungen auf Ahab zu konzentrieren. Alles andere war zweitrangig.

Die Aramäer stießen mit voller Wucht gegen den königlich gekleideten Joschafat vor, den sie, wie geplant, für Ahab hielten. Innerhalb weniger Stunden war seine Leibwache von den anderen getrennt. Erst als seine Kampfschreie und Befehle seinen judäischen Akzent erkennen ließen, wandten sich die Feinde ab; niemand außer Ahab interessierte sie.

Ahab kämpfte mit seinen Wagen auf der weiten Ebene vor der Stadt. Auf der Stadtmauer und hinter Schutzschilden an ihrem Fuß sandten die Bogenschützen einen Hagel von Pfeilen gegen die anstürmenden Israeliten. Ahab warf die Arme hoch, als er einem seiner Hauptleute einen Befehl zuschrie. Bei der Bewegung rutschte sein Brustschild über den Rand des Hüftpanzers hoch, den es üblicherweise bedeckte. In diesem kritischen Augenblick fuhr ein ins Blaue abgeschossener Pfeil mit einem leisen Klatschen durch den schmalen Schlitz. Ahab keuchte, als der jähe, unerwartete Schmerz ihn durchzuckte.

Er brach nicht zusammen. Er biß die Zähne zusammen, um den Schmerz zu unterdrücken, und keuchte seinem Wagenlenker den Befehl zu: »Bring mich hinter die Linien. Ich bin verwundet.«

Hinter den Linien faßte sein Waffenträger den Schaft des Pfeiles und riß ihn mit einem harten Ruck aus Ahabs Leib. Der König preßte die Hand auf den Mund, um seinen Schmerzensschrei zu unterdrücken. Das Blut schoß aus der Wunde und floß unter seiner Rüstung hervor und an seinen Beinen herab. Einen flüchtigen Augenblick lang dachte Ahab an die Prophezeiungen Elias und Macaiahs, aber er schob den Gedanken an den Tod gewaltsam von sich und befahl seinem Wagenlenker, ihn aufrecht zu halten.

Daß Ahab die Schlacht vor einem katastrophalen Ende bewahrte, war nur seinem Heldenmut zu verdanken. Die Befehle, die er seinen Hauptleuten zuschrie, erfüllten das Heer mit neuem Mut. Das Gerücht verbreitete sich rasch. Der König war am Leben. Bis in den Nachmittag und weit in den langen Tag hinein stand Ahab in seinem Streitwagen. Der Wagenlenker weinte und mußte sich mit Gewalt dazu zwingen, den Blick von der immer größer werdenden Blutlache abzuwenden, die sich auf dem Boden des Streitwagens bildete.

Ben-Hadads Armee hielt aus. Die Kampfmaschinen waren zwecklos, denn die Israeliten und Judäer vermochten die Aramäer nicht in die Stadt zurückzutreiben. Ahabs Zurufe wurden immer leiser und waren zuletzt nur noch ein Flüstern. Erst zwei, dann drei Männer mußten ihm beispringen, um ihn auf den Beinen zu halten.

Er starb am späten Nachmittag in den starken Armen der Männer, die ihn im Rücken und unter den Achseln stützten. Die Botschaft machte die Runde: »Jeder Mann kehre in das Seine zurück. Die Schlacht ist zu Ende.«

Sie wurden bei ihrem Rückzug nicht verfolgt, denn Ben-Hadad hatte schwere Verluste erlitten. Er gab sich damit zufrieden, daß er die Stadt gerettet hatte. Ahabs Wagenlenker wandte den königlichen Streitwagen in Richtung Westen. Er fuhr mit großer Vorsicht, um Ahabs leblosen Körper, der jetzt erschlafft zwischen zwei Soldaten auf dem Wagenboden lag, vor dem Stoßen und Rütteln des Wagens zu bewahren.

Sie fuhren die ganze Nacht hindurch und langten kurz nach Tagesanbruch beim Palast an. Isebel hörte die Nachricht mit stoischer Gelassenheit. Sie befahl, den Leichnam für das Begräbnis vorzubereiten. Nachdem der Wagenlenker und die Höflinge sich mit tiefen Verbeugungen, Zeichen des Kummers und Mitgefühls, verabschiedet hatten, schritt Isebel wie betäubt zum Fenster. Der königliche Streitwagen stand im Hof, der Streitwagen, in dem ihr geliebter Mann gestorben war. Sie öffnete das Fenstergitter und stieß die Flügel auf. Grausige Laute erfüllten die Luft draußen. Knurrende, gierige Hunde umdrängten den Streitwagen und leckten das Blut von seinem Boden, wobei sie die anderen im Rudel zähnefletschend anknurrten, die sich ebenfalls nach dem Leckerbissen drängten. Isebel schrie gellend nach den Höflingen, die eben aus der äußeren Türe auftauchten. »Die Hunde«, schrie sie, der Hysterie nahe, »schafft die Hunde fort.«

Der Lenker rannte mit der Peitsche in der Hand zum Wagen und schlug nach den Hunden. Jaulend vor Schmerz flohen sie aus der Nähe des Wagens und verschwanden in einer Seitengasse. Isebel bedeckte das Gesicht mit den Händen und brach auf dem Boden zusammen.

Drei Höflinge bestiegen den Wagen und fuhren damit zum größten Teich Samarias. Ein paar Prostituierte aus der Stadt standen nackt im Wasser und nahmen eben ihr Morgenbad. Sie hielten inne und sahen zu, wie der Wagen langsam das Ufer des Teiches herab ins seichte Wasser fuhr. Eine von ihnen flüsterte: »Es ist der Streitwagen des Königs.« Sie spritzten mit Wasser nach den Höflingen und schrien aufgeregt: »Ist Ahab verwundet?«

Die Männer warfen den Frauen Blicke zu. »Der König ist tot.«

Die Straßenmädchen waren so schockiert, daß es ihnen die Rede verschlug. Sie sahen den Männern zu, wie sie Eimer voll Wasser über den Wagen schütteten. Das Wasser rundum färbte sich zartrosa. »Ich will im Blut des Königs baden«, sagte eine der Frauen. Sie lächelte. »Ich bin überzeugt, das bringt Glück.« Die Straßenmädchen, deren Trauer schon wieder verflogen war, stürzten sich auf den Streitwagen. Sie wälzten sich im verfärbten Wasser und spritzten einander vergnügt lachend an. Die Männer vergaßen einen Augenblick lang den Schock, den der Tod des Königs ihnen versetzt hatte, und gafften die nackten Prostituierten an.

* * *

Jehu verbeugte sich mit einer Ehrfurcht, die lange höfische Übung verriet. »Mein Gebieter, König von Israel.« Die Worte kamen glatt aus seinem Munde und verrieten nichts von dem Aufruhr in seinem Inneren. Er erhob sich und trat an seinen Platz zurück, um die nicht enden wollende Prozession hoher Würdenträger zu beobachten, die sich vor dem neubestallten König verbeugten.

Ahasja war Isebel im Äußeren so ähnlich wie in seinem Wesen. Er war fast so kleingewachsen wie die Königinmutter, hatte aber nichts dagegen getan, daß er Speck ansetzte. Er war noch nicht wirklich fett, aber seine Haut war weich und ein wenig gedunsen. Er trug einen kurzgeschnittenen Schnurrbart und ein Ziegenbärtchen, das unter den Lippen ausrasiert war, sodaß es ein Oval um seinen Mund bildete. Er trug voll Stolz den Siegelring des Königs an der rechten Hand zur Schau und an der Linken einen großen Smaragd neben einem breiten Goldreif am kleinen Finger.

Das Fest seiner Thronbesteigung war eine ungemütliche Angelegenheit, aber Ahasja bemerkte nichts davon. Er hatte das größte Vergnügen daran, während seine Höflinge Freude vortäuschten, solange er anwesend war, und sich ihrer Frustration überließen, sobald sie allein waren.

Er war bei seinen Untertanen nicht beliebt. Jehu bemerkte, daß selbst Obadja sich ein wenig verkrampft verbeugte. Der neue König hatte nur Verachtung für die Reformbewegung übrig, die sich immer weiter im Lande ausbreitete, während er selbst sich den Orgien des Baal hingab. Er war ein Fanatiker wie seine Mutter, aber er hatte nicht ihre Selbstdisziplin. Jehu konnte sich nicht vorstellen, daß seine Herrschaft etwas Positives zustandebrächte. Seine Begabung lag im wirtschaftlichen Bereich, während die ständigen Krisen mit Ben-Hadad und die wachsende Macht Assyriens nach einem Kriegsmann verlangten. Die Kriegsherren trauten ihm keine Führungsqualitäten zu, während die jahwistischen Propheten mit heftigen Worten kritisierten, daß er dem Baal anhing.

Ahasja kümmerte sich kaum darum, daß er keine Unterstützung im Volk hatte.

Nach ein paar hektischen ersten Anstrengungen legte sich Ahasjas anfängliche Begeisterung, und er machte es sich in der Routine des höfischen Lebens bequem. Isebel füllte die Lücke; sie war beständig am Werk, wobei sie ihren Sohn als Strohmann benützte.

Der König, dem eine reichgefüllte Schatzkammer zur Verfügung stand, gab sich immer mehr seinen Orgien hin und ließ die Zügel schleifen. Obadja war zu ständigen Drahtseilakten gezwungen, wenn er es vermeiden wollte, Ahasja zu beleidigen, gleichzeitig aber über die Finanzen des Königreiches wachen mußte. Jehu hatte weniger Probleme, denn militärische Angelegenheiten interessierten den König kaum. Der General nützte die Gelegenheit, die Armee in seinem Sinne umzugestalten und sich auf den Tag vorzubereiten, an dem er möglicherweise gegen den König vorgehen mußte, um die Nation zu retten.

Das Ende von Ahasjas Herrschaft, die nur einige wenige Monate gedauert hatte, kam bei einer der Parties am Hof von Samaria. Er und einige seiner jungen Gefährten verließen die Festhalle, um sich mit ein paar Tänzerinnen in ihre Privatgemächer im Oberstock zurückzuziehen. Sie alle waren betrunken. Lachend und scherzend schubsten sie einander den Flur entlang zu ihren Zimmern. Eines der Mädchen stürzte. Galant, aber volltrunken versuchte Ahasja, sie aufzufangen. In seiner stolpernden Hast fiel er gegen eine Wand aus Schnitzwerk, die über die ganze Länge des Korridors verlief. Mit einem leisen knirschenden Geräusch gab das dünne Lattenwerk nach. Ahasja griff nach dem Rahmen, aber der war so fragil wie das Schnitzwerk selbst. Ein abgebrochenes Stück Holz in der Hand, stürzte er schreiend achtzehn Fuß in die Tiefe und schlug mit der Flanke auf einer hohen Steinschwelle auf, die einen kleinen Garten umgab.

Seine Gefährten hasteten die Stufen hinunter, um ihm zu Hilfe zu eilen, während die gellenden Entsetzensschreie der Tanzmädchen den Palast alarmierten. Als nüchterne Helfer auftauchten, schleppten Ahasjas betrunkene Freunde ihn bereits an Armen und Beinen die Stiegen hinauf in seine Kammer. Ein dünner Blutfaden rann aus seinem Mundwinkel. Seine Kleider waren an einer Seite durchnäßt von Blut.

Die Höflinge kümmerten sich in aller Eile um ihn. Sie brachten ihn zu Bett und entkleideten ihn. Eine Körperseite war böse zerschrammt und abgeschürft, aber sie wies keine offenen Brüche auf. Er erlangte das Bewußtsein zurück und stöhnte und schrie vor Schmerzen. Die Ärzte reinigten die Wunde und verbanden die Abschürfung, aber immer wieder quoll ihm Blut in die Kehle. Sie stützten ihn mit Kissen, so daß er aufrecht saß, damit er nicht an seinem eigenen Blut erstickte, und stellten einen Spucknapf neben sein Lager.

Die Schmerzen wurden immer schlimmer. Am nächsten Tag hatte die Abschürfung eine tiefdunkle, purpurschwarze Farbe angenommen. Ahasja fragte die Ärzte nach ihrer Meinung. Sie konnten ihm nicht verhehlen, daß es sich um eine ernsthafte Verletzung handelte.

Isebel, die während der Stunden der Qual nicht von seinem Lager wich, bat ihn um Erlaubnis, die Ärzte und Höflinge aus dem Gemach zu schicken.

Die Königinmutter setzte sich auf den Rand des dick mit Kissen belegten Bettes, sorgsam bemüht, nicht an ihn anzustoßen und seine Schmerzen noch zu verschlimmern. »Mein Sohn und mein König«, sagte sie mit sanfter Stimme, »die Götter können Wunder wirken, wo die Ärzte hilflos sind. Ich flehe dich an, rufe den Baal an, dich zu heilen.«

Ahasja hustete in den Spucknapf und lehnte sich in seine Kissen zurück. Er schloß die Augen, um den Schmerz und die Übelkeit abzuwenden, die ihn quälten. »Nenne mir den Baal, der am besten helfen kann«, sagte er.

»Baal-Sebub, der Gott von Ekron in Philistia«, antwortete sie. »Als der Gott der Fliegen kann er Krankheiten und Verletzungen heilen.«

Der König, der einen Augenblick lang in Verzweiflung versunken nachsann, antwortete: »Mein Vater hat Jahwes Namen in meinen Namen eingefügt. Vielleicht sollte ich mich an Jahwe wenden.«

Isebel ergriff seine Hand. *Er war schon immer ein Schwächling,* dachte sie. »Nein, mein König. Dein Vater nannte dich ›Eigentum Jahwes‹, bevor er von Melkarts Macht erfuhr. Er selbst hätte sich an den Gott gewandt, dessen besondere Macht die Macht der Heilung ist.«

»Nun gut.« Ahasja verzog das Gesicht, während er sprach. »Ruf die Höflinge herbei.«

Die Männer bereiteten hastig alles Nötige für die Reise vor. Ekron lag fünfzig Meilen südlich, eine Tagesreise weit, wenn man in aller Eile und bis spät in die Nacht hinein unterwegs war. Sie konnten frühestens in drei Tagen wieder zurück sein. In leichten, raschen Wagen aus Leder, ein Mann pro Wagen, wobei jeder seine eigenen Vorräte trug, jagten die Höflinge durch das Stadttor, umrundeten die Mauer und zogen eine Schleife von zehn Meilen in westlicher Richtung, um die nordsüdwärts führende Küstenstraße zu erreichen.

Elia war in Gilgal, als er vom Unfall des Königs hörte.

»Das ist Gottes Tun«, sagte Macaiah prompt.

Elia ergriff seinen Mantel und seine Tragbeutel, schnallte sich den Ledergürtel um die Hüfte und wandte sich der Türe zu. Er bewegte sich jetzt langsamer als früher. Die wettergegerbte Haut war vom Alter gezeichnet, aber sein Körper war immer noch voll Saft und Kraft, mit starken Muskeln.

Elisa raffte seine Besitztümer zusammen und jagte ihm nach, seine beiden Tragbeutel schwangen wild in einer Hand, sein Gürtel in der anderen, den Mantel hatte er über die Schultern geworfen. Er holte seinen Meister ein und rannte Seite an Seite neben ihm her.

Die beiden Männer gingen schweigend ein kurzes Stück Weges in nördlicher Richtung, dann wandten sie sich nach Westen und schlugen die Straße nach Joppe ein.

»Ahasja ist ein Diener des Baal«, erklärte Elia. »Wenn ich ihn richtig einschätze, wird er Boten zu Baal-Sebub senden, um zu erfahren, ob er wieder gesund werden wird. Wir werden die Boten unterwegs abfangen.«

Die Propheten wanderten mit eiligen Schritten dahin und liefen, so oft sie konnten. Am frühen Nachmittag erreichten sie den Marktplatz von »Aphek-auf-der-Ebene«. Sie erfuhren von den Bewohnern, daß kein königlicher Bote hier durchgekommen war. Die beiden Männer zogen von der Stadt aus in Richtung Norden, nach Samaria. Nach drei Meilen setzten sie sich an einer Stelle, wo die Straße über einen Hügel führte, nieder und warteten.

Innerhalb einer Stunde kamen die Wagen in Sicht. Hinter ihren Rädern und den Hufen der Pferde folgte eine langgezogene Staubwolke nach. Elia wartete am Straßenrand, bis sie nahe genug waren, um ihn sehen zu können. Sie verlangsamten ihr Tempo, als sie nur noch ein kurzes Stück entfernt waren, und betrachteten ihn in seiner Prophetenkleidung mit neugierigen Augen. Er trat ihnen in den Weg und hob die Hand. Elisa stand schweigend neben seinem Meister.

Die Wagenlenker zügelten ihre Pferde. Der Anführer band die Zügel an sein Gefährt, stieg ab und fragte vorsichtig: »Wessen Prophet bist du?«

Elisa starrte den Mann zornig an. Es war unglaublich, daß man Elia in ganz Israel kannte, nicht jedoch am königlichen Hof.

Elia antwortete mit strenger Stimme. »Ich bin ein Prophet des Jahwe.«

»Hast du Ursache, uns anzuhalten?«

»Ich nehme an, ihr fahrt nach Ekron, um von Baal-Sebub zu erfahren, ob der König leben oder sterben wird.«

Der Mann drehte sich um und warf seinen Gefährten einen Blick zu. Daß der Prophet so genau ins Schwarze traf, überraschte ihn.

»Ich werde euch die Antwort auf eure Frage sagen«, fuhr Elia fort, dem ihr Schweigen die Antwort auf seine Frage gab. Seine Stimme schwoll an. »Kehrt nun zurück zu Ahasja und sagt ihm, seine Wahl zwischen den Göttern sei eine Wahl zwischen Leben und Tod gewesen. Warum sollte er Boten nach Ekron senden, um den Baal-Sebub zu befragen? Ist Jahwe zu schwach, um zu heilen?«

Elia blickte dem Anführer der Boten eindringlich in die Augen und streckte den Arm nordwärts gegen Samaria aus. »Sagt Ahasja dieses Wort von Jahwe: ›Gibt es keinen Gott in Samaria, daß du Boten zu Baal-Sebub senden mußt, um Antwort zu erfragen? Weil du Hilfe bei den Baalen suchst statt bei Jahwe, wirst du nicht mehr von deinem Bette aufstehen. Du wirst sterben.‹«

Die Boten blickten einander an. Einer von ihnen wagte mit nervöser Stimme eine Bemerkung, obwohl er wußte, daß es ihm nicht zustand, dem Anführer Ratschläge zu erteilen: »Wir sollten dem König gehorchen und weiterfahren.«

»Jahwe ist Gott in Israel«, antwortete der Anführer, der sich insgeheim über die Aussicht freute, Ahasja loszuwerden. »Wir haben unsere Antwort bekommen.«

Er stieg wieder auf seinen Wagen und zog scharf am rechten Zügel, während er gleichzeitig mit der Peitsche schnalzte, so daß das Pferd sich in einem engen Halbkreis umdrehte. Die anderen Männer folgten seinem Beispiel. Die Propheten sahen ihnen nach, wie sie in Galopp fielen und in Staubwolken verschwanden.

NEUNZEHNTES KAPITEL

Ahasja empfing die Boten bei ihrer Rückkehr voll Ärger. Er machte sich Sorgen, weil ihre Reise so schnell ein Ende gefunden hatte.

»Auf der Landstraße oberhalb vom Aphek trat uns ein Prophet in den Weg«, berichtete der Sprecher. Er bewegte sich unruhig, fuhr aber fort. »Vergebt mir, mein König.«

»Sprich rasch«, fuhr Ahasja ihn an.

»Der Prophet gab uns dieses Wort an Euch von Jahwe mit: ›Gibt es keinen Gott in Israel, daß du dich an den Baal-Sebub wendest? Weil du nicht Jahwe gesucht hast, sondern den Baal, wirst du von deinem Lager nicht mehr aufstehen. Du wirst sterben.‹«

Ahasja mußte alle seine Kräfte aufbieten, um Würde zu bewahren. »Wie hat der Prophet ausgesehen? Beschreibt mir sein Äußeres.«

Der Bote schluckte schwer. »Er war ein kräftig gebauter Mann«, antwortete er, »schon ziemlich alt, und sein ganzer Körper war mit Haar bedeckt.«

Ahasja hustete, winkte den Männern, den Raum zu verlassen, und wandte sich dann an den Arzt. »Hole die Königinmutter«, befahl er.

Isebel eilte herbei. Sie war bereits angekleidet, um bereit zu sein, falls sich der Gesundheitszustand ihres Sohnes verschlechtern sollte. Sie bemerkte Ahasjas verfallenes Gesicht und bedeutete dem Arzt mit einer Kopfbewegung, er möge sie allein lassen.

Ahasja sprach mit lauter Stimme, trotz seiner Schmerzen. »Es war schon wieder Elia«, stieß er hervor. »Er sagt, ich werde sterben.«

Isebel, die den Propheten schon einige Jahre lang nicht mehr gesehen hatte, war überrascht. Sie erbleichte. Als Ahasja die Veränderung sah, die seine Mutter überkommen hatte, begann er zu weinen, hustete und umklammerte seine Hüfte, als der Schmerz des Schluchzens ihn durchfuhr.

Isebel sprach mit sanfter, aber fester Stimme. »Fasse dich, mein Sohn. Du bist ein König.« Sie ergriff seine Hand und hielt sie in der ihren, bis sein krampfhaftes Schluchzen aufhörte. Dann sprach sie mit ruhiger Stimme. »Wenn Elia dir den Tod vorhergesagt hat, dann hat er das im Vertrauen auf seinen Gott getan. Baal aber ist mächtiger.«

Ahasja antwortete mit schwacher Stimme. »Du würdest mein Leben zum Pfand nehmen, um deinen Kampf zu gewinnen, nicht wahr, Mutter?«

»Nicht meinen Kampf, Sohn, sondern deinen Kampf. Wir reden von deinem Leben.«

»Nein, Mutter. Du wünschst, daß ich am Leben bleibe, aber noch mehr wünschst du, daß Melkart die Oberhand über Jahwe behält. Meine Verletzungen sind dein Schlachtfeld.«

Isebel wählte ihre Worte mit großer Vorsicht, denn ihr war durchaus klar, daß ihr Sohn die Macht hatte, sie töten zu lassen. Sie hatte kein Vertrauen in den schwachen Geist, der nun in einem verwundeten Körper gefangen war. »Jahwe hat den Fehdehandschuh hingeworfen, Sohn, nicht ich. Deine Wunden sind nur deshalb ein Kampfplatz der Götter geworden, weil Baal dich nur auf diese Weise heilen kann.«

Der König stützte sich mühsam und schmerzlich auf den Ellbogen. »Jahwe verfluchte meinen Vater, und er starb. Baal konnte sein Leben nicht retten.«

»Ahab war ein großer Mann«, beschwor ihn Isebel, »aber er schwankte zeitlebens zwischen Jahwe und Baal. Er gab Melkart nie wirklich eine Chance.« Die Königinmutter kniete neben dem Bett nieder und küßte den Handrücken ihres Sohnes. »Bitte, Ahasja. Nimm den Kampf auf.« Sie sprach mit gedämpfter, eindringlicher Stimme. »Kämpf um dein Leben. Nimm Jahwes Herausforderung an.«

Der Sohn ergriff die Hand seiner Mutter mit hartem Druck

und sank tiefer in die Kissen zurück. »Nun gut. Was sollen wir tun?«

Isebel lächelte und streckte die Hand aus, um Ahasja eine Haarlocke aus der Stirn zu streichen. »Wähle einen Hauptmann aus, der ein glühender Anhänger des Melkart ist«, sagte sie. »Erkläre ihm, welche Herausforderung zum Kampf Jahwe ausgesprochen hat. Sende ihn mit seinen fünfzig Männern aus, Elia zu verhaften. Dann ist Jahwe in der Gewalt des Baal.«

Ahasja nickte zustimmend. Er hatte nur halb verstanden, welche Strategie Isebel da verfolgte, aber er freute sich über die Hoffnung, die seine Mutter ihm eingeflößt hatte. Isebel verließ den Raum auf leisen Sohlen und sandte die Ärzte zurück zu ihrem Sohn.

Sie ging mit forschem Schritt. Eine fast erloschene Flamme loderte von neuem in ihrem Inneren. Ihr Haar war im Lauf der letzten Jahre grau geworden, und ihre Haut hatte einen gelblichen Stich angenommen. Aber sie hatte sorgsam darauf geachtet, nicht fett zu werden; ihr Bauch war immer noch flach und stramm und ihre Haut ungewöhnlich glatt.

Meor-baal kehrte eilends mit der Information, die sie brauchte, zu ihr zurück. Er hatte den Mann gefunden, den sie brauchte, einen ehrgeizigen Hauptmann, der nicht allzu viel Verstand hatte und ein fanatischer Anhänger Melkarts und Ascheras war. Er war ein guter Anführer, der es verstand, seine Männer im Kampf anzufeuern, indem er ihnen den Segen und die Belohnungen vor Augen hielt, die Melkart und Aschera ihnen gewähren würden.

»Köstlich«, lachte Isebel. Meor-baal hatte sie schon lange nicht mehr so aufgeregt gesehen. Ihre Begeisterung steckte ihn an, und bald lachte er mit ihr, während sie sich über Elias wildes Haar und sein bäurisches Gewand lustig machte.

Nach ein paar Sekunden wurde sie jedoch wieder ernst. »Meor-baal«, wies sie ihn an an, »ich möchte, daß du Boten bereithältst, die die Soldaten erwarten, wenn sie mit Elia zurückkehren. Sobald sie sich dem Tor nähern, sollen die Ausrufer auf ihre Posten eilen und der ganzen Stadt seine Gefangennahme verkünden. Die Leute müssen erfahren, daß Baal mächtiger ist als Jahwes Fluch.«

Meor-baal verneigte sich. Er war schneller gealtert als die Königin und hatte beträchtlich zugenommen. Ihre Freundschaft war im Lauf der Jahre jedoch immer inniger geworden, vor allem, seit sie Königinmutter und nicht mehr Königin war.

Der Hauptmann wartete vor der Türe, als der Priester hinauseilte. Er betrat Isebels Geschäftszimmer in einer Haltung vorsichtigen Selbstbewußtseins, die langer Übung entsprang. Die Narbe einer vergangenen Schlacht zog sich von seiner Stirn über die Seite seiner Nase und verlief ganz knapp am linken Auge vorbei. Das Auge war unverletzt geblieben, aber die Narbe ließ es ein wenig größer als das andere erscheinen. Er trug die Tunika eines Kriegsmannes und hielt den Helm seiner Ausgehuniform in Händen. Er verbeugte sich. »Zu Euren Diensten, meine Königinmutter.«

»Wie fest ist dein Glaube an Melkart?« fragte Isebel ohne Einleitung.

Der Soldat nahm Haltung an. »Er ist der Mächtigste aller Götter«, antwortete er.

»Mächtiger als Jahwe?«

»Ja, verehrte Königinmutter.« Er lachte leise. »Viel mächtiger.«

»Wie erklärst du dir dann, daß Jahwe vor Jahren auf dem Berg Karmel den Sieg errungen hat?« bedrängte sie ihn.

Der Hauptmann bedachte die Frage vorsichtig. »Ich habe viel nachgedacht über diesen Wettbewerb«, gab er zur Antwort. »Ich muß zugeben, ich weiß nicht, wie es geschehen konnte, daß Jahwe Sieger blieb. Gelegentlich gewinnt auch ein schwächerer Gott eine Schlacht. Aber wenn Jahwe mächtiger wäre, wäre auch sein Volk mächtiger. Und er würde nicht zulassen, daß Baal sich in seinem Herrschaftsbereich einnistet.«

Das Lächeln in Isebels Herzen spiegelte sich nicht auf ihren Zügen. Sie amüsierte sich über die Logik dieses einfachen Mannes. Aber was machte es schon aus, welche Argumente der Hauptmann einsetzte, solange sein Glaube an Melkart nur fest genug war. Ihre nächste Frage war jedoch von entscheidender Bedeutung, und sie blickte ihn eindringlich an. »Hast du Angst vor Elia?«

Der Krieger lächelte, wobei die Narbe auf seinem Gesicht sich vertiefte. »Er ist der Prophet des Berges Karmel«, sagte er. »Zweifellos ist er Jahwes mächtigster Prophet. Aber Baal ist mächtiger. Müßte ich ihm jemals gegenübertreten, so würde es mit der Macht Melkarts geschehen. Melkart ist stärker, also wird Melkart gewinnen.«

»Aber was ist mit dem Karmel? Dort hat Melkart nicht gewonnen.«

»Manchmal gelingt es eben den Propheten nicht, mit den Göttern in Kontakt zu treten.«

»Aber du bist in Kontakt mit den Göttern.«

Der Hauptmann machte eine unruhige Bewegung, aber sie dauerte nur sekundenlang. Dann sagte er in trockenem Ton: »Ja.«

»Also gut«, sagte Isebel. »Ich erteile dir hiermit den wichtigsten Auftrag deiner ganzen Laufbahn.« Sie richtete sich hoch auf in ihrem Thronsessel. »Der Prophet Jahwes hat vorhergesagt, der König würde sterben. Du mußt ihn ausfindig machen, damit wir seinen Fluch mit der Macht Baals abwenden können.«

Der Hauptmann strahlte. »Es wird mir ein Vergnügen sein, ihn zu verhaften.«

»Er lebt auf einem Hügel, der nicht weit von hier in Richtung Süden liegt«, fuhr die Königinmutter fort. »Frag die Priester nach dem genauen Ort. Bring ihn zu Ahasja, aber laß mich wissen, wann du kommst, damit ich anwesend sein kann. Mach mit Elia unterwegs, was dir beliebt, aber ich möchte ihn lebendig vorfinden, wenn ich ihm gegenübertrete. Hast du verstanden?«

»Ja, Königinmutter Isebel.« Der Hauptmann verbeugte sich und wandte sich ab.

Er sammelte seine Männer in aller Eile um sich und gab ihnen Anweisungen. Zu Pferd, ohne Streitwagen, umkreiste der Trupp Samarias Wälle und wandte sich dann nach Süden, den Bergen Ebal und Garizim zu. Der Himmel war trübe und von einer gesprenkelten Decke hoch aufgetürmter, dunkelgrauer Wolken bedeckt. Der Hauptmann neckte seine Männer damit, daß sie ein so großes Aufgebot an Soldaten brauchten, um einen einzigen Mann festzunehmen; er wollte auf diese Weise mit viel Geschick denjenigen die Furcht nehmen, die Elias Macht kannten. Sie ritten zu einem Picknick, nicht in den Kampf. Um ihnen das deutlich klarzumachen, ließ er seine Männer in Kozoh und dann noch einmal in Elmathan anhalten und bestellte Wein. Als er seine fünfzig Mann in das steile Wadi hinunter führte, das am Fuß von Elias Hügel verlief, lachten die Männer bereits laut und sangen die derben Lieder der Aschera.

Der Hauptmann versammelte seine Männer dicht um sich, damit Elia deutlich sehen konnte, wie groß der Trupp war, der zu seiner Verhaftung aufmarschiert war. Er blickte zum Hügel hinauf und rief laut: »Elia!« Der Prophet zeigte sich nicht sofort. Der Hauptmann schrie den Namen noch einmal und lauter, dann wandte er sich fluchend an seine Männer. Er hoffte, er könnte es vermeiden, den steilen Hügel hinaufklettern zu müssen.

Elisa blickte seinen Herrn an. »Die Stunde ist da, Elia«, sagte er.

Elia warf seinen Mantel um die Schultern und schritt langsam auf die Kuppe des Hügels hinauf, dann duckte er sich hinter einem dichten Gebüsch. Er konnte deutlich das heisere Gelächter der Soldaten hören, in das sich Schimpfworte gegen den Mann mischten, zu dessen Verhaftung sie ausgerückt waren. Er wunderte sich nicht über Ahasjas Handlungsweise. Der Mann war verzweifelt. Wieviel einfacher wäre es für ihn gewesen, Jahwe um Hilfe anzurufen! Isebel war die Macht im Hintergrund, wer sonst. Sie würde es niemals zulassen, daß eine solche Herausforderung an Baal unbeantwortet blieb.

Der Prophet erhob sich und trat auf die Hügelkuppe hinaus, so daß die Soldaten ihn sehen konnten. Der Hügel fiel so steil ab, daß er zu Pferd nicht zu erklimmen war, also würden die Soldaten zu Fuß heraufklettern müssen. Die Männer lachten jetzt noch lauter, sie deuteten mit den Fingern auf ihn und machten ihre Späße über sein Äußeres.

»Heda, Elia«, rief der Hauptmann mit lauter Stimme, »du Derwisch.« Die Männer brüllten vor Lachen. Elia setzte sich auf einen Felsbrocken und blickte leidenschaftslos zu den Männern hinunter. »Elia«, wiederholte der Hauptmann, »du närrischer Prophet eines schwächlichen Gottes! Der König möchte dich sprechen. Komm mit uns.«

Elia stützte die Arme mit lässiger Gebärde aufs Knie. »Was will Ahasja von mir?«

»Was meinst du wohl, Prophet des Jahwe?« Der Hauptmann sprach jetzt in ernsterem Ton. »Du wirst lernen, den König zu respektieren, und du wirst die Macht des Baal kennenlernen.«

»Wenn Baal heilen kann, soll er doch heilen. Oder ist er zu schwach, Jahwes Wort zunichte zu machen?«

Der Hauptmann bedeutete seinen Männern, an ihren Plätzen zu bleiben. Er selbst stieg ab und trat vor sein Pferd hin. Er formte mit den Händen einen Trichter vor dem Mund und schrie, so laut er konnte: »Elia, der sich einen Mann Gottes nennt, komm herunter, oder ich komme hinauf und schleife dich herunter.«

Elia erhob sich auf die Füße und blickte den langen Abhang hinunter auf die Soldaten, die dicht an dicht standen. Er konnte jedes einzelne Gesicht deutlich sehen. Einige wirkten amüsiert, andere waren angespannt vor Zorn. Er antwortete dem Hauptmann. »Willst du die Macht Jahwes mit Waffengewalt herausfordern?«

Das Gesicht des Anführers entspannte sich, der zornige Ausdruck wich daraus. »He, Elia, ich war auf dem Berg Karmel nicht dabei. Du hast es hier mit Soldaten zu tun, nicht mit Propheten und Priestern. Ich warne dich. Komm runter, oder du wirst wünschen, du wärst tot.«

Elia erinnerte sich an das höhnische Lachen der Salzgräber. Was war jetzt mit der sanften Stimme? Wenn es den Soldaten gelang, ihn gefangenzunehmen, würde das Volk das dem Baal als einen großen Sieg anrechnen. Selbst durch Ahasjas Tod würde seine Gefangennahme nichts an Bedeutung verlieren.

Er sprach in gemessenem Ton. »Du sollst wissen, Hauptmann, daß Jahwe nicht zulassen wird, daß ich gefangen genommen werde. Du kehrst am besten nach Samaria zurück.«

Der Hauptmann zog langsam sein Schwert aus der Scheide. Er bedeutete seinen Männern mit der freien Hand, abzusteigen. Sie sammelten sich eilends um ihn und zogen die Schwerter, während sie losrückten.

Elia streckte ihnen die Hand entgegen. »Jahwe hat dich gewarnt, Hauptmann. Jetzt soll ganz Israel wissen, daß der Gott, der auf dem Karmel Feuer vom Himmel fallen ließ, jedem anderen Gott auf dem Kampfplatz entgegentreten kann. Wenn ich wahrhaftig ein Prophet des Jahwe bin, dann möge Feuer vom Himmel fallen und euch alle verzehren.«

Das Gesicht des Hauptmanns war ausdruckslos. Mit einer einzigen Bewegung hoben alle einundfünfzig Männer ihre Schwerter in die Höhe, so daß die Spitzen wie Blitzstrahlen zum bedeckten Himmel hinaufwiesen. Dann geschah es. Blitze fuhren in blendenden Wellen aus dem feuchtigskeitschwangeren Himmel auf die Schwertspitzen herab, Donner rollte in ohrenbetäubender Verkündung der Katastrophe, während das blendende Licht durch Rüstung und Leib jedes einzelnen Mannes fuhr und zischend in der Erde verschwand. Die Krieger wurden von der Gewalt des Blitzschlags in wüsten Haufen übereinander geschleudert, sie fielen auf den Rücken und zur Seite, während das elektrische Feuer in ihren Rüstungen knisterte. Die Pferde hinter ihnen scheuten und wieherten vor Entsetzen. Die Näherstehenden stürzten zu Boden, einige tot; die dahinter standen, jagten in wildem Galopp den schmalen Pfad entlang davon.

Kein einziger der Männer regte sich mehr. Jede Hand hielt noch ihr Schwert umklammert, verbranntes Fleisch war an den eisernen Griffen festgeschmolzen. Fetzen von verkohlter, rauchender Kleidung waren über das verschmorte Fleisch der Leichen verstreut, die kunterbunt durcheinanderlagen; ein dichter Haufen in der Mitte, darum herum einzelne zerfetzte Leichen.

Elia starrte die Szene an. Zorn mischte sich in sein Entsetzen. Der Anblick stieß ihn genausowenig ab wie das Massaker auf dem Karmel. Er konnte Gottes Rache besser verstehen als Gottes sanfte Stimme. Und so ging es auch anderen Menschen ... ja, so ging es auch den anderen Menschen.

Elisa stand dicht hinter ihm. Als Elia sich umwandte, breitete sein Diener die Arme aus, um den Propheten in die Arme zu schließen. Ein wilder Schauder der Siegeslust durchfuhr sie so heftig, daß beide in Tränen ausbrachen. Elisa sprach als erster. »Jetzt«, sagte er in ekstatischem Ton, »wird Ahasja doch gewiß Buße tun.«

Elia schüttelte den Kopf. »Nein. Ahasja ist zu schwach, Buße zu tun. Vor allem, solange Isebel um ihn ist. Aber vielleicht wird es der nächste König tun. Vielleicht.«

Die Pferde zerstreuten sich, sobald sie die Straße erreichten. Einige rannten in die Felder und blieben dort stehen, schnaubten vor Entsetzen, stiegen auf die Hinterbeine und jagten davon, wenn die Dorfleute sich ihnen nähern wollte. Einige rannten nach Süden, andere nach Norden.

Kein einziges der Pferde kehrte nach Samaria zurück. Die Mittagsstunde ging vorüber, und die Boten starrten mit wachsender Unruhe die Straße entlang, die an der Stadtmauer entlangführte. Ein beunruhigter Meor-baal postierte Späher auf der südöstlichen Stadtmauer.

Um zwei Uhr, eine Stunde vor dem Nachmittagsopfer, rief Isebel ihren Priester zu sich. »Vielleicht«, wagte er zu äußern, »haben Dorfleute, die dem Jahwe anhängen, die Truppe überwältigt.«

Sie kreischte vor Zorn. »Dorfleute hätten es geschafft, einundfünfzig erprobte Krieger zu überwältigen?« Ihr Gesicht war gerötet, ihre Hände zitterten vor Zorn. Sie stieg von ihrem Thronsitz herunter und schritt zu der Statue des Melkart neben dem Fenster hinüber. Sie starrte das Götzenbild lange an. Ihre Arme hingen wie erstarrt an den Seiten herab, und sie öffnete und schloß mit wiederholten Bewegungen die Fäuste. Schließlich wandte sie sich um. »Meor-baal, komm her.«

Der Priester trat augenblicklich an ihre Seite. Isebel sprach mit lauter Stimme und starrte ihm geradewegs ins Gesicht. »Gib Befehl, daß alle in der Stadt stationierten Truppen augenblicklich auf dem Exerzierfeld antreten. Ich werde ihnen persönlich ihre Befehle erteilen. Beeil dich. Ich will Elia noch vor Einbruch der Dämmerung in meiner Gewalt haben.«

Meor-baal verneigte sich.

Der Ruf zu den Waffen machte rasch die Runde. Soldaten ließen ihre halbvollen Weinbecher stehen und sprangen aus den Betten der Prostituierten, die Betrübnis heuchelten. Väter und Gatten küßten ihre Familien hastig zum Abschied. Fromme Soldaten unterbrachen ihre Opferzeremonien und ließen die Opfer auf dem Altar liegen. Innerhalb weniger als einer Stunde waren alle, ein paar Nachzügler ausgenommen, auf dem großen Exerzierfeld vor dem Stadttor versammelt.

Isebel stand auf einem hastig zurechtgezimmerten Podium. Sie trug eine purpurne Robe mit rotem Besatz und das Diadem, das sie als Königinmutter auswies. Sie hob das Kinn ein wenig, als sie sprach. »Ich spreche im Namen des Königs. Er hat einen wichtigen Einsatz angeordnet, zu dem sich nur die tapfersten und edelsten Soldaten freiwillig melden sollten.« Sie hielt inne und betrachtete die derben, neugierigen Gesichter, die sie erwartungsvoll anstarrten. »Ihr alle, die ihr dem Melkart opfert, tretet vor. Die anderen bleiben hinten stehen«, befahl sie. Ein eiliges Schieben und Drängeln begann, aber zu ihrer Überraschung blieben gut zwei Drittel der Truppen im Hintergrund stehen. Jahwe hatte einen besseren Stand in der Armee, als sie erwartet hatte. »Ihr Soldaten, die ihr dem Melkart nicht dient, könnt gehen«, schrie sie.

Isebel bedachte ihren Plan sorgfältig, während die Anhänger Jahwes davonzogen. Nur fünfhundert Soldaten blieben übrig. Sie hatte vorgehabt, alle Melkart-Anhänger auf Elia zu hetzen, aber die erstaunliche Demonstration von Jahwes Macht riet zur Vorsicht. Diejenigen, die nur mit halbem Herzen glaubten, würden im Kampf der Götter eher eine Schwächung als eine Stärkung bedeuten.

»Nun«, rief sie schließlich, »wer ist der beste Soldat unter euch allen?«

Die Soldaten sahen sich um und suchten Baal-Hanan. Lärm erhob sich, seine Kameraden hoben die Arme und brüllten freundschaftlich seinen Namen, bis deutlich wurde, daß er sich auf der linken Seite der Versammlung befand.

»Tritt vor«, befahl Isebel.

Baal-Hanan schritt vor zum Podium.

»Komm herauf«, sagte sie mit sanfter Stimme.

Er stieg rasch auf das erhöhte Podium. Gedämpfte Ausrufe der Überraschung stiegen aus der Menge auf, daß einem gemeinen Soldaten solche Ehre zuteil wurde.

Die Königinmutter sprach mit leiser Stimme, um sicher zu

gehen, daß er allein ihre Anordnungen hörte. Er sollte fünfzig der besten Soldaten, alles treue Anhänger des Melkart, auswählen und ihnen Befehl geben, augenblicklich loszureiten. Sobald er das arrangiert hatte, sollte er sie in ihrem Geschäftszimmer aufsuchen.

Sie beantwortete Meor-baals fragenden Blick, während sie beide zu Isebels Gemächern gingen. »Offenbar hat Melkart diesen Champion in allen Schlachten gut beschützt, mein lieber Priester. Ich wähle einen Mann aus, den Melkart liebt.«

Eine halbe Stunde später wurde Baal-Hanan gemeldet. Isebel nahm seine Ehrenbezeugungen entgegen, dann erzählte sie ihm von der Verletzung des Königs und Elias Fluch. Der erste Stoßtrupp, erklärte sie ihm, sei noch nicht zurückgekehrt. Sie sprach mit mühsam beherrschter Erregung. »Richte den Blick zum Fenster und sieh Melkart an.«

Baal-Hanan gehorchte. Der steinerne Gott war dargestellt, wie er eben einen Fuß vor den anderen setzte, ein Lendenschurz hing bis zum halben Schenkel herunter, ein hoher Turban saß auf seinem Kopf. Er war bärtig und hielt eine mächtige Streitaxt auf der Schulter. Seine Augen waren groß und hatten einen durchbohrenden Blick.

»Tritt näher hin«, befahl sie. »Sieh, was Melkart dir sagen will.«

Baal-Hanan schritt verlegen zu der Statue hinüber. Er starrte in die großen Augen und betrachtete die Axt.

»Überlaß Melkart deine Gedanken«, sagte Isebel.

Der Soldat, der von Melkarts Macht überzeugt war, ließ den Geist des Melkart in seine Gedanken strömen. Er stand einige Augenblicke lang in tiefes Schweigen versunken da, während die Königinmutter hinter ihm stand. Als er sich umwandte, forschte Isebel zufrieden in seinem Blick. Seine Augen glühten in wilder Entschlossenheit.

Sie schritt langsam zu ihrem Thronsessel und zog ein schweres Tuch beiseite, wobei sie den Helm eines Hauptmanns enthüllte. Sie hob ihn auf und wandte sich um, wobei sie den Helm mit beiden Händen in Hüfthöhe hielt. »Du bist jetzt Hauptmann«, sagte sie.

Baal-Hanan blinzelte, dann ging er zu ihr hinüber und kniete nieder. Sie setzte ihm wortlos den Helm auf den Kopf.

»Ich werde Euch nicht im Stich lassen, meine Königinmutter Isebel.«

»Du wirst Melkart nicht im Stich lassen«, antwortete sie.

Am frühen Abend standen die handverlesenen Truppen mit entsetztem Blick vor den grotesk verkrümmten Leichen der Männer und den Kadavern der Pferde, die, bereits von der Totenstarre erfaßt, im Wadi lagen. Baal-Hanan beobachtete seine Männer aufmerksam. Sie alle hatten schon früher Leichen gesehen, die blutig und enthauptet auf den Schlachtfeldern verstreut lagen. Sie waren abgebrühte Männer, die die Greuel des Krieges nur zu gut kannten, aber von Ruhm und Glorie des Sieges fasziniert waren.

Der neue Hauptmann schrie, noch zu Pferde, Elias Namen mit solcher Wut, daß sein Pferd einen nervösen Hopser machte. Baal-Hanan fluchte und riß hart an den Zügeln. »Elia!« wiederholte er mit lauter Stimme.

Einen Augenblick später tauchte der Prophet auf der Hügelkuppe auf. Elisa war an seiner Seite, einen Schritt hinter ihm. Er starrte wortlos zu den Soldaten hinunter.

Baal-Hanan, den der Anblick der verkohlten Leichen seiner Kameraden in helle Wut versetzte, stand im Sattel auf und schrie den Propheten an, so laut, daß seine Stimme krächzte. »Elia, du dreckiger Prophet eines dreckigen Gottes, gehorche deinem König und komm herunter! Auf der Stelle!«

Elia, dessen dunkles Haar und dunkler Mantel sich schwarz und braun von einem immer dunkler werdenden Himmel abhoben, war nur undeutlich auf der Hügelkuppe zu sehen.

Der Hauptmann wartete nicht darauf, daß der Prophet ihm Antwort gab. Bebend vor Zorn, schrie er seinen Männern einen heiseren Befehl zu und sprang vom Pferd. Er riß das Schwert aus der Scheide und fuchtelte damit in der Luft herum, während er seine Männer unter Flüchen aufforderte, ihm zu folgen. Elia beobachtete, wie sie die ersten Schritte den Hang hinauf machten und ihm Verwünschungen zuriefen, während sie zu ihm hinaufklommen. Sie waren so berauscht von ihrer gewalttätigen Wut, daß sie ihn nicht sprechen hörten. »Wenn ich wirklich ein Mann Gottes bin, dann möge Feuer vom Himmel euch alle verzehren.«

* * *

In der Abenddämmerung hinkte ein einzelnes Pferd auf das Stadttor von Samaria zu. Der Torwächter, der nach Baal-Hanan und seinen Männern ausgespäht hatte, befahl das Tor zu öffnen. Zwei Männer packten das Zaumzeug des Pferdes und besänftigten das Tier, indem sie ihm den Hals klopften und ihm mit immer sanfteren Stimmen zuredeten.

Isebel konnte sich keinen Reim darauf machen. Niedergeschlagen, wie sie war, mußte sie sich dazu durchringen, Kundschafter in die Dörfer in der Umgebung von Elias Hügel zu senden, um herauszufinden, was geschehen war. Sie kehrten gegen Mitternacht zurück und fanden sie mit den Ärzten in Ahasjas Schlafgemach. Dem König ging es zusehends schlechter; seine Schmerzen wurden immer schlimmer.

Es gab Augenzeugen für beide Katastrophen, so berichteten die Boten – neugierige Männer und Jungen, die in Elias Nähe wohnten. Sie alle erzählten dieselbe Geschichte. Die Leichen von Männern und Pferden bestätigten ihre Worte. Die Kundschafter hatten Fuhrwerke in den Dörfern angefordert, die die Leichen in die Stadt zurückbringen sollten.

Isebel nahm es mit stoischer Gelassenheit hin. Ihre Selbstbeherrschung war freilich das Resultat jahrelanger Übung. Sie schlang die Hände hinter dem Rücken ineinander, um ihr Zittern zu bezwingen. Sie starrte die Boten an, als könnte sie durch schiere Willenskraft das Geschehene ungeschehen machen. Dann bedeutete sie ihnen mit einer stummen, ruckartigen Kopfbewegung, den Raum zu verlassen. Sie wollte nicht riskieren, daß sie merkten, wie brüchig ihre Stimme klang.

Ahasja hustete, ein ersticktes Geräusch, bei dem ihm das Blut in die Kehle drang. Er spie in den Spucknapf. »Da hätten wir also die Wundertaten deines Melkart«, würgte er verbittert hervor.

Isebel sprach kein Wort. Sie biß die Zähne zusammen, um ihre heftigen, zornigen Tränen zurückzudrängen, und kniete neben dem Bett nieder. Ahasja wußte, daß die Niederlage gegen Elia sie mehr aus der Fassung brachte als das nahende Ende ihres Sohnes. Mit schwacher Geste stieß er sie von sich fort. »Ruf die Höflinge«, sagte er.

Die Königinmutter schritt zur Türe und bedeutete den Dienern einzutreten. Ahasja winkte ihnen, sie sollten nahe herankommen.

»Schickt einen Trupp Soldaten nach Elia aus, aber diesmal sendet Jahwes Männer.«

Isebel knirschte mit den Zähnen, sagte aber kein Wort.

Elia kam am nächsten Morgen im Palast an. Die Leichen waren bereits weggeschafft worden, bevor die letzte Truppe bei seinem Hügel anlangte. Der Hauptmann bekannte Jahwe als den Gott seiner Truppe und flehte den Propheten um Barmherzigkeit an. »Bitte«, hatte der Hauptmann gesagt, »komm mit uns zum König. Jahwe wird dich dort genauso wie hier beschützen.«

Der Prophet wußte, daß sie recht hatten, noch bevor die Stimme in seinem Herzen ihm sagte, er solle sich auf den Weg machen. Jahwe hatte einen weiteren großen Sieg errungen. Die Geschichte würde sich in allen Städten und Dörfern des Landes verbreiten. Melkart war das Rückgrat zerschlagen.

Ahasja starrte den Propheten aus gequälten grauen Augen an. Die Schmerzen quälten ihn jetzt unablässig. »Gibt es keine Möglichkeit, Jahwes Beschluß zu ändern?« fragte er.

Elias Stimme war ruhig, selbstbewußt. »Nein, es gibt keine Hoffnung. Du würdest dich nicht ändern, selbst wenn Gott dir das Leben schenken würde. Du hast dich in die Hände des Baal gegeben – und verspielt. Da du Boten zu Baal-Sebub gesandt hast, als gäbe es keinen Gott in Israel, sollst du sterben.«

Ahasja schloß die Augen, um die Tränen zurückzudrängen, die unter seinen Lidern hervorquollen.

Der König starb kinderlos. Sein Bruder Jehoram, ein fähiger Militarist, wurde an seiner Stelle zum König gesalbt. Der neue König wurde vom Volk mit Freuden und von den Propheten mit Erleichterung begrüßt.

Elia ging nicht zu seiner Krönung, auch Macaiah nicht. Sie blieben in Gilgal und warteten darauf, daß eine Gruppe jüngerer

Propheten, die als Vertreter der Prophetenversammlung anwesend waren, ihnen Nachricht von dem Ereignis brachten. Elia lauschte schweigend, als die alten Männer von früheren Zeiten sprachen. Sie redeten, als wäre eine gewaltige Brücke überquert worden. Elias Herz hämmerte im Gefühl einer Vorahnung.

Am späten Vormittag kehrten die Propheten schließlich mit ihrem Bericht zurück. Sie stürmten schreiend zur Türe herein, unfähig, ihren Jubel zu bemeistern. »Jehoram hat geschworen, die Altäre des Melkart und der Aschera niederzureißen!« Die Propheten sprangen auf, um die jungen Boten voll Freude und Überraschung zu begrüßen. Ihre Gesichter drückten angespannte Erwartung aus. »Seid ihr sicher? Woher wißt ihr das?« Die Fragen stürmten in überstürzter Hast und wildem Durcheinander auf sie ein, bis Macaiah die Gruppe zur Ordnung rief und die jungen Männer vornehin setzte, um ihren Bericht in allen Einzelheiten zu hören.

Erst als sie mit ihrem Bericht zu Ende gekommen waren und langwierige Kommentare an Stelle der Fragen traten, fiel Elisa auf, daß sein Meister schwieg. Er trat an seine Seite. Die Erinnerung, daß er schon früher Dinge im voraus gewußt hatte, lastete ihm schwer auf der Seele.

Elia wartete, bis sein Nachfolger neben ihm kniete, ehe er sprach, als hätte er auf eben diesen Augenblick gewartet. »Elisa«, sagte er mit sanfter Stimme. »Ich muß nach Bethel. Bleib hier.«

Der Jüngere der beiden Männer – der nun auch schon in mittleren Jahren und selbst ein gewaltiger Prophet war – weigerte sich. »Nein. Ich fürchte, daß ich dich nicht mehr wiedersehe. Ich komme mit dir.«

»Ich möchte allein gehen.«

»Du möchtest immer allein sein, wenn du fühlst, daß Jahwe zu dir spricht.« Elisas Flüstern nahm einen drängenden Ton an. Er tat einen doppelten Schwur. »So wahr Jahwe lebt und so wahr du lebst, ich werde dich nicht verlassen.«

Elia starrte den Mann zornig an, leicht verärgert über seine Aufdringlichkeit. Er nickte jedoch, und die beiden Männer schlüpften unbemerkt aus dem Hause und gingen aus Gilgal fort.

Bethel lag sieben Meilen südlich, höher oben auf dem Grat der Gebirgskette und näher an Jerusalem. Sie legten die Entfernung in zwei Stunden zurück.

Eine Gruppe Propheten stand vor der Türe ihres Versammlungshauses und warteten, als hätten sie mit dem Kommen des großen Propheten gerechnet. Sie beobachteten Elia mit neugierigem Interesse, als er sich ihnen näherte. Einer von ihnen faßte Elisa am Ärmel. In aller Eile umdrängte ihn die Gruppe, und alle sprachen mit gedämpften Stimmen dringlich und voll Schmerz auf ihn ein. »Hast du gewußt, daß Jahwe deinen Herrn und Meister von der Erde hinwegnehmen wird?«

»Ja«, antwortete Elisa. »Ich weiß es. Wir wollen nicht darüber sprechen.« Sie spürten, wie auch er es spürte, daß Jehorams Versprechen, die Baale zu stürzen, das Siegel auf Elias Leben war. Sein Werk war getan. Die Erkenntnis traf die anderen Propheten mit jenem überwältigenden Gefühl eines unentrinnbaren Schicksals, das Elia selbst am frühen Morgen empfunden hatte. Dennoch versetzte ihre Gewißheit ihn in heitere Stimmung. Ihm war zumute, als sei die Geschichte seines Lebens bereits bis zum letzten Wort fertig geschrieben.

Elia sprach vierzig Minuten lang mit den Versammelten. Die Predigt, die er hielt, war nach Elisas Meinung die beste, die er je gehalten hatte. Die Propheten lauschten in dem ehrfürchtigen Bewußtsein, daß der große Mann Gottes bald nicht mehr unter ihnen weilen würde.

Der große geistliche Führer sprach von der Vergangenheit und der Zukunft, von der gewonnenen Schlacht und dem Krieg, der ihnen bevorstand, und von dem Gefühl der Verlorenheit, das er einst empfunden hatte und das nun in Siegesfreude verwandelt war. Er sprach von der Wahrheit, von der Nähe zu Jahwe, vom Hören auf Gottes Stimme inmitten der Kakophonie religiösen Wirrwarrs. Er sprach davon, wie jeder Prophet deutlich und auf seine eigene Weise berufen wird und wie seine Berufung mißrät, wenn er mehr auf andere Propheten hört als auf Gott. Er forderte sie zuletzt eindringlich auf, die Ohren vor dem dröhnenden Trommelschlag prophetischen Ruhms zu verschließen und dem Weinen und Klagen des verwundeten Tages zu lauschen.

Elia beendete seine Rede und zog sich von der Gruppe zurück, über der das Bewußtsein, ein Fanal der Wahrheit gehört zu haben, wie eine Wolke hing. Elisa folgte ihm. Sobald sie zur Türe draußen waren, wiederholte er die Bitte, die er schon früher ausgesprochen hatte. »Bleib hier, Elisa. Jahwe will, daß ich nach Jericho gehe. Ich möchte alleine gehen.«

»Nein«, widersprach Elisa ihm ins Angesicht. »Ich habe es ernst gemeint. Ich bleibe bei dir.«

Elia zog es vor, keine Antwort zu geben. Einerseits wollte er allein sein, andererseits wollte er Elisa bei sich haben. Die beiden Männer schlugen die nach Südosten führende Straße zu der Festung Michmas ein, dann wandten sie sich nach Osten und zogen die Grenzstraße entlang nach Jericho. Sie legten den fünfzehn Meilen langen Weg, der zumeist bergab führte, in drei Stunden zurück; gelegentlich liefen sie auch ein kurzes Stück, soweit der ältere Mann es noch schaffte.

In Jericho wiederholte sich fast dieselbe Szene wie in Bethel. Eine ganze Gemeinde von Propheten stand wartend vor der Türe ihres Hauses. Sie sahen mit tiefer, schweigender Ehrfurcht zu, wie der große Prophet eintrat, dann umdrängten sie Elisa mit ihrer Sorge.

»Ja«, antwortete er, »ich weiß. Jahwe wird ihn hinwegnehmen. Bitte fragt mich nicht danach.«

Als der große Prophet zu der Versammlung sprach, dachte Elisa an sein eigenes Schicksal. Elia, das wußte er, wurde von den Propheten nicht deshalb in hohen Ehren gehalten, weil er berühmt war, sondern weil er im Glauben treu war. Ironischerweise hatte gerade dieser berühmte Mann niemals den Ruhm gesucht, sondern immer nur Jahwes klare Weisung. Elisa dachte: *Das sollte der größte Augenblick auch meines Lebens sein, am Ende meines Lebens ein Mann wie er zu sein; imstande zu sein, ohne Bedauern auf mein Leben Rückschau zu halten; die Gewißheit zu haben, daß mein Leben in guten Händen gelegen ist; treu gewesen zu sein im Angesicht des verwirrenden Zeitgeistes.*

Ein gedämpftes Murmeln durchlief die Gruppe und brachte Elisa die Gegenwart wieder zu Bewußtsein. Elia war am Ende seiner Predigt angelangt. Die Propheten verneigten sich, daß ihre Stirne den Boden berührte, und blickten erst wieder auf, als der große Mann das Haus verlassen hatte.

»Jahwe ruft mich zum Jordan«, sagte er zu Elisa, und von neuem bat er in wenig überzeugender Weise, allein gehen zu dürfen.

»Du gehst in den Tod«, antwortete Elisa ruhig.

»Ja«, antwortete der Prophet. »Jahwe wird mich hinwegnehmen. Ich gehe zu ihm. Allein.«

Elisa begriff nun, daß der Widerwille seines Meisters eine Prüfung für seinen Schüler sein sollte. Sein Nachfolger sollte ihn nicht dahingehen sehen, es sei denn, er war sich der Berufung durch Jahwe gewiß. »Nein«, antwortete er mit fester Stimme, »du sollst nicht allein gehen. So wahr Gott lebt, ich werde bis zum Ende bei dir bleiben.«

Die Straße, die zum Jordan führte, war öde; der sonnengebleichte Boden erstreckte sich flach und trübselig bis hinter Jericho. Die Männer schritten fast zwei Stunden lang schweigend dahin. Dann standen sie am Flußufer. Der Fluß führte jetzt niedriges Wasser, aber es strömte immer noch reißend dahin, dreißig Meter breit zwischen seinen häßlichen, schlammigen Ufern.

Die Männer blickten das braune Wasser an. Fünf Meilen südlich glitzerte das Tote Meer in leuchtendem Blau. Im Norden schoben sich die Berge zu beiden Seiten immer näher heran und engten das Tal auf sein grünes Band ein. Hier war das Flußbett breiter, nackt und grau, mit gelegentlichen Grüppchen von Dornbüschen bewachsen.

Elia legte seinen Mantel ab und rollte ihn fest zu einem länglichen Bündel zusammen. Er trat an das schlickbedeckte Ufer des Flusses heran. Er ergriff das Bündel an einem Ende und schleuderte es hoch über den Kopf. Der braune Mantel klatschte lärmend aufs Wasser auf. Das Wasser begann sich in Wirbeln zu drehen. Es strömte rückwärts, wirbelte in einer Wassersäule auf. Brüllend, als kämpfte es gegen das unsichtbare Schild des göttlichen Hauchs, fuhr es in die Luft hoch und türmte seine schlammbraune Wut zu einer aufrechten Mauer aus Nässe auf.

Die beiden Männer schritten durch die Furt, die wilden Wasser des Jordan türmten sich zu ihrer Linken hoch auf, während sie rechterhand seicht davonflossen. Sie blickten vom gegenüberliegenden Flußufer zurück. Das Wasser schloß sich vom Boden des Flußbettes aufwärts, sein hoher, wirbelnder Wellenkamm sank rasch zu einem reißenden Strom herab, um das niedrige Wasser südlich der Furt wieder einzuholen. Im nächsten Augenblick war es auch schon vorbei. Elisa starrte mit offenem Mund seinen Herrn an.

Die beiden Männer waren nicht die einzigen, die Zeugen des Wunders wurden. Jenseits des Jordan standen fünfzig Propheten, die ihnen ungesehen aus Bethel und Jericho gefolgt waren. Sie warfen sich zu Boden und verbargen die Gesichter im Staub, während sie die Hände vor die Augen schlugen, um sich vor dem Augenblick zu schützen, in dem Jahwes Gegenwart das Tal mit ihrer blendenden Glorie erfüllen mochte.

Elias sanfte Stimme riß seinen Diener aus seinem betäubten Schweigen. »Elisa, ich muß dich binnen kurzem verlassen. Was willst du, daß ich für dich tue, bevor ich hinweggenommen werde?«

Die Augen des Dieners standen weit offen, seine Lippen zitterten. Er biß die Zähne zusammen, um den wilden Aufruhr seiner Seele zu stillen. Ruhig, mit Überzeugung und Kraft in der Stimme und einer Spur angespannter Erwartung antwortete er: »Ich war dein Sohn. Gib mir als mein Erbe eines ältesten Sohnes den Geist, der in dir wirkt.«

Der Meister wandte sich den Bergen im Osten zu. Elisa schritt neben ihm her. Sie querten das Ufergebiet des Flusses und stiegen den Abhang zur Ebene hinauf. Schließlich antwortete er mit gemessener Vorsicht: »Mein Sohn, was du forderst, ist nicht leicht zu geben. Der Geist, der in mir ist, ist nicht mein Eigentum, daß ich ihn weitergeben könnte. Das Geschenk muß von Jahwe kommen.«

Elisa gab keine Antwort, aber in seinem schmerzzerrissenen Herzen betete er mit aller Kraft. Die beiden wanderten schweigend auf die Hügel zu. Sie hatten bereits eine Viertelmeile zurückgelegt, als Elia von neuem sprach. »Vielleicht wird Jahwe dir deinen Wunsch gewähren. Wenn du mich siehst, wie ich hinweggenommen werde, wird dein Wunsch in Erfüllung gehen. Wenn du mich nicht siehst, ist er dir abgeschlagen worden.«

Der Berg Nebo lag jetzt in nördlicher Richtung vor ihnen. Die beiden Männer schritten auf das hohe, spitzzackige Felsmassiv zu. Die Ebene war immer noch völlig flach, staubig und heiß; die wenigen verstreuten Gerstenfelder waren längst abgeerntet.

Sie hatten die Hälfte des Weges über die Ebene zurückgelegt, als der Schirokko aufkam. Der Wind aus dem Osten fuhr über den Rand der Hochebene und brachte in seinem Gefolge jene spiralförmig wirbelnden Säulen aus rotem Staub mit, die man »Staubteufel« nennt. Die Temperatur stieg rasch an, so rasch, daß es den Propheten den Atem verschlug. Sie kehrten dem heranjagenden Sturm den Rücken zu. Der Wind, der Unmengen Staub und Sand mitschleppte, fuhr ihnen in die Nasenlöcher, trocknete die Schleimhäute aus, machte das Atmen zur Qual. Windhosen zerrten wütend an ihren Kleidern. Sie schlossen die Augen gegen die Wut des Windes und zogen sich die Zipfel ihrer Kopfbedeckungen übers Gesicht.

Als der heiße Wind die lose Erde in einer immer dichter werdenden Wolke hochwirbelte, streckte Elisa die Hand nach seinem Meister aus. Elia war nicht da. Der Diener schlug die Hände vors Gesicht, um sich vor dem Sturm zu schützen. Während er durch die Spalten zwischen seinen Fingern blickte, drehte er sich um die eigene Achse und suchte nach seinem Freund.

Das Geräusch eines brüllenden Sturms ließ ihn den Blick zum Himmel wenden. Inmitten des trüben, von rotem Staub verdunkelten Himmels sah er Elias Gestalt in einen feurigen Wagen steigen, der von feurigen Pferden gezogen wurde. Die Räder waren Feuerkreise, der Wagen selbst war ein Ring aus Feuer und hinterließ eine flammende Spur. Die Mähnen der Pferde sprühten Feuerfunken, ihre donnernden Hufe flammten, ihre blitzenden Augen waren wie glühende Kohlen. Der ganze Himmel war erfüllt von Wagen und Pferden, feurige Engel hielten die flammenumlohten Zügel in Händen.

Elisa schrie nach seinem Herrn. »Mein Vater, mein Vater.« Seine Stimme kämpfte sich durch den Wind. »Ich sehe sie! Die Wagen und Reiter Israels! Ich sehe sie!«

Der rote Staub, der den Himmel erfüllte, brannte Elisa in den Augen. Er konnte die Wut des Sturms nur einen Augenblick lang mit den Händen abwehren. Seine Tränen kämpften gegen den Ansturm des Staubes an, und er konnte nichts mehr sehen. Immer noch himmelwärts schreiend, fiel er zu Boden und verbarg das Gesicht auf den Knien, den Rücken dem Sturm zugewandt.

Das Schlimmste war in wenigen Minuten vorbei, obwohl der glühende Schirokko immer noch den Staub der Wüste grausam vor sich herfegte und alle Feuchtigkeit aus der Luft sog. Der schlammfarbene Himmel oben breitete sich wie Nebel über das Land. Elisa wischte sich die Augen und blickte auf, den Turban immer noch fest um den Kopf gewickelt. Ein dunkles, staubbedecktes Stück Tuch hing ein paar Schritte entfernt an den Dornen eines Busches. Er schritt darauf zu. Vorsichtig löste er Elias Mantel von den dünnen Zweigen und schüttelte den losen Staub in den Wind. Er legte den Mantel über seine Schultern und kehrte um, dem Jordan zu.

NACHWORT

Jehoram regierte zwölf Jahre lang. Er war ein fähiger König, wenn auch nicht so bedeutend wie sein Vater. Seine Regentschaft war eine Abfolge von Kriegen. Die Schwierigkeiten mit Syrien nahmen kein Ende, und Mescha von Moab nützte die Gelegenheit, sich den größten Teil von Israels Territorium jenseits des Jordan anzueignen.

Elisa wurde der bedeutendste Prophet Israels. Sein Ruhm reichte weit über die Grenzen Israels hinaus, vor allem nach Syrien. Er war aggressiv, barsch und stark in die Tagespolitik verwickelt. Er begründete eine Prophetenschule, die zugleich ein Seminar und eine Gemeinde darstellte.

Der Prophet salbte Hasaël zum König von Syrien, in Erfüllung des Auftrags, der an Elia ergangen war, aber er weinte, als er es tat. Er wußte nur zu gut, wieviel Jammer Ben-Hadads Nachfolger über Israel bringen würde. Hasaël kehrte zu dem kränklichen Ben-Hadad heim, ermordete ihn, indem er ihn mit einer nassen Decke erstickte, und erhob Anspruch auf den Thron.

Die Salbung Jehus zum König wurde verschoben, denn Jehoram zeigte eine gewisse Sympathie – wenn auch vielleicht vorwiegend aus politischen Gründen – für die jahwistischen Reformen. Aber Isebel war immer noch Königinmutter und ein Machtfaktor in Israel. Solange sie lebte, hatten Jehorams Bemühungen nur symbolische Bedeutung, was immer seine Motive sein mochten. Schließlich sandte Elisa einen seiner Prophetenjünger auf das Schlachtfeld, um Jehu zum König zu salben, während sich der König in Jesreel von den Wunden erholte, die er bei einem weiteren Angriff auf Ramoth-gilead erlitten hatte.

Der Kommandant wurde von den Offizieren, die ihm unterstanden, sofort akzeptiert. Er wies sie an, daß die Nachricht nicht nach Jesreel dringen dürfe. Mit einer Truppe Streitwagen jagte er in wilder Hast zum Sommerpalast, um seinen Staatsstreich durchzuführen. Jehoram entdeckte die dahinrasenden Wagen, als sie noch ein beträchtliches Stück entfernt waren. Er sandte einen Reiter, um herauszufinden, um wen es sich handelte. Der Reiter schloß sich Jehu an, und der nächste Mann, der ausgesandt wurde, tat desgleichen. Da ging Jehoram selbst hinaus, um der Truppe entgegenzutreten, aber da war Jehu schon ganz in der Nähe von Jesreel. Sie stießen in Nabots Feld aufeinander.

Jehu erhob gravierende Vorwürfe. Er beschuldigte Jehoram, daß er Isebel erlaube, ihren sittenlosen Götzendienst fortzuführen. Der König, der Jehus Absichten durchschaute und fast schutzlos war, versuchte zu fliehen. Jehu schoß ihm einen Pfeil durchs Herz. Er befahl seinen Männern, den Leichnam an Ort und Stelle liegenzulassen, damit Elias Prophezeiung sich erfüllte. Sobald die Männer abgezogen waren, zerfleischten wilde Hunde Jehorams Leichnam.

Der neue König ritt in aller Eile zum Palast in Jesreel. Die Nachricht von dem Staatsstreich hatte Isebel bereits erreicht, und sie lehnte sich aus einem hochgelegenen Fenster, um dem siegreichen Jehu einen Strom von Flüchen entgegenzuschleudern. Ohne sich um sie zu kümmern, rief er alle zusammen, die seine Sache unterstützten. Einige Eunuchen aus der Gefolgschaft der Königin beugten sich aus ihrem Fenster und riefen Jehu zu, sie wollten ihm Treue schwören. Er befahl ihnen, Isebel aus dem Fenster zu werfen. Sie packten mit rachsüchtiger Wut zu und schleuderten die Schreiende auf das Pflaster des Hofes. Ihr Körper krachte mit solcher Wucht auf die Steine, daß das Blut auf einer Seite an der Wand hochspritzte und auf der anderen die Hufe der Pferde besudelte. Jehu griff in die Zügel seines Pferdes und ritt es über die bewußtlose Königin, so daß die Hufe sie zerstampften. In einem Augenblick war ihr Leichnam bis zur Unkenntlichkeit verstümmelt.

Jehu begab sich in den Palast, um die zeremoniell vorgeschriebene Mahlzeit einzunehmen, bei der die Höflinge zu entscheiden hatten, ob sie ihm den Treueid leisten wollten. Eine

Weile später erteilte er den Befehl, das verfluchte Weib zu begraben, da sie die Tochter eines Königs war. Die Männer kehrten jedoch rasch wieder zurück und teilten Jehu mit, daß der Leichnam der Königin von wilden Hunden zerrissen worden war. Die knurrenden Bestien hatten ihre Kleider, Knochen und Fleisch zerrissen und fortgeschleppt. Nichts war von ihr übriggeblieben als der Schädel, die Fußsohlen und die Handflächen.

Der neue König machte sich rasch daran, seine Regentschaft auf eine solide Grundlage zu stellen. Wie es damals üblich war, ließ er alle männlichen Verwandten Ahabs hinrichten, von denen siebzig Mann Prinzen aus königlichem Geblüt waren, und außerdem jeden, der als enger Freund der königlichen Familie galt. Dann machte er sich mit aller Kraft daran, den Baalskult auszurotten. Er wandte eine List an, indem er ein großes Opferfest für den Baal ankündigte, so bedeutend, daß jeder Priester und Tempeldiener, der nicht daran teilnähme, mit dem Tode bestraft werden sollte. Sobald die Priester dann in einem einzigen großen Tempel versammelt waren, ließ er sie gnadenlos hinschlachten.

Die Leute hatten die Politik Ahabs und seiner Nachfolger satt. Sie schlossen sich mit Begeisterung dem neuen König an, voll Freude, endlich wieder einen König zu haben, der von den Propheten unterstützt wurde. Jehu regierte achtundzwanzig Jahre lang, und seine Dynastie dauerte noch drei Generationen nach ihm an.

Trotz aller Anstrengungen Jehus, Elisas und ihrer Zeitgenossen war der Baalskult nicht auszurotten. Er blieb eine wirksame Kraft in Israel; seine Bedeutung war einmal stärker, einmal schwächer, je nach den Sympathien der Könige, bis das Reich im Jahre 721 v. Chr. von den Assyrern zerstört wurde. Die Praktiken, die der Baalskult im Handel und in der Politik einführte, nisteten sich in weiten Bereichen des Lebens in Israel ein, ja selbst in der Verehrung Jahwes waren ihre Spuren zu finden. Später sollten die Propheten behaupten, daß darin die letztendliche Ursache für den Untergang des Reiches zu suchen sei. Aber durch die Anstrengungen Elias, die er – fast völlig auf sich allein gestellt – auf sich nahm, wurde der Baalsreligion der entscheidende Schlag versetzt. Niemals wieder gelang es dem Baalskult, zu einer ernsthaften Bedrohung der Religion Jahwes zu werden.

Elias völliger Hingabe an seinen Gott ist es zu verdanken, daß Jahwe auf dem Weg über Israel der Welt ein Sittengesetz gab, das alles bislang in der Welt bekannte weit überragte.

hänssler

Hildegard Hori

David – der Geliebte

Eine biblische Erzählung

Pb, 240 S.
Nr. 58.102
ISBN 3-7751-2003-3

David – ein Mensch ohne Falsch, getrieben von der Sehnsucht nach dem Gott, dem er mit Leidenschaft ergeben war. Ein Leben voller Dynamik und Spannung. Da ist Aufstieg und Fall. Freude und Verzweiflung. Angst und Hoffnung. Erfolg und Scheitern. Gutes und Böses. In alledem aber bleibt David dennoch der von Gott Geliebte.
Eine biblische Erzählung der bekannten Autorin Hildegard Horie.

Bitte fragen Sie in Ihrer Buchhandlung nach diesem Buch! Oder schreiben Sie an den Hänssler-Verlag, Postfach 1220, D-73762 Neuhausen.